KB213176

요섬 관점, 사유의 새로운 시작

An Asian Feminist Viewpoint, a New Beginning of Thoughts

by Heisook Kim

ACANET, Paju-city, Korea, 2025

대우학술총서 650

여성 관점, 사유의 새로운 시점

FEMINISM VIEWPOINT

VIEWPOINT

VIEWPOINT

FEMINISM

VIEWPOINT

VIEWPOINT

김혜숙 지음

아카넷

차례

일러두기

- 이 책은 지난 20년간 수행한 여성 철학 연구를 바탕으로 하고 있다. 이미 출판한 논문은 이번 작업에서 많은 부분 수정했다. 해당 논문은 다음과 같다. 기타의 경우는 본문 중 인용과 각주에서 밝혔다.

  「칸트 철학에 대한 여성주의적 해석: 주체 문제를 중심으로」, 『칸트연구』 16권(한국칸트학회, 2005).

  「인간학으로서의 인문학: 주체와 젠더의 문제」, 『탈경계인문학』 1권 1호(이화여자대학교 이화인문과학원, 2008).

  「'정의로운 사회' 바깥의 여성을 위한 정의론」, 『공정과 정의사회』(조선뉴스프레스, 2011).

- 단행본, 잡지 등 책으로 간주할 수 있는 것은 겹낫표(『 』)로, 책의 일부나 신문 등은 홑낫표(「 」)로, 미술, 음악, 연극 등 책 이외의 작품명은 홑화살괄호(〈 〉)로 표기했다.

- 외래어 표기는 국립국어원 외래어표기법을 따랐으나 관습적으로 굳은 표기는 그대로 허용했다.

여성 관점은 철학을 어떻게 바꾸는가?

'여자'가 왜 철학적 문제인가?

이 세상에 스스로 선택해서 태어나는 사람은 없다. 더욱이 스스로 성별을 선택해서 태어나는 일도 없다. 그러나 존재하는 모든 인간 문명 안에서 성별은 가장 본질적인 의미론적 기표로 작동한다. 스스로 선택할 수 없는 것에 대해 우리는 책임을 묻거나 상벌을 부과할 수 없다. 그러나 오랫동안 다양한 문명과 문화 안에서 본래적인 것이라 주장되는 의무와 책임, 역할이 각각의 성별에 부과되었다. 심지어 기독교 문명 안에서 여자는 남자를 타락시키고 인간의 원죄를 만들어 낸 존재라는, 벗을 수 없는 형이상학적 죄명까지 뒤집어썼다. 불교에서도 여자는 성불하는 데 더 오랜 시간이 걸린다고 여겼으며, 성리학 전통에서 '존천리멸인욕(存天理滅人欲)'이라는 근본 명제는 남자의 욕망을 불러일으키는 존재로서 여자를 분리하고 눈에 띄지 않는 존재로 만들어 놓았다.

'여자'로 호명되는 존재들은 자신들이 만들지 않은 제도와 규범 안에서 우연적 삶의 조건을 마치 필연인 듯이 받아들이며 살아왔다. 여성 스스로 자의식을 가지고 문자와 개념을 통해 자신에 관한 지적 성찰을 한 역사는 짧다. 동서양을 막론하고 여성이 근대 교육 시스템 안에 포함된 것은 100년 남짓밖에 되지 않은 일이며, 여성 작가들이 가시적으로 등장한 역사는 더 짧다. 미국의 예일대학이나 프린스턴대학이 남녀공학이 된 것은 1969년의 일이었다.

영어에 'oxymoron'이라는 단어가 있다. 우리말로는 '형용모순'이라고 번역한다. 이 단어는 '둥근 삼각형'처럼 서로 모순된 개념을 합해 놓은 것을 가리킨다. '생각하는 여자'라는 말은 동양과 서양을 막론하고 그런 형용모순을 의미하는 것처럼 받아들여져 왔다. 이마누엘 칸트(Immanuel Kant)는 라틴어를 아는 여자는 콧수염을 기른 여자와 같다는 말도 했다. 퇴계 이황은 시시비비를 판단하는 것은 여자의 일이 아니라고 했다. 형식적, 법적 평등이 달성되었다고 하는 21세기가 되었어도 세상 어디에서나 양상이 달라졌을지언정 상황은 크게 나아진 것 같지 않다.

철학과 여자, 사유와 여자, 이성과 여자, 논리와 여자는 어째 잘 어울리지 않는 개념 쌍이다. 서양의 지적 전통 안에서 철학은 모든 학문의 뿌리를 이루고 있다는 점에서 특별한 위치를 점하고 있다. 고대 그리스에서 출현한 '철학'(진리 방법론과 개념적 체계를 가진 한정된 의미의 철학)은 오늘날 관점에서 보자면 '모든 것에 관한 이론'으로서, 단지 현재의 분과 학문으로서의 철학이 아니라 그 학문적 의제가 천체물리학, 수학, 정치학, 심리학 등을 모두 포괄하는 지식 체계였다. 그런데 이런 위대한 지적 전통 안에 여자들은 어디에 있는가? 동아시아 지적 전통에서도 사정은 마찬가지다. 수천 년의 시간 안에서 여자들도 매일매일의 삶을 영위했을 텐데 지성의 역사에서 여성은 거의 보이지도 들리지도 않는다. 우리 문화에서도 조선시대 여성은 남성의 정신적, 지적 도야를 방해하는 색(色)으로 간주되기 일쑤였다. 남성들에게는 '색을 멀리하라'는 경고가 내려졌고, 여성들은 신성하고 고귀한 남성들 공간의 바깥에서 시시비비를 논함이 없이 '술밥이나 의론'하며 살아야 했다. 그 문화 공간에서 남성은 정신, 여성은 몸을 표상하는 존재였다.

자기가 부재하는 전통, 자기가 소외된 역사를 들여다보는 일은 편하지 않다. 나아가 자기를 끊임없이 비하하는, 혹은 비하할 것을 암암리에 요구하는 텍스트를 읽는 일은 여성에게 분열증마저 일으킨다. 여성이 분열증에 빠지지 않고 텍스트에 집중하려면 스스로를 남성 독자로 가장해야 한다. 여성의 자기 분열이야말로 여성이 마주해야 하는 가장 큰 존재론적 문제다. 나의 여성 됨을 사랑하는 법을 배우기 전에 문화 텍스트 안에 깊이 내재된 여성 비하와 혐오를 먼저 배움으로써 여성은 스스로를 남성의 시각에서 혐오하는 자기 소외적, 자기 분열적 상황에 놓이게 된다. 그리하여 여성과 여성을 분리하고 이간질하는, "너는 다른 여자들과 달라"라는 말을 여성 일반에 대한 모욕으로 받아들여야 하는지, 나에 대한 칭찬으로 받아들여야 하는지 알 수 없는 상황에 놓이는 일을 빈번하게 경험한다. 여성들은 여성으로서 인간의 역사 안에 발을 들여놓는 것이 어떤 의미를 갖는 것인지 명료하게 보려고 노력해야 한다. 자신 안의 여성을 긍정하고 사랑할 수 없도록 만드는 전통 안에서 여성적 자의식을 갖는 일은 삶을 잘 이루기 위해, 내가 삶의 주인이 되기 위해 꼭 필요한 일이기 때문이다.

그런데 '여자'가 왜 '문제', 그것도 '철학적 문제'인가? 여자로 태어난 것, 여자로 사는 것이 왜 철학적 문제인가? 여성주의 철학이 출현하기 전까지 이제껏 여자가, 여자의 삶이 철학적 문제였던 적은 동서고금에 없었다. 여자는, 문자를 독점적으로 소유했던 남자들이 이렇게 또 저렇게 존재를 규정하고, 삶의 질서와 규범을 엮어 만들어 놓은 집에 들어가 바깥 출입을 삼가며 살아왔기에 남자에게나 여자에게 문제였던 적이 없었다. 여자들이 글을 읽고 쓰게 되면서 비로소 그들은 자기를 바깥에서 들여다볼 거울을 갖게 되었다.

인간은 거울을 통해 자신을 하나의 문제로 바라보게 된다. 나는 왜 이렇게 생겼을까? 나는 왜 남과 다르게 생겼을까? 자의식의 형성은 자신의 존재와 처지를 객관화해서 볼 수 있을 때 비로소 이루어진다. 남이 걸쳐 준 옷을 입은 내가 불편하게 느껴질 때, 거울 속 내 모습이 낯설어질 때, 나는 나에게 하나의 문제가 된다. 그 옷을 나만 입은 것이 아니라 특정한 몸을 가진 사람들이 모두 입고 있을 때, 고유한 '나'로 생각했던 내가 '여자'로 지시되는 수없이 많은 사람들 중 하나와 다를 바 없는 인간으로서 그 이류 인간군에 속한 것을 천명으로 받아들여야 할 때, 그러한 모든 것이 나의 자유를 구속할 때, '여자'는 내게 하나의 문제가 된다. 그들(나) 존재의 뿌리와 그들(나)을 있게 한 규범의 정당성을 물을 때, '여자'는 내게 하나의 철학적 문제가 된다. 무엇인가를 문제로 바라보게 하는 지점, 자의식이 선명하게 작동하는 그곳에서 관점이 형성된다. 인간의 존재와 삶이 버거워지고 불편해지는 지점에서 인간에 대한 철학적 관점이 형성되는 것처럼 여성 관점은 당연하게 여겨지던 여성의 삶이 불편하게 느껴지는 곳에서 형성된다. 여성만이 여성 관점을 갖는 것은 아니다. 여성이어도 여성 관점을 갖지 않을 수 있고, 남성이어도 다양한 상황에 따라 여성 관점을 가질 수 있다.

구축의 철학에서 저항과 포용의 철학으로

여성의 관점에서 지적 전통을 비판적으로 검토하는 시도는 특정 철학적 전통에서만 이루어진 것이라 할 수 없다. 철학적으로 사고한다는 것은 문제를 전체적, 총괄적 차원에서 탐구하며 그 논리적 한계까지 끌어가 묻고 설명한다는 것을 의미한다. 심지어 자신이 탐구를 진행하며 서 있는 발판조차도 그 정당성을 물어야 하는 것이 철학자들의 책무다.

이제껏 인간 문명의 지적 전통으로부터 배제되었던 여성들은 묻는다. 우리에게 전해진 지식, 합리성, 도덕은 누구의 관점에서 만들어진 것인가? 거기에서 다루어지는 '인간'은 과연 누구인가? 그 관점은 참으로 공평무사한 것인가? 보편적 진리, 보편적 관점이라는 것이 진정 가능한 것인가? 가능하지 않다면 여성들은 어떻게 여성 관점을 구축하여 대안적 지식과 도덕, 합리성과 정의에 관한 이야기를 할 것인가? 왜 이제야 철학에서 성/젠더가 보이기 시작했는가?

보이지 않던 것, 문제로 여기지 않았던 것, 의심조차 하지 않았던 것이 하나의 다른 관점을 가짐으로써 보이게 되고 해결해야 하는 문제가 된다. 마치 선악과를 따 먹은 인간이 전혀 다른 세상을 보게 된 것처럼 새로운 관점은 새로운 문제의 지평을 열어 놓는다. 보이는 이상 눈을 감을 수 없게 되고 그것이 인간이 변화하고 세상을 변화시키는 계기를 만들어 내는 것이다. 모든 것은 관점에서 비롯된다. 그래서 우리는 다른 생각을 가진 사람들의 관점을 살펴보아야 하고 나 자신의 관점 또한 스스로 점검해 보아야 한다. 객관성이란 이런 관점들 안에서의 집단적 활동과 그들 간 비판적 상호작용이 만들어 내는 함수다.

이 책은 어떤 지식이나 진리도 관점을 배제하기 어렵다는 생각에서 출발하며, 인식의 주관성과 관점이 집단적 형태로 나타나는 양상에 주목한다. 관점은 개인적인 것이기도 하지만, 경험을 공유하는 집단에 고유한 형태로 형성되기도 한다. 이제껏 서양의 인식론은 주로 인식의 문제를 개인 단위에서 분석해 왔다. 근대 철학자들은 "나는 생각한다"로 표현되는 개인의 지각과 인식 경험의 구성 요소와 원리, 범위와 한계를 탐구하고자 했고, 현대 분석인식론자들은 'S knows that p'의 필요충분조건을 구하는 것이 인식론의 핵심 의제라 생각했다.

인식의 필요충분조건은 보편성을 갖는다는 의미에서 'S'는 특이한 개인을 가르키는 것은 아니다. 그러나 인식의 주체는 성이나 인종, 계급과 같은 축을 중심으로 특정한 사회적 경험을 공유하는 집단으로 상정될 수 있으며, 그럴 경우 지식의 목표나 이상은 지식의 필요충분조건을 구하는 것만으로는 설명하기 어렵게 된다. 인식에는 논리적이고 형식적인 것, '내 앞에 흰색 물체가 있다'와 같이 매우 중립적으로 보이는 것 뿐만 아니라, '올바른 인식', '제대로 된 인식'과 같은 가치 함축적인 것도 있다. 실상 우리가 하는 인식과 판단의 대부분은 가치 함축적이다. 관념론 철학자들은 아주 단순한 사실 판단에도 언어적 개념 체계가 개입되어 있으며, 그런 한 그 어떤 것도 우리가 원하는 만큼 가치중립적일 수 없다고도 생각했다.

여성주의 인식론은 전통 인식론에 균열을 만들면서 새로운 개념적 상상계를 만드는 사유 실험의 장이다. 이 균열은 여성뿐만 아니라, 주류 서양 인식론 전통으로부터 배제되었던 다른 전통, 예컨대 동아시아 전통의 인식론을 구축할 수 있는 가능성을 열어 놓는다. 엄격한 서양 인식론의 관점에서 보자면 대상 세계를 주어진 것으로 받아들이는 동아시아 지적 전통, 특히 유가 전통은 인식론적 사유를 결여한 사상 체계다. 여성주의 인식론은 동아시아 철학을 통해 서양철학에 균열을 만들어 낼 수 있도록 방법론적 시사점을 던져 준다.

나는 '여성주의 인식론'을 좁은 의미의 인식론 논의 안에서만 다루지 않는다. 여성 관점의 문제로 인식론 논의를 확장하여 인식론뿐만 아니라 형이상학, 윤리학과 사회정치철학, 미학의 맥락에서 어떻게 철학의 모습이 변할 수 있는지를 볼 것이다. 아울러 이전의 음양론 연구를 통해 갖게 된 문제의식을 발전시켜 반대되는 것들이 서로 얽혀 있는 포용의 인식론을 제안한다. 여성 관점에서 철학을 비판적으로 재해석하는 일은 한국철학의 정체성을 확립하는 데도 방법론적으로 유용하다는 점에서 한국철학은 여성 철학을 적극적으로 참조해야 한다. 한국철학을 답답하게 얽어매고 있는 족쇄를 풀기 위한 길은 새로운 강력한 관점으로 균열을 내는 일에서 시작될 것이다.

철학자의 시각에서 보자면 서구에서 민권운동과 함께 일어난 여성주의 운동은 여성의 정치적 권리 신장이나 억압으로부터의 자유,

약자에 대한 정치적 올바름의 추구라는 정치적 사회적 의미를 넘어 기존 인간관과 세계관의 패러다임적 전환을 의미한다. 그것은 인간에 대한 본질주의적 접근을 배제하고 자연적 질서 또는 하늘의 명령(天命)으로 생각되어 왔던 것이 문화와 인간 선택과 의지의 산물이라는, 생각의 전환을 요하기 때문이다. 이런 전환의 근저에는 관점의 전환이 있다.

이 책의 주된 관심은 '관점의 전환'이 지니는 함축이다. 이 책은 여성 관점이 기존 철학 안에 초래하는 변화를 인식론적, 형이상학적, 윤리학과 정의론, 미학적 주제를 통해 탐구하고, 반대의 것들, 때로는 모순되는 것들을 아우르는 우연성의 철학으로써 포용의 철학을 세우려는 목적을 가지고 있다. 철학은 이제껏 인간 삶의 우연적, 경험적 요소를 초월하여 필연적, 보편적 관점에서 진리를 탐구해 왔다. 그러나 진리에 다가가기 위해서는 방법이 필요하며, 그 방법은 여러 관점에 따라 다양할 수 있다. 다양한 학문의 발전은 우리가 밝히고자 하는 세계의 진상이 단순하지 않으며 그에 접근하는 길은 매우 다양하게, 어쩌면 무한한 방식으로 열려 있는 것임을 보여 준다. 철학 내에서 기존의 진리 탐구 방법에 대한 비판이 제기되는 것은 당연한 일이다. 서양철학의 역사는 기존 진리 탐구 방법을 비판하거나 파괴함으로써 새로운 방법을 제시해 온 생생한 사유의 역사다. 이 책은 한국에서 한국어로 철학 작업을 수행하는 여성 철학자로서 연구의 지점과 위치를 명확히 하고자 하는 의도를 가지고 출발한다. 여성 철학은 특히 한국철학의 정체성에 관해서도 방법론적 통찰과 시사점을 줄 수 있으리라 본다.

어떤 사유든 맥락 안에서 일어나는 것이며, 우리는 언어와 인간의 다양한 경험을 매개로 철학적 의제를 만들어 내고 철학적 담론을 구성한다. 성별이라는 경험적 요소에 의존하여 철학적 탐구를 수행하는 일은 여성의 성찰적 자기 인식을 위해 반드시 필요하며, 철학을 좀 더 풍요로운 사유의 장으로 만들어 주는 일이라 생각한다.

철학의 본령은 경직된 철학적 교리를 구축하는 데 있지 않고 '철학함'이라는 사유의 행위와 활동에 있다. 비판과 저항의 철학으로서의 여성주의 철학(Feminist Philosophy)은 고정된 특정 이데올로기 구축을 목표로 하지 않는다. 페미니즘 또는 여성주의[1] 자체가 교조적 이념이 아니며 그것을 지향하지도 않는다. 이념적으로 보이는 것은 단지 소수 입장을 강화하려는 사회적 실천 이론으로서 페미니즘의 전략일 뿐이다. 여성주의 철학으로서 페미니즘은 예지적(visionary), 이념적 세계관이라기보다는 수정적(revisionary), 비판적 세계관이다. 지금까지 '남성'이라 불린 집단의 제도화된 힘의 반정립으로서 '여성'을 자각하고, 비주체로서 대상화된 자기 존재의 정체성을 분명히 하는 것, 자연, 문화, 종교, 편견의 힘으로 기울어진 대지를 바르게 하고 대안적 철학 방법과 세계관을 제시하고자 하는 것이 여성주의 철학의 목표가 된다.

여성의 눈으로 세상을 본다는 것

이 세상의 어떤 세계관도 그것을 세우기 위해서는 어떤 관점이

---

1 이 책에서 '페미니즘'은 여성주의와 상호 교환적으로 사용되나 여성주의 철학보다는 광의로 사용된다. 페미니즘은 일반적으로 여성주의 사회 이론과 사회적 실천을 모두 포괄한다.

필요하듯 여성주의 세계관도 여성 관점을 필요로 한다. 사고하는 존재로서 인간은 언제나 사물이나 사태에 관한 판단을 통해 세계를 파악하고 선택적 행동을 통해 정체성을 구성하고 삶을 구축해 나간다. 어떤 판단을 하건 그 판단에는 규범과 기준이 있기 마련이다. 인간에게는 내적 사고와 의식적 자각과 선택의 과정으로서 마음의 영역이 존재하며, 그 영역은 인간을 다른 존재와 구분해 주는 주요한 지표다. 우리는 이를 주관성의 영역이라고 한다. 인간의 마음은 다른 어떤 존재와도 비교할 수 없는 복잡성을 가지며, 감각, 감성, 감정, 욕망, 의지, 개념, 이미지 작용에 의해 풍부한 내면을 형성하고 있다. 이 영역은 의식 활동의 결과로서 주관성을 만들어 내고, 주관성은 객관 세계와 대면하는 인간 존재의 고유성을 구성한다. 의식의 주관성이야말로 관점을 만들어 내는 근본이 된다. 앞으로 AI의 마음이 어떤 차원까지 구현될지 모르겠으나 여전히 인간의 내면성과 그에 대한 자각은 철학이 기대는 유일한 처소다.

모든 사람들은 고유한 주관을 가지고 자신의 관점을 형성할 수 있다. 이 주관성은 제1자 관점에서는 즉각적 자의식이나 통찰을 통해 접근 가능하지만 타자는 접근하기 어려운 영역이다. 데카르트적 의식의 감옥에 갇히는 일이 언제든 가능하다. 그럼에도 우리는 주관성을 넘어 나름의 객관성을 갖는 지식을 구축하여 공통의 삶의 지반을 만들어 낼 수 있다. 서양의 전통 철학자들, 특히 관념론 전통의 철학자들은 주관과 객관의 관계와 객관적 지식의 가능성 문제에 오랫동안 매달려 왔다. 그것은 철학자들의 관심이 마음으로부터 언어로 옮겨졌을 때도 언어의 의미와 세계와의 관계에 관한 문제로 재조정되었을 뿐 그 핵심에서는 크게 변하지 않았다.

칸트 이후 철학자들은 칸트의 물자체 개념이 초래하는 역설을 첨예하게 의식하면서 지식을 만들어 내는 주관적 인식의 보편적 구조와 활동을 밝히고자 노력했다. 이 구조와 활동이 지니는 객관성을 정립하기 위해 독일 관념론자들은 이성 또는 정신의 활동을 무한대까지로 확대하는 작업을 마다하지 않았다. 그래야 물자체 영역을 남겨 놓지 않을 수 있기 때문이었다. 주관적 정신의 활동이 객관성을 가질 수 있는 것은 그것이 모든 것을 포괄하는 활동으로 갖게 되는 보편성 때문이라고 생각했다. 인식의 보편적 개념들과 활동은 인간의 인식 관점을 구성하는 보편적인 것이었다. 다시 말해 너와 나, 여성, 남성, 흑인, 백인과 같은 경험적인 요소들이 배제되어 있는 인간의 보편적 인식의 체계와 활동, 그로부터 생성되는 절대적 보편적 관점이 있다고 여긴 것이었다. 그런데 과연 그러한가? 너와 나, 아무에게도 속하지 않은 관점(view from nowhere), 또는 각양각색의 경험적 요소와 우연적 요소를 초월한 관점, 신의 눈의 관점(god's eye view)이 과연 가능한가?

진리를 의식적 주관과 물질적 객관의 일치로 보는 한 우리는 관념론의 문제로부터 자유로울 수 없다. 심지어 의식에 대한 물질의 우선성을 주장하고, 물질적 관계에 의존해 사회 변화를 설명하는 일군의 유물론적 관점의 서구 여성주의[2]도 관념론으로부터 자유롭

---

2 여성주의 유물론(Feminist Materialism)에 대한 논의는 Susan Bordo, *Unbearable weight*: *feminism, Western culture, and the body*(University of California Press, 2003), p. 16과 Karen Michelle Barad, *Meeting the universe halfway*: *quantum physics and the entanglement of matter and meaning*(Duke University Press, 2007), pp. 33, 178 참조. 물질이 생성력과 행위력(agency)을 가지며 문화와 상호작용을 하면서 새로운 것을 만들고 변형한다는 입장을 '신유물론(new materialism)'이라 한다.

지 못하다. 물질성(materiality)에 운동성과 생성력(generative power)을 부여하여 새로운 문화 변혁의 생성을 설명하고자 할 때 변혁에 대한 의지, 변혁의 방향과 의도성, 그것을 만들어 내는 인과적 격발성, 실천성, 행위성(agency)은 관념론자들이 정신 또는 이성이 가진 능력이라고 했던 것이기 때문이다. 주관을 벗어나 실재에 다다를 방법이 없는 한 언제나 실재는 주관에 의해 포착되고 규정된 것, 주관에 의해 오염된 어떤 것이 된다. 그런 한 진리는 언제나 주관과 그로 인해 만들어진 관점에 의해 제약된 진리이며, 진리는 진리 규정(들)로부터 분리할 수 없다. 모든 진리가 어떤 관점과 연결되어 있는 것이라면 관점으로부터 독립된 진리 자체를 찾으려 헛되이 노력하기보다는 우리가 진리로 받아들이는 것들이 어떤 관점, 어떤 문화적 규범 및 실천과 연계된 것인지를 찾아보려고 노력하는 것이 현실적이다.

모든 진리는 그것을 진리로 만들려는 힘, 권력, 정치적 책략과 연계되어 있다는, 진리에 관한 음모론이나 마르크스·푸코류의 지식-권력 연계 이론이 여성주의 철학에 영향을 미쳤다고 할 수도 있겠다. 그러나 지식-권력 연계 이론이나 유물론적 경향은 서양 여성주의 이론 전개의 한 부분일 뿐이며, 진리에 관한 마르크스주의와 포스트모더니즘의 이론 또한 주객 대립의 관념론 문제에서 빠져나오기 위한 한 방편이라 하겠다. 영미 중심의 과학철학이나 분석철학 내 인식론의 전개 안에서도 지식과 정치권력 연계 상황에 관한 관심은 낮았을지언정 관념론 문제는 중심적 문제를 구성했다.[3] 여성주의 인식론자

3 1970년대에 여성주의의 두 번째 파도가 몰아칠 당시 철학 내에서는 윤리학과 정치

들은 기존 인식론에서 다루던 증거 개념, 객관성 개념, 개별적 인식 주체의 개념들에 대해 여성 관점의 해석을 함으로써 하나의 대안적 인식론이 자리 잡는 데 기여했다.

이 책은 '여성 관점'이 어떻게 형성되는지를 논의하고, 그것을 이론적 사유의 지점으로 설정하여 이루어진 여성주의 인식론의 갈래를 살핀다. 기존의 인식론 논의에서 여성주의 인식론에 관해서는 전혀 다루어지지 않았던 데 반해 여성 관점이 설정됨으로써 여성주의 인식론이 생성될 수 있었다.

여성 관점에는 관점의 주체 개념이 반드시 수반된다. 주체성이 형성되는 과정과 조건을 '물음과 문제의식 형성'의 주관적 차원을 고려하여 논한다. 여성 주체의 확립은 이제껏 형이상학의 전통 안에서 무시되거나 우연적인 것으로 치부된 것이었으나, 여성 관점을 통해 철학적인 자리를 갖게 된 것이다. 이러한 이론적 배경 아래에서 애초 여성 문제가 제기하는 평등과 정의의 맥락을 살피고 기존의 정의론이 여성 관점과 여성의 삶의 경험을 고려하지 못했다는 비판이 비로소 가능함을 논한다. 사적 영역이라 치부되고 기존 정

철학에서의 논의가 주를 이루었다. 1980년대 초반에 나온 두 논문인 Lorraine Code, "Is the Sex of the Knower Epistemically Significant?", *Metaphilosophy*(1981)와 Sandra Harding, "Is Gender a Variable in Conceptions of Rationality: A Survey of Issues", *Dialectica*(1982)는 분석철학 내 여성주의 인식론 논의가 시작된 단초를 만들었다. 또한 샌드라 하딩과 머릴 힌티카가 편집한 *Discovering Reality: Feminist Perspectives on Epistemology, Metaphysics, Methodology and Philosophy of Science*(Reidel, 1983)도 중요한 계기를 만들었다. 이들은 엄밀한 논리 분석과 추상적 인식자를 기본으로 하는 분석 인식론 안에 분열을 만들어 냈다. 이후 *Social Epistemology*와 *Episteme* 같은 학술지에서 여성주의 인식론에 대한 논의를 다루었으며, 1990년대 중반경에는 *The Monist*(1994), *Philosophical Topics*(1995), *Synthese*(1995) 같은 주류 분석철학 학술지에서도 특집으로 여성주의 인식론을 다루었다.

의론 안에서 보이지 않았던 가족과 인간관계 내 권력의 문제며 돌봄과 재화의 분배 문제를 의제화할 수 있게 된 것이다.

여성주의 철학은 새로운 사고의 패러다임을 통해 오래된 가부장제 질서의 기울어진 운동장을 평평하게 고르고 자유롭고 평등한 새로운 미래 질서에 대한 이상을 가지고 있다. 이를 위해서는 가치를 단지 머리로만 이해하는 것이 아니라, 몸을 가진 인간으로서 감성적 차원에서의 체화 과정이 필수적이다. 그런 점에서 오늘날 한국뿐만 아니라 세계 곳곳에서 등장하고 있는 다양한 종류의 혐오 감정은 매우 암울한 미래를 비추어 준다. 칸트의 미학을 참고하여 혐오 감정이 가진 다차원적 측면을 살피면서 혐오의 이면을 들여다보고, 혐오 감정의 전환을 통해 여성주의 이상을 현실화할 수 있는 방법을 모색하고자 한다. 마지막으로 여성주의 철학이 지니는 철학적 함축을 맥락주의로 보고 여성주의 철학의 방법이 한국철학의 방법론적 탐색을 위해 가치를 갖는 점을 논한다.

혐오의 정치학을 넘어

먼저 이 책의 기본적 저술 의도와 방법론을 이해하고자 한다면 3장 「여성주의 인식론의 갈래」와 8장 「여성 관점은 왜 정당한가?」를 먼저 읽고 다시 처음부터 읽기를 권한다. 이 책은 관점이 어떻게 새로운 세계관과 학문의 지평을 여는지, 또한 기존에 보이지 않았던 문제들을 보이게 하고 때로는 문제 자체를 창안해 내면서 관련한 논의를 다양하고 풍부하게 하는지, 그럼으로써 어떻게 우리의 사유 지평을 넓히는지를 보이고자 한다. 나아가 서양철학의 맥락에서 '여성(주의) 철학'이라는 분야가 생성되고 자리 잡아 가는 과정을 통해 우리는 세계 철학 내에서 한국철학의 장을 공고하게 구축할 수 있는 전략에 관한 힌트도 얻을 수 있다.

여성 관점은 서양철학 내에서 주류 남성 철학자들에 의해 이제껏 논의조차 되지 않았던 문제들, 어쩌면 금기시되기까지 했던 성별 주체성이나 섹슈얼리티, 사랑과 정의, 일상성, 혐오 관련 문제를 철학적으로 주제화할 수 있게 만들었다. 여성 관점은 기존 철학 안에서 균열을 만들면서 자신의 분야를 구축한 것이다.

이 책에서는 여성 관점이 철학 내 초래한 변화를 우선 방법론적 차원에서 고려하고, 인식의 중립성에 대한 비판과 함께 여성주의 인식론의 성립을 다룬다. 여성주의 인식론의 성립은 여성 관점이 하나의 이론적 지점으로 성립함을 의미한다. 여성 관점의 출현은 여성 주체의 출현과 불가분의 관계가 있다. 이제껏 형이상학은 존재 일반에 관한 사유였다. 본질주의에 입각하여 성별 차이와 그에 따른 차별을 정당화했던 전통에 반해, 여성 주체의 존재론적 성립을 논변하기 위해서는 '집단적 주체' 개념을 설정해야 한다. 주체의 형성은 물음과 대립을 통해 이루어지는 것으로서, 실체적이라기보다는 공통의 경험과 문제에 대한 대응 속에서 기능적으로 형성되는 유동성을 지닌다고 나는 생각한다. 여성에게 특징적인 경험과 여성에 관한 문제의식이 사라지게 되면 여성 주체 또한 사라질 것이다. 이런 기본적인 생각은 5장 「여성 주체의 칸트적 구성」에서 구체화했다. 여성 관점과 여성 주체의 수립은 현대 정의론 내에서 균열을 만들어 낸다. 남성 철학자들에 의해 제시된 정의론은 성별과 무관한 것으로, 공적 영역과 연관된 담론이었다.

여성 관점은 이제껏 정의론 안에서 고려하지 않았던 가족 내 정의의 문제를 철학적 문제로 부각시켜 주었다. 가족은 정의의 관점이 아니라 사랑의 공동체 관점에서 다루어져야 한다는 고정관념을 깬 것이다. 지구상에서 수없이 많은 여성들이 이른바 공적 영역에 진입하지 못하고 사적 영역이라 간주되는 가족 내에서 일생을 보내고 있다. 이들의 삶을 포괄하는 정의론은 가족 관계 내에서 작동하는 권력 관계와 노동 및 다양한 종류의 분배 문제를 다루어야 한다. 여성 관점은 사랑, 결혼, 희생, 봉사, 돌봄, 모성 등 우리가 자연적인 것으로 받아들였던 많은 것을 철학적 의제화하는 데 기여했다. 철학은 예전의 추상적이고 원리적이었던 모습으로부터 삶의 냄새가 배인 일상의 차원으로 내려왔다. 여성 관점이 철학을 바꾸는 것은 인간 삶을 바꾸고 세상을 바꾸는 일이다.

그런데 변화는 단지 머릿속 사유에서만 일어나는 것이 아니라 감성적 차원에서 몸에 체화된 형태로 이루어질 때 비로소 하나의 현실적 변화로 전환된다. 일상적 삶 내에서의 변화와 관계에서의 변화가 촉발되기 위해서는 상호성에 대한 인정과 대립을 포용할 수 있는 태도(음양론적 태도)가 필요하다. 마지막 장에서는 여성 혐오나 인종적 혐오 안에 대표적으로 드러나는 혐오 감정에 대한 분석을 통해 여성주의 철학이 포용의 철학으로 나아가는 길을 제안한다. 논의를 위해 칸트 미학의 관점에서 혐오의 문제를 분석하고 혐오가 도덕적 한계 감정으로서 지니는 적극적 의미를 살려 보려 했다. 각 부별 요지를 간단히 정리하면 다음과 같다.

1부에서는 보편성을 추구하는 철학 안에 여성 관점이 형성되는 배경을 살펴보았다. 이 책은 여성 관점을 사회적, 정치적 차원에서 규정하는 것으로 시작하지 않는다. 그보다는 여성 관점이 이론적 차원에서 '인식적 객관성'의 문제와 연관되어 있다는 데서 출발한다. 인식의 객관성 문제는 서양철학 전통 안에서 오래전에 제기된 것이었지만 과학이 발달하면서 그것은 과학적 합리성과 객관성 개념의 문제로 확장되었다. 토머스 쿤(Thomas Kuhn)의 과학 패러다임에 대한 논의는 과학적 객관성에 관한 열띤 논쟁을 불러일으켰다. 오랜 전통의 철학적 회의주의 문제뿐만 아니라 과학 내 관찰의 이론 의존성 문제와 함께 과학의 가치 중립성에 관한 논쟁이 일었고, 포스트모더니즘의 확산과 함께 객관주의에 대한 회의론은 힘을 얻게 되었다. 이와 함께 여성주의 관점에서의 비판도 한 흐름을 형성하게 되었다.

과학의 객관성과 여성주의 비판을 1부에서 다루면서 여성 관점이 생성되는 이론적 맥락을 조망하고 여성주의 인식론의 갈래를 논의한다. 여성주의 인식론이라 부를 수 있는 지적 탐구가 어떻게 분화되고 나누어졌는지, 동아시아 전통 안에서 여성주의 인식론의 문제를 어떤 시각과 맥락 안에서 다룰 수 있는지를 논의한다. 나는 동아시아 지적 전통 안에서 인간을 포함하는 모든 자연을 설명하는 핵심 개념으로 음양 개념이 특히 여성 문제를 생각하는 데 중요하다고 생각한다. 성별 차이를 공고히 하고 여성 억압을 정당화하는 데 사용되었던 음양의 개념 틀을 거꾸로 되돌려 여성주의 관점에서 재해석한다. 그래서 '여성주의 음양인식론'이라는 이름으로 서구의 여성주의 인식론과 차별적으로 구성하고자 했다.

2부에서는 여성 관점과 불가분적으로 연결되어 있는 여성 주체의 형성을 다룬다. 여성 주체의 형성은 여성을 타자화, 대상화하는 문화 안에서 가능하다. 여성에 대한 대상화가 철학사 안에서 어떻게 이루어졌는지를 살피고, 칸트 철학의 선험적 주체 개념을 이용해 여성 주체의 형성을 설명한다. 물론 칸트는 여성 문제에 관해서는 자기 시대의 한계를 벗어나지 못했고, 나아가 가부장권을 강화하는 논의를 제시하기까지 했다. 그럼에도 실체적 자아 개념을 부정하고 활동성, 통일성의 원리로 파악한 주체 개념은 이 책의 논지를 강화할 수 있다고 본다.

칸트의 개념과 논의를 차용하여 나는 여성 주체의 성립을 다음과 같이 주장하고자 한다. 여성 주체는 실체가 아니라 잡다한 인간 경험을 여성이라는 집단적 주체의 경험으로 만드는 통일성의 원리일 뿐이다. 이런 원리를 토대로 개별 여성은 여성이라는 경험적 자의식을 형성하게 되고, 여성 집단과 자신을 동일시하게 된다. 이러한 방식으로 주체 형성을 설명하게 되면 우리는 여성의 주체성뿐만 아니라 다양한 종류의 집단적 주체 성립을 설명할 수도 있게 된다. 한국 여성 주체의 탄생 또한 그렇게 이루어질 수 있다.

3부에서는 기존의 정의론이 주로 공적 영역에 치중한 데 반해 여성 관점이 어떻게 정의의 문제를 여성 삶의 주요 무대인 가족 내로 들여오는지를 본다. 기존의 정의론을 여성 관점에서 비판하고 정의의 문제를 일상의 차원에서 고려한다. 정의를 추상적 가치로서가 아니라 하나의 사회적 감정으로 보고 정의감을 일상적으로 함양할 수 있는 방법을 논한다. 아울러 젠더에 대한 무감각이 초래하는 편향성을 '인식적 책임'의 개념 아래 살펴보고 여성 관점의 정당성을 확보할 수 있는 방안을 모색한다. 도처에서 발생하고 있는 인식적 부정의에 대한 감수성을 높이기 위한 방안으로 저항의 인식론을 검토한다.

4부에서는 여성 관점이 철학적 의제를 다시 설정하게 할 뿐만 아니라 실천적 변화를 초래하면서 감성적 형식의 변화, 감정적 차원의 변화가 개입되어 있음을 논한다. 여성 관점은 현실 세계 안에서 저항을 만나게 되고, 여성 혐오 현상은 그러한 반동적 저항의 일환이다. 혐오 감정을 칸트 미학을 차용하여 탐구하고 혐오의 반미학을 모색하고 혐오의 정치학을 넘어서는 포용의 인식론을 제안한다.

1부 여성주의 인식론을 위하여

1장

그것은 누구의 인식인가?

인식과 진리의 문제

서양철학의 분야는 일반적으로 형이상학, 논리학, 인식론, 윤리학, 미학으로 나뉜다. 이 중 미학이 한 독립 분과로 성립된 것은 18세기 이후의 일이며, 인식론 또한 중세까지만 하더라도 논리학에 포괄되어 있었고 진리에 도달하는 방법으로서 형이상학의 문제에 부수되는 차원에 머물러 있었다.

서양철학에 인식론적 전회를 가져온 사람은 르네 데카르트(René Descartes)라고 할 수 있다. 데카르트 이후 서양철학은 인식론의 역사라 해도 과언이 아니다. 이후 철학사는 관념론 대 실재론 간의 논쟁과 회의주의의 논쟁으로 얼룩진 역사라 해도 지나친 말이 아니다. 현대에 들어 인식론의 종말을 고하고자 하는 이들이 데카르트나 칸트를 지난 300년 이상 서양철학의 흐름을 잘못 방향 지은 나쁜 녀석들(bad boys)로 치부하고자 하는 것도 바로 이 답이 안 보이는 논의의 수렁 때문이다.

인식론(epistemology)이라는 말은 참된 앎을 뜻하는 에피스테메(episteme)에서 유래했다. 인식론에서 던지는 근본적인 물음은 '앎이란, 지식이란 어떻게 가능한가'이다. 데카르트 이전 플라톤(Platon)이나 아리스토텔레스(Aristoteles), 혹은 그 뒤의 중세 철학자들도 앎의 문제를 거론하지 않은 것은 아니다. 플라톤은『테아이테토스(Theaetetus)』나『메논(Meno)』에서 특히 그 문제에 집중했으며, 아리스토텔레스는『분석론 후서(Posterio Analectics)』에서 과학적 지식에 대한 자신의 생각을 보여 주었다. 그러나 세계에 대한 인간의 내면적 태도 또는 의식적 반응으로서의 앎의 문제나, 앎의 근거, 정당화 과정에 주목한 것은 고대 그리스의 회의주의자들이었고, 16세기에 데카르트가 방법론적 회의를 통해 확실성 추구를 철학의 최고 목표로 놓음으로써 철학 안에 인식론적 전회를 만들었다.

인식론의 문제는 단지 지식의 정의와 관련한 것만이 아니라, 앎에 대한 인간 본성에 관한 근원적인 물음에서 비롯된다. 인간에게서 가장 특이한 것은 의식 현상일 것이다. 이 의식 현상은 그 자체로서 성립하는 것이 아니라 의식 바깥에 있는 다른 무엇과의 끊임없는 관계 속에서 형성된다. 인간의 지식이 어떤 의식 과정의 산물이라고 한다면 그 과정은 어떠한 것이며, 지식이 형성되기 위한 조건은 무엇인가? 인간 지식의 궁극적인 목적은 무엇인가? 인간의 정신 능력은 과연 그것이 목적으로 하는 바에 도달할 수가 있는가? 인간이 의식을 넘어서 바깥 객관에 도달하는 것이 과연 가능한가? 이런 것이 인식론적 물음이 된다.

의식 현상 자체는 실상 인간에게만 독특한 것이라고 할 수는 없다. 어떤 생물이든 자연 속에서 살아남아 종족 보존을 하기 위해서는 별로 우호적이지 않은 자연과의 대립을 설정해야 하고, 그 대립 속에서 나름의 생존 전략과 기제를 발전시켜야 한다. 생물체가 자신을 보호하고 살아남기 위해 갖게 되는 모든 종류의 생존 전략을 생명 현상으로서 일종의 의식 현상이라고도 생각해 볼 수 있다. 하나의 개별 유기체가 주변의 다른 모든 것들과 구분되어 존재하는 바로 그 경계에서 의식 현상은 발생한다. 따로 뇌를 갖지 않은 지렁이의 꿈틀거림도 일종의 의식 현상이라 할 수 있다. 어떠한 원시적 단계의 생물체라 해도 자신의 생존에 적합한 것과 적합하지 않은 것, 먹을 것과 피해야 할 것을 구분해 낼 수 있는 아주 단순한 수준의 패턴 구분 메카니즘을 지녀야 하는데, 이를 광의로 보아 낮은 차원의 의식 현상이라 할 수 있을 것이다.

한 유기체가 대상을 향해 반응적으로 열려 있는 상태, 그것을 지향성(intentionality)이라고 부를 수 있다. 인간의 개념 활동은 고도로 정교화된 패턴 맞추기의 구조라 할 수 있다. 인간에게서 다른 생물체와 달리 발달한 것이 있다면 그것은 고차 의식으로서 자의식(self-consciousness)일 것이다. 자기에 대한 의식으로서 자의식이 인간만의 것이라 단정할 수는 없겠지만 '나'라는 말을 사용하고, 자의식을 바탕으로 정신 활동과 예술 활동을 하며, 나아가 기술 문명을 구축하는 인간의 자의식이 가장 강력하고 정교하다고 할 수 있다.

'나'라는 말을 사용할 수 있다는 것은 자신의 자의식을 객관화할 수 있음을 의미한다. 자의식은 말 그대로 자기에 대한 의식, 의식에 대한 의식으로, 2차적 또는 고차 의식이다. 철학자들이 나만이 직접적으로 도달할 수 있는 자의식, 모든 의식 활동의 주체로서의 자아 존재에 주목한 것도 바로 이와 같은 인간적 특성 때문이다. 인간의 인식을 다른 생물들의 생존 전략과 다르게 보려 한 것도 자신을 객관화할 수 있고 그로부터 자존감, 자기반성, 도덕적 의식과 같은 심리적 특질을 개발한 인간적 특수성 때문이었다.

서양의 전통 인식론은 신과 인간, 인간과 자연, 인간과 동물의 이분법적 구분에서 파생하는 문제를 그 주된 내용으로 삼는다. 어떻게 인간의 인식이 신의 그것에 접근하고, 인간의 유한한 언어로 신의 언어를 이해할 수 있으며, 인간과는 전혀 다른 절대 객관으로서의 자연을 어떻게 온전히 이해할 수 있을 것인가? 동물과는 다른 삶의 근원으로서의 자아, 도덕적 행위의 주체와 영혼이 그곳에 거처를 정하는 절대 주관으로서의 자의식을 어떻게 이해하고 철학적으로 정립할 것인가? 이러한 문제에 대한 첨예한 의식으로 인해 서양 전통 인식론은 최종 근거의 확립, 정당성과 객관성의 확립과 같은 강한 규범적 요소를 갖게 되었다. 또한 인식의 문제가 진리의 문제와 연관되고, 사유의 문제가 존재의 문제와 불가분의 연관 속에 놓이게 된 이유이기도 하다.

인식과 지식의 문제가 진리, 절대, 실재, 신에 이르는 방법에 관한 탐구의 성격(소위 진리 방법론으로서의 성격)을 갖게 되면 인식론은 '무엇을 믿는 것이 합리적인가, 또는 객관적인가'에 대한 규준을 설정하게 됨으로써 규범성을 띠게 된다. 대륙 합리주의 전통이건 영국 경험주의 전통이건 전통적 인식론자는 비록 그 내세우는 지식의 기준이 다를지라도 절대적 확실성과 객관성 추구라는 인식적 목표를 공유한다. 코기토(Cogito), 범주(category), 단순 인상(simple impression), 단순 관념(simple idea), 감각 자료(sense data), 자극 의미(stimulus meaning), 개념 틀(conceptual scheme) 등과 같은 여러 철학적 개념 장치나 '사실 자체로(die Sache selbst)'와 같은 명제, 검증주의 원리(verificationism), 패러다임 논쟁 등은 모두 주객 대립의 문제 상황에 대면하기 위한 철학적 노력에서 생긴 것이다. 즉 '어떻게 인간의 주관적 의식 작용의 결과가 객관성을 확보할 수 있는가', '무슨 권리로 주관적 산물이 객관적 대상에 대해 타당하다고 말할 수 있는가', '객관성의 궁극적 기준이 무엇인가' 라는 일반적 문제를 둘러싸고 생겨난 개념과 명제이고 논쟁인 것이다.

객관성의 근거를 인간으로부터 독립해 있는 외부 세계에서 찾으려 했던 이들은 실재론자(realist)로, 인간의 내부적 사유 조건 속에서 찾으려 했던 이들은 흔히 관념론자(idealist)로 불렸다. 그러나 관념론과 실재론의 구분은 그리 명확한 것이 아니어서 관념론적 실재론자들은 실재 자체가 이념적, 정신적, 이성적인 것으로 인간에게서 독립적으로 존재한다고 보았다. 관념론적 경향을 강하게 가진 철학자들이 자신을 실재론자라고 생각하는 경우도 많았다. 객관성의 근거를 철학적으로 정초 지을 수 있는 가능성 자체를 부인하거나 근거의 부재를 외쳤던 이들은 회의주의자로 머물렀다.

전통 인식론은 20세기 초 인간의 정신이나 마음으로부터 언어로 철학자들의 관심이 이동함에 따라 상당 부분 약화하거나 탐구 주제가 바뀌었다. 마음과 의식 작용, 판단 작용, 자의식에 관한 전통 철학자들의 인식론적 관심은 언어의미론에 대한 관심으로 바뀌었다. 주관적 인식과 대상 세계와의 관계에 대한 물음은 언어와 세계와의 관계에 대한 물음으로 치환되고, 인식의 정초나 조건, 한계에 관한 탐구는 의미의 근거나 언어 습득의 조건, 화자와 청자 사이의 대화 가능성에 대한 탐구로 전환되었다. 주관적인 감각이나 지각 작용을 통해 어떻게 객관의 세계를 드러낼 수 있는가의 문제가 인간 개념 활동의 산물인 언어가 어떻게 객관적 세계를 지시하고 그 의미를 드러낼 수 있는가의 문제로 전환된 것이다.

종이 위에 쓰인 '산'이라는 언어가 어떻게 내 앞에 거대하게 서 있는 산을 지칭할 수 있으며, 내가 '산'이라고 말할 때 어떻게 다른 사람은 내가 의미하는 것과 동일한 의미로 받아들일 수 있는가? 산이 가리키는 것은 대상인가, 아니면 '저것은 산이다'와 같은 명제적 사실인가? 객관성과 의미의 궁극적 준거점과 관련해서 해결해야 할 수많은 철학적 문제가 새롭게 생성되었다. 객관성의 문제나 회의주의의 문제는 언어의 논리적 구조, 의사소통의 가능성, 번역 또는 해석의 결정성이나 미결정성의 문제로 구체화되기도 했다.

과학주의와 손잡은 인식론

이러한 변화 속에서 마음과 의식 현상에 집중된 좁은 의미의 인식론보다는 좀 더 넓은 의미의 지식론이 과학철학의 발전과 함께 자리 잡게 되었다. 카를 구스타프 헴펠(Carl Gustav Hempel)을 위시하여 카를 포퍼(Karl Popper), 쿤, 임레 라카토스(Imre Lakatos) 등에 의해 이루어진 과학에서의 지식, 설명, 이론, 과학의 진보에 관한 논쟁은 전통적인 의미의 인식론 범주에 속하는 것이라기보다는 인간 앎의 체계적인 총체로서의 과학에 대한 인식론적 탐구의 전형을 이루는 것이다. 현대의 대표적인 영미 철학자들에게서 우리가 보게 되는 것은 좁은 의미의 인식론이라기보다는 의미론이나 지식론이며, 윌러드 밴 오먼 콰인(Willard Van Orman Quine), 도널드 데이비드슨(Donald Davidson), 힐러리 퍼트넘(Hilary Putnam)의 경우는 그 좋은 예가 될 것이다. 이러한 지식론은 그러나 여전히 합리성이나 객관성의 문제, 회의주의의 문제, 진리의 문제를 중요 문제로 다룬다. 이들 철학 안에서 우리는 '무엇을 믿는 것이 합리적인지,' '상이한 믿음 간의 의사소통이 어떻게 가능한지'와 같은 지식의 규범성에 관한 강한 관심을 확인할 수 있다.

한편 인간의 인지 과정이나 정보 처리 과정, 두뇌 작용이나 심리 작용에 관한 과학적 탐구의 성과는 심리학, 특히 인지심리와 신경 생리학의 발전을 가져왔으며, 컴퓨터 공학의 발전과 함께 인공지능 영역에서도 주목할 만한 발전을 이루었다. 이전의 철학자들이 주로 사변에 의해 인간 인지의 문제를 풀려 했던데 반해, 현대의 일부 철학자들은 인간 정신 작용에 관한 과학적 결과를 가지고 옛 문제를 다루어 보려는 시도를 하게 되었다.

인간의 앎이 어떻게 발생하며, 감각적 자료는 어떤 과정을 통해 명제적 지식이 되며, 나아가 거대한 믿음 체계를 형성하게 되는가, 어떻게 단순한 정보가 믿음으로 화하며, 인간의 두뇌 안의 입력과 출력의 구조는 어떻게 컴퓨터 안에 모의(simulate)될 수 있으며, 그 구조를 가장 잘 설명해 주는 이론은 무엇인가, 인간 두뇌의 정보 처리 과정은 직선적 연결 속에 이루어지는 논리적 계산의 과정인가 아니면 신경망과 같은 연결망 속에서 이루어지는 병렬 분산적 정보 처리의 과정인가와 같은 물음은 전통 인식론에서 대두되었던 인식의 근원, 감각 자료와 개념, 명제적 판단 간의 관계에 관한 물음을 현대의 과학적 술어로 표현한 것으로 볼 수 있다.

　이제껏 과학만큼 인간의 삶을 고양했던 것이 없으며, 진리에 대한 인간의 염원을 과학만큼 실행적 힘을 가지고 충족해 준 것도 없다고 한다면 과학적 진리 기준이나 과학적 탐구 방식은 보편적 타당성을 확보할 수 있으며, 철학의 문제도 이제는 과학의 성과 안에서 논의되어야 한다는 것이 과학주의를 신봉하는 이들의 생각이다. 이러한 과학주의자들은 자연화의 기치를 높이 들고 형이상학의 자연화, 윤리학의 자연화, 인식론의 자연화, 미학의 자연화를 추구한다.

　인식론의 자연화는 인식의 물리적 기반으로서의 두뇌 상태를 말하려 했던 루돌프 카르나프(Rudolf Carnap), 입력과 출력 간의 관계와 블랙박스 모델을 제시했던 콰인, 인식 주체 없는 인식을 내세우며 진화론적 인식론을 제창했던 포퍼나 심리학 안에서 진화론적 인식론을 발전시킨 도널드 캠벨(Donald T. Campbell), 신경과학 시대의 새로운 신경철학(neurophilosophy)을 주장한 처칠랜드 부부(Paul & Patricia Churchland) 등에 의해 주도되었다. 이제 행동심리학의, 인지심리학의, 인공지능의, 신경생리학의, 심리의미론의, 진화론의 한 장으로서의 인식론을 거론하는 것이 어색하지 않은 시대가 되었다. 이것은 전통 인식론의 종말을 주장했던 리처드 로티(Richard Rorty)와 같은 신실용주의 철학자가 예견했던 일로도 볼 수 있다. 인식론적 관심은 이제 과학에 넘기고 철학은 문예 비평으로서 자기 자리를 잡는 데 만족해야 한다는 로티의 주장은 여성주의의 관점에서도 새삼 다시 돌아보게 된다. 여성주의 인식론은 사회, 문화, 정치의 맥락에서 인식론적 문제를 다룬다는 점에서 사회 인식론으로서의 성격을 갖기 때문이다.

자연화된 인식론이 어떤 과학 영역과 제휴하여 이루어지건 간에 공통으로 가지고 있는 특징은 그것이 기술적(descriptive) 인식론이라는 점이다. 이전의 전통 인식론은 경험주의적 접근 방식을 취하는 경우에도 규범적 면모를 지니고 있었다. 즉 합리성에 관한 규제적 원리나 기준을 확보하려 노력했다. 존 로크(John Locke)나 데이비드 흄(David Hume) 같은 경험주의자들에게서 자연화된 인식론의 단초를 볼 수 있기는 하지만, 그들에게 지식의 정당성과 철학적 근거 문제는 그 결론이 부정적인 경우에도 핵심 주제 중의 하나였다. 그러나 현대의 자연화된 인식론자들은 정당화나 회의주의의 문제에는 별 관심이 없다. 이들은 세계에 관한 객관적 믿음의 가능성 또는 불가능성을 증명하고자 하는 무모한 이상을 품기보다는 인간의 대상 인식이 어떤 과정을 통해 이루어지는지를 분석하고 기술하고자 지식의 성립에 관한 이해를 도모하려는 소박한 이상만을 가졌다.

　자연화된 인식론 안에서 객관성의 문제는 인지심리학이나 신경생리학과 같은 과학이 궁극적으로 우리를 객관적 진리로 인도할 것이라는 믿음에 의해 해소된다. 과학적 합리성과 객관성, 과학적 방법에 대한 신뢰는 자연화된 인식론을 밑받침하고 있는 기본적인 선제 조건이다. 과학 담론에 대한 의심은 과학자나 과학적 인식론자가 고민해야 할 문제가 아니다. 그것은 이미 과학의 영역을 벗어나는 문제이기 때문이다. 과학 담론 자체의 정당성을 판단해 줄 상위의 지식 담론, 예컨대 초월적, 형이상학적 지식 담론은 존재하지 않는다는 것이 철학의 자연화를 주장하는 사람들의 생각이다. 과학은 스스로 오류를 교정해 가는 자기 수정 기능을 갖고 있기에 정당성을 확보하기 위한 종교나 형이상학과 같은 초월적 담론을 필요로 하지 않는다는 것이다. 정당화를 위해 초월적 담론을 들여올 때 우리는 두 가지 경우를 만나게 된다. 하나는 그 초월적 담론에 대한 정당화 요구가 또다시 발생하므로 정당화 과정이 무한히 필요해지는 무한 회귀의 문제에 빠지게 된다. 아니면 특정 초월 담론을 더 이상의 정당화가 필요하지 않은 자기 명증적인 것으로 받아들여야 한다. 딜레마적 상황인 것이다.

인간 이성, 그것은 진화의 산물인가?

데카르트 이후 300년 이상의 서양 인식론 논쟁은 인식 주체와 인간 고유의 대상 의식에 대한 논의를 둘러싼 것이었다. 그러나 과학의 발달은 인간을 하나의 물질적 유기체로 보는 경향을 강화했다. 인간 정신 또한 진화의 산물로서 다른 유기체적 존재들과 그 생존 원리가 크게 다를 바 없는 것으로 보도록 했다.

한 유기체가 살아남기 위해서는 환경에 잘 적응해야 하고, 그러기 위해서는 외부 세계에 대한 감지와 탐사를 통해 추정 작업을 해야 하며, 이 작업을 통해 가설을 세우고 생존 기제를 발전시켜야 한다. 동물 몸의 형태나 먹이 섭취 습관, 생식 행태는 이렇게 세계를 재구성하여 시행착오를 거쳐 가설을 검증한 것(fitness)의 결과다. 인간의 지식도 넓게 보면 적응의 한 종류다. 생물은 대리 운동자 장치를 발전시켜 적응의 도를 높여 왔다. 인간의 눈이나 두뇌, 의식 활동도 모두 이런 과정 속에서 출현하게 된 것이다. 예컨대 공간 탐구를 운동자 자신이 시행착오를 거쳐 수행하는 것보다 대체 장치를 통해 하는 것이 보다 효율적일 수 있으며, 생존의 기회도 높일 수 있을 것이다. 배가 스스로 움직이는 대신 레이다를 쏘아 주파수로 물체를 탐지하며 나가는 것이 배가 직접 파손될 확률을 낮추고, 배의 움직임을 효율적으로 하는 것이라는 점과 유사하다. 사정이 이러하다면 인간의 개념 능력에 어떤 신비스러운 의미를 부여할 필요는 없을 것이다. 나아가 인간 문명의 온갖 기제도 인간에게는 대리 운동자 장치로 볼 수 있다. 인간 문명의 다양한 요소나 성별 차이에 기반한 여러 규범 또한 인간 종이 적응과 진화를 해 온 과정의 산물이다.

인간 존재와 삶에 대한 과학적, 물질적 이해는 철학적 인간 이해에도 심대한 영향을 미치면서 현대 인식론 전개에 많은 변화를 초래했다. 가장 중요한 변화는 인간 이성에 대한 이해라고 할 수 있다. 인간의 인지 능력은 환경에 대한 적응의 결과로, 그 주된 기능은 문제 풀이 능력(외부 환경이 제기하는 문제에 대한 해결 능력)이고 진리는 자연선택의 결과로서 얻어지는 것이라면, 또한 생존 기계로서 인간의 인지 과정은 정보 처리 과정과 다르지 않다면 이성은 인간 존재가 부딪히는 문제를 해결하기 위한 도구적인 것으로서만 의미를 갖게 될 것이다.

이성을 자연의 산물로 이해하는 자연주의 관점에서 보았을 때, 인간 지식의 근거나 타당성에 관해서뿐만 아니라 인간 자신의 생존의 근거와 목적, 자연 자체의 의미와 목적 등에 관한 철학적 논의는 믿어도 그만 안 믿어도 그만인 이야기가 될 수 있다. 인간의 이성 능력이나 앎에 관한 비판적, 반성적 사고는 인간에 관한 학문적 결과를 산출하기보다는 단지 인간 이해를 조금 풍부하게 해 주는 것이다. 마치 문학이나 음악, 미술이 자연에 대한 정확한 지식을 우리에게 주기보다는 삶과 자연에 대한 우리 경험의 차원을 다양화하고 풍부하게 하는 것과도 같다. 인간의 인지 작용이 다른 동물들의 생존 전략과 다를 바 없는 것이라면 인간의 자기비판 능력이나 반성 능력은 어떻게 설명할 수 있을까? 인간 정신의 이러한 이차적, 초월적, 메타적 기능은 과연 인간에게 어떤 의미로 단순한 생존 전략을 넘어서게 되는 것인가? 인간은 과연 그러한 반성적 사유를 원하는가? 반성을 통해 도달하고자 하는 곳은 어디인가? 이 물음은 과학적 합리성이 지배하는 시대에 철학이나 예술이 갖는 의미에 관한 물음과도 연결된다.

심리학 또는 신경과학의 한 장으로서의 인식론은 어쩌면 인식론이라고 이름 붙일 수 없는, 아니 어쩌면 그 이름을 달고 다닐 필요도 없는 것일지 모른다. 과학적 작업과 철학적 작업이 그 실제 내용에서 구분되지 않는다면 굳이 철학의 한 분야로서의 인식론을 고집할 필요는 없기 때문이다. 미국의 신실용주의자인 로티 같은 철학자가 인식론의 종말을 고하는 이유도 바로 여기에 있다. 그는 만일 철학자들이 과학자와 달리 인간의 지식에 관해 할 수 있는 역할이 있다면 그것은 문예비평가로서의 역할이라는 것이라고 주장했다. 이때 문예는 좁은 의미의 문학 작품을 지칭한다기보다는 인간 앎의 표현으로서 넓은 의미의 글쓰기를 의미한다. 인식이 세계를 표상(represent)한다, 반영한다(mirror)는 생각을 버리게 되면 인식 활동의 구체적 생산물인 다양한 문화 활동에 대한 비평과 성찰이 철학자들의 일이 된다. 여성주의 인식론의 목표는 객관적, 과학적 앎을 확립하는 것이라기보다 그것에 대한 비판에 기반하여 전통 지식의 경계 바깥에 소외되어 있는 사람들의 삶과 앎의 방식이 평등하게 인정받는 사회를 구축하는 것이다. 여성주의 인식론은 어떤 면으로는 반(反)인식론적이기조차 하다는 점에서 로티의 반(反)철학의 정신과 통한다.

규범적 자연주의

다른 한편으로 현대 인식론의 논의 맥락 안에는 자연주의와 전통 인식론이 추구했던 규범성을 결합하려는 시도도 있다. 신빙성 이론을 주장하는 앨빈 골드먼(Alvin Goldman)이나 규범적 자연주의를 주장하는 래리 라우던(Larry Laudan)을 예로 들 수 있겠다. 골드먼과 같은 철학자는 정당화 문제를 핵심 문제로 받아들이기는 하나 정당화의 조건으로서 신빙할 만한 과정(표준적 지각 과정, 기억, 잘된 추론, 내성의 과정과 같은)을 제시한다. 이때 신빙할 만한 과정은 인식 주체의 심리적 확신의 상태를 가리키는 것이 아니라 참 믿음을 거짓 믿음보다 많이 인과적으로 산출해 내는 성향 속에서 찾아진다. 어떤 믿음을 획득하는 과정이 참을 좀 더 많이 산출해 내는 과정인지 아닌지는, 즉 신빙성에 대한 검증은 자연과학의 다른 영역의 도움을 받아서 사실적, 객관적 차원에서 이루어질 수 있다. 이렇게 여러 분야의 작업이 망라된 학의 영역을 골드먼은 에피스테믹스(epistemics)라 이름 붙인다.

신빙성 이론은 심리학의 한 장으로서의 인식론을 주장한다기보다는 심리학과 인식론의 접목을 꾀하는 것으로 보인다. 여기서 인간 인식의 목적이 오류를 피하고 진리를 얻으려 한다는 것이라거나, 거짓 믿음보다 참인 믿음을 갖는 것이 더 좋다는 것은 전제되어 있는 사실이다. 이에 기초하여 마련한 정당화의 규칙은 무엇을 믿는 것이 합리적인가에 대한 규제적 역할을 하며, 이러한 점에서 골드먼의 자연화된 인식론은 규범성을 가지고 있다. 라우던도 과학적 진보의 목적이나 타당성을 논할 수 있는 일종의 탐구 가치론(axiology of inquiry)의 필요성을 주장함으로써 자연주의 프로그램 안에 과학적 합리성 자체에 대한 반성을 할 수 있는 입지를 마련하고자 한다.

분석적 인식론(혹은 현대 영미 인식론) 내에서의 규범적 자연주의가 어떤 성공을 거둘 수 있을지는 아직 미지수이지만 이에 대한 비판도 스티븐 스티치(Stephen Stich) 같은 철학자에 의해 강하게 제기되었다. 그는 참인 믿음을 일반적으로 산출해 내는 추론 전략이나 판단 전략을 자연이 특별히 선호하지도 않으며, 우리 인식의 목적이 진리를 얻으려 한다거나 참인 믿음을 보다 많이 갖는 것이 더 좋다는 가정을 받아들일 이유가 없음을 심리학적 실험의 결과를 이용해 주장한다. 인지 과정을 평가하기 위해 들여오는 개념들(정당성, 합리성 등)은 문화적으로 획득된 것이고 문화에 따라 변하는 것이기 때문에 한 문화에서 사용하는 평가 개념이 다른 문화에서 사용하는 것보다 더 낫다고 주장할 아무 이유가 없다고 한다. 그렇다면 우리의 인지 과정이 우리의 일상적 사유와 언어 속에 이미 짜여져 있는 평가적 인식 개념에 의해 인정받을 수 있는 것인지 아닌지를 문제 삼을 하등의 이유가 없다는 것이다. 스티치를 따르면 규범적 자연주의의 문제는 해소되어 버린다. 그는 2018년에는 『세계 지역 인식론 (*Epistemology of the Rest of the World*)』을 편집 출판하여 현대 서양 인식론의 지평을 넘어 인식론의 다양성 혹은 서구 인식론의 해체를 시도 했다.

현대 분석인식론에서 자연주의의 방향과는 조금 다른 종류의 접근을 취하는 입장이 있다. 그것은 정당화의 문제를 자연적 사실의 차원에서보다 인식 주관이 의식하는 증거의 차원에서 접근하는 이른바 내재주의 혹은 내부주의다. 이 내재주의의 입장은 문제의식이나 해결 방안 측면에서, 그리고 그것이 안고 있는 문제의 양상 측면에서 전통 인식론에 보다 근접해 있으나 전통 인식론의 선험주의나 경험적 토대론을 배격하고, 때로는 확률론에 의존하면서 정당성의 문제에 답하려 하는 특징을 가지고 있다.

서구 인식론의 발전 안에서 여성주의 인식론은 진리나 지식으로 간주하는 것이 주장하는 것처럼 절대적 객관성(God's eye view), 보편성(view from everywhere), 선험성(apriority), 가치중립성(view from nowhere)을 가지고 있는 것이 아니며, 인식과 가치, 인식과 관심은 불가분적이며 인식론은 윤리학, 사회정치철학과 긴밀한 관계에 있다는 생각에서 출발했다. 여성의 권리 주장에 관한 입론이나 사회운동이 실체적 힘과 연속성을 갖기 위해서 이론적 바탕을 만드는 일은 필수적인 일이다. 여성주의 철학은 여성주의 인식론 관점에서의 이론적 논의를 통해 발전해 왔다. 따라서 여성주의 인식론의 성립에 주요 계기를 제공한 맥락을 살펴보는 일은 여성 관점을 이론화하는 데 중요하다. 다음 절에서는 인식의 객관성과 중립성에 대한 비판과 여성주의 인식론의 몇 가지 갈래를 살펴볼 것이다.

과학은 가치중립적인가?

서양 인식론의 역사는 회의주의 역사와 함께한다. 회의주의는 앎의 가능성에 대한 회의를 표방한다. 기원전 1세기 아카데미아학파의 마르쿠스 툴리우스 키케로(Marcus Tullius Cicero)는 극단의 지식 불가능성을 주장했지만, 대체로 아이네시데무스(Aenesidemus)나 피론(Pyrrhon) 같은 회의주의자들은 앎의 개연성(probability)과 불확실성을 주장하고 앎의 기준, 객관성과 진리의 불확정성을 논변했다.

피론주의는 3세기경 섹스투스 엠피리쿠스(Sextus Empiricus)의 작업으로 살아남아 서구 회의주의 논의에 지대한 영향을 미쳤다. 중세 기독교 문화를 거치면서 앎에 대한 회의주의의 문제는 유한한 인간의 지성이 무한한 신의 언어를 이해하는 일이 가능한가, 성경의 뜻을 제대로 해석할 수 있는 최종의 권위는 어디에 있는가의 문제로 확장된다. 15세기에 에라스뮈스(Desiderius Erasmus)는 구교와 신교의 갈등 안에서 피론주의를 수용하여 어차피 신의 뜻은 알 수도 없고 증명할 수도 없는 것이므로 이전 사람들이 받아들였던 믿음을 수용하는 것이 합리적이라는 이유로 구교를 옹호했다.

피론의 회의주의는 지성계에 상당한 영향을 미쳤고, 미셸 드 몽테뉴(Michel Eyquem de Montaigne)도 회의주의를 표방했다. 확실성 추구라는 데카르트의 철학적 프로젝트는 회의주의가 팽배했던 이러한 시대적 상황과 연결된 것이었다. 진리, 증명, 기준에 관한 회의주의는 신의 뜻, 교회와 성경의 권위, 성경적 진리의 번역과 해석, 교황과 왕의 권력의 근거, 국가와 정치 권력의 근거, 가치와 규범의 절대성에 관한 회의주의의 문제까지 포괄하는 상당히 지적으로 고도화된 담론이 되었다. 데카르트 이후 서양철학은 확실한 앎에 도달하기 위한 방법을 찾기 위한 노력을 경주했고, 그 과정 안에서 수학과 자연과학이 강력한 지적 수단으로 등장했다. 수학과 논리학은 철학의 역사 안에서 오랫동안 확실한 앎의 전형으로 받아들여졌는데, 뉴튼의 역학 출현 이후에는 자연철학이라 불리던 물리학도 참된 앎의 범주에 속하게 되었다. 물리학, 또는 과학적 사고와 계산적 합리성이 사회 안에 자리 잡으면서 학문의 여왕이라 간주되던 사변학으로서의 형이상학은 오랫동안 차지했던 고고한 지위를 과학에 양도해야 했다.

칸트와 같은 철학자가 갖게 된 문제의식은 어떻게 '학으로서의 안전한 길'로 형이상학(철학)을 자리 잡게 할 것인가였다. 칸트의 철학적 후예들 또한 엄밀한 사유 체계로서의 철학을 구축하려고 노력했고, 심지어 논리실증주의자들은 철학을 논리로 환원하고자 했다. 논리, 수학, 과학(물리학)은 철학자들이 생각한 확실한 지식의 모델이었다. 과학은 지식을 가져다주지만, 윤리학과 미학은 삶에 대한 태도, 믿음과 주관적 감정과 선택에 관한 담론으로, 세계에 관한 우리의 지식을 확장해 주지는 못한다고 보았다. 우리가 추구해야 하는 지식과 진리는 심리적 확실성뿐만 아니라 논리적 차원에서 필연성과 보편성을 확보해야 한다고 생각했고, 이런 사유의 체계를 구축하려고 노력했다. 학문에서 엄밀성을 추구하는 것은 20세기 초반까지 이어졌다. 그런데 지식의 최상 모델이라 생각되는 과학 안에서 과학적 객관성, 과학적 지식의 객관성에 대한 물음이 제기되었다.

1920년대 과학의 발전과 더불어 1950년대까지 서양의 과학철학자들은 하나의 꿈을 갖게 되었는데, 그것은 과학 이론을 공리 체계와도 같은 이론 모델로 놓고 중립적 관찰에 의해 이론을 증명하고자 한 것이었다. 관찰 문장들과 그것을 이론과 연결해 주는 대응 법칙(correspondence rules)에 의해 과학 이론을 합리적으로 재구성(rational reconstruction)하고자 했던 것이 카르나프와 같은 논리실증주의자들의 꿈이었다. 이렇게 함으로써 세계에 관해 수정과도 같이 투명하고 단단한 지식의 결정체를 얻을 수 있으리라고 생각한 것이었다.

1950년대에 들어 이에 관한 비판이 등장했고, 그것은 1960년대까지 지속되었다. 이 비판 중 특히 노우드 러셀 핸슨(Norwood Russell Hanson), 쿤, 파울 파이어아벤트(Paul Feyerabend)와 같은 이들은 과학 이론이 기초하고 있다고 하는 관찰이 이론 중립적인 객관성을 담보하고 있지 않다는 주장을 했다. 쿤이 『과학혁명의 구조』를 출판하기 이전에 핸슨은 이미 관찰의 이론 의존성(theory-ladenness)을 티코 브라헤(Tycho Brahe)와 요하네스 케플러(Johannes Kepler)의 예를 통해 논의한 글[1]을 발표한 바 있다. 여기서 핸슨은 망막에 맺힌 동일한 이미지가 동일한 지각을 만들어 내지는 않는다고 주장했다. 브라헤와 케플러 두 사람이 동일하게 새벽 하늘의 태양을 바라본다고 해도 둘은 동일한 지각 경험을 하는 것이 아니라는 것이다. 브라헤는 태양이 움직여 솟아오르는 것으로 보고, 케플러는 지구가 움직여 태양이 눈에 들어오는 것으로 보았다. 이처럼 기본적인 관찰조차도 어떤 믿음을 가지고 있느냐에 따라 달라진다. 이론이나 가설, 그리고 그것을 객관적으로 지지한다고 이야기되는 관찰조차도 이미 그것이 형성되기 이전의 추론 과정과 배경 믿음 체계에 의해 영향을 받는다는 것은 과학의 객관성과 합리성에 대한 의심을 불러

---

1 N. R. Hanson, *Patterns of Discovery*(Cambridge University Press, 1958).

일으켰다. 이론과 가설은 순수하게 객관적인 관찰 증거에 의해 검증되고 증명되어야 하는데, 관찰이 단순한 자료가 아니라 이미 이론과 가설에 의해 오염된 것이라면 과학적 객관성의 준거를 어디에서 구해야 하는가?

과학의 가치중립성에 대한 의구심은 그러나 과학적 합리성에 대한 젠더 관점에서의 비판으로 이어지지는 않았다. 남성 과학철학자들이 쿤의 과학 패러다임에 관한 논의에 집중해 있을 때도 젠더 문제는 회피되었다. 급진적 과학 운동 내에서도 과학과 자본주의와의 연관에만 초점이 맞추었을 뿐 가부장제와의 연관에는 관심을 주지 않았다. 급진주의자들은 비판적 시각에 입각하여 과학이 군사에 이용되고 있으며, 공해를 초래하고, 이윤과 전쟁을 지향하는 것으로 보았다. 과학이 순수한 지식을 탐구하는 활동이라기보다 자본주의 생산방식 안에 체계화되어 국가와 산업에 종속된 채 정치적 지배의 수단이 되었다고 보았다.

이것은 21세기로 접어든 오늘날 기술이 고도로 발달하면서 더욱더 중요한 물음이 되었는데, 과학을 사회관계 안에서 포착하려는 시도는 여성주의자들에 의해 가부장제와의 연관 속에서 논의되었다. 이 상황은 마치 급진적 사회주의 논의가 사회주의 여성주의자들에 의해 자본주의 모순에 관한 것으로부터 자본주의와 가부장제의 이중적 억압에 관한 것으로 전이되었던 상황과 유사해 보인다. 1980년대 들어서 캐롤린 머천트(Carolyn Merchant), 에블린 폭스 켈러(Evelyn Fox Keller),[2] 낸시 하트속(Nancy C. M. Hartsock) 같은 여성

---

2 E. F. Keller, *Reflections on Gender and Science*(Yale University Press, 1985); *Feminism*

주의 철학자들은 서구 과학이 근본적으로 가부장적이라고 평가했다. 이들의 비판은 과학 안에서의 '여성 문제'를 질문하는 것에서부터 페미니즘 안에서 좀 더 급진적인 '과학 문제'를 질문하는 것으로 전개되었다. 즉 이들은 "어떻게 하면 여성들이 과학 안에서, 과학에 의해 좀 더 정당한 대우를 받을 수 있을까 하는 질문을 하기보다 어떻게 하면 너무도 철저히 남성적인 과제들에 관여되어 있는 것으로 보이는 과학을 해방의 수단으로 사용할 수 있을까"[3]를 질문했다.

회의주의의 물음은 여전히 오늘날 과학에 관한 담론 안에서 유효하게 제기될 수 있다. 회의주의야말로 인간 지식의 발달을 견인하는 힘이기도 하다. 이미 우리가 확실한 앎에 도달했다면 과학적 탐구를 더 이상 진행할 필요가 없을 것이기 때문이다. 인간은 이제 겨우 인간 자신을 포함한 주변의 자연과 우주의 작은 일부를 알아가기 시작했으며, 그것들을 다루는 다양한 방법을 발굴하기 시작했다. 기존의 지식 담론에 관해 비판적 성찰을 통한 대안 모색을 시도하는 여성주의 인식론자는 회의주의를 자기 사유의 일단으로 받아들여야 한다. 믿음 체계의 개연성, 잠정성, 상대성, 인간의 오류 가능성을 받아들여야 한다. 회의주의는 계속 머물러 있을 곳은 아닐지라도 어떤 이론적 탐구 활동에서도 반드시 거쳐야 하는 정신의 처소다.

and Science, eds. by E. V. Keller & Helen E. Longino(Oxford University Press, 1996).
3 주디 와츠맨, 『페미니즘과 기술』, 조주현 옮김(당대, 2001), pp. 27~28.

과학과 여성주의

성별 관점에서의 과학에 대한 비판은 초기에는 과학 분야에서 볼 수 있는 여성의 부재와 여성에 대한 차별의 문제를 중심으로 한 것이었다. 과학이나 의학 분야에서 많은 기여를 했음에도 인정받지 못했던 여성들을 발굴해서 그들의 일대기를 부각하는 작업을 한다거나, 과학을 하는 여성들에게 차별적인 교육 제도나 연구 및 고용 관행을 드러내는 것이 비판의 중심을 이루었다. 요즘에도 한국에서는 과학 내 여성 참여의 일반적인 유형을 고찰하여 분석하고, 과학 직종 내에서의 여성의 지위, 고용상의 성차별, 과학과 수학을 여학생들이 기피하게 하는 사회화와 교육 방식, 여성 과학자들의 저조한 출판, 공동 연구를 위주로 하는 과학에서 남성 집단과의 불화와 남녀 간 상이한 문화로 인한 소외, 연구비 수주에서의 불리함, 실험실 문화의 남성 중심성 등에 관한 논의가 있다. 여성 과학자들을 지원하는 독립적인 기구도 만들고 있는 상황이니 한국의 경우는 아직도 과학에 관한 서구 페미니즘 논의의 초기 단계라고도 볼 수 있을 것도 같다. 과학 자체를 여성주의 관점에서 본다는 것은 무엇을 말하는 것일까?

켈러는『과학과 젠더』에서 "자연을 명명하는 일은 과학이 하는 특별한 임무다. 이론들, 모델들, 그리고 묘사들은 정교한 이름들이다. 명명하는 행위를 하면서 과학자들은 '자신이 선택하는 관계와 관점에 따라' 자연을 구성하고 동시에 포용한다. 〔중략〕그러나 〔중략) 과학을 명명하는 일은 사회의 책임이다"[4]라고 주장했다. 객관성을 표방하는 과학도 사회와 문화의 산물로서, 과학적 문제의식 자체가 사회적으로 구성된다는 것이다.

일례로 요즘 DNA 연구에서 과학자들은 유전자에 관한 수많은 정보를 확보하여 유전자 지도를 그려 놓고 있다. 이 정보를 어떤 범주와 문제의식 아래 구분하고 묶어서 분석하는지는 앞으로 유전자 연구에 중요한 일이 될 것이다. 유전자 정보를 모으고 패턴화하는 일은 일면 객관적이고 기계적 과정으로 보일 수 있으나, 그것을 어떤 목적과 관심 아래 분석하고 유전자에 관한 이론을 만들어 내는지는 철저하게 가치중립적일 수 없다. 여기에는 문제의식과 관점이 개입되어 있으며, 그것은 문화와 그 속의 인간 경험과 연결되어 있기 때문이다. 마치 지구 중심의 세계관을 가졌던 브라헤가 태양이 솟아오르는 것으로 보았던 것처럼 생성된 정보에 대한 아주 초보적 관찰과 문제 설정, 과학적 호기심은 자기 삶이 기대고 있는 문화와 담론 안에서 형성된다. 예컨대 많은 과학자들이 아이큐의 차이와 성별 차이의 유전자적 근거를 밝히려고 노력했다. 만일 인간 사회가 현재 우리가 알고 있는 것과 다른 방식으로 진화했다면, 즉 아이큐나 지적 능력, 성별이 사회와 인간관계를 구성하는 데 큰 의미가 없는 사회였다면 그런 의제는 설정되지 않았을 것이다. 유전자 연구뿐만 아니라 다른 많은 과학 연구가 이와 같을 것이다. 다른 문화권 안에서 다른 과학적 사유 체계가 발달한 것도 '과학을 명명하는 것이 사회적 책임'이라는 주장을 뒷받침한다.

4 이블린 폭스 켈러, 『과학과 젠더』, 민경숙, 이현주 옮김(동문선, 1996), p. 27.

서양 과학의 발달은 기독교 문화 내의 세계관과 자연관과 긴밀하게 연결되어 있으며, 신학적 관심과도 긴밀하게 연관되어 있다. 동아시아의 과학적 사유는 음양오행론에 뿌리를 두고 있는데, 음양오행의 세계관 안에서는 사물이나 현상 간의 상호 연관(correlation)을 찾는 일이 중요한 과학적 의제였고, 해결해야 하는 과학적 의제 자체도 그에 따라 만들어졌다. 다른 문화권 내에서 배태된 과학적 사유와 세계관을 비교하는 일은 매우 흥미로운 문제를 우리에게 던져준다. 이제 서양 과학과 기술의 발달은 서양의 과학적 합리성과 세계관을 지배적인 것으로 만들었다. 음양적 세계관에 기초한 설명은 더 이상 과학적 설명이라 할 수 없게 되었다. 서로 다른 두 세계관 안에서 던지는 질문 자체가 다르며, 서로의 질문에 호기심조차 느끼지 않을 수도 있다. 나는 『新음양론』에서 이 문제를 다루었다.

> 서양 학문의 패러다임 안에서 묻고 있는 질문은 음양오행 체계 내에서는 생소한 것이다. 사람들이 질문하고 싶다는 욕구조차 갖지 않았던 것이므로 답을 할 수 없거나, 한다 해도 동문서답 식으로 이루어졌다. 예를 들어 우주의 시작과 끝, 보이지 않는 힘인 중력에 관한 물음이나, 생명의 기원에 관한 물음은 음양오행의 체계 내에서는 물음에 대한 욕구조차 생성시키지 못할 것이다.

음양오행 체계는 한때는 과학적 사유 체계로서 그 역할을 했지만 이제는 문화적 은유 체계로 남게 되었다고 할 수 있다. 그러나 여전히 음양오행 체계에 기초하고 있으면서 음양오행 개념을 과학적, 이론적 개념으로 사용하고 있는 한의학이 제도 안에 남아 있고, 의학적 실천 관행으로 공적 영역 안에서 작동하고 있으며, 한의사의 처방을 질병 치료를 위한 유의미한 방책으로 받아들이고 있기 때문에 단순히 은유 체계라고만 치부하기 어려운 점이 있다. 음양오행의 체계가 가진 과학적 합리성의 성격이 무엇인지는 더 연구해야 한다.

『훈민정음 해례본』에서는 한글 창제의 원리 또한 음양오행의 원리에 입각해 설명하는데, 이러한 점은 여전히 음양적 세계관이 과학적 설명력을 유지하고 있다는 것을 말해 준다. 여기서 과연 이런 설명을 '설명'으로 받아들일 수 있을 것인가의 문제 제기가 있을 수 있다. 예컨대 한의원에서 '피가 부족하다,' '몸이 허하다'와 같은 말을 들을 경우 이를 몸 상태에 대한 설명으로 받아들일 수 있을까? 만일 누군가 설명으로 받아들인다면 그 사람은 그 설명을 통해 무엇을 이해한 것일까? 서양의학의 관점에서 한의학의 진단을 '진단', '병변에 대한 설명'으로 받아들이기 어려울 수 있고, 많은 양의사들이 한의학을 사이비 과학으로 폄하하기도 한다. 그러나 일반 사람들은 어차피 양의학에서 하는 많은 어려운 과학적 설명 또한 잘 이해하지 못할 것이기 때문에 이들에게 양의학에서 하는 설명이 더 잘 되었다고 볼 수도 없을 것이다. 이 문제는 설명이라는 것이 도대체 무엇인가와 같은 질문과도 연결되어 있다. 여기서 내가 말하고자 하는 것은 과학의 보편성, 객관성이라는 개념이 복잡한 결과 층위를 가지고 있다는 점이다.

오늘날 눈부신 기술적 성과로 인해 보편적 세계관으로 받아들이고 있는 서양 과학 내에서 다양한 문화적 배경과 관점이 중요한 것은 과학 자체가 절대적인 진리 체계가 아니기 때문이기도 하지만, 다양성이 과학 담론을 더 풍부하게 만들 수 있으며 새로운 의제 설정이나 창의적 문제 해결을 가능하게 할 수 있기 때문이기도 하다. 과학은 문화를 규정하고 변화시킬 수 있으며 그 방향을 만들어 낼 수 있지만, 또한 그 자체가 문화의 일부로서 문화를 만들어 가는 인간의 가치와 지향, 염원, 선택을 반영하는 것이기도 하다.

여성주의자들은 우리가 현재 가지고 있는 과학적 지식 자체가 이와 같이 사회적 실천의 일부로서 가부장적 지식의 형태를 이룬다고 보았다. 애초에 서구에서 자연(물질, 생성, 감정)과 문화(정신, 이성, 법)의 이분법이 형성되면서 여성은 자연적 존재로, 남성은 문화적 존재로 비유되었다. 주디 와이즈먼(Judy Wajcman)은 『페미니즘과 기술』에서 15~17세기 유럽에서 자연과 과학적 탐구는 남성이 여성과 관계를 맺는 방식 중에서 가장 폭력적이고 여성 혐오적인 방식으로 개념화되었다고 주장한다. 또한 켈러는 『과학과 젠더』에서 생의학 분야의 1983년 노벨상 수상자인 유전학자 바버라 매클린톡(Babara McClintock)[5]의 작업이 젠더 중립적인 과학, 혹은 남성 중심성을 극복한 과학의 성과를 보여 준다고 주장했다. 옥수수를 대상으로 한 그녀의 세포유전학(cytogenetics) 작업은 비록 노벨상을 받기 30년 전에 발표할 당시 남성 중심의 연구 집단으로부터 무시당하고 외면당했지만 자연에 대한 통합적 이해와 경외감이 스며들어 있어서 자연을 단순한 대상물로 보고 있지 않다는 점에서 그렇다는 것이다.

마르크스주의로부터 영향을 받은 입장론적 여성주의자들은 더 나아가 여성적 가치에 근거한 과학, 여성적 가치를 포함하는 과학을 요구한다. 하딩은 "사회생활에서 남성은 그 지배적인 위치 때문에

---

5 https://www.nobelprize.org/womenwhochangedscience/stories/barbara-mcclintock 참조.

부분적"이므로 여성적 가치를 포함하는 과학은 과학 내에서 당연시되는 합리성을 재규정하고 여성적인 것으로 간주되는 직감을 재규정하는 사회적 실천에 기반해야 한다고 주장했다.

> 남성 권력의 토대는 〔중략〕 언어의 산물이 아니며 남성이 여성에게 권위를 행사할 수 있게 하는 모든 사회적 실천의 산물임을 강조하는 것이 중요하다. 인식은 사회관계들의 매개물이다. 우리는 인식을 변형시키기 위해서 현 사회 과학 기관의 근본적인 성격과 과학이 특정 사회집단에 부여하는 정치적 권력의 형태들을 변형시킬 필요가 있다.[6]

그러나 정치적 권력의 형태를 변형하는 일은 말처럼 쉽지 않을 뿐만 아니라 비현실적일 수 있다. 모든 것을 한꺼번에 다 바꿀 수는 없기 때문이다. 설사 혁명과 같은 것을 통해 체제를 전복하여 권력 형태를 변형한다고 문제가 해결되는 것도 아니다. 어떤 사회적 실천(A)을 비판하는 것도 또 하나의 사회적 실천(B)으로서, 이미 그 비판적 실천(B)은 비판하고자 하는 대상적 실천(A)과 많은 것을 공유하기 때문이다. 그렇기에 전면적 비판은 가능하지 않다.

따라서 과학에 대한 비판과 여성주의적 처방은 배를 물에 띄우고 수리하는 실용주의적 관점에서 이루어져야 한다고 나는 생각한다. 가부장제의 바깥에서 사회적 실천을 새롭게 만들어 내는 일은 이론적, 실천적 어려운 난제를 포함한다. 실용주의 관점에서 하는 비판적 노력은 절충주의와 상황주의적 접근으로, 비판으로서의 한계를 내포

---

6 주디 와이즈먼, 『페미니즘과 기술』, p. 40에서 재인용.

한다고 할 수도 있다. 그럼에도 비판적 지점 자체에 대한 성찰은 항상 필요한 일이며, 어떤 이론이라 하더라도 한계와 제한적 맥락 안에서 성립하는 것임을 생각해 보면 실용주의적 노력이 현실적 의미를 갖는다고 본다. 이에 관해서는 여성주의 인식론을 다루는 아래에서 여성주의 관점의 정당성 문제와 연결해서 좀 더 깊이 논의할 것이다.

젠더 혁신

여성의 관점에서 과학을 비판하는 작업은 과학의 의제 설정, 과학적 실행 과정, 과학적 방법론의 혁신적 변화를 포함한다. 비판이 우리를 어디에 데려다 놓을지는 아무도 모른다. 그러나 새로운 창조는 부정과 비판 없이 이루어질 수 없다. 브라헤와 케플러가 그들이 이미 가진 믿음과 가정에 의해 다른 관찰을 하는 것처럼 성별 특성을 반영한 연구와 그렇지 않은 연구 사이에는 기초적인 데이터 수집과 분석, 그에 기초해 수립하는 이론에서 매우 다를 수 있으며, 이론을 적용한 결과에서도 큰 차이를 만들어 낼 것이다.

이 문제는 폭발적으로 늘어나는 생명 생물 연구 분야와 그에 연계되는 의약학 분야, 빅데이터나 인공지능 같은 여타 다양한 과학기술 분야에서 매우 중요하게 받아들여지고 있다. 일례로 「과학기술 연구 개발에서의 젠더 혁신 확산 방안」[7]에서 연구자들은 서구의 생물학, 생명과학 연구에서 '젠더 혁신(gender innovation)'이 일어나

---

7 백희영, 우수정, 이혜숙, 「과학기술 연구 개발에서의 젠더 혁신 확산 방안」, 『기술 혁신 학회지』 20권 4호(2017), pp. 989~1014.

고 있는 점에 주목한다. 성(性)과 젠더 기준을 데이터 수집, 분석 과
정에 도입함으로써 연구 개발 결과물의 수월성과 성과를 판단하는
방법론을 젠더 혁신이라고 하는데, 서구 학자들의 이러한 방법론을
한국에서도 수용해야 함을 연구자들은 주장한다. 성별 특성을 반영
함으로써 연구 자체가 다양하고 풍부한 지평을 가질 수 있으며, 반
영하지 않음으로써 생길 수 있는 오류를 방지할 수 있을 것이다. 인
간의 몸을 대상으로 하는 의학 연구에서 젠더 혁신은 매우 중요하
다. 가령 다음과 같은 경우를 보자.

심장 질환은 주로 남성 질병으로 간주되어 남성을 기준으로 임상 표
준이 만들어지고 치료법이 개발되어 여성은 진단이 지연되거나 잘못
진단되어 치료 시기를 놓치는 경우가 많다고 알려졌다. 이러한 연구
관행은 허혈성 심장 질환이 미국 및 유럽 여성의 가장 큰 사망 원인이
라는 보고와 무관하지 않을 것이다.

잘못된 기준은 남성에게도 피해를 준다. 유럽이나 미국에서 골다공
증 관련 고관절 골절 환자의 3분의 1을 남성이 차지한다. 그러나 골
다공증은 주로 폐경기 여성의 질병으로 알려졌기 때문에 건강한 백인
여성을 기준으로 골다공증 여부를 진단하고 치료법을 개발해 왔다.
그 결과 남성의 골다공증은 진단과 치료가 지연되는 경우가 많았다.
특히 성별 특성을 반영한 결과 남성의 경우 골다공증의 원인이 성선
기능저하증과 과칼슘뇨증과 관련이 있다는 것이 밝혀졌고 여성과 다
른 치료법이 개발되었다. 남성의 병, 또는 여성의 병이라는 젠더 편
견을 제거하고 다른 기준을 세워서 연구한 결과 심장병과 골다공증의
경우 남녀 모두를 위해서 다른 진단 방법과 치료법을 개발하여 연구

개발 결과에 대한 신뢰를 높일 수 있었다.[8]

젠더 혁신은 이제 과학 연구 분야에서는 낯설지 않은 개념이 되어 가고 있다. 과학 연구 내에서 성별 차이의 관점을 도입함으로써 과학 연구와 분석 방법이 새롭게 열릴 수 있으며, 연구 개발에서도 다양한 방향 설정과 시도가 생겨날 수 있다. 이러한 차별적 관점의 도입은 성별뿐만 아니라 나이, 인종, 지역을 축으로 할 수도 있을 것이다. 서양인보다 몸이 왜소한 동양인에게 서양인 기준으로 정한 약 용량은 위험을 초래할 수도 있으며, 젊은이에 맞춘 의료 시스템이 노인이나 어린아이들에게는 불합리할 수 있다. 이런 문제로 인해 점점 더 정밀한 차원과 단위에서 연구하는 생리학, 의학, 생명과학 분야에서 일어나고 있는 젠더 혁신은 굳이 젠더 차이에만 국한할 필요가 없는, 사실상의 연구 다양성 혁신이라 할 수 있다.

이러한 관점을 도입하기 위해 우리가 받아들여야 하는 전제는 인간의 앎은 항상 부분적일 수밖에 없으며, 역사적 우연성과 한계 안에 놓인 연구 의제, 방법, 도구를 사용한다는 점이다. 그렇게 때문에 다양한 접근 방식을 개발하는 것은 인간 앎의 한계를 열어 놓는 역할을 한다. 인간이 아직 다 알지 못한다는 사실, 인간의 앎은 항상 오류 가능성을 내포하고 있다는 사실을 받아들여야 우리는 과학 연구를 계속 수행할 수 있다. 젠더 혁신 또한 그것이 절대적으로 옳기 때문이 아니라 이런 과학의 개연성과 우연성 안에서 우리 삶의 가능성을 더욱 확장하고 더 많은 사람들의 삶을 좀 더 풍부하게 만

---

8 백희영 외, 앞의 글, p. 996.

들기 때문에 의미를 지니는 것이다. 과학의 보편성은 그 결과에 따른 혜택이 모든 사람들에게 공정하게 미치는 것을 포함해야 한다. 과학의 영향이 더욱 커질 미래 사회 안에서 과학 담론 자체에 대한 비판적 성찰과 혁신, 대안적 연구 방법의 개발은 진정한 과학 정신의 발로라 할 수 있다. 자연과학과 또 다른 문제를 가지고 있는 과학기술 내 젠더 혁신의 문제를 다음에서 생각해 보자.

여성적 가치에 기반한 기술

기술은 순수 과학의 응용으로 간주되는 경향이 있었으나, 오늘날 고차원적 기술의 발달은 기술의 이론적 차원을 심화하고 나아가 기술 자체를 이론화하는 경향으로 이어지고 있다. 주디 와이즈먼은 『페미니즘과 기술』에서 기술의 연구와 발달은 순수 자연과학으로부터 독립적인 차원을 갖는다고 주장하기도 했다.

> 기술 과학자들은 결코 자연과학 문화를 응용하지도, 따라서 그에 의존하지도 않으며, 자신들의 고유한 문화적 자원을 소유하고서 그로부터 자신들의 기술 혁신 활동의 주요한 기반을 제공받고 있다.

그러나 순수 과학과 기술의 거리는 점점 더 좁아지고 있다고 나는 생각한다. 과학에 필요한 실험 도구나 데이터 처리 방식이 기술 발달로 변화하고 있으며, 그에 따라 순수 과학의 지식 체계와 기술이 불가분의 관계에 놓이게 되기 때문이다. 수학과 논리의 기반을 공유하고 있는 한 더더욱 불가분적이 될 것이다.

젠더와 기술 간의 관계에 관한 문제는 젠더와 과학에 관한 문제보다 더욱 흥미로워 보인다. 그것은 우리가 이제 기술 없이는 삶을 유지하기 힘든 사회 안에서 살고 있기 때문이기도 하지만, 기술은 그 초기부터 여성의 삶과 밀접한 연관을 가지고 있기 때문이기도 하다. 다양한 생물 채집자, 음식물 가공자, 양육자로서의 여성을 최초의 기술자라고 보는 사람도 있다.

근대 이후 기술의 발달, 특히 생산 기술, 재생산 기술, 가사 기술, 생명공학 기술, 환경공학 기술, 건축 기술, 운송 수단 기술, 정보와 미디어 기술의 발달은 남성과 여성 모두의 삶 전반에 걸쳐 지대한 영향을 미쳤다. 그러나 근대 기술 문명 발전에서 나타난 남성 중심성은 여성을 기술로부터 소외하고 배제하는 결과를 결과를 낳았다.

언뜻 객관적이고 기계적으로 보이는 기술과 권력 간의 관계는 사회철학자, 정치철학자들의 관심을 끌었던 문제였다. 미셸 푸코(Michel Foucault)는 제러미 벤담(Jeremy Bentham)이 설계했다고 하는 팬옵티콘(Panopticon: 원형 교도소)의 건축 형태 자체가 통제 기술을 현실화한다고 보았다. 건물은 그 안에서 삶을 형성하는 사람들을 어떤 식으로 규정하고 건물의 질서에 따라 움직일 것을 물리적으로 명한다.

와이즈먼은 시드니에 있는 현대적 IBM 건물이 팬옵티콘을 연상시킨다고 한다. 칸막이 없이 다양한 용도로 파티션이 가능하게 이루어진 넓은 공간과 유리벽, 경영자 사무실조차 유리벽으로 되어 있어서 일견 위계적이지 않은 환경을 보여 주는 듯 하지만, 현실적으로 이 건물은 부하 직원들에 대한 감시를 더욱 강화할 수 있다는 것이다. 이 구조에서는 감시를 받지 않을 때도 감시를 받는 느낌을 받는데, 이런 구조는 오늘날 사무실의 보편적 구조로 자리 잡아 가고 있다.

기술과 권력의 문제를 젠더 관점에 한정한 초기 논의에서는 기술 분야의 남성 중심성과 여성의 진입을 막는 여러 조건과 기술 발달에 대한 여성의 기여를 부각하는 데 집중했다. 그러나 1980년대 들어서는 이른바 '여성적 가치'에 기반한 기술의 발달을 논하게 되었다. 여기서는 여성적 가치로서 직감, 주관주의, 인내, 동정심과 같은 것이 기술 변화에 역할을 해야 한다고 주장했으며, 이러한 가치와 원리를 내재화하고 있는 여성들이 기술 분야에 참여함으로써 남성 중심의 기술 변화를 종식할 수 있을 것이라고 보았다. 때때로 남성 연구자들도 이것을 주장했는데, 이는 1980년대 에코페미니즘[9]의 주장과 일면 상통하는 면이 있었다.

에코페미니즘에서는 여성이 남성보다 자연에 더 가까운 존재라 여겼으며, 남성이 만든 기술은 남성이 여성을 지배하려 했던 방식과 똑같이 자연을 지배하려 하는 것이라고 주장한다. 특히 군사기술은 가부장제 문화의 대표적 산물로, 미사일 모양은 남근 상징주의를 반영한다고 보았다. 여성은 본래 생명을 키우고 평화를 지향

---

9 1980년대 후반에서 1990년대에 걸쳐 일어난 정치적 운동과 지성적 비판 활동으로서의 에코페미니즘(ecofeminism)은 생태학(ecology)과 여성주의(feminism)의 합성어다. 여성에 대한 억압과 자연에 대한 착취를 함께 묶어 여성의 권리 신장과 자연 회복을 연결하여 가부장제와 자본주의를 극복하기 위한 대안을 모색하고자 했다. 1995년 베이징에서 열린 제4차 여성회의에서는 여권과 환경권이 분리될 수 없음을 천명함으로써 에코페미니즘을 공론화했다. 에코페미니즘은 여성을 자연과 동일시하는 오래된 서구의 이분법을 고착화하고 여성을 본질주의 방식으로 규정했다는 비판을 받기도 하면서 분파가 생기기도 했는데, 이후 활력과 중심성을 잃었다.

하는 존재로서, 기술은 이런 생명 중심의 여성적 가치가 반영된 것이어야 한다고 주장했다. 에코페미니즘은 여성적 가치가 실현되지 않은 기술은 거부하고 생태적 삶을 살 것을 요청했다.

그러나 이에 대해 비판적인 여성주의자들은 오히려 이른바 '여성적 가치'라고 하는 것이 만들어지게 된 사회적, 문화적, 역사적 조건과 배경을 문제 삼는다. 즉 남녀의 전통적인 노동 분업으로 인해 여성은 가정과 가족이라는 사적 세계와 관련한 좁은 범위의 경험만 하게 됨으로써 아이를 낳아 키우는 여성은 마치 태생적으로 생명을 존중하고 평화를 지향하는 모성적 존재인 듯 본질주의적 방식으로 규정했다는 것이다. 여성이 실제로 자연에 가깝고 생명을 존중하는 존재라기보다 성별에 관한 정형화된 생각과 사회적 실천이 그들로 하여금 기술 영역에 들어가기를 주저하게 만들고 기술 문화를 낯선 문화로 여기도록 했다는 것이다.

여성적 가치가 지니는 힘을 내세워 남성 중심적 인간 문명의 방향에 다른 대안을 제시하는 전략은 여성을 필연적이거나 절대적인 것으로 정당화할 수 없는 본질 안에 가두어 사회적 중심 권력으로부터 더욱 멀어지게 할 수 있다. 여성들은 그들이 속한 문화와 전통 안에서 이제껏 자연스러운 것으로 받아들였던 모든 것에 대해 의심하고 새로운 규범과 규준을 찾기 위해 노력해야 한다는 점에서 에코페미니즘은 질적으로나 양적으로 엄청나게 변화하고 있는 기술 문명 안에서 주변화된 여성 삶의 변화를 만들어 내기에는 역부족으로 보인다. 오히려 여성들은 자신들을 '여성적 인간(feminine being, fair sex)'으로 규정하는 배경 개념 체계와 규범 체계를 비판적으로 돌아보아야 한다.

기술 시대, 우리는 어떤 세상에서 살고 싶은가?

　그런데 여성적 가치를 생겨나게 한 사회적 실천을 비판하고 새롭게 규정하기 위해서는 어떤 입장과 전략이 필요할까? 앞서 과학과 젠더의 문제에서 과학이 가부장제와 연관 있다고 해서 과학을 전면적으로 부정하는 것이 불가능한 것처럼 기술이 성별화되어 있는 특징을 가지고 있다고 해도 기술 자체를 거부할 수는 없다고 생각한다. 기술이 가부장적 문화를 바탕으로 하고 있다고 해서 그것을 거부하거나 금할 필요는 없으며, 오히려 여성들이 기술적 업무와 기구에 접근해서 효과적인 정치를 할 수 있는 공간을 만들어야 한다는 와이즈먼의 주장은 배에 탄 채 배를 고치는 사람의 실용주의적 입장과도 맥이 닿아 있다. 우리는 어디서부터인가 출발할 수밖에 없으며, 그 자리는 우리가 현재 있는 삶의 맥락이 될 것이다. 여성들은 그들이 부정하고 파괴해야 하는 체계 안에서 삶을 유지하면서 그 체계에 균열을 내고 지경을 넓힘으로써 이제까지와 다른 혼성적이고 다면적인 체계를 만들어 가야 한다. 실용주의 접근에는 충돌, 돌파, 절충의 과정이 동반된다.
　기술은 인간과 그 삶에 대해 영향력을 확대해 나갈 것이다. 지구상 대부분의 국가에서 남자아이들은 태어날 때부터 체제 유지를 위한 국가 전략 안에 놓이게 된다. 국가는 이들을 교육하고 훈련시키며 국가의 주요 구성원으로서의 자격을 갖추도록 다양한 법제와 사회 정책을 만들어 왔다. 이 국가 전략 안에서 여성은 항상 부차적인 위치에 놓여 있었고, 국가 전략은 주로 여성의 재생산 능력과 가족과 모성의 강화에 맞추어졌다. 가부장 종교가 지배하던 사회에서 이러한 차별적 전략은 더욱 두드러지게 드러났다.

이제 기술이 사회적 힘의 핵심을 구성하는 시대에 성별은 국가 전략 안에 어떻게 위치하게 될 것인가? 인공지능의 시대에 성별은 유의미한 범주가 될 것인가? AI 로봇에도 성별을 부과할 것인가? 여성의 목소리를 가진 AI와 남성의 목소리를 가진 AI가 어떤 역할을 수행하도록 할 것인가? 전통적 성별 역할과 고정관념을 어떻게 미래 사회에 투사할 것인가? 흑인 배우가 연기하는 신데렐라, 아시아인의 얼굴을 한 예수, 여성의 모습으로 나타난 하나님의 형상에 사람들이 적응하는 데 어려움을 겪거나 나아가 적응하기를 거부할 수 있는 것처럼 AI가 일상화된 환경 안에서 어떻게 성별적 특성을 사회적, 문화적으로 구현할 것인가는 지금부터 고민해야 하는 문제다. 기술 자체는 가치중립성을 가지고 있지만 그것을 사용하는 사람과 그것이 이용되는 방식은 가치중립적이지 않다. 그렇기 때문에 여성들은 기술과 기술 담론에 빠르게 진입해야 하고, 국가가 여성의 기술 교육에 적극적으로 개입하도록 요구해야 한다.

생명공학의 발달은 황우석 박사의 예에서 보듯 남성적 관점이 여과 없이 투영될 경우, 여성은 한갓 난자 제공자와 같은 기술의 대상으로 전락할 우려가 있다. 영화 〈내츄럴 시티〉는 기술이 훨씬 앞서 있는 미래 사회를 배경으로 하는데, 영화 속 사람들의 삶의 양태와 가치는 20세기 혹은 그 이전을 반영한다는 면에서 아이러니하다. 여기서 여성 로봇은 아름답고 성적 매력을 가진 존재로 만들어지며, 남자 인간의 성적 파트너로서의 역할을 수행한다. 남성적 관점에서 영화가 만들어졌기 때문에 발생한 상황일 것이다. 남성 중심의 정보 기술 발달은 여성을 정보 기술로부터 배제하는 경향을 심화하며, 남성적 욕망과 남성 문화에 바탕한 게임의 개발은 어린 시절부터 기술에 대한 성별 분리적 태도를 키우는 데 중요한 역할을 하고 있다.

　이제 새로운 기술의 발달은 여성들에게 어떤 세상에 살고 싶은지 선택할 것을 요구하고 있다. 새롭게 등장하는 기술은 여성에게나 남성에게 모두 새로운 것이기 때문에 여성이 혹은 국가가 어떤 선택을 하는가에 따라 우리가 생각지도 못한 상황이 전개될 수 있다. 여전히 가부장적인 종교와 가치 체계, 퇴행적 정치 체제, 봉건적 사회규범의 지배 아래 있는 많은 아시아 여성들에게 오늘날 기술의 비약적 발전은 새로운 기회를 만들어 낼 수 있다. 포스트휴머니즘 관점의 여성주의 철학자인 도나 해러웨이(Donna Haraway)는 「사이보그 선언(A Cyborg Manifesto)」에서 다음과 같이 말했다.

　　사이보그는 유기체적 가족 모델하의 공동체를 꿈꾸지 않는다. 이제 오이디프스적 프로젝트 같은 것은 없다. 사이보그는 에덴동산을 알아보지 못할 것이다. 사이보그들은 예의 바르지 않다. 그들은 우주의 새 일원이므로 기억할 우주도 갖고 있지 않다. 그들은 통합은 경계하지만 연결은 필요로 한다. 연합 진보 정치에 대한 자연스러운 감이 있는 것처럼 보이지만 선봉적 당은 없다. 사이보그의 가장 큰 문제는 물론 그들이 국가사회주의는 물론 군국주의와 가부장적 자본주의의 사생아들이라는 것이다. 그러나 사생아들은 종종 그들의 시조(始祖)에 지극히 불충(不忠)하다. 그들의 아버지가 누구인지는 사실 아무 상관이 없다.[10]

10　https://web.archive.org/web/20120214194015/http://www.stanford.edu/dept/

기술은 인간의 성별에 상관없이 누구에게나 신천지를 열어 놓는다. 그것으로 무엇을 할지, 어떤 세상을 만들지는 남성과 여성 모두의 과제다. 그 어느 때보다도 선택이 중요한 시대가 되었다. 해러웨이의 주장처럼 사이보그에게는 가부장제의 그늘이 드리워져 있지 않기 때문에 기술 발달의 초기 단계에서 젠더 혁신의 관점을 가질 필요가 있다. 아직 때 묻지 않은 신천지에 백인 남성 중심의 서구 문명의 배경에 있는 세계관과 가치가 커다란 깃발을 세우기 전에 다양한 인종과 문화의 여성들이 기술의 영역에 적극 진입해야 한다.

기술이 가치중립적으로 보일 수 있지만, 기술은 언제나 인간 문화 안에서 누군가에 의해 사용되는 것이기 때문에 겉으로 보이는 것처럼 중립적일 수가 없다. 인공지능, 빅데이터의 발달은 지배 권력을 더욱 보이지 않는 것으로 만들 수 있으며, 지배의 양상 또한 미세한 차원에서 더욱 정교하고 교묘해질 수 있다. 지배 권력은 더 깊고 세밀한 곳에서 작동하면서 개인들은 의식하지도 못하는 사이에 기술이 주는 편리함에 취한 채 권력의 조직화에 종속되고 지배적 기술 문법을 자연스러운 것으로 받아들이게 될 수 있다. 빅데이터 시대에 정보와 알고리즘의 편향성은 여성에게뿐만 아니라 다양한 계층과 연령층의 사람들에게 여러 사회적 문제를 초래한다.

캐더린 스틴슨(Catherine Stinson)은 「알고리즘은 중립적이지 않다(Algorithms are not neutral: Bias in collaborative filtering)」라는 논문에서 편향된 데이터와 편향된 알고리즘 생산자만이 문제가 아니라 알고리즘 자체가 편향될 수 있음을 주장했다. 반복적인 정보 필터링 알

HPS/Haraway/CyborgManifesto.html

고리즘 일반은 알고리즘이 추천하는 문서 사용자들로부터의 데이터를 학습하는 과정에서 선택 편향을 만들어 낸다. 이것은 단순히 통계적 의미에서의 편향이 아니다. 이런 편향은 차별적인 결과를 만들어 낸다. 주변화된 사람들의 데이터를 인공지능 알고리즘이 학습할 수 있는 기회 자체가 적을 수 있고, 한정된 데이터를 통계적으로 균질화(homogenize)하는 과정에서 주변화된 사람들은 더욱 주변화될 수 있다.[11]

얼마 전 미국에서 새로 개발한 안면 인식 장치가 흑인, 아시아 여성들을 인지하지 못하여 출입문 개폐가 차별적으로 작동하는 오류가 발생한 일이 있었다. 반복적 기계 학습이 이루어진 데이터가 주로 백인 남성들로부터 얻은 것이기 때문일 테지만, 그 기관을 출입하는 대부분의 사람들이 백인 남성들이라면 그로부터 얻은 데이터를 반복 학습한 결과로 만들어진 알고리즘이 차별적으로 작동하는 것은 기계의 관점에서는 당연한 일일지 모른다.

이 세상이 차별적으로 구성되어 있다면 수집된 정보를 학습하는 AI 알고리즘 또한 차별적으로 편향되게 만들어질 것이다. 역사적 차별이 알고리즘 안으로 프로그램되어 고용, 신용, 교육, 경제 활동과 관련한 미래의 결정 또한 차별적이 될 수 있는 것이다. 예컨대 부자들은 더 자주, 더 많이 상품을 구매한다. 소비자 데이터는 많이 소비하는 이들로부터 얻어질 것이고, 이 데이터로부터 만들어지는 알고리즘은 이들의 선호와 취향을 반영하게 될 것이다. 가난한 사람들은 데이터 수집 단계에서도 주변화되지만 알고리즘 구성 단계

---

11 https://arxiv.org/abs/2105.01031

에서도 데이터를 균질화한다고 하더라도 주변화되는 위험을 피하기 어렵다. 빅데이터를 기반으로 모든 것이 작동하게 될 미래 세계에서 데이터 편향과 알고리즘 편향을 어떻게 극복할 것인가는 매우 중요한 문제가 될 것이다.

빅데이터는 이미 우리가 태어나 살고 있는 세계 안에서 만들어진다. 기왕의 생각과 가치와 편견과 제도적 관행이 고스란히 집적되어 있는 빅데이터에 기반해서 복지, 고용, 입시와 같은 사회 정책 입안을 위한 수학적 모델을 만드는 경우, 그 모델은 기존 세계의 규범과 가치, 질서를 어떤 식으로든 반영하게 된다. 그리고 그 모델에 기반하여 사람들을 평가하고 그들의 행동을 특정 방식으로 규율하게 되면 그것은 기존 규범을 재생산해 내는 더욱 강한 모델이 될 것이다. 그렇다면 빅데이터를 이용해 세상을 변화시킬 수 있는 가능성이 더욱 요원해질 수 있다. 세계가 디지털화되고 수학화되면 될수록 소외된 주변인은 더욱 주변화되는 일이 생길 수 있는 것이다.[12]

이러한 일을 막기 위해서는 수학적 모델링이 이루어지기 이전의 초기 조건에 개입할 수 있어야 하는데, 그것은 과연 어떻게 가능할까? 빅데이터가 형성되고 있는 실재 자체에 대한 개입이 과연 가능할까? 수학적, 이론적 모델 내 변수를 어떻게 설정하고 어떤 균질화의 작업을 거쳐야 할지를 어떤 레벨에서, 어떤 시각 안에서 누가 결정할 것인가? 과학적, 수학적 객관성의 이름으로 만들어지는 것이 가질 수 있는 편향성과 불공정성을 어떤 기준에서 드러낼 수 있

---

12 빅데이터가 불평등을 생산하는 예는 다음의 책을 참조할 수 있다. 캐시 오닐, 『대량 살상 수학무기: 어떻게 빅데이터는 불평등을 확산하고 민주주의를 위협하는가』, 김정혜 옮김(흐름출판, 2017).

는가? 이러한 물음은 여성들에게만 중요한 것이 아니라 가짜 뉴스
와 여론 조작이 사회 문제가 된 세상에서 누구에게나 생각해 보아
야 하는 중요한 것이 되었다.

기술 시대를 대하는 여성주의적 전략

삶의 모든 영역 안에 이미 깊이 들어와 있는 기술에 대한 효과적
인 여성주의적 접근은 기술에 대한 전면적 부정이 아니라 비판적
거리를 유지하면서 모든 기술 실천의 영역에 속속들이 개입하는 것
이다. 기술에 대한 이해를 높임으로써 기술 변화의 방향을 좀 더 여
성 친화적인 쪽으로 유도할 수 있을 것이다. 성별 감수성에 바탕을
둔 기술 발달은 그것이 충분히 오래 지속될 경우, 역설적으로 여성
과 남성을 넘어서 성별에 상관없는, 모든 인간을 위한 것이 될 것이
다. 끊임없이 개별화된 삶의 목적을 위해 과학과 기술의 변화 추이
를 관찰하고 그 방향과 사용에 관한 문제 제기를 생활 영역 곳곳에
서 하는 것이야말로 전면적 부정보다 지난한 일이 될 것이다.

여성주의가 목표로 하는 것은 여성만의 번영을 위한 것이 아니라
궁극적 휴머니즘을 성취하는 것이다. 이러한 목표와 방향을 공유
하는 한 여성주의 내의 기술에 관한 전략적 입장의 차이는 크게 문
제될 것이 없을 것이다. 갈등하는 입장들조차도 그것이 또 다른 전
체주의적 이데올로기를 목표로 삼지 않는 한 상호 보완적인 것으로
남을 것이다. 예를 들어 여성들도 기술을 적극적으로 배우고 기술
개발에 개입해야 한다는 입장과, 기술 개발 자체에 소극적인 에코
페미니즘은 상호 갈등하는 것처럼 보일 수 있다. 그러나 에코페미

니즘을 지지하는 이들도 잘살 수 있기 위해서는 기술에 대한 이해가 있어야 한다. 그래야만 비판과 대안 모색이 현실성을 확보할 수 있을 것이다. 이에 나는 다음과 같은 여성주의 전략을 제시한다.

첫째, 이른바 남성의 분야라고 간주되어 온 분야에 여성이 많이 진출한다. 여성을 대상으로 한 과학과 수학 교육을 강화하여, 여성이 기술에 대해 가진 공포와 거부감을 없애고 여성 친화적 기술을 창안한다. 여성이 과학기술이라는 권력의 주변부에 머물면 여성의 대상화는 심화하고 영속화될 것이다.

둘째, 여성적 가치를 반영하는 혁신적 과학을 수행한다. 일례로 난자, 성호르몬, 생명에 대한 재해석, 여성 삶에 기반한 대안 논리와 게임 개발, 성평등 가치에 기반한 AI와 알고리즘 개발 등을 들 수 있다. 여성 관점을 끈질기게 유지하며 연구를 수행하면 새로운 의제를 개척하여 새로운 결과를 만들어 낼 수 있을 것이다. 이런 것이 모이게 되면 기존의 과학 패러다임에 충격을 주고 변혁을 가져올 수 있다.

셋째, 다양성과 차이를 포괄하는 연구 기반을 구축하고 미래 사회가 요구하게 될 새로운 가치 창안을 지향한다.

인식은 의식을 가진 존재가 생존을 위해 세계를 해석해야 하는 상황에서 생겨난다. 한 존재가 세계를 마주하는 접점에서 의식 현상이 생기고, 의식 활동은 감각, 개념, 감정뿐만 아니라 온축된 배경 믿음 체계를 매개로 일어난다. 눈앞에 보이는 단순한 대상에 대한 판단도 단순하지 않다. 그 이유는 우리의 의식 내부에서 일어나는 매개의 과정이 단순하지 않기 때문이다. 전통적으로 서양철학자들은 매개의 과정에 관심을 가졌지만 실질적으로 그 과정을 기술하는 문제보다는 인식의 정당성 문제에 관심을 기울여 왔다. 인식의 가능성이나 객관성에 대한 회의주의의 도전이 서양의 지적 전통 안에 끊임없이 있어 왔기 때문이다.

인식은 본래적으로 인식 주관과의 연관을 떼어 놓을 수가 없으며, 그런 의미에서 인식의 객관성은 인식 주관과의 연관 안에서 설명되어야 하는 문제였다. 그러나 인지심리학, 신경생리학 등의 세부적 과학이 전문 영역으로 발전하면서 이전 철학의 문제는 과학으로 넘어갔다. 이제 철학자들은 인식 주체를 떠난 인식이나 지식, 언어적 의미화 작용이나 의사소통과 같은 언어 활동에 더욱 관심을 갖게 되면서 객관성 문제에 대해 좀 더 다양한 접근을 하게 되었다. 감각 경험과 자료를 인식의 증거로 삼거나(경험주의), 증거를 증거로 만드는 선험적 원리를 찾으려는 시도(합리주의) 외에 믿음 체계 전체의 정합성을 높이는 데서 객관성을 확보하고자 한다거나〔정합론, 전체주의(holism)〕, 객관성보다는 인식에 근거한 우리의 삶이 제대로 작동하는지(실용주의), 언어적 의사소통이 합리적으로 구성되는지(위르겐 하버마스), 상식적 믿음 체계와 잘 부합하여 합리적으로 수용 가능한지를(존 듀이, 힐러리 퍼트넘) 더 중시하는 흐름이 있었다. 여성주의 철학에서도 인식의 객관성 문제는 '누가 아는가', '누구의 지식인가', '누구의 합리성인가'와 같은 물음을 통해 인식의 관점 문제와 연결되어 중요한 문제로 부각되었다.

이제 여성주의 인식론에서 객관성의 문제는 첫째, 인식의 객관적 토대를 '제대로' 밝히는 작업(때로는 과학의 힘을 빌려서라도), 둘째, 인식이 근본적으로 개인적이라기보다 사회적이라는 생각을 바탕으로 집단적 인식 주체를 설정하고 집단적 지식이 어떻게 객관성을 가질 수 있는지를 밝히는 작업, 셋째, 절대적 객관성은 하나의 인식적 이상일 뿐 현실에서는 가능하지 않은 것으로서 인식(지식)과 관심, 욕망(의지), 권력, 지배의 연관을 밝히는 작업으로 전환된다. 따라서 인식론은 불가분적으로 윤리학, 정치학과 연결된다. 이 문제는 후술하는 여성주의 인식론에서 다룰 것이다. 그 전에 여성주의 인식론이 성립하기 위한 방법론적 전제를 우선 논하고자 한다.

2장

방법으로서의 여성

누구의 관점에서 본 보편성인가?

철학은 통상적으로 보편적 지식을 추구한다고 말해진다. 즉 특정한 사람들에 관해서가 아니라 모든 인간에 해당하는 이야기를 다루고, 특정 대상에 대한 지식보다는 대상 일반에 대한 지식을 목표로 한다는 것이다. 철학이 인간에 관해서가 아니라 남성이나 여성에 관해 말한다면 그것은 사회학이나 정치학, 심리학의 연구 주제일지언정 철학의 연구 주제는 아니라고 생각할 수 있다.

그런데 철학에서 추구하는 보편성을 조금 자세히 살펴보면 누구의 관점에서 본 보편성인지를 물을 수 있다. 철학에서 '인간'에 관해 말할 때 인간은 대체로 남성이었으며, '인간의 삶'을 이야기할 때 그것은 대개 남성의 삶을 지칭하는 것이었다. 고대 그리스 철학자 아리스토텔레스가 '한가함 속에서의 관조야말로 인간에게 행복을 주는 삶의 형식'이라고 했을 때 그것은 남성 자유인의 삶을 기본으로 해서 말한 것이었다. 여성과 노예는 스스로 여유로운 시간을 가질 수 없는 이들로서 철학자의 시야에는 들어와 있지 않은 존재들이었다.

참된 의미의 보편성은 실질적으로 모든 사람들을 포괄하는 것이어야 하는데, 애초부터 삶의 이상에 가까이 갈 수 없는 사람들에게 이렇게 보편적 진리라 포장된 것이 어떤 의미를 가질 수 있을까? 이러한 문제의식 아래에서 특정한 삶의 맥락에 처한 사람들이 물음을 던질 수 있을 것이다. '여성으로서, 혹은 동양인으로서, 혹은 한국인으로서 어떻게 철학적 텍스트를 읽고 철학적 진리를 논할 것인가?'와 같은 물음이 그것이다.

여성의 관점에서 세계와 인간의 삶을 바라보는 일이 왜 필요할까? 그것은 인간의 지식이 항상 부분적이라는 데서, 그리고 그 부분적 지식에 기초해 타자를 재단하고 지배하는 데서 생겨난다. 우리가 추구하는 진리는 근본적으로 그 진짜 모습을 포착하기가 어렵거나 불가능하다. 실재와 진리를 아직 다 알지 못하기에 과학적 연구가 성립하며 과학의 발전을 이룰 수도 있는 것이다. 결국 우리의 앎은 인간의 한계 내에서의 앎이다.

진리가 무엇인지 알 수 없는 상황에서 우리는 단지 진리를 규정하는 다양한 방식에 노출되어 있을 뿐이다. 저마다의 방식이 진리 주장을 하고 있으나 어떤 방식이 맞는지를 결정하는 것도 실상 이론적으로 불가능한 일이다. 신의 관점을 가진 사람은 아무도 없기 때문이다. 저마다의 방식으로 진리를 주장하고 있다는 이 사실이 진리 탐구가 끝날 수 없는 이유이기도 하다. 어떤 방식이 맞는 것인지를 결정하기 위해서는 '어떤 관점'에서 그 진리를 볼 것인가가 중요해진다. 관점의 중요성은 바로 우리가 전체적 진리를 모른다는 데서 생겨난다. 전체적 진리는 알 수 없고 오직 부분적 진리만을 알 뿐이이라면 진리에 접근하는 다양한 방식이 있을 수 있음을 인정해야 하며, 관점은 여기서 중요해지는 것이다. 어떤 진리 주장도 부분적 진리를 조망하는 관점에서 이루어진 것이기 때문이다.

이제껏 우리가 보편적 진리로 받아들여 온 것이 실상 어떤 특정 집단의 삶을 바탕으로 그들의 필요에서 생성된 것이었다면 우리는 스스로의 믿음 체계에 관해 질문해야만 한다. 오늘날 보편적 진리라 여기는 서구의 과학도 서구인들의 세계관과 삶의 필요에서 형성된 것이었다. 삶의 필요와 세계관은 상황과 처한 위치에 따라 매우 다양할 수 있다. 세계화가 고도로 진행된 오늘날 우리는 매우 균질화된 세계 안에서 살고 있지만, 또 과연 그러한지를 질문할 수 있다. 내가 믿고 있는 것은 과연 누구의 것인가? 과연 나의 믿음은 누구의 관심과 어떤 관점을 반영하고 있는 것인가?

이런 물음을 통해 나는 나의 고유한 철학적 출발점을 만들 수 있을 것이다. 나는 여성 철학자로서, 한국 여성으로 자아 정체성을 가지고 살아왔다. 한국 문화의 규범을 바탕으로 삶을 이루어 왔다는 사실이 내 철학적 문제의식의 출발점을 이룬다. 그런 관점에서 나는 내가 접하는 많은 정보와 지식을 점검하고 살피고자 노력한다. 여성을 방법으로 삼는다는 것은 여성을 생물학적 범주나 분류 개념으로 받아들이거나, 문화 내의 분류적 의미 개념으로 보아 그 의미를 탐구하는 것이 아니라, 여성의 관점에서 그 분류 체계나 의미 체계 자체를 비판적으로 검토하고 생각해 보는 것을 의미한다. 즉 분류적 개념과 의미를 생성시킨 바로 그 담론 체계 자체를 검토한다는 것이다.

물론 자신이 속한 담론 체계 자체를 문제 삼는 데는 이론적 어려움이 있다. 비판해야 하는 것을 이미 전제로 삼고 있는 논점 가정의 문제로서, 이것은 어떤 종류의 비판 행위도 자유로울 수 없는 문제다.[13] 그럼에도 비판자는 칸트적 의미의 선험적 관점을 비판의 지점으로 가설적으로나마 설정해야 한다. 그렇지 않으면 비판을 다시 비판해야 하고, 그 비판을 또 비판해야 한다. 그리고 그 비판의 과정은 이론상 무한히 이어 가야 할 것이다. 여성으로 살면서 여성을 비판적으로 바라보는 데는 이러한 방법론적 불안이 항상 수반된다. 여성이 여성 자신을 대상화해서 바라보는 것이 어려운 것은 한 개별 자아가 자신을 대상화해서 분석하는 것이 어려운 것과 같다.

여성을 방법으로 삼는 것은 문제를 바라보는 비판적 관점을 '여성'으로 설정하는 것이다. 여성은 하나의 집합적 단위로 존재하는가, 여성이라는 일반적 실체가 있는가, 여성 일반이 가진 특성을 규정할 수 있는가와 같은 문제가 여기서 제기될 수 있다. 그럼에도 여성을 방법으로 삼는 입장에서 보았을 때, 아직 인간의 문명이 성별적 차이를 매우 중요한 기반으로 삼고 있으며 여성의 몸을 가지고 있는 데서 발생하는 다양한 사회적, 문화적 문제가 발생하고 있는 상황 속에서 여성을 관점화할 근거가 있다고 생각한다. 우리는 이

---

13 이 역설의 문제는 철학이라는 지적 활동의 성격과 관련된 것이기도 하지만 인간 삶과 이성이 처한 특이한 상황과도 연관된 것으로서, 논리적인 것이기도 함과 동시에 형이상학적 역설이기도 하다. 거짓말쟁이의 역설이나 러셀의 역설을 논리적, 수학적 방식으로 다룰 수도 있으나 자아, 신, 우주, 삶의 의미와 같은 형이상학적 문제와 관련해서도 다룰 수 있다.

와 같은 방식으로 방법으로서의 동아시아, 방법으로서의 한국 등의 주제를 발전시킬 수 있을 것이다. 방법은 문제의 사태에 다가가기 위한 도구가 되는 동시에 탐구해야 할 문제 자체를 생성시키고 보이게 드러내는 중요한 지렛대다.

진리에 이르는 방법은 여럿이다

인간이 가진 모든 지식은 주관(subject)과 객관(object)이 만나서 생성된다. 철학자들은 진리를 규정하려고 오랫동안 노력해 왔다. 대체로 서양의 관념론자들은 진리를 객관에 대한 주관의 규정적 산물로 받아들였고, 실재론자들은 인간의 주관과 독립해 객관적으로 실재하는 그 무엇으로 받아들였다. 어떤 입장이든 간에 인간은 어쩔 수 없이 자신의 한계 안에 놓여 있기 때문에 전체 진리는 사실상 알 수 없다.

관념론으로부터 영향을 받은 철학자들은 진리를 하나의 아포리아(aporia), 즉 막다른 길 또는 난국으로 보았고, 그것으로부터 벗어나기 위해 고군분투했다. 그러나 진리는 알려지지 않았기에 다양한 학문 분야 안에서 끊임없이 탐구하는 것이고, 진리에 관한 논의는 여전히 철학의 중요한 주제가 되는 것이기도 하다. 진리를 무엇이라 규정하는 순간 진리는 제한된 규정 안에 갇히게 되고, 그런 제한에 상대적으로만 성립하는 부분적 진리가 되고 만다. 진리 탐구가 지속될 수 있는 것은 역설적이게도 진리를 아직 발견하지 못했고 앞으로도 발견되기 어렵다는 비관론이 전제되어 있기 때문이다.

진리 자체가 도달하기 어려운 것이라면 우리가 노력을 기울일 수 있는 것은 진리를 찾기 위한 방법을 탐색하는 일일 것이다. 여러 방법을 찾아 노력을 기울인다면, 혹은 이제껏 존재하는 방법을 모두 탐색한다면 어쩌면 부분적 진리를 모아 전체 진리를 포착할 수도 있지 않을까? 이런 이유로 진리보다 진리 방법론이 더 중요하다고도 할 수 있다. 서양철학 안에서 변증법(dialectics)은 고대 그리스에서 진리 탐구의 방법으로 출현했다. 문자 그대로 말을 통해, 대화를 통해 증명하는 것이 변증법이다. 내가 진리를 모른다면 나와 다른 생각, 나아가 반대되는 생각과의 대화 안에서 진리를 찾을 수 있지 않을까? 직접적으로 진리를 발견하는 일이 막혀 있다면 지그재그의 방식으로 이것과 저것을 교차시키고 통합하여 통괄함으로써 나름대로 진리를 찾을 수 있지 않겠는가? 이것이 변증법을 진리 방법론으로 고안한 동기다.

진리가 스스로 현시되지도 않고 절대적인 모습으로 드러나지도 않는 것이라면, 혹은 설사 진리가 현시되어 있다고 해도 우리의 능력이 그것을 포착하는 데 부족하다면 우리는 진리의 다양한 모습, 즉 진리 다원성을 받아들여야 한다. 진리란 저 멀리에 있으면서 우리를 부르는 것이 아니라 '지금 여기'라는 구체적 맥락으로부터 출발하여 다양한 것을 섭렵하는 인간 활동의 끝에서 어렴풋이 드러나는 무엇이라는 것을, 또는 진리 규정은 항상 부분적이고 잠정적이라는 것을 받아들여야 한다.

변증적 사유는 동양과 서양 모두에서 오래된 기원을 가지고 있다. 변증법을 의미하는 희랍어의 어원은 대화나 토론을 하는 것을 뜻한다. 'dia'는 'dialogue' 같은 말에서 보듯이 상호적인 교류를 뜻한다. 인간의 이성은 변증적이다. 즉 인간 이성은 그 자체만으로 직접적으로 진리에 이르거나 진리를 보여 줄 수 없고 언제나 다양한 대립적 규정들 또는 반대의 것들을 통해 진리를 찾아가는 정신운동 또는 정신 활동이라는 뜻이다. 파르메니데스가 말한 일자(一者)의 세계 안에서 운동은 불가능하다. 인간은 무엇을 생각하면 반드시 그 반대의 것이나 대비되는 것, 대안적인 것을 생각할 수밖에 없고, 자신과 다른 생각과 의견을 가진 사람들을 만날 수밖에 없다. '아'라는 말은 '아가 아닌 것이 아니다'를 함의한다. 즉 '아'는 '오'도 아니고 '우'도 아니며 '에'도 아니다. 그래야 '아'가 성립한다. 내가 무엇을 말하거나 무엇인가를 의미할 때, 거기에는 이미 다른 것, 반대되고 대립되고 차이 나는 모든 것과의 연관이 가정되어 있다. 이 문제는 서양철학의 역사 안에서 모순율에 관한 형이상학적 논의 속에서 오랫동안 다루어졌다.[14]

진리는 처음부터 완전한 형태로 우리에게 나타나지 않는다. 이러한 생각은 동양과 서양의 철학적 맥락 모두에서 찾을 수 있다. 동아시아 지적 전통 안에서 균형과 중심, 조화를 찾는 노력은 시중론(時中論)으로 압축할 수 있을 것이다. 『주역』의 전체를 통괄하는 개념도 '시중'일 것이다. 때에 맞추어 행동한다는 의미의 시중은 시간을 초월해 절대적으로 정해진 진리란 없는 것이고, 때에 따라 그에 맞는 길을 찾는 것이 지혜라는 것이다. 진리(中)란 없고 윤리적 맥락에서 '중(中)', '때에 맞다'는 것은 절대적으로 주어지는 것이 아니라 매우 긴장된 정신 활동 안에서 궁구해야 얻을 수 있는 것으로서, 동아시아인들은 이를 성인의 지혜로 받아들였다.

---

14 이에 관한 논의는 김혜숙, 『칸트: 경계의 철학, 철학의 경계』(이화여자대학교출판부, 2011) 참조.

『논어』의 「자한(子罕)」 편 3장에서 공자는 공력이 많이 드는 삼베로 만든 치포관(緇布冠)을 쓰는 것이 예전의 예법이었지만 자기 시대에는 좀 더 손이 덜 가는 명주실로 만든 치포관을 쓰는 것이 예라 하면서 자기는 지금의 예법을 따르겠다고 밝힌다. 그런데 곧이어 신하가 왕에게 인사를 드릴 때 당 아래에서 절하는 것이 옛날의 예법이었는데 요즘에는 당 위에서 절을 한다고 하면서 자신은 지금의 예법이 교만하다고 생각하니 옛 예법을 따라 당 아래에서 절을 하겠노라고 한다.[15]

무엇이 적절하고 옳은지에 관한 판단은 상황 안에서 해야 하는 것인데, 이를 위해 필요한 것이 성인의 지혜다. 성인의 지혜는 타고나는 것이라기보다는 유가 철학의 맥락 안에서는 끊임없는 수양과 도덕적 성향과 품성의 지속적인 함양, 습관의 차원으로 실현된 덕의 도야를 통해 겨우 가질 수 있는 것이다. 따라서 일상생활에서의 실천을 통해 도덕적 감을 배양하고 도덕 정서와 감정을 키우는 일이 매우 중요해진다.

진리는 절대적으로 객관적 방식으로 제시되는 것이 아니라 사태의 양단을 들어 변증적으로 깊이 생각해 보는 가운데 알게 되는 것이다. 공자 또한 「자한」 7장에서 자기가 아는 것이 없지만 무지렁이 범부가 만일 묻는다면 그것이 아무리 별 내용 없는 것이라 해도 양단을 잡아 밝혀 주었다고 말한다.[16] 중용(中庸)의 도는 수학적 가운데를 말하는 것이 아니라 이렇게 이것과 저것을 생각해 본 뒤 '의리'

---

15 子曰麻冕 禮也 今也純 儉 吾從衆. 拜下禮也 今拜乎上 泰也 雖違衆 吾從下.
16 子曰吾有知乎哉 無知也. 有鄙夫問於我 空空如也 我叩其兩端而竭焉.

에 맞는 적절성[17]을 선택하는 것을 의미한다.

『장자』 내편 중 「제물론」에서 장자는 변증적 통일로서의 '밝은 지혜', '지도리'라는 개념을 말한다. 이에 의하면 참된 진리는 처음부터 이것 아니면 저것으로 드러날 수 없는 것으로서, 이런저런 대립을 지양한 경지, 또는 이것이면서 저것인 것으로 상대성을 벗어난 경지다. 만물은 이것 아니면 저것이다. 그러나 이것은 저것으로부터 오거나 저것이 이것으로부터 온 것이기도 해서 서로 물고 물리거나 돌고 도는 관계에 있다. 저것으로부터는 보이지 않는 것이 이것으로부터 보면 알 수 있다. 이것과 저것이 모두 동시에 생겨난 것으로서, 이 세상의 사물이나 사태는 모두 서로에 대해 상대적인 것으로 일면적 진리만을 드러낸다. 이것은 '이것 아니면 저것'이라는 전체 맥락 안에서 이것으로 저것과 불가분의 관계에 있으며, 저것으로 인해 이것이 되기도 하며 이것으로 인해 저것이 되기도 한다. 삶이 없으면 죽음도 없고, 가능함이 없으면 불가능도 없으며, 옳음과 그름도 마찬가지다.[18]

참말은 거짓말이 있기에 참말이 되므로 거짓은 참말을 가능하게 하는 필요조건이 된다. 이처럼 모든 것은 상대적이거나 상호적 관계에 있기 때문에 어느 하나를 절대화하여 진리라 할 수 없다. 장자가 말하는 피시(彼是)의 관계 논리는 변증적 사유의 일단을 공자보다 더 잘 보여 준다. 참된 진리는 하나로 드러나지 않는다. 저것과

---

17 정자(程子)는 주(註)에서 의리에 해가 되는가 아닌가가 판단의 기준이 되어 공자가 지금의 예법을 따를지 아닐지를 결정한 것이라고 한다.

18 物无非彼 物无非是. 自彼則不見 自是則知之, 故曰 彼出於是 是亦因彼, 彼是方生之說也. 雖然 方生方死 方死方生, 方可方不可 方不可方可, 因是因非 因非因是.

이것(彼是), 타자와 나(彼我)의 맞물림 속에서만 드러난다. 오직 성인이나 진인(眞人)만이 남의 설을 따르지 않고 이런 상대성 안에서 상대성을 생겨나게 하는 뿌리를, 그리고 모든 상대성을 넘어서는 합일된 전체 안에서 사물의 진상을 볼 줄 안다. 저것과 이것이 서로의 상대로 만나지 못하는 상황, 즉 문의 열림은 반드시 닫힘과 만나야 하나 문의 중심축인 지도리는 그런 상대성을 넘어서 있다. 이를 가리켜 도의 지도리, 즉 도추(道樞)라고 한다.[19] 과연 현실에서 도추의 지혜를 가진 이런 성인을 만날 수 있을까?

우리가 이것과 저것을 모두 함께 볼 수 있는 전체적 관점(이를 형이상학적 관점이라 할 수 있을 것이다)은 하나의 이상(ideal)으로서, 현실에서 이에 도달할 수는 없겠지만 진리를 향한 방법적 사유의 필요성과 중요성을 받아들일 수는 있을 것이다. 이것, 저것의 차이를 통괄해서 사유하는 이성을 우리는 대화적 이성이라고 부를 수 있다. 나는 이것을 음양적 이성이라고 부른다. 음과 양, 서로 대립하는 것들 사이를 왔다 갔다 하면서 적절한 지점을 찾는 정신의 활동이 음양적 이성이다. 이제 변증적 이성으로서 음양이 어떻게 작동하는지, '음'으로 규정된 여성 관점이 어떻게 남성 중심 세계에 균열과 전복을 가져올 수 있는지를 보겠다.

---

19 是以聖人不由 而照之於天 亦因是也. 是亦彼也 彼亦是也. 彼亦一是非 此亦一是非. 果且有彼是乎哉, 果且無彼是乎哉, 彼是莫得其偶 謂之道樞.

대화적 이성 또는 음양적 이성

동아시아 문화의 맥락 안에서 남성과 여성의 삶은 타협하기 어려울 정도로 상이했고, 각 문화가 규정하는 상이한 사회적, 문화적, 정치적 규범 안에서 살아야 했다. 이들의 삶을 규정한 가장 큰 형식은 음양의 이분법적 개념 틀에 의해 만들어졌으며, 음양론과 그와 함께 결합된 오행 체계는 근 2000년간 동아시아 문화의 문법을 구성했다. 음양을 해석하는 방법은 여럿 있을 수 있다. 음양론은 유교 전통 안에서 여성을 억압한 주요 이데올로기였기 때문에 음양 원리를 여성의 삶과 관점을 드러내는 하나의 진리 방법론으로 선택하는 일은 어쩌면 매우 역설적으로 보인다. 이것은 자크 데리다(Jacques Derrida)의 해체 철학(decontructionism) 전략과 유사한 점이 있다.

해체는 파괴를 뜻하는 'destruction'과 건설을 뜻하는 'construction'의 합성어인 'deconstruction'을 우리말로 번역한 것이다. 파괴와 건설이 동시에 이루어지는 역설적 상황은 서양 형이상학 전통을 파괴하고자 하는 반형이상학의 철학적 시도가 처한 역설적 상황을 표현한다. 즉 형이상학의 전통을 파괴하기 위해서라도 기존 형이상학의 개념에 의존할 수밖에 없기에 자신이 파괴하고자 하는 것을 이미 전제하게 되는 상황을 말하는 것이다. 어떤 새로운 철학적 시도도 그것이 비판하고 극복하고자 하는 것으로부터 자신의 로고스를 빌려 올 수밖에 없다. 그러기에 해체는 자신이 놓여 있는 텍스트, 문맥, 역사로부터 자유로울 수 없다. 한국의 여성 철학자로서 음양론을 해체하는 일은 데리다의 해체처럼 역사 안에 한 발을 걸치고 그 바깥에 한 발을 걸치는 것과 같은 일이다. 한국 여성 철학은 한국 문화의 경계에서, 한국 역사의 흔적 안에서 작업할 수밖에 없다. 과거의 흔적을 모두 지우고 전적으로 새롭게 출발하는 일은 불가능하다. 데리다는 이렇게 말했다.

> 우리는 어디든지 간에 우리가 있는 곳으로부터 출발해야 한다. 냄새를 설명할 수 없는 그 흔적에 대한 생각은 출발점을 절대적으로 정당화하는 일이 불가능함을 이미 우리에게 가르쳐 주었다. 우리가 어디에 있든 간에 우리는 우리가 있다고 이미 믿고 있는 텍스트 안에 존재한다.[20]

여성을 방법으로 삼는다는 것은 앞서 언급한 바대로 여성 관점을 지렛대로 삼아 현상이나 사태를 분석하는 것을 의미한다. 여성주의는 어떤 고정적인 교리나 이념 체계라기보다는 비판적 태도와 파괴와 건설을 동시에 의도하는 해체적 입장이다. 어떤 여성주의 입장에서건 여성주의자는 자신이 비판하고 거부하고자 하는 문화 체계 혹은 광의의 의미 체계가 자신에게 부여한 여성이라는 범주에 머물면서 비판적 작업을 수행해야 한다. 자신의 '여성'을 거부한다고 해도 그 거부 행위는 여성으로 해야 의미를 갖는다. 설사 성전환을 통해 남성이 된 사람이라 하더라도 그의 비판은 '여성에서 남성으로 전환한 성전환자'라는 데서 의미를 지닌다. 그의 비판과 거부는 남성으로서의 비판과 거부가 아니라 자신의 여성성을 거부하고 남성

---

20 J. Derrida, *Of Grammatology*, trans. by G. C. Spivak(The Johns Hopkins University Press, 1974), p. 162.

젠더를 선택한 자, 양다리 걸친 자로서의 비판과 거부인 것이다.

음양을 방법론적 지렛대로 삼는다는 것은 언제나 양에 자리를 내주었던 음을 축으로 삼아 양의 움직임이 만들어 낸 세상의 실상을 비판하고 거부함과 동시에, 이제껏 긍정적 계기를 갖지 못했던 음의 힘으로 양과의 새로운 관계의 양상을 만들고자 한다는 것이다. 음의 세력이 자라면서 이미 구축된 양의 질서와 음의 질서는 균형점을 찾아갈 수 있는 것처럼 여성주의는 음양의 변증적 운동을 통해 가부장적 질서에 균열을 만들어 내고 새로운 균형을 구축할 수 있게 될 것이다.

음양은 만물 생성의 원리로서, 한국의 국기 안에도 『주역』의 괘를 통해 상징화되어 있듯이 끊임없는 의미 생성의 과정을 지시하는 하나의 기호(sign)다. 양으로서의 남성은 독립된 실체라기보다는 어떤 한정된 텍스트 내 의미 생성의 과정 안에서 여성에 대한 상대적 정체성을 가진 것으로 기호화된 존재에 불과하다. 남성이나 여성 모두 음양의 의미 체계 안에서 생성된 기호인 것이다. 한 기호의 의미는 언제나 다른 기호들의 의미에 대해 상대적일 수밖에 없으며, 기호들은 서로 상호적으로 의존적이다. 서로서로 존재의 조건이 되는 것이다. 한 의미 체계 내 기호의 의미는 그 자체로 독립적 의미 값을 갖는 것이 아니라 다른 기호와의 관계 안에서 다른 기호의 의미가 아닌 대조적 의미 값을 갖게 된다. 남성과 여성은 모두 그 존재에 있어서 상호적으로 의존적이며, 그 역할 규정 또한 서로에게 상대적이다.

장자의 저것과 이것의 논리처럼 음이 아닌 것으로서의 양의 의미는 그 뿌리에서부터 음에 의해 규정되고, 역으로 음의 의미는 그 뿌리에서부터 양에 의해 규정된다. 그러므로 양은 필연적으로 그 존재의 중심에 음과의 연관을 내포하지 않으면 안 되고 음 또한 마찬가지다. 이러한 사태는 모든 이분법적 규정에 대해 성립한다. 여성의 관점을 주된 축으로 삼는 여성주의는 이제껏 남성(양)의 관점에서는 드러나지 않았던 음의 세계를 드러내어 음양의 대등한 뿌리를 확인하게 하는 한편으로, 여성이든 남성이든 혹은 어떤 젠더이든 간에 그것을 만들어 내는 전체 의미 체계를 비판적으로 성찰하는 철학적 작업이다. 될 수 있으면 보이지 않는 곳에, 소리 없이, 없는 듯이 존재해야 했던 여성들은 밝은 양의 세계가 만들어 낸 그림자다. 실상 음을 살펴보아야 양이 진실로 어떤 것인지를 알 수 있는 것이다. 장자가 "저것으로부터 보이지 않는 것을 이것으로부터 알 수 있다(自彼則不見 自是則知之)"를 우리는 남성의 관점과 여성의 관점으로 보는 세계에 대해 적용해 이해할 수 있다. 남성 가부장 권력의 실상은 남성들을 통해 드러나는 것이 아니라 오히려 그 권력이 지배의 대상으로 삼았던 여성의 삶을 통해 알 수 있다. 여성주의는 특정 이념이나 교리가 아니라 전체적 실상을 보기 위한 하나의 방법론적 장치로서, 여성주의 방법은 다른 형태의 권력 관계에도 적용될 수 있을 것이다.

권력자는 권력이 만들어 낸 그림자를 보기 어렵지만, 그 그림자를 잘 살펴보아야 권력의 적나라한 실상을 알 수 있다. 마찬가지로 여성주의는 음의 모습을 보이게 하고 음의 소리를 들리게 함으로써 오히려 양의 실체, 즉 남성 중심주의의 실체를 볼 수 있게 한다. 가부장제의 실상은 남성의 삶을 통해서가 아니라 여성의 삶을 통해 드러나는 것이기에 여성들의 이야기와 목소리가 드러나는 장을 만드는 노력이 필요하다. 힘을 가진 지배자는 힘을 갖지 못한 피지배자를 이해하지 못하며, 이해하려고 노력하지도 않는다. 그것이 힘을 가진 자들의 특권이다. 힘을 가진 자는 자신의 이야기를 할 뿐 다른 힘없는 자들의 이야기를 듣지도 이해하지도 못한다. 힘의 적나라한 실체는 힘의 행사를 당한 쪽에서 이해한다. 어른이 아이에게 행사하는 힘은 어른에게는 당연하고 자연스러운 것으로 느껴지겠지만 아이에게는 공포와 상처를 유발하는데, '아프다'고 하는 아이를 어른은 대수롭지 않게 여기는 일이 흔하다. 일상에서 별로 느끼지 못했던 공적 권력의 실체도 공권을 위반하여 검찰이나 경찰 앞에 피의자로 섰을 때 비로소 적나라하게 경험하는 것과 같다.

변증적 이성으로서 음양은 이렇게 음과 양을 상호 대립시키고, 교차시키며, 전도함으로써 전체의 질서를 유지하려 한다. 마찬가지로 방법으로서 여성은 현실의 여성을 지시하는 것이 아니라, 여성으로 하여금 그들의 경험을 말하고 생각을 다양한 방식으로 표현하게 함으로써 남성 중심 문화를 드러내고 전도하여 새로운 문화의 질서와 규범을 만들고자 하는 힘이며 의지다. 서로 다른 음과 양이 결국은 하나의 뿌리에 연결되어 있으며, 이 둘은 둘이면서 하나이고 다르면서 같을 수밖에 없다는 것을 이해한다면 여성주의 방법으로서 음양은 음양 이분법을 강화하는 것이 아니라 해체하는 데 기여할 것이다.

변증적 이성으로서 음양의 전략은 두 대립항을 통합하거나 둘 사이의 억압적 위계를 전복하고 전도하는 것이 아니다. 여성주의 방법으로서 음양 변증법은 이분법을 무화하고 새로운 질서를 찾아가는 파괴와 건설을 동시에 진행하는 전략이다. 이것의 구체적인 논리적 내용은 아래의 여성주의 인식론에서 다루게 될 것이다. 음양의 이분법은 그 상호성이 확인되고 위계가 무너지는 곳에서 해체된다. 음양의 조화라고 우리가 간단히 말하는 것이 의미하는 바는 실상 음양 사이에 성립하는 이러한 복잡한 움직임이며, 우리가 주목해야 하는 것은 음양의 조화라기보다는 이 복잡한 움직임의 갈래를 잘 살피고 성찰하는 것이다.

인간의 지식은 인식 주관과 객관이 만나서 생성된다. 진리를 찾기가 어려운 것은 진리 또는 객관이 항상 주관에 의해 규정되기 때문에 주관의 특성에 의해 영향을 받기 때문이다. 진리는 언제나 인식 주관 또는 진리 규정의 방법에 상대적이므로 부분적으로만 드러난다. 그렇게 상대적이지 않은 전체로서의 진리는 신이 아닌 이상 접근할 수도 없고, 알 수도 없다.

노자는 이런 진리의 모습을 "도가도비상도(道可道非常道)"라는 말로 잘 표현했다. 진리로서의 도를 도라는 이름으로 부르는 순간 그것은 애초 포착하려 했던 그 진리로서의 도가 아니라는 것이다. 우리는 대상이든 상황이든 간에 그것을 위치 짓는 좌표나 맥락(frame of reference) 안에서만 포착할 수 있다. 내 앞에 놓인 한 물건은 무엇인가를 마시고 먹는 내 일상생활이라는 맥락 속에서는 컵이지만 색깔 세계라는 맥락에서는 하얀 대상이다. 이런 상황은 맥락을 달리 만들면 이론상으로는 그에 따라 무한히 만들어질 수 있다. 진리를 '진리'라고 규정하는 순간 이미 원래 규정하려고 했던 대상으로서의 진리가 아니라 참과 거짓의 구분이 설정된 맥락 안에 놓인 제한된 진리가 되고 마는 것이다.

그러나 진리가 관점이나 또는 진리 규정 방법과 맥락에 상대적이라 해서 그것에 다가가는 일이 불가능하다고 볼 수는 없다. 우리가 포착하려는 진리는 모든 상대적이고 부분적인 진리를 포괄하는 것일 수 있기 때문이다. 진리를 보는 관점이 다양하면 다양할수록 우리는 진리에 관한 정보를 더 많이 갖게 되는 것이라고 볼 수도 있다. 어쩌면 그럼으로써 진리에 더 가까워지는 것일 수도 있다. 다원적 관점, 다양성, 타자를 통해 자신을 바라보는 시도가 중요한 것은 바로 진리가 하나의 아포리아이기 때문이다. 이런 상황에서 우리는 다양한 부분, 부분들을 만들어 이어 붙이는 노력을 할 수밖에 없다. 여성주의 철학은 바로 이런 노력의 일환이다.

3장

여성주의 인식론의 갈래

왜 여성 철학[21]인가?

철학은 고도로 추상화된 개념들로써 수행된다. 플라톤은 『국가
론』 6권에서 가지계(可知界)에 속하는 수학과 철학의 특징을 말하면
서 수학, 정확하게는 기하학이 눈에 보이는 영상(image)을 보조적으
로 사용하는 반면 철학은 영상을 사용함이 없이 순전히 개념들에만
의존한다고 말한다. 또한 기하학은 가설을 넘어서지 못하고 단지
가설로부터 결론을 추론해 내는 반면 철학은 가설을 초월하여 시원
혹은 제일원리까지 거슬러 올라갈 수 있다고 보았다. 그렇기 때문
에 그는 가지계 안에서 철학이 수학보다 더 높은 위치에 있다고 믿

---

21 이 책에서는 '여성 철학'이라는 용어를 여성주의 철학(feminist philosophy)과 여성
    철학(philosophy of women)의 의미 모두를 포괄하는 것으로 사용한다.

었다. 이후 서양철학의 역사 안에서 경험적인 것, 감각적인 것, 생성과 소멸의 과정 안에 있는 것, 이러한 것은 추상적이고 순수하며 영원불변한 보편적인 것에 비해 열등한 것으로 간주되어 왔다. 철학이 열렬히 사모하는 대상, 심오한 학적 탐구가 취하는 대상은 명료한 정신과 이성에 의해서만 파악 가능한 것이었다.

이러한 철학의 높은 이상에 비추어 보았을 때, 여성은 원초적으로 비철학적인 존재다. 임신과 출산의 과정에 놓여 있는 여성은 남성에 비해 육체적 조건에 더 깊이 묶여 있음으로써 자연에 더 가까운 존재로, 그럼으로써 문화와 이성으로부터 더 멀리 떨어져 있는 존재로 받아들여졌다. '순수함'이 남성들 삶의 내용과의 연관 안에서 정해지는 것인 한 여성들의 삶은 애초부터 순수하지가 않았다. 집안 살림이 어떻게 되어 가는지와는 상관없는 소크라테스는 다른 집 향연에 초대되어 맛난 음식을 먹고 사람들과 더불어 '정의'란 무엇인지, '아름다움'이란 무엇인지를 논하면 되었다. 생존과 생활의 부담을 고스란히 짊어진 크산티페는 천하의 악처가 되었다. 음식 냄새, 젖 냄새, 똥기저귀 냄새, 온갖 생활의 잡동사니 냄새를 풍기면서 다니는 여자들은 순수함, 추상성, 정신성을 가질 수가 없는 존재다.

아리스토텔레스는 『니코마코스 윤리학』에서 한가함 속에서 이루어지는 철학적 관조의 삶이 가장 행복한 삶이라고 보았다. 한가함 속의 관조, 이것이야말로 여자와 노예가 결코 소유할 수 없는 값비싼 조건이었다. 여자와 노예가 공유하는 것은 무엇일까? 이들은 모두 물질적 조건에 얽매인 존재들로, 타율적 노동을 떠날 수 없으며, 순수하게 정신을 집중할 수 있는 온전한 자기만의 시간과 공간을 향유할 수 없다. 이들은 타자에게 자신을 의탁한 채 철저하게 몸으로써 삶을 유지하며, 그 육신적 조건을 떠나서는 자신이 누구인지도 알 수 없는 존재들이다. 순수함과 추상성은 육신적 조건과 노동으로부터 자유로운 남자들만이 지닌 전가의 보도와도 같은 것이었으며, 언제나 여자들을 그것에 비추어 비난하고 경멸해 온 거울이었다.

동양철학의 맥락에서 군자의 삶도 노동으로부터 자유로운 여가 안에서 끊임없는 자기 계발과 자기반성적 삶을 통해서만 가능하다. 그런 점에서 일차원적 재생산과 가사 노동에 묶여 있는 여성들은 세계에 관한 한 소인배적 전망과 관심밖에는 가질 수 없는 천한 존재들이었다. 그들은 옳고 그름에 대한 판단도 하지 말고, 바깥으로 나가지 않는 것은 물론 밖으로는 눈도 돌리지 말고 오로지 집안에서 술밥이나 의논하는 삶을 요구받았다. 그럼으로써 여성들은 이성적 판단 능력의 부재, 초월적인 것에 대한 관심 결여와 일상성 안으로의 매몰, 원대한 사회의식과 역사의식의 결여 등의 이유로 온갖 경멸과 비웃음을 당해 온 이류 인간들이었다. 오늘날에도 세계 대부분의 지역과 영역에서 여전히 여자는 이류 시민으로 살아간다. 중요한 정치, 외교, 경제, 국방, 사회 모든 영역에서 주요 의사 결정자들은 남자들이며, 여성들은 대부분 보조적 위치에서 활동한다.

여성들이 순수하지 않다는 것, 추상할 수 없다는 것이 그들을 철학의 현장에서 부재하도록 만들었다면 이제 여성들 앞에 놓인 선택은 둘 중의 하나일 것이다. 하나는 여성들이 좀 더 추상적이고 순수해지고자 노력하는 것이고, 다른 하나는 철학을 순수함의 담론으로부터 보고 만질 수 있고 냄새 나는 세계로 끌어내리는 것이다. 이

중 어떤 선택도 쉬운 일은 아니다.

첫 번째의 선택을 통해 여성들이 남성들처럼 생각하고 읽고 쓰기를 하는 순간, 그녀들은 이제껏 수천 년의 역사 동안 여자의 삶이라고 여겨져 온 것을 고수할 수 없다는 사실을 깨닫게 된다. 여성의 삶의 양식을 고스란히 받아들이면서 남성들처럼 사유할 수 없는 것은 인간의 사유 활동이 그 삶의 맥락과 완전히 분리된 것이 아니기 때문이다. 밥 짓고 빨래하고 아이를 기르는 일에 쏠린 정신이 곧바로 존재 자체의 문제나 진리의 문제로 돌아오기가 어렵기 때문이다.

그러나 단지 여성의 삶의 내용과 철학 내용과의 괴리만이 여성이 추상적이고 순수해지는 것을 방해하는 것은 아니다. 여성들은 스스로의 선택에 의해 결혼하지 않을 수도, 아이를 낳지 않을 수도 있으며, 어쨌거나 달리 살 수도 있을 것이기 때문이다. 보다 심각한 것은 여성들이 남성들처럼 사유하는 순간, 이제껏 인류의 찬란한 정신 유산이라고 하는 전통 안으로 발을 들여놓는 순간, 그녀들에게 요구된 것은 남성이 되라는 것이었다. 대개의 철학 텍스트는 남성 독자를 가정하며, 남성들의 경험에 바탕한 다양한 사유 실험을 담고 있다. 그렇기 때문에 여성 독자들이 그것을 이해하기 위해서는 자신의 성을 잊고 마치 남성 독자로 읽는 듯이 가장해야 한다. 남성으로 가장하라는 요구는 매우 은근하며, 대개는 여성들도 알아차릴 수 없을 정도로 간접적이지만, 텍스트로부터 겪게 되는 소외는 여성의 자유로운 사유의 확장을 방해하는 요소가 된다.

역사적으로 남성들에 의해 구축되어 온 정신적 유산은 때로는 직접적으로, 때로는 등 두드리는 방식으로, 때로는 언급조차 하지 않는 방식으로 여성들에 대해 많은 것을 말했으며, 어떤 이들은 여성이 얼마나 열등한 존재인지를 논증하기조차 했다. 아르투어 쇼펜하우어(Arthur Schopenhauer)나 프리드리히 니체(Friedrich Nietzsche) 같은, 여성에 대한 독설가들뿐만 아니라 대부분의 철학자들은 여성적인 특성과 원리를 열등한 것으로 놓는 가부장적 가치 체계를 당연시했다. 따라서 자신을 끊임없이 배척하고 밀어내는 전통 안에 발을 붙이고 있기 위해서 여성들은 자신이 여성임을 부정해야 하는 자기 분열적 상황에 처하게 되었다.

백인들과 함께 일하면서 흑인은 리듬감이 좋고, 지적 능력보다는 육체적 능력이 더 발달했으며, 학업 성취도가 낮고, 일하는 데 나태하며, 즉흥적이고 감정적이라는 말을 지속적으로 듣게 되는 흑인을 상상해 보라. 한국인을 비하하는 평가를 끊임없이 들어야 하는 백인 사회 안의 한국인을 상상해 보라. 감상적인 시가 젊은이들을 '여자처럼' 감정적이고 나약하게 만들기 때문에 그런 예술은 자신의 공화국에서는 추방해야 한다는 플라톤의 말을 들으며 그의 철학을 연구하는 여성 철학도를, 여자를 소인과 동급에 놓는 『논어』를 읽는 여성 철학도를 상상해 보라. 자신을 혐오하고 경멸하고 하찮은 존재로 여길 것을 요구하는 전통 안에 발 붙이고 서 있기 위해 그녀의 자아는 분열적으로 될 수밖에 없을 것이다. 이러한 자기 분열적 상황은 단순히 철학 안에만 있지 않다. 남성 중심의 사회 안에서 독립적 삶을 살고자 하는 모든 여성들은 이렇게 스스로를 부정하고 혐오하면서 삶을 부지(긍정)해야 하는 모순적 상황에 처해 있는 것이다. 이러한 상황 속에서 여성들은 이중적 자아를 갖게 되고, 남성들처럼 온전히 순수하면서 추상적인 존재가 될 수 없는 것이다.

그렇다면 이제 남은 것은 다른 하나의 선택, 즉 철학을 여성의 삶과 닮게 만드는 일이다. 여성 철학은 이제껏 철학이 의심 없이 받아들여 온 개념들, 즉 보편성, 객관성, 진리, 정의와 같은 것이 실상은 남성의 관점에서 정립되어 온 것으로서, 그것의 생성 단계에서부터 정치성을 띠고 있다는 자각에서 출발한다. 그리하여 여성 철학은 역사 속에서 잊힌 여성 사상가를 발굴해 내는 것으로 그치지 않고 철학사 자체를, 그리고 철학 문제의 목록과 의제 자체를 여성의 관점에서 재구성하고자 한다. 여기서 신체성, 구체성, 주관적 편향성, 모성이나 배려, 공감의 감정, 차등적 사랑, 관계를 통한 유대와 같은 것은 보편성과 객관적 진리, 이성의 이름으로 배제되는 것이 아니라 오히려 철학의 중심으로 들어오게 된다. 이제 철학은 저 멀리에서 빛나는 수정처럼 맑고 단단한 지식의 결정체가 아니라 끈적거리고 냄새 나는 삶의 현장 안에서 그것 스스로 현실이 되고자 하는 의지가 되었다.

철학의 새로운 자기 규정을 위하여

여성 철학은 여성적 관점이라는 경험적 구체성과 철학의 보편성에 대한 지향을 동시에 수용하고자 하는 점에서 태생적인 긴장을 포함한다. 여성주의와 철학의 결합은 단순히 철학의 정치화만을 의미하지 않는다. 그것은 오히려 여성의 관점과 삶의 맥락 안에서 철학을 보는 순간 철학은 새롭게 자기 규정을 하지 않을 수 없게 되었고, 그럼으로써 철학은 자신의 참된 모습을 가질 수 있게 되었음을 의미한다. 이는 끝없는 자기부정 안에서만 자기 존재의 의미를 갖는 철학의 본성을 반영하는 것이기도 하기에 여성 철학은 오늘날

철학함의 참된 의미를 우리에게 드러내 준다고 할 수 있다.

철학 내에 다양한 관점을 포용하는 것은 새로운 사유 체계와 세계관을 포용하는 것으로서, 그 자체로 철학을 풍부하게 만들고 철학적 사유의 가능성을 넓게 여는 효과를 지닌다. 한국에서 서양철학을 수용한 역사가 상당히 오래되었고, 언어를 매개로 하는 철학적 사유가 한국어를 매개로 이루어질 수 있는 가능성 또한 실험되어야 한다. 여성 철학은 이런 관점에서 한국철학의 새로운 지평을 여는 데 기여할 수 있을 것이다.

한국철학은 전통적으로는 중국철학의 아류나 지류처럼 자리매김되었고, 근대화 이후에는 서양철학 수입에 의존하는 경향이 일반화됨으로써 그 정체성에 관한 고민을 안고 있다. 여성 철학이 여성의 삶을 기반으로 이전 철학 안에서 논의되지 않았던 문제에 관한 철학적 사유를 생성시켰듯이 한국철학 또한 한국인의 삶과 경험에 바탕한 의제를 발굴하여 논의함으로써 자신의 정체성을 찾아갈 수 있을 것이다. 한국철학이 여성 철학의 방법론을 심층적으로 탐구해야 하는 이유다. 여성의 관점에서 철학을 수행하는 데 가장 먼저 생각해야 하는 것은 관점이 인식에서 차지하는 구체적 의미다. 여성주의 인식론은 이 문제를 집중적으로 조명한다.

여성주의 인식론은 통상 인식론의 영역과 윤리학, 사회·정치철학의 영역이 교차하는 곳에 위치한다. 이론이성과 실천이성을 구분하고 인식과 지식의 영역, 즉 과학의 영역과 의지·욕구·규범의 영역, 즉 도덕의 영역을 구분한 칸트적 전통으로부터 벗어나 여성주의 인식론은 인식과 규범, 지식과 권력, 진리와 진리의 전유 사이의 연계를 주목한다.

최근에는 '인식적 책임(epistemic responsibility)'이라는 개념이 등장했다. 다양한 사회적 입장에 따라 다른 판단과 인식이 발생하는 상황이나, 자신의 관점만을 절대화하여 다른 관점에 기반한 인식에 무지한 채로 있게 되는 지적 어리석음과 '똑똑한 무지함(intelligent ignorance)'의 상태에 대한 연구가 진행되고 있다. 원래 인식론 안에서 인식적 책임의 개념은 '거짓을 피하고 진리를 추구해야 한다'는 의미로 받아들여졌던 것으로, 지식의 객관성을 정초 짓는 인식론의 목표와 연결된 것이었다. 성, 인종, 계급을 축으로 발생하는 지식 생성의 불균형과 부조화 문제에 관심이 쏠리면서 이 개념은 지식과 인식이 만들어지는 다양한 스펙트럼에 대한 무감각, 무관심과 관련한 것이 되었다.

백인들이 흑인의 삶에 대해 무지한 경우, 지배적 남성들이 여성들의 경험과 이야기에 무지하거나 무관심한 경우, 정상인들이 장애인들의 경험과 그들과 관련한 지식에 대해 몰이해한 경우 등에서 인식적 책임의 문제는 매우 중요해진다. 많은 사회 정책이나 정치적 실천이 이러한 무지 위에서 행해지고 있다면 그 사회가 살기 좋은 사회라 말할 수 없을 것이다. 무엇을 지식으로 받아들이고 무엇을 무지함으로 규정해야 할 것인가? 일어나는 많은 사태를 둘러싼 사회 구성원들 사이의 인지적 부조화의 문제는 다양한 매체의 등장으로 개인이나 집단의 다양한 언표 행위가 폭발적으로 늘어나고 있는 오늘날 더욱 심각해지고 있다. 기술의 발달에 따라 증폭하는 가짜 뉴스의 문제 또한 우리로 하여금 인식에서 가치, 이해(interest), 규범, 권력이 개입되는 방식에 관심을 갖게 만든다.

무엇이 여성적 관점인가?

'왜 여성적 관점인가'의 문제를 생각해 보자. 데카르트가 의심하려야 의심할 수 없는 것이기에 철학의 제일원리로 내세웠던 코기토 명제나 칸트의 선험적 종합판단이 어찌해서 남성적 관점을 드러내는 것인가? 여기서 문제 되는 것은 이제껏 철학의 진리로 말해 온 것이 추상적인 이성의 활동을 통해 이루어져 왔으며, 이러한 활동으로부터 여성들, 그리고 사실상 백인 지식인 남성이 아닌 모든 이들(이들은 모두 실상 '여성'의 범주에 들어올 수 있다)이 배제되었다는 사실이다. 진리는 우리에게 무엇을 믿어야 하는지를 말해 주는데, 그 목소리는 언제나 백인 남성의 것이다.

서양의 과학과 철학을 비롯하여 기타 학문 이론은 지배 담론이 되었고, 대학이라는 제도는 20세기 초까지도 남성들의 것이었다. 비이성적 활동에 종사하는 여성들의 목소리는 들리지 않거나, 아니면 기껏해야 의미가 통하지도 않고 상황에 어울리지도 않는 이상한 울림을 만들어 낼 뿐이었다. 남의 언어로 더듬거리며 말하는 사람의 목소리나, 심각하고 무거운 주제가 토론되는 장에서 여성의 목소리는 회중 안에 이상한 부조화를 만들어 낸다. 외국인이나 여성, 어린아이의 말은 권위가 결여된 것으로 받아들여지며, 그에 따라 설득력도 떨어지는 것으로 느껴진다. 권위가 실리지 않은 말을 거부하는 것은 별로 어려운 일이 아니다. 여성들은 기존의 지적, 개념적 의미 규준의 생산과 소비로부터 소외되어 있기 때문에 그들의 목소리는 기존의 지식 담론 규준에 부합하지도 않고 이해되지도 않는다. 여성들은 접근이 허용되지 않았던 이성적 사유에 의해서가 아니라 다른 방식으로 세계를 이해해야 했다. 그것은 감성, 감정, 몸을 통한 것으로, 개념적으로 언표될 수 없는 것이었다. 개념적, 추상적 언어 표현은 그들의 것이 아니었다. 여성들의 말은 '수다'로 폄하되었다. 그들의 언어는 침묵, 울음, 히스테리, 잔소리와 같은 비이성적인 것이다. 보편성의 이름으로 우리에게 제시된 진리는 반쪽의 세계 이해 속에서 나온 것이며, 여성 관점을 취해야 하는 이유는 다른 반쪽을 채우기 위해서다.

그렇다면 여성적 관점이라는 것을 특정할 수 있는가? 아니다. 그것은 어느 하나로 규정되거나 고정될 수 있는 것은 아니다. 여성들 자체가 계급, 인종, 민족에 의해 다양화되어 있기 때문에 고정불변한 하나의 여성적 관점이란 있을 수 없다. 마치 '사과'는 사과라는 과일을 지시하지만 '사과가 아닌 것'이 지시하는 것은 무한히 열려 있는 것처럼 여성 관점은 지배 담론 바깥을 포괄하는 모호성을 지닌다. 혹자는 성의 문제에서는 하나의 여성적 관점이 있을 수 있다고 말할지도 모르겠다. 그러나 같은 성 내에서의 성폭력의 문제나 동성애자 사이에서 있을 수 있는 억압의 문제는 여성적 관점을 고정적으로 바라보는 것을 어렵게 만든다.

여성적 관점이 주변적 집단의 관점을 포괄한다고 했을 때 현실적으로 부딪히는 어려움은 계급이나 민족의 맥락에서 억압받는 집단의 관점과 여성 관점이 상호 대립하는 경우다. 예를 들어 같은 노동자 계급 안에서 성차별을 경험하는 여성 노동자들은 자신을 여성으로서 일반적 부르주아 여성 집단과 동일시해야 할지, 아니면 억압받는 노동자로서 노동자 집단과 동일시해야 할지 갈등하게 된다. 이런 갈등 상황은 실제 한국 사회 안에서도 발생했고, 현재도 발생하고 있다.

기득권 권력에 저항하는 운동권 집단이나 노동조합 내에서 여성에 대한 성폭력이 발생하는 경우, 여성 문제 또는 성 문제는 중차대한 정치적 투쟁의 의제보다 부차적인 것으로 여겨진다. 백척간두의 정치적 상황에서 성 문제를 제기하는 여성은 마치 적과 같거나 대의를 저버린 배신자인 양 취급받는다. 성 문제가 정치적으로 의제화된 것은 근래의 일이다. 통일, 민주, 노동자 혁명과 같은 거대 정치 담론 안에 여성 의제가 설 자리는 매우 좁았다.[22]

실제로 고(故) 박원순 시장 사태에서 보았듯이 피해 여성은 피해자라는 객관적 자리에 놓이는 대신 '피해 호소자'라는 주관적이고 잠정적이며 고립된 위치에 갇히기도 한다. 여기서 여성적 관점이 억압 상황 일반을 포괄하는 것이라는 의미를 충실히 살려서 그런 상황을 주요하게 발생시키는 것이 무엇인가를 밝히는 것이 중요하다. 피해자는 여자의 몸을 가질 수도 있고 남자의 몸을 가질 수도 있기에 '여성'이라는 것이 특별히 중요한 것이 아닐 수 있다. 어떤 경우에도 여성적 관점이라는 것이 있으며 그것은 무엇에 대해서도 우선한다는 주장은 계급 관점이나 민족 관점의 절대성을 주장하는 것과 마찬가지로 불합리하다. 이것들은 보편적 인권의 관점으로 수렴될 수도 있으며, 다른 더 큰 틀의 범주 안에서 통합될 수도 있다. 다만 주변성과 우연성, 억압성을 드러내는 것이 여성 관점이라고 할 때, 계급적으로나 민족적으로 또는 사회정치적 차원에서 억압을

---

22 김혜숙, 조순경, 「민족민주운동과 가부장제」, 『광복 50주년 기념 논문집』 8권(한국학술진흥재단, 1995)과 「운동권 가부장제가 여성운동가를 억압한다」, 『월간 사회평론 길』 95권 8호(1995) 참조.

받는 남성들은 남성임에도 여성 관점 안에 놓여 있는 것일 수 있다. 이때 억압받는 남성들은 여성들이 남성들과의 권력 관계 안에서 겪을 수 있는 억압에 대해 가장 잘 이해할 수 있는 위치에 있음에도 집단 내 여성에 대한 차별을 당연시하거나 하찮은 문제로 여긴다면 자가당착에 처하게 된다. 그러나 노동자 집단이나 소수민족 집단과 같은 억압받는 집단 내 여성 폭력은 드문 일이 아니며, 우리는 피억압자가 억압자가 되는 이런 역설적 상황을 어떻게 이해하고 설명해야 하는지 생각해 보아야 한다.

절대적인 여성적 관점이라는 것이 없다고 해서 그것이 무의미하다는 것은 아니다. 여성 억압, 성차별, 여성에 대한 폭력이 일반적으로 존재하는 상황에서 여성적 관점은 피지배자의 관점으로 현실적 범주화가 가능하다. 이 범주에 속하는 인간들은 개별자로서보다는 집단으로 분리된다. 이들 사이에는 억압으로 인한 유대가 가능하며, 이들은 세계를 이성으로보다는 몸으로, 직관으로, 감성으로, 눈치로 생각하고 알아 간다. 그런 것이 피지배자의 언어이기 때문이다. 따라서 여성주의 인식론 안에서 많은 학자들이 집단을 인식의 주체로 설정하기도 하고, 몸이나 감성에 의한 인식을 논구하려 하기도 한다.

서양의 전통 인식론에서는 개별적 인식의 문제를 'S knows that p'의 형식 안에 놓고 인식의 필요충분조건을 탐구하기 때문에 여성과 같은 집단을 인식 주체로 놓는 여성주의 인식론은 이단적으로 보인다. 'S'는 여성일 수도 남성일 수도 있으며, 그 누구여도 상관이 없는 중립적 존재다. 이런 존재로부터 만들어진 앎만이 객관성과 보편성을 가질 수 있기에 특정 성격을 갖는 집단을 앎의 생산 주체로 놓으면 인식론의 목표 자체가 흔들리고 만다는 의미에서 여성주의 인식론은 정통 인식론이라 하기 어렵다는 것이다.

인식에 대해 다시 묻다

여성적 관점의 객관성과 정당성, 인식적 책임과 저항적 인식론을 둘러싼 서구 여성주의 인식론은 대강 경험론, 입장론, 포스트모던 여성주의로 대별해 볼 수 있을 것이다. 나는 이에 더해 음양인식론을 제시하고자 한다. 세계에 관한 객관적 지식의 가능성을 묻고 지식의 토대를 세우려는 전통 인식론 안에서 인식 주체, 인식의 범위, 인식의 객관성과 그 객관성을 확정 짓는 방법과 기준, 인식의 정당화에 관한 여성주의 논의는 새로운 것이 아니다. 이러한 전통 안에서 여성주의 인식론이 던지는 물음은 다분히 회의론적이다. 샌드라 하딩은 이렇게 말한다.

> 누가 사회적으로 합당한 지식의 주체, 중개자가 될 수 있는가?(오직 지배적인 인종과 계급에 속하는 남자들만인가?) 지식으로 정당화되기 위해서는 믿음은 어떤 종류의 시험을 통과해야 하나?(오직 지배 그룹의 경험과 관찰에 비추어 하는 시험? 지배 그룹 안의 남자들이 신뢰할 만한 경험과 관찰이라고 생각하는 것에 비추어 하는 시험만인가?) 어떤 것들이 알려질 수 있는가? '역사적 진리', 사회적 상황에 따라 정립된 진리들이 지식으로 간주될 수 있는가? 사회적 상황에 따른 지식이 모두 동일하게 그럴듯하고 타당한 것인가? 객관성의 본성은 무엇인가? 그것은 '관점 상실'을 요구하는가? 우리가 세계가 어떻게 되기를 원하는 경우와

객관성이 가치중립성을 요구하지 않는 경우를 우리는 어떻게 구분할
수 있는가? 연구자와 연구 대상자 사이의 적절한 관계는 무엇인가?
연구자는 연구 대상자에게 무관심하고 무감하며 사회적으로 보이지
않아야 하는가? 지식 탐구의 목적은 무엇이어야 하는가? 성(gender),
인종, 계급에 의해 깊이 계층화된 사회 안에서 '관심을 결여한 지식'
이 있을 수 있는가?[23]

이러한 물음과 관련한 철학적 문제는 많다. 관찰 명제의 이론 중
립성, 경험주의 대 전체주의, 과학의 가치중립성, 좋은 과학과 나
쁜 과학 구분의 정당성, 믿음과 지식의 문제 등이 그것이다. 여성주
의 인식론은 여성적 관점이 지니는 객관성을 정당화하기 위한 전략
으로 객관적 관찰과 증거에 근거한 과학의 가치중립성을 내세우는
실증주의 원리를 철저화하면서 연구에서 드러나는 남성 중심주의
를 비판하기도 하고(여성주의 경험론), 억압받는 주변화된 계급이 인
식론적으로 특권적 지위를 갖는다고(즉 진리를 더 잘 볼 수 있으며, 따
라서 객관성에 좀 더 근접할 수 있다고) 주장하는 마르크스주의의 전략
을 차용하기도 한다(여성주의 입장론). 여성주의 입장론이 실증주의
의 객관성, 가치중립성 개념 자체에 의심을 제기하는 반면, 여성주
의 경험론은 실증주의 과학의 성차별주의를 문제 삼으면서 이러한
성차별주의는 실증주의 과학의 규범을 보다 철저화함으로써 제거
될 수 있다고 믿는다.

---

23 Sandra Harding, *Whose Science? Whose Knowledge?*(Cornell University Press, 1991),
pp. 109~110 참조.

경험론이건 입장론이건 모두 지식의 주체(agent)와 객관성 개념을 고수하려고 하는 데 반해, 포스트모던 여성주의자들은 이것을 거부하는 것이 특징이다. 사회 인식론 맥락의 여성주의자들은 여성 관점에서 지식의 문제에 접근할 때 인식론의 전형적 의제 안에만 머무를 수 없으며, 인식 주체 설정이나 인식론의 목표를 설정하는 데 사회적, 정치적 맥락을 고려해야 한다고 생각한다.

음양인식론에 기반한 여성주의는 주변인, 경계인, 타자로서의 여성은 사물이나 사태에 대한 판단을 하는 데 항상 대안적 가능성을 내포한다는 것과, 모든 판단은 대안적 가능성이 중첩되어 있는 것으로서 단순히 참이나 거짓, 어느 하나로 규정되기 어렵다고 본다. 이러한 방법으로 음양적 인식은 세계의 다원성과 다양성을 포착하는 좋은 방법일 수 있다고 보는 것이다.

여성주의 경험론

여성주의 경험론(feminist empiricism)은 1960년대 서구에서 시민운동과 여성운동을 경험하고 학계로 진출한 여성 학자들에 의해 1970년대 후반에서 1980년대 초반에 자연 발생적으로 나타났다. 이들은 생물학이나 사회과학 연구 안에서 발견되는 성차별주의와 남성중심주의는 연구 과정 안에 개입된 사회적 편견, 자료 수집상의 불균형, 자료에 대한 잘못된 해석에 근거하는 것으로서, 실증주의 과학 연구의 방법론적 규범을 보다 엄격히 지킴으로써 이러한 성차별주의가 제거될 수 있다고 보았다. 이에 따르면 상이한 사회적 동기 부여, 성차별적 교육, 가부장적 가치의 내재화 등을 통해 나타나는 남녀의 차이를 선천적인 것으로 증명하고자 하는 여러 연구에서 그 과정에 개입된 사회적 편견을 지적할 수 있을 것이다.

남자는 사냥을 통해 진화했다는 '남자-사냥꾼' 이론 같은 것을 보자. 이 이론에 의하면 남성들은 사회적으로 방향 지어져 있고, 여성들은 그들의 재생산 기능으로 인해 생물학적, 자연적으로 방향 지어져 있기 때문에 인간의 진화는 남자들 덕이라고 한다. 또한 성별 분업과 남성 지배는 유전적으로 결정되어 있고 자연선택의 산물이라고 주장한다. 그러나 여성주의자들은 고고학적 증거로는 이런 주장을 정당화할 수 없다고 논박한다. 이론과 그 이론을 지지하는 증거 사이에는 언제나 간격이 있기 마련인데, 이 이론에서는 그 간격이 문화적 선입관으로 채워졌다는 것이다.

예컨대 인간 화석 근처에서 발견되는 다듬은 돌들은 사냥을 위한 도구였을 수도 있고 여성들의 채집을 위한 도구였을 수도 있다. 증거에 대한 해석은 직접적 증거를 넘어서는 고려에 기초한다. 그렇게 때문에 증거의 범위를 넓게 인정하는 경우 남성 중심주의의 의미와 깊이와 폐해를 드러낼 수 있다고 여성주의자들은 생각한다. 남자-사냥꾼 이론에 관한 증거로 기능했던 과거의 상식적 가정과 경험은 오늘날의 지식과 기준의 맥락에서 재평가되어져야 한다는 것이다. 영장류학과 인류학 내의 연구는 사회 역학을 부분적으로만 왜곡되게 설명한다는 증거가 있으며, 재생산 활동이 여성의 활동을 전적으로 규정했던 적이 없고 오히려 여성의 활동이 사회 역학의 유동적이고 필수적인 부분이었다는 '증거'가 있다고 여성주의 학자들은 주장한다. 정치학과 성(gender)에 의해 영향을 받는 과학은 바로 그 사실 때문에 나쁜 과학이 된다는 것을 여성주의자들은 남성

연구자들에게 말하는 것이다.[24]

혹자는 이러한 여성주의자들의 주장이야말로 과학을 성의 잣대 아래에서 판단하는 것으로서, 남자-사냥꾼 이론과 여성주의 비판은 서로 받아들이고 있는 모델과 관찰이 다르므로 정당한 비판이라기보다 통약 불가능한 상이한 입장이라고 주장할 수도 있다. 이렇게 어떤 현상에 대한 과학적 설명이 젠더에 따라 달라질 수 있어도 여기서 중요한 것은 남성 과학자든 여성 과학자든 그들이 활동하는 정상 과학의 영역 안에서 서로 공유하고 있는 인류학이라는 커다란 지식 체계가 있다는 것이다. 과학자들은 그들의 젠더에 상관없이 인류학이라는 학문 체계를 성립시키는 합리성의 기준과 객관성, 지식 개념에 근거해서 증거에 관한 재평가를 하는 일이 가능하다고 여성주의 경험론자들은 생각한다. 여기서 증거 해석에서 가능한 한 객관적 입장을 취해야 한다는 실증주의적 과학관은 여성주의자들에게서도 그대로 견지된다.

과학철학자로서 여성주의를 견지해 온 헬렌 롱지노는 여성에게 적대적이었던 대표적 영역이 철학과 과학이었다고 본다. 그래서 철학(인식론)을 올바르게 만들면 과학도 올바르게 만들 수 있다고 생각한다. 서양의 지적 전통에서 철학과 과학은 긴밀한 연관 속에서 발전했다. 특히 17세기 데카르트, 로크 등의 인식론은 과학의

---

24 Lynn Hankinson Nelson, "Epistemological Communities", *Feminist Epistemologies* (Routledge, 1993); Sandra Harding, *The Science Question in Feminism*(University Press, 1986), ch. 4; Helen Longino and Ruth Doell, "Body, Bias, and Behavior: A Comparative Analysis of Reasoning in Two Areas of Biological Science", *Signs* 9, no. 2 참조.

발달과 긴밀하게 연결되어 있으며, 이후 생물학의 발달 안에서 진화론과 계통 발달 이론 안에는 여성 혐오적 견해가 깊이 내재된 채로 내려왔다는 것이다. 롱지노가 제시하는 '맥락적 여성주의 경험론'은 과학의 객관성에 대한 새로운 해석을 통해 여성주의뿐만 아니라 과학철학 안에서도 상당한 반향을 만들어 냈다. 이를 잠시 살펴보자.

이론의 미결정성

경험주의 인식론의 기초는 감각 경험에 의존하는 관찰과 논리다. 경험주의자들은 인간 인식의 기초가 감각적 경험에 있다고 보았는데, 20세기 이후 철학자들의 관심이 인간의 의식으로부터 언어로 옮겨 가면서 관찰 문장을 인식의 기본적 토대로 놓고자 했다. 이 관찰 문장을 원자적 문장으로 보고 이 문장이 사실과 일대일의 관계에 있다고 봄으로써 모든 대상 인식의 객관성을 뒷받침하는 근거를 그 관계에서 찾고자 했다. 카르나프 같은 논리실증주의자는 관찰 문장과 그것들 사이의 논리적, 법칙적 연결만 제시되면 세계를 과학적으로 재구성할 수 있으리라고 생각했다. 세계는 인간의 경험과 논리를 통해 투명하게 드러날 수 있다고 믿었던 것이다.

그런데 앞에서도 언급했지만 핸슨, 쿤, 파이어아벤트 같은 반실증주의 경향의 과학철학자들은 관찰적 증거 자체의 안정성과 객관성도 부정했고, 관찰 증거와 이론 사이의 연결 또한 안정적이지 않다고 주장했다. 과학의 합리성에 도전했던 이들은 관찰 자체도 이론에 의해 오염되어 있고, 이론과 증거의 연결 또한 논리적이거나 법칙적이지 않다고 보았다. 이론은 증거에 대해 미결정적

(underdetermined)이라고 보았다.[25] 즉 한 이론을 결정적으로 검증하거나 반증할 증거는 항상 불충분하며, 증거에 대해 모두 경험적으로 일치하는, 서로 대립하는 이론이 언제나 있을 수 있다는 것이다.

이론의 미결정성에 기반하여 여성주의 이론가들은 인류학이나 생물학 같은 영역에서 증거와 이론 사이의 관계가 연구자들(주로 남성 연구자들)의 배경 믿음(남성이 인간 진화를 이끈 주된 주체였다는 편견)에 의해 논리적 관계인 것처럼 설정되었다는 것을 실증적으로 밝히고자 했다. 동일한 증거들이 여성주의 관점을 반영하는 다른 이론을 지지하는 경우를 과학사적 맥락 안에서 제시하고자 한 것이다. 과학 내에서 객관적 증거나 기초 데이터라고 받아들이는 것이 종종 우리가 가진 문화적 태도나 잠재된 편견, 검증되지 않은 믿음에 의해 선택되고 모아진 것일 수 있다.

증거와 이론 사이의 관계가 개연적일 수 있다는 문제는 디지털 기술이 지배하는 오늘날 빅데이터를 활용한 알고리즘 구축에서도

---

25 칼 포퍼는 증거와 이론 사이에 성립하는 검증, 반증의 일대일 관계가 성립함을 주장했지만 뒤앙–콰인 논제에 따르면 증거는 이론을 결코 완전히 증명하지 못한다. 증거는 지금까지 우리가 수집한 것이지만 이론은 미래의 모든 경우에 대한 것을 포괄한다. 이 때문에 이론은 제시되는 관찰 증거에 의해 항상 미결정될 수밖에 없고, 증거는 여러 이론을 동등하게 지지할 수 있다. 그렇게 되면 우리가 가지는 증거에 대해 동일하게 경험적으로 검증이 되는 양립 가능하지 않은 이론이 있을 수 있으며, 이 이론은 논리적으로는 서로 양립 가능하지 않지만 경험적으로는 동치의 관계에 놓이게 된다. 과학 이론의 미결정론(Underdetermination of Scientific Theories)은 번역의 불확정성론(Indeterminacy of Translation)과 함께 콰인 철학의 중요 논제다. Pierre Duhem, *The Aim and Structure of Physical Theory*, trans. by Philip P. Wiener(Princeton University Press, 1954), ch. 2; Wilard Van Orman Quine, "On Empirically Equivalent Systems of the World", *Erkenntnis* 9(1975) 참조.

동일하게 성립한다.[26] 과학 내에서 관찰도 객관성을 담보할 만큼 안정적이지 못하고, 관찰를 연결하는 증거의 원리도 안정적이지 못하다면 어떻게 인식의 객관성을 설명해야 할 것인가? 여성주의 인식론이 답해야 하는 물음이다.

뒤앙-콰인 논제(Duhem-Quine thesis)는 한 이론이 증거와 일대일로 만나지 않으며, 반증의 증거가 나와도 그 이론을 구성하는 어떤 명제가 거짓인지를 결정할 수 없다는 것을 주장한다. 콰인은 경험주의자로서 과학적 증거는 관찰과 감각 경험에 의존하는 것임을 받아들이지만, 이론은 전체로서 경험적 증거와 만나는 것으로서 경험과 이론(믿음 체계) 사이에는 언제나 메꿀 수 없는 간극이 존재한다고 보았다. 그런 의미에서 콰인은 경험주의자이면서 전체주의자(holist)다.[27] 믿음의 객관성을 규정하는 원천은 경험적 증거와 함께 과학이라는 맥락 안에서 성립된 여러 검증의 규준과 방법, 과정이다. 전체주의적 관점에서 본다면 믿음 체계의 객관성은 결코 경험적 증거에 의해 완전하게 검증될 수 없으며, 언제나 경쟁적인 다른 대안 체계가 존재할 수 있다. 그런 점에서 콰인의 미결정론은 여성주의 경험론자들에게 좋은 철학적 기반을 제공한다.[28]

26　Catherine Stinson, "Algorithms are not neutral: Bias in Collaborative Filtering". https://arxiv.org/abs/2105.01031. O'Neil, Cathy, *Weapons of Math Destruction: How Big Data Increases Inequality and Threatens Democracy*(Broadway Books, 2016).

27　김혜숙, 「Quine의 경험주의와 전체주의」, 『철학』 제32집, pp. 191~201 참조.

28　Lynn Hankinson Nelson, *Who Knows: From Quine to a Feminist Empiricism*(Temple University Press, 1990); *Feminist Interpretations of W. V. Quine*, ed. by Lynn H. Nelson(The Pennsylvania State University Press, 2003); Louise M. Antony, "Quine as Feminist: The Radical Import of Naturalized Epistemology", *A Mind of One's Own: Feminist Essays on Reason and Objectivity*, ed. by L. Antony(Routledge, 2002) 참조.

객관성에 대한 재정의

과학적 합리성을 신뢰하고 경험주의적 입장을 견지하는 롱지노 같은 여성주의 철학자는 위의 객관성 문제에 답하기 위해 객관성 개념을 재구성한다[29]. 즉 과학적 지식은 개인들이 탐구 대상에 단순히 방법을 적용해서 얻는 것이 아니라 개인들이 상호 소통을 통해 관찰, 이론, 가설, 추론 패턴을 수정함으로써 얻는 것이다. 탐구에 관여된 개인들은 추정되는 데이터와 가설, 그리고 이 데이터가 가설을 지지할 때 암묵적으로 사용된 배경적 가정을 개념적으로나 증거적인 차원에서 세밀하고 비판적 방식으로 검토해야 한다. 개념적 비판은 가설의 내적, 외적 일관성을 탐구하는 것을 비롯하여 배경 전제의 사실적, 도덕적, 사회적 함의를 탐구해야 하며, 데이터의 질뿐만 아니라 데이터가 어떻게 구성되고 구조화되었는지도 탐색해야 한다는 것이다. 맥락으로부터 독립적인 과학의 객관성에 우리가 도달할 수는 없지만 상호적 대화 집단(an interactive dialogic community)에 의한 비판적 담론 안에서 객관성은 확보될 수 있다는 것이다.[30] 이를 위해 롱지노는 다음의 네 가지 필요조건을 제시했다.

첫째, 증거, 방법, 가정과 추론에 대한 비판을 위해 공적으로 인정된 담론의 장이 있어야 한다.

둘째, 대화 집단은 이견을 단순히 관용해서는 안 되고 그 안에서 일어나는 비판적 담론에 반응하여 시간이 지나면 그 신념과 이론을 바꾸어 나가야 한다.

---

29   Helen E. Longino, "Subjects, Power, and Knowledge", *Feminist Epistemologies*(Routledge, 1993) 참조.
30   Helen E. Longino, 앞의 책, p. 111.

셋째, 공적으로 인정된 기준이 있어서 그에 준하여 이론, 가설, 관찰적 활동을 평가한다. 비판 또한 그 기준에 준해서 탐구 집단의 목표에 적합하도록 행해야 한다. 경험적 적절성에 대해 가능한 예외를 두는 것과 아울러 모든 집단에 공통된 일군의 기준이 있을 필요는 없다(아마도 있을 수도 없을 것이다). 일련의 기준에 따라 국지적인 탐구 활동이 이루어질 수 있는데, 그 기준은 정확성, 정합성, 연구 활동 범위의 넓이와 같은 인지적 덕목을 포함할 뿐만 아니라 기술적 또는 물질적 필요를 만족시키거나 사회와 그 물질적 환경 사이의, 또는 사회 구성원들 사이의 어떤 상호작용을 용이하게 하는 것과 같은 사회적 덕목도 포함한다.

넷째, 집단들의 지적 권위는 동등하다. 어떤 의견의 일치가 있게 되는지는 정치적 또는 경제적 힘이 행사한 결과도 아니고 다른 관점을 배제한 결과도 아니어야 한다. 그것은 관련된 모든 관점이 반영된 비판적 대화의 결과여야 한다.[31]

그런데 여기에 하나의 딜레마가 발생한다. 제대로 된 과학적 지식이 만들어지기 위해서는 탐구 집단이 적절히 다양화되어야 한다. 이렇게 과학적 지식을 상호 대화적 집단 내 비판적 담론을 통해 규정하는 경우, 집단 내 의견의 일치(consensus)가 일어나야 하나의 가설이나 이론적 아이디어가 지식의 지위를 획득하여 구체적 문제에

---

31 Helen E. Longino, 앞의 책, pp. 112~113. 이로써 롱지노의 객관성은 바깥 대상 세계에 의해 결정되는 것이 아니라, 과학이라는 사회문화적 활동에 의해 결정되는 성격을 갖게 된다. 이것이 롱지노의 경험론을 '맥락적 경험주의(contextual empiricism)'이라고 하는 이유다. 롱지노는 *The Fate of Knowledge*(Princeton University Press, 2002)에서는 'critical contextual empiricism'이 더 정확한 표현이라고 했다.

적용할 수 있을 것이다. 그렇게 되려면 비판과 질문이 어디에서인가 멈추어야 하는데 과연 이것이 어떻게 가능할까?

만일 과학적 객관성이 다원주의를 필요로 한다면 과학적 지식은 불확실하게 되고, 만일 과학적 지식을 위해 의견의 일치를 추구한다면 집단 내 다양성 요구는 공허하게 된다. 딜레마가 아닐 수 없다. 과학이 성립하기 위해서는 다양성이 필요하지만 다양성이 존재하는 한 객관적 과학 지식을 확립하기 어려워진다. 롱지노가 이 딜레마를 극복하기 위해 제시한 방법은 두 가지다.

하나는 과학 지식을 의견의 일치로서의 진리로부터 분리하는 것이다. 과학 지식은 집단 내 모든 사람이 의견의 일치를 보는 절대적 진리를 산출하지 않는다는 것이다. 이 주장을 위해 롱지노는 모델-이론적 접근을 하는데, 이는 메리 헤세(Mary Hesse)가 『과학에서의 모델과 분석(Models and Analogies in Science)』에서 발전시킨 생각이다. 과학적 이론은 탐구 대상을 바라보기 용이하게 구축된 일종의 모형, 모델이다. 모델은 기본적으로는 은유라고 할 수 있다. 많은 과학자들은 어떤 현상을 설명하기 위해 모형 이미지를 활용한다. 대표적으로 알베르트 아인슈타인은 액체나 기체 속 입자들의 무작위적인 움직임을 꽃가루 운동을 모델로 이용해 수학적 등식을 만들었는데, 이것이 브라운 운동 이론이다. 하나의 수학적 모델로서의 이론은 현상을 설명하는 하나의 도구 또는 틀일 뿐 그 자체로 세계를 반영하는 진리가 아니다.

모든 이론이 하나의 모델로서 현상을 바라보고 접근하는 데 도움을 주는 도구라면 다른 도구가 있을 가능성을 배제하지 않는다. 어떤 도구는 다른 도구보다 현상을 잘 설명해 주고 실험적 결과를 더 풍부하게 산출할 수 있지만, 그렇다고 도구를 실재(진리)와 일치시킬 수는 없을 것이다. 그런 점에서 과학적 지식은 잠정적이며 부분적이다.

딜레마를 벗어나기 위한 둘째 방법은 과학을 하나의 실천으로 보는 것이다. 과학은 사회적 과정 안에서 생성된다. 그것은 특정 목표를 가진 연구 집단의 활동을 통해 생성되고, 사회적인 여러 과정 안에서 선택되거나 거부되기도 하며 집중적인 성장의 과정 안에 놓이기도 한다.

여성주의 과학자들은 현상을 설명하기 위해 도입하는 모델이 성차별적 요소를 그대로 활용하여 성차별을 더욱 고착시킬 수 있는 점에 주목하여 이를 수정하려는 노력을 기울인다. 예를 들어 생물학 분야에서 남성 중심의 은유나 섹슈얼리티와 생식에 관한 기존 편견을 모델에 사용함으로써 성차별적 문화를 더욱 고착시키고 자연적인 것으로 만드는 위험을 제거하고자 한다.[32] 여성주의 경험론자들은 대체로 과학적 지식이 기본적으로 사회적 지식이라는 생각에 입각해 있으며, 과학적 활동에서 객관성이나 합리성의 기준을 넓은 맥락에서 재정의하려는 노력을 기울인다. 이들은 과학이 사회적 지식이지만 정파적 입장에 따라 임의적으로 구성되거나 만들어지는 것은 아니며, 과학적 탐구 활동 과정에 개입하는 이성적 규준과 비판적 상호 대화를 통한 검증을 존중한다. 경험론에 입각한 여

---

32 Evelyn Fox Keller, "Making Gender Visible in the Pursuit of Nature's Secrets", *Feminist Studies/Critical Studies*, ed. by Teresa de Lauretis(Indiana University Press, 1986)과 "Gender and Science", *The Great Ideas Today*(Encyclopedia Britannica, 1990) 참조.

성주의자들은 특히 입장론에서 주장하는 사회적 위치와 권력 관계에 기인하는 '특권적 인식'이 이론적으로 정당화되기 어렵다고 보는 점에서 입장론과 대별된다.

여성주의 입장론

여성의 입장이 인식론적 우월성을 지닌다고 주장하는 여성주의 입장론은 게오르크 헤겔(Georg Wilhelm Friedrich Hegel)의 주인과 노예의 변증법과, 그것으로부터 카를 마르크스(Karl Marx)와 프리드리히 엥겔스(Friedrich Engels)가 발전시킨 '프로레타리아 관점'에 관한 논의에서 많은 것을 차용했다. 주인과 노예의 변증법을 잠시 살펴보자.

주인과 노예의 변증법

헤겔은 『정신현상학』에서 감성적 의식 같은 단순한 의식에서 좀 더 고차원적 의식의 형태로 발전해 가는 과정을 기술하는데, '자기의식의 자립성과 비자립성'을 지배와 예속과의 유추를 활용해 설명했다. 단순한 의식이 변증법적 부정과 고양(sublimation)을 통해 자기의식으로 성장하게 되면 자기의식은 스스로의 실현을 위해 대상으로서 또 다른 자기의식을 필요로 하게 된다. 이때 자기의식은 이중화의 과정을 거치게 되는데, 즉 그것은 스스로의 정체성을 지키는 자립성을 가지면서 그 자립성을 지키기 위해 반드시 자기와는 다른 대상 또는 다른 자기의식으로서의 타자 존재를 필요로 하게 된다.

내가 나이기 위한 필수적 조건은 나를 나로 의식하게 만들어 주는 타자 존재다. 그러나 타자 존재에 의존하는 한 자기의식은 스스로의 정체성을 온전히 가질 수 없다. 왜냐하면 자기의식은 자기만을 대상으로 하는 의식이기에 타자에 의존하면 순수한 자기의식으로서의 정체성을 유지할 수 없기 때문이다. 그렇기에 타자 존재를 극복(지양)하여 다시금 자신으로 돌아와야 한다. 이때 타자를 극복하여 자신으로 돌아온 자아는 즉자대자적 존재, 즉 타자와의 관계를 이미 포괄하며 존재하게 된 자아(타자에 의해 매개된 존재로서의 자아)로서, 이전의 즉자적 존재로서의 자아와는 다른 것이 된다. 자기의식은 그리하여 자립성(나는 나로서 성립함)과 비자립성(나는 타자에 의존함)이라는 반대되는 특성을 갖게 된다. 자기를 자기로 의식하기 위해서는 자기를 떠나 타자를 거쳐 그 타자를 부정함으로써 다시 자기로 돌아오는 과정이 필요하다고 보았다.

자립성과 비자립성이라는 상호 대립하는 계기를 종합하는 변증법적 과정을 헤겔은 주인(자립성)과 노예(비자립성)의 인정 투쟁 과정 또는 운동을 통해 유추적으로 묘사한다. 자아의식이 작동하기 위해서는 타자로서의 대상이 반드시 필요하다는 주제는 칸트의 인식론에서도 매우 중요하게 다루어지지만, 헤겔은 이 과정을 문학적 유추(analogy)로 표현했다. 이 유추는 헤겔 이후 지배자와 피지배자의 권력관계와 투쟁의 과정을 기술하는 데 원천적 영감으로 사용되었다.

마침내 이러한 최초의 경험에 의해서 하나의 순수한 자기의식과 더불어 또 하나의 의식이 정립되기에 이르렀으니, 이것은 다만 자기만을 위주로 해서 존재하는 것이 아니라 오히려 대타적인, 다시 말하면 단순히 현존하는 의식이거나 혹은 물성의 형태를 띠고 있는 의식일 뿐이다. 즉 그 하나가 대자적인 입장에서 자기 존립을 고수함을 스스로의 본질로 하는 자립적 의식이고 다른 하나는 생이나 혹은 대타적 입장에 있는 존재(Sein fuer ein Anders)를 자기의 본질로 하는 비자립적 의식이다. 이때 전자는 주인(Herr)에, 후자는 노예(Knecht)에 해당된다.[33]

주인은 노예를 제압하는 권력을 가지고 있는 존재인 반면, 비자립적 존재로서의 노예는 사물과의 관계를 통해 자신의 자립성을 확인하는 계기를 갖게 된다. 주인은 노예를 통해서 간접적으로만 사물과 관계하며, 이 간접성으로 인해 주인은 사물의 거친 자립성을 감당할 필요가 없게 되고 비자립성으로서의 사물만을 순수하게 향유하게 된다. 그러나 이렇게 되는 순간 주인은 더 이상 자립적 의식으로서의 지위를 갖게 되지 못하게 된다. 왜냐하면 자립적 의식은 오직 다른 자립적 존재와의 대립을 거쳐 확보되는 것이기 때문이다.

이런 점에서 자립적 의식의 진리는 노예 의식에 있다. 물론 이 노예의식이 언뜻 보기에는 탈자적 상태에 있음으로써 자기의식의 진리일 수는 없는 것으로 보인다. 그러나 또한 지배자로서 주인도 본래 그 자신이 의도한 바와는 반대되는 본질을 드러낼 수밖에 없었듯이 이제 예속된 노예의 경우에도 또한 그 자신을 완성함과 동시에 자기가 직접적으로 처해 있던 것과는 반대되는 위치로 전화하기에 이르는 것이다.[34]

---

33 게오르크 헤겔, 『정신현상학 I』, 임석진 옮김(지식산업사, 1988), pp. 263~264.
34 게오르크 헤겔, 앞의 책, pp. 266~267.

노예는 노동을 통해 사물과 관계하면서 주인에 대한 자신의 불안과 공포를 극복하고, 하나의 자립적 존재로서의 자기 자신을 직관하게 된다. "노예의 의식은 오직 노동을 통해서만 자기 자신에게로 귀일, 귀착된다.[35]

주인의 욕구는 오직 대상의 순수한 부정만을 귀하게 여기는 가운데 다만 일종의 순수한 자아 감정만을 간직할 뿐이다. 그러나 바로 이런 이유로 해서 주인이 만끽하는 충족은 그 자체가 한낱 소멸될 수밖에 없으니, 왜냐하면 그러한 충족에는 대상적 측면이나 지속 존립이라는 측면이 결여되어 있기 때문이다. 이와는 달리 노동은 제대로 발산 소화되지 못한, 즉 저지당한 욕구이며, 동시에 만류되고 억제당한 소멸인가 하면, 더 나아가 그것은 사물을 형성, 규정하는 것이다. 그리하여 여기서는 대상과의 부정적인 관계가 바로 이 대상의 형식으로 전화함으로써 마침내 항구적인 존속성을 띠는바, 왜냐하면 오직 노동하는 자에게만 대상은 자립성을 지니기 때문이다. 이 의식은 마침내 스스로의 노동을 통하여 자기의 테두리를 벗어나서 지속적인 존재의 터전으로 제자리를 마련해 들어간다. 그리하여 노동하는 의식은 이제 자립적인 존재가 다름 아닌 자기 자신임을 직관하기에 이른다.[36]

프롤레타리아 관점의 우위

자립적 의식의 진리가 노예 의식에 있다는 헤겔의 주장은 마르

---

35 게오르크 헤겔, 앞의 책, p. 268.
36 게오르크 헤겔, 앞의 책, pp. 268~269.

크스 이론 내 노동자 계급인 프롤레타리아 관점이 인식론적 우위를 점한다는 생각의 사변적 배경을 이루게 된다. 비자립적 의식으로서 단지 노예의 노동에 의존하여 삶을 이룰 수밖에 없는 주인은 노동에 의해 자립적 물성이 제거된 비자립적 사물만을 향유함으로써 오히려 대상 세계와의 직접적 관계를 통해 자신을 주체로 세울 수 있는 계기를 상실한 기생적이고 무력한 존재로 머물고 만다. 그러나 노예는 사물의 물성을 변화시키는 노동을 통해 자신을 주체로 세우는 계기를 자각하게 되고, 오히려 세계와의 관계 속에서 자립적 의식으로서의 진리를 확보하게 되며, 주인의 비자립성과 무력을 깨닫게 되는 것이다. 노동을 인간의 주요 실존 양식으로 놓고 있는 마르크스 계급 이론을 차용한 여성주의 입장론자인 낸시 하트속(Nancy Hartsock)은 다음과 같이 주장한다.

① 인간의 활동 혹은 물질적 삶(마르크스 사상에서의 계급)이 인간 의식을 구성할 뿐만 아니라 한계 또한 설정한다.
② 만일 물질적 삶이 두 다른 집단에서 근본적으로 반대되는 방식으로 구성되어 있다면 각각은 서로 반대되는 관점을 보일 것이고, 지배의 체계 안에서는 지배자에게 가능한 관점은 부분적이고 왜곡되어 있다고 생각할 수 있을 것이다.
③ 지배계급(혹은 성)의 관점은 물질적 관계를 구성하는데, 이 안에 모든 계급이 참여할 것이 강제되므로 그 관점은 단순히 거짓으로 무시될 수 없다.
④ 결과적으로 피억압 집단에게 가능한 관점은 애써서 얻어야 하는 것으로서, 그것은 모든 이들이 참여할 것이 강요되는 사회적 관계

의 표면 밑을 보게 하는 과학과 그 관계를 변화시키고자 하는 고군분투로부터 겨우 자랄 수 있는 교육을 요하는 성취를 반영한다.

⑤ 애써 자신을 관여시킨 관점으로서의 피억압자의 이해는, 즉 한 입장의 수용은 인간들 사이의 실제 관계를 비인간적인 것으로 드러내며, 현재를 넘어서서 역사적으로 해방적 역할을 수행한다.[37]

하트속의 주장은 마르크스주의 맥락 안에서 프롤레타리아의 관점이 부르주아 이데올로기의 근저를 보는 것을 가능하게 했듯이, 여성주의 입장이 인간적인 사회적 관계를 왜곡되게 전도한 가부장제도와 그 이데올로기를 이해할 수 있도록 해 준다는 것이다. 여성과 남성은 그들 삶의 일상적 경험과 하는 일에서 사회적으로 다른 층위에 놓이고, 그러한 다른 층위에서 남성은 사회적 질서의 토착인으로서, 여성은 이방인으로서 살아간다. 인간의 이야기는 남성의 관점에서 만들어지고 기록되며, 그것이 유일한 관점이 된다. 여성은 자신을 바라볼 때도 남성의 눈으로 보게 되고, 자신의 고통을 말할 때조차도 남성의 언어와 목소리로 말하게 된다. 예컨대 기존의 억압적 질서 안에서 여성에게 기대되는 역할을 수행하는 데 수반하는 고통을 말할 때, 여성은 억압으로부터 받는 고통과 다른 한편으로 억압적 질서를 당연한 것으로 받아들이지 못하는, 이른바 '착한 여성'이 되지 못한다는 자책의 이중적 감정에 시달린다. 이러한 자책감은 여성이 스스로를 남성이 규정한 '나쁜 여자'의 틀로 바라보

---

37 Nancy Hartsock, "The Feminist Standpoint: Developing the Ground for a Specifically Feminist Historical Materialism", *Discovering Reality*, eds. by S. Harding & M. Hintikka(D. Reidel Publishing Company, 1983), p. 285.

고 재단하는 데서 발생한다. 여성의 자기소외는 자아분열을 초래하는 큰 요인이 된다.

여성의 일은 주로 남성의 몸을 챙기고, 그의 성을 따르는 아이를 낳으며, 그가 존재하는 장소를 돌보고, 그가 먹고 자는 일상적 삶의 여러 불편함으로부터 벗어나서 추상적 개념과 사회적으로 의미 부여된 일에 몰두할 수 있도록 돕는 것이다. 여성주의 입장론은 여성의 경험으로부터 실재를 바라보면 이제까지 우리가 의심 없이 받아들였던 많은 것이 전혀 다른 모습으로 드러날 것이며, 나아가 남성 중심 사회의 신념이나 행위 유형을 더 잘 볼 수가 있을 것이라고 주장한다. '내부의 이방인(outsider within)'으로서 자신을 탐구하고 아래로부터 위를 바라보는 연구자는 자신을 중심 문화, 지배 문화의 일원으로 놓고 위에서 아래를 내려다보는 연구자보다 더 많은 것을, 은폐되어 있는 진실을 볼 수 있다는 것이다.[38] 헤겔에게서 노예가 주인보다 인식론적 우위에 있게 되듯이 피억압자는 억압자가 볼 수 없는 진실, 즉 억압과 피억압이라는 권력관계의 적나라한 실체가 드러난 사회적 현실을 볼 수 있다는 점에서 인식적 우위에 있게 된다.

연구자 자신의 위치를 묻다

그렇다면 여성의 입장에서 바라보는 세계가 더 객관적이라고 주장하는 근거는 무엇인가? 피억압자가 단지 더 많은 것을 보고 알

---

38 Sandra Harding, 앞의 책, pp. 131~132 참조. 흑인이나 다른 소수 피억압자에 대해 자신이 백인 여성으로 갖는 상대적 특권에 의해서 가려지는 주관적 시야를 벗어나기 위해 '배반자적' 정체성을 취하는 전략에 관해서는 같은 책 10장과 11장 참조.

수 있다는 것을 넘어서서 그의 앎이 더 객관적이라는 주장을 이해하기 위해서는 하딩의 '강한 객관성' 개념을 살펴보아야 한다. 강한 객관성은 "지식의 대상과 동일한 비판적, 인과적 평면 위에 지식의 주체도 놓여야 함을 요구한다."[39] 왜냐하면 과학적 탐구에서 문화적 믿음은 문제 설정, 가설 설정, 연구 계획, 자료 수집, 자료 분류와 해석, 연구 마무리 시점의 결정, 연구 결과 발표 방식 등 매 단계에서 증거로서 작용하므로 지식의 주체가 개인이든 혹은 역사적 상황에서 발생한 집단이든 간에 그 주체는 과학적 방법의 관점에서 지식 대상의 일부로 간주되어야 하기 때문이다.

> 관찰과 반성의 직접적 대상인 자연과/이나 사회적 관계에 집중된 모든 종류의 객관성−최대화 과정은 또한 관찰자들과 반성자들─과학자들과 그 가정을 공유하는 좀 더 큰 사회─에게로 초점이 맞추어져야 한다. 그러나 **과학자들과 그들 집단에 관한 최대한도로 비판적인 연구는 그 삶이 그런 집단에 의해 주변화된 사람들의 관점에서만 이루어질 수 있다.** 따라서 강한 객관성은 과학자들과 그들 집단이 도덕적, 정치적 이유에서뿐만 아니라 과학적이고 인식론적인 이유에서 민주주의 발전 프로젝트 안으로 통합될 것을 요구한다.[40]

연구자 또한 연구 대상 안으로 들어오게 되는 강한 반성성 혹은 성찰성(strong reflexivity)은 객관성을 약화하기보다는 강화하는 것으

---

39 Sandra Harding, "Rethinking Standpoint Epistemology", *Feminist Epistemologies*, eds. by L. Alcoff & E. Potter(Routledge, 1993), p. 69.
40 여기서 반성자는 성찰자로 번역되기도 한다. 필자 강조 표시.

로 여기서는 간주된다. 왜냐하면 연구 주체가 연구 대상처럼 자신을 드러내는 것이 뒤에 중립자적인 자세로 숨어 있는 경우보다 연구 결과에 대한 정확하고 객관적 평가를 가능하게 할 것이기 때문이다. 그리고 그 주체가 주변화된 존재라면 그를 주변으로 내몬 체계에 대한 연구는 중심에 위치한 존재의 그것보다 더 비판적일 것이고, 그만큼 객관성을 확보하게 될 것이다. 이것은 통상 탐구자는 탐구 과정에서 가치중립적인 무지의 베일을 쓰고 있어야 하고, 또 쓰고 있으리라는 과학적 탐구의 객관적 입지에 대한 기대에 정면으로 배치하는 것이다. 강한 객관성 개념이 설득력을 갖는 것은 그 어떤 연구자도 절대적으로 중립적인 입장에 있을 수 없으며, 자신이 알지 못하는 사이에 받아들이고 있는 많은 가치나 선입견 아래 있다는 사실 때문이다. 만일 모든 연구자들이 그런 위치에 있다면 주변화된 존재의 연구는 분명 중심적 존재의 연구와는 다를 것이고, 분명 더 비판적일 것이다.

여성주의 과학자들은 종종 연구자 집단이 남성들로만 이루어진 경우에 빚어지는 여러 문제를 다루어 왔다. 그들은 전통적으로 있어 온 편견이나 고정관념, 배경적 가정이 연구 의제 설정이나 연구를 실행해 나가는 과정, 과학적 결론을 만들어 나가는 과정, 이론적 모델을 설정하거나 은유를 사용하는 경우에 어떤 영향을 미치는지를 세밀하게 파악하고자 했다. 입장론과 대립하는 경험론을 받아들이는 여성주의자도 이 점에서는 크게 다르지 않다. 입장론자와 경험론자 사이의 차이는 입장론자들이 주로 사회과학의 맥락 안에서 작업하는 데 반해, 경험론자들은 자연과학의 맥락 안에서 작업하는 데서 만들어진다. 예를 들어 서구의 한 인류학자가 아프리카 문화를 연구하는 경우, 그 연구는 서구 문화의 여러 규범과 가치관을 암암리에 전제하고 있는 것일 수 있기에 그 연구의 객관성에 관한 물음과 비판이 있을 수 있다.

입장론 관점에서는 연구의 객관성, 즉 강한 객관성이 확보되려면 연구자의 자기 기반과 사회적 위치에 대한 반성이 이루어져야 하고, 연구 대상 안으로 들어갔다 다시 나와 연구 주체인 자신을 반성해 보는 내적이면서 외적인(in-and-out) 시각이 필요하다. 연구자 주관(subjectivity)은 누구나 사회적, 역사적 위치를 점하고 있으며, 그 위치는 불가피하게 연구에 영향을 미칠 수 있기 때문이다. 서구의 연구자는 자기를 낳고 기른 서구의 세계관으로부터 자유로울 수 없기에 아시아나 아프리카를 연구할 때 서구의 눈으로 문화를 재단하고 평가하기 쉽다. 그럼으로써 정작 연구 대상 문화의 내재적 관점을 결여하게 되고, 연구 자체가 객관적이지 못하고 주관의 편견을 고착화할 수 있다.

이러한 오류를 피하는 방법은 서구의 시각으로부터 배제되고 주변화된 사람들의 관점을 도입하여 서구 시각을 비판적으로 검토하는 것이다. 연구자가 연구 대상 안에 들어가기도 하고 나오기도 하면서 자신의 연구 위치를 반성적으로 점검하는 방법이기도 하다. 억압자와 피억압자의 관계에서 강한 객관성은 반드시 피억압자의 관점이 반영되는 비판적 지점에서만 확보된다. 여성 관점이 보다 강한 객관성을 가질 수 있는 것은 그것이 주류 지식의 관점을 비판적으로 재구성하기 때문이며, 이렇게 재구성된 관점에서 비롯된 지식이 실제 세계를 더 잘 보여 준다는 것이다. 객관성은 연구 주체의 주관성을 떠나 탐구 방법과 그 결과에 대한 객관적 동의나 의견의 일치를 통해 확보될 수 있다고 보는 경험론적 관점에서 볼 때, 주변적이고 상황적인 인식 주체를 통해 확보되는 강한 객관성은 오히려 과학적 지식을 주관과 연계시킴으로써 객관성을 저해한다고 할 수도 있다. 과학적 실증성과 객관성을 중시하는 경험론과 입장론은 이 점에서 양보할 수 없는 대립을 하게 된다.

　여성주의 입장론에 따르면 사회적으로 억압을 받는 사람들의 관점이 더 진리에 가까울 수 있다. 즉 어떤 사회적 위치는 다른 위치보다 인식론적 특권을 더 갖는다는 것이다. 여성이 남성 중심의 세계에 잘 살기 위해서는 남성의 언어를 익히고 잘 구사해야 한다. 힘을 가진 남성들은 살기 위해 굳이 여성의 언어를 익힐 필요는 없다. 남성 중심의 세계 안에서 살아남아야 하는 여성은 여성의 언어와 남성의 언어 모두를 섭렵해야 한다. 이런 여성은 두 언어가 의미화하는 세계를 모두 바라볼 수 있기 때문에 남성보다 세계를 더 넓게 볼 수 있으며, 그런 의미에서 여성은 인식론적으로 우위를 점한다는 것이다. 예컨대 미국이 지배하는 세계 안에서 한국이 잘 살아남기 위해서는 영어를 잘 익혀야 한다. 한국어와 영어를 잘 구사하게 된 한국인은 영어만 구사하는 미국인에 비해 세계를 더 풍부하게 경험할 뿐만 아니라, 세계의 진실된 모습을 더 잘 볼 수 있다는 것이다.

　그러나 현실적으로 미국인들도 매우 다양한 부류가 있을 수 있고 한국인들도 마찬가지다. 단지 한국인이라는 사실만으로 미국인보다 더 포괄적으로 세계를 경험한다고 할 수 있을까? 단지 여성이라는 사회적 입장만으로 세계를 더 잘 알고 이해한다고 할 수 있을까? 만일 참되고 더 나은 지식이 사회적 입장에 의존하는 것이라면 어떤 입장이 그렇게 인식론적으로 특권적인지, 그런 특권적 입장은 과연 어떻게 생성되는 것인지 하는 물음이 생긴다. 이런 물음은 사회적 약자, 피해자, 피식민지인 등에 대해 도덕적 배려와 책임을 가져야 한다는 당위 외에 인식론적 특권을 허용해야 한다는 주장을 어떻게 받아들일 것인가의 문제와도 연결된다.

여성이 남성에 대해 인식론적인 특권을 갖는다면 그 여성의 입장, 관점, 사회적 위치라는 것이 어떤 것인지를 과연 구체적으로 규정할 수 있을까? '여성'은 과연 누구를 지칭하는가? 지식과 권력의 연계가 불가분적이라면 지식의 목표는 진리가 아니라 권력인가? 지식의 문제가 권력으로 풀어질 수 있을까? 가짜 뉴스는 언어적 권력을 가진 쪽에 의해 판별되는 것인가? 억압을 풀어야 하는 것이 피억압자들이 더 나은 인식적 지위를 가졌기 때문인가? 아니면 지식의 객관성과 관계 없는 정치적 문제인가? 여성들 중에도 인종, 계급, 계층 등에 의한 차이가 있으며, 이런 차이는 어떤 백인 여성을 흑인 여성보다는 백인 남성과 더 가까운 사회적 위치에 놓이게 한다. 여성이라는 입장만으로, 노동자라는 입장만으로, 피해자라는 입장만으로 그에게 인식적 특권을 부여하는 것은 또 다른 억압과 폭력을 만들어 내는 것은 아닌가?

민주화와 형식적 평등이 많이 이루어진 사회 안에서 인식과 지식의 문제를 정치의 문제로 환원해서 논하는 데는 한계가 따른다고 본다. 그럼에도 입장론은 성, 계급, 인종으로 인한 억압이 일반화되어 있는 많은 국가에서 평등과 정의의 문제에 관한 중요한 성찰을 제시한다. 오늘날 탈식민주의 담론 안에서도 의미 있는 논의를 만들어 내고 있다. 경험론의 관점에서 보자면 입장론적 객관성 개념이 야기하는 문제는 과학의 문제를 과학 내적 방법과 규준에 의해 풀지 않고 정치적 방식으로, 권력의 문제로 풀어 가야 한다는 데서 생겨난다.

포스트모던 여성주의

여성주의 입장론에서 주장하는 바처럼 사회적 주변부 또는 피억압자 집단이 인식론적 특권을 갖는다거나 객관적 진리를 더 잘 볼 수 있는 위치에 있다고 한다면 전제해야 하는 것이 있다. 그것은 바로 진리가 있다는 것, 혹은 진리를 특권적 지위에서 확정 지을 수 있다는 것이다. 그러나 이 전제는 과연 우리가 지지할 수 있는 것일까?

대체로 사람들은 주변부에 위치하게 되면 좀 더 날카로운 자의식을 갖게 된다. 싫더라도 항상 자신의 위치를 자각하게 만드는 일상 안에 놓여 있기 때문이다. 삶의 표준과 규범, 문화 일반은 지배 권력 집단에 의해 만들어진다. 지배 집단의 사람들은 굳이 다른 거울로 자기를 보는 일이 불필요하지만 주변부 사람들의 위치에서는 살아남기 위해 지배 문화의 눈으로 자신을 바라보고 그것이 설정해 놓은 기준에 따르고자 노력해야만 한다. 그런데 입장론의 주장처럼 살아남기 위해 다중적 관점을 가짐으로써 세계를 좀 더 포괄적으로 보게 된다는 점을 받아들인다고 해도 그렇기 때문에 더 객관적이라거나 더 진리에 가깝다고 과연 말할 수 있을까? 인식론적 관점에서 인간이 포착해야 하는 진리가 있다는 것, 피억압자가 그 진리를 더 잘 볼 수 있는 위치에 있다는 것을 어떻게 논증할 수 있는가?

포스트모던 철학자들은 마르크스주의자나 입장론자와 달리 진리 주장을 통해서가 아니라 진리 또는 진리 주장을 만들어 내는 배경이나 배후의 형이상학 자체를 해체함으로써 억압의 질서를 전도하려 한다. 이들은 마르크스주의나 입장론이 가정하는 진리의 실체성을 받아들이지 않는다. 오히려 진리는 만들어지는 것임을, 우리가 주목해야 하는 것은 진리 주장이 어떻게 만들어지는지, 진리가 만들어지는 배후의 문화적, 철학적 구조라는 것이다.

데카르트가 원했듯이 아무런 전제도 없고 오로지 이성적 사유와 논리에 의해서만 도달할 수 있는, 의심할 수 없고 자명한 철학의 제일원리 같은 것은 없다고 포스트모던 사상가들은 주장한다. 데리다 같은 철학자에 따르면 세상에 존재하는 철학적 주장을 검토하고 폐기하거나 종말을 고할 수 있는, 신의 관점과 같은 절대적인 외재적 출발점은 없다. 우리는 처음부터 역사적 흔적(traces) 속에 있으며, 진리나 실체, 본질, 실재와 같은 것에 대한 보충(supplements), 대리물(substitutions)과 있을 수밖에 없다. 사실상 우리에게는 그런 흔적, 보완물, 대리물밖에는 없다. 흔적, 보충, 대리와 같은 표현은 우리가 결코 진리 자체를 알지는 못하고 다양한 진리 규정만을 가질 수밖에 없는 난처한 상황을 나타내는 은유적 개념이다. 흔적을 넘어서서 절대적 시원에 도달하는 것은 가능하지 않다.

우리의 모든 의미 생성 활동(언어 사용)을 정당화해 줄 절대적 시원과 같은 것이 없다면 우리는 언표화된 흔적 중 어딘가에서부터 출발할 수밖에 없다. 어쩔 수 없이 우리는 이미 어떤 텍스트 안에 들어와 있다. 텍스트 '안'이 있다면 '바깥'이 있겠지만 그것은 칸트의 물자체처럼 구체화될 수 없는 한계개념일 뿐이다. 우리는 불가항력적으로 텍스트에 갇혀 있다. 모든 것이 텍스트 의존적인 것이라면 진리라고 주장되는 것을 그대로 받아들이기보다 그것을 진리로 만드는 텍스트의 구조와 문법을 탐구하는 것이 진리에 접근하는 올바른 태도가 될 것이다.

예를 들어 나는 내 선택과 무관하게 20세기 대한민국에서 태어나 '여자'로 범주화되었다. 여자들은 누구나 그러하듯이 '2'로 시작하는 주민등록번호를 갖게 되었고, 여자아이들에게 부여되는 교육의 기회를 얻고, 한국 음식을 먹으며 다양한 한국 문화의 결을 익히고 가치 규범을 따르면서 삶을 이어 왔다. '여자란 무엇인가?'라는 질문 자체가 이런 텍스트와 콘텍스트를 배경으로 하고 있다. 여자를 의미 있는 사회적 범주로 놓지 않는 문화가 있다면 애초에 이 질문은 나오지도 않았을 것이다. 인간의 삶과 모든 의미 활동은 좋든 싫든 누군가가 만들어 놓은 어딘가에서부터 시작하며, 이 환경을 떠나 처음부터 아무 전제 없는 자명한 진리에 이를 수 없다. 철학적 사유는 여자란 무엇인가에 관해서 전개되기보다, 나를 여자라는 이름으로 부르고 여자로서 살 것을 주입시키는 배후의 구조 또는 텍스트에 관해 전개되어야 한다.

현대판 회의주의자라고 할 수 있을 것도 같고, 어찌 보면 부분적으로는 칸트주의자 혹은 헤겔주의자라고도 할 수 있을 것 같은 포스트모던 철학자들은 진리가 진리 규정, 진리 인식이나 해석, 또는 진리를 확정 짓는 방법의 문제로 환원되는 것임을 첨예하게 인식하고 있다. 진리에 관한 그들의 입장은 '수없이 많은 진리 규정들, 진리 규정 방법론과 독립해 있는 진리는 없다. 설사 있다 해도 우리는 그것을 알 수 없다'가 될 것이다.

이런 주장은 고대 그리스의 키케로로 대표되는 아카데미아학파의 주장을 상기시킨다. 해체 철학을 주장한 데리다는 '흔적'이라는 은유를 사용해서 진리와 진리 규정, 실재(reality)와 현상, 실체

(substance)와 속성 간의 관계를 표현했다. 우리는 최초의 원천으로서의 진리를 보고자 하지만 우리가 보게 되는 것은 진리의 흔적뿐이다. 흔적이라는 말은 그 자체로 그 원천을 가정해야 성립하는 것이다. 어떤 것이 흔적이라면 그것은 무엇인가의 흔적이다. 그런데 흔적의 원천인 그 무엇인가는 또한 결코 흔적을 통하지 않고서는 드러날 수가 없다. 철학적 아이러니는 원천이 무엇인지를 모르는데, 나아가 원천이 진정 존재하는지도 모르는데, 과연 무엇인가를 흔적이라 할 수 있는가에 있다. 흔적이라 말해지는 모든 것은 어쩌면 그 자체가 원천들일 수 있지 않을까? 창조주를 무엇이라 확인할 수 없거나 아예 처음부터 없었던 것이라면 피조물이라는 개념 또한 무의미해지는 것과 마찬가지다. 여기에 진리와 진리 규정 사이의 철학적 난국이 존재한다. 우리는 원천 자체를 갖지 못하고 항상 흔적만을 가질 수 있을 뿐인데, 독단론자는 자신이 포착한 흔적을 원천이라고 주장하는 것일 따름이다.[41]

데리다의 해체 철학이 보여 주는 전략은 형이상학 전통을 폐기하거나 다른 대안적 형이상학을 제시하는 데 있는 것이 아니다. 진리를 얻고자 하는 인간의 사유, 또는 보편적 진리에 도달하고자 하는 철학이라는 담론 자체의 탈출구 없는 난감한 상황, 진리 주장의 조건, 진리를 진리로 만들어 내는 움직임, 물자체나 본질이나 신이나 진리 같

---

41 데리다의 해체주의 전략에 관해서는 김혜숙, 「해체 논리, 해체 놀이: 데리다를 중심으로」, 『포스트모더니즘과 철학: 탈주체, 탈형이상학에 대한 이해와 반성』(이화여자대학교출판부, 1995) 참조. 데리다의 '흔적'은 '새김', '차연', '글쓰기' 등과 함께 전통 형이상학의 해체에 주요한 개념 도구로 사용된다. Jacques Derrida, *Of Grammatology*, tr. by G. C. Spivak(The Johns Hopkins University Press, 1974); *Dissemination*, tr. by B. Johnson(The University of Chicago Press, 1981) 참조.

은 이름을 생겨나게 하는 놀이를 드러내는 것이다. 어떻게 진리가 진리로, 어떻게 의미가 의미로, 어떻게 사물이 사물로 확정되는지를 이해함으로써 진리라고 말해지는 것의 배후, 진리를 배태한 문맥을 이해하고 진리 규정의 우연성과 텍스트성, 문맥 의존성을 이해하게 된다. 그 어떤 진리 규정도 절대성이나 엄밀한 객관성을 갖지 않기 때문에 진리 규정은 원칙이나 원리, 규준에 의거하지 않는 놀이(play)와도 같다. 놀이 개념은 진리의 우연성을 드러내는 개념이다.

포스트모던 여성주의자들은 데리다뿐만 아니라 푸코의 권력에 대한 분석과 권력, 지식, 욕망의 연계에 관한 입장을 차용한다.[42] 말년에 어떤 윤리적 희망을 말하고자 하기는 했지만 차별과 억압의 궁극적 해소에 관해 비관적이었던 푸코에게서도 삶과 진리의 우연성에 대한 태도는 크게 다르지 않다. 포스트모던 철학자들에게는 혁명이나 급진적 선택을 통한 진리의 전유에 대한 적극적 비전이 없다. 진리에 대한 이들의 비관주의 또는 무관심은 관점주의자(perspectivist)였던 니체의 말을 상기시켜 준다. "많은 종류의 눈들이 있다. 스핑크스조차도 눈을 가지고 있다. 결국 많은 종류의 '진리들'이 있는 것이며, 따라서 결국 진리는 없는 것이다."[43]

이들은 이상적인 권력 이론, 대안적 인간 해방론 정립 또는 커다란 이상적 공동체 건설이 목표가 아니라 권력 관계를 생겨나게 하는 그 움직임이나 전제를 드러냄으로써 권력 관계로부터 결코 자유로울 수 없는 인간 상황을 비판하고 그에 대한 반성적 이해를 꾀한

---

42 김혜숙, 「포스트모더니즘과 페미니즘: 유교적 욕망과 푸코의 권력」, 앞의 책, 참조.
43 Friedrich Nietzsche, *The Will to Power*, tr. by W. Kaufmann and R. J. Hollingdale (Vintage Books, 1968), p. 291.

다. 그럼으로써 기존의 질서가 내세우는 진리 주장의 허구성과 우연성을 드러낸다. 여기서 중요한 것은 하나의 관점, 하나의 진리 주장을 '진리(the truth)'로 만들려는 힘, 권력의 실체를 보는 일이다. 우연을 필연으로, 은유를 자연으로, 상대적인 것을 절대적인 것으로, 잠정적인 것을 영원한 것으로, 개연적인 것을 확증적인 것으로, 인간의 한계를 사물의 한계로, 관행과 습관을 자연, 도덕, 신, 이성의 법칙으로 만들어 놓는 음험한 움직임을 포착하는 일이다.

일군의 여성 철학자들은 차이들을 갖고 노는 전략을 통해 특정한 차이들을 공고하게 규범화하고 차별을 고착화하는 기존 질서의 힘을 무력화하고 새로운 질서의 가능성을 실험하고자 했다. 이러한 전략 중 대표적인 것이 이제껏 남성 욕망의 대상이었던 여성의 몸과 욕망이 지니는 의미 생성의 힘을 극대화함으로써 기존의 성적 위계를 해체하는 성애(sexuality) 전략과, '여자' 또는 '남자'라는 성별 범주가 지니는 우연성에 주목하여 젠더를 복수화함으로써 기존의 공고한 여/남 범주를 해체하는 전략이다.

성애 전략

서양철학의 전통은 진리 탐구의 역사라 할 수 있다. 보편성을 가지는 불변의 진리에 대한 열망이 그것을 찾기 위한 방법에 집중하게 만들었다. 수학이나 논리학이 그런 보편성과 필연성을 갖는 진리의 모델을 보여 준다고 여겨졌다. 그런 엄격성을 추상적 수나 추론 법칙을 통해서가 아니라 자연언어로 사유하고 글로 표현함으로써 구현해야 하는 철학자들은 인간 경험을 기반으로 세계에 관해 그런 진리가 어떻게 가능할지를 고민해 왔다. 진리와 거짓, 지식과 믿음, 보편자와 개별자, 개념과 경험적 예시, 실체와 현상, 본질과 우연적 속성, 보편에 관여하는 이성과 개별에 관여하는 감성, 존재와 존재자의 이분법은 서양철학 역사 안에 깊이 내재해 있다.

서양 합리주의 전통에 비극적으로 맞섰던 니체의 후예라 할 수 있는 포스트모던 철학자들은 이 이분법의 질서를 해체하고자 했다. 여기서 해체의 전략은 대안적 진리를 제시하는 것이 아니라 진리라고 말해지는 것의 반대편에 있어 왔던 비진리들(흔적, 보충물 등)이 오히려 진리를 진리로 만들어 주는 역설을 드러내는 것이다. 역설로 인해 위계는 해체되고 의미를 잃어버리게 된다.

신의 관점을 가지고 있지 않은 우리로서는 실체, 진리, 본질, 실재가 무엇인지를 현상이나 비본질을 통하지 않고서는 언표조차 할 수 없다. 데리다의 흔적 개념을 빌리자면 우리는 흔적의 흔적의 흔적, 보충물만을 가질 수 있을 뿐이다. 현상을 넘는다는 것도 실상 현상의 한계를 말하는 은유적인 표현일 뿐 우리는 현상을 넘어설 수 없다. 신이나 진리, 실재는 추상적 관념물로서 몸을 가진 인간은 그것을 육화된 형태로밖에는 포착할 수가 없다. 객관성에 다다르기 위해 인간은 증거나 증언, 실험 등 육화된 과정, 감각적으로 현상화된 과정을 거칠 수밖에 없는 것이다. 인간은 진리에 관한 아포리아에 갇혀 있으며 그것을 벗어날 수 없다. 서양 역사 속에서 위의 여러 이분법은 은유적으로건 실질적으로건 남성과 여성의 이분법으로 연결되었다. 포스트모던 여성주의자들은 해체주의 전략을 통해 여성과 남성 이분법 해체를 시도한다. 포스트모던 여성주의자들은 여성이 남성과 다르지 않다고 주장(1세대 여성주의)하거나 여성적 특질이나 여성적 가치, 여성성이 더 우월하다고 주장(2세대 여성주의)하는 것이 아니라, 여성적 차이를 극대화하는 여성 놀이를 통해 이제껏 잘 드러나지 않았고 여성들 스스로도 잘 알지 못했던 여성적 힘을 드러내어 위계질서를 조롱하고 혼란을 초래하여 궁극적으로는 이분법적 질서가 해체되도록 하는 방식을 택했다. 여성은 여성의 몸을 가지고 있기 때문에 여성으로 분류되고 '여자'로 불린다. 여성의 몸은 남성 지식인들에 의해 '결여', '어둠(구멍)', '기형'으로 비하되거나 희화화되었다. 여성의 섹슈얼리티는 남성들 욕망의 대상이 될지언정 주체적으로 작동된 적이 없으며, 여성들 스스로 자신의 성적 욕망을 긍정적, 적극적 방식으로 받아들이지 못했던 오랜 역사가 있어 왔다.

데리다에게서 영향을 많이 받은 프랑스의 작가이자 비평가이자 여성주의 철학자인 엘렌 식수(Hélèn Cixious)는 '여성적 글쓰기'라는 개념을 통해 여성의 몸과 섹슈얼리티를 기반으로 기존 질서를 해체하고자 한다. 이를 나는 성애 전략이라 부르겠다. 성애 전략은 '몸으로 글쓰기'로 표현된다. 무엇인가를 의미하고 표현하고 세상을 자기의 것으로 만들어 전유하는 모든 행위를 우리는 글쓰기라 부를 수 있을 것이다. 데리다에게서나 식수에게서 '글쓰기'는 단순한 문자적 글쓰기만을 말하는 것이 아니라 의미를 만들어 내는 모든 활동을 지칭한다. 여성은 '하얀색 잉크로 글을 쓴다'[44]는 식수의 말은 남성과 다른 여성의 성적 욕망과 성적 경험에 관해 주체적으로 말하고 자신을 긍정함을 뜻한다. "우리가 남성들에게 속하지 않는 것처럼, 남성

---

44 엘렌 식수와의 인터뷰를 담은 책 제목이 *White Ink*다. 이 책의 부제는 "interviews on sex, text, and politics"이다. 하얀색 잉크란 모유를 상징하며, 남성과 다른 여성의 몸과 섹슈얼리티를 의미한다.

들에게 속하지 않는 언어를 그들에게 내어주어서는 안 된다."[45]

　지그문트 프로이트(Sigmund Freud)는 여성에게는 남근을 갖지 못한 데 대한 콤플렉스(penis envy)가, 남성에게는 거세 공포(the anxiety of castration)가 근원적으로 있다고 보았다. 식수는 남근 중심주의를 해체하는 전략으로 그것에 의해 감시당하고 갇혀 있던 여성의 성적 감수성과 욕망을 스스로 마주하고 긍정하라고 선동한다. 여성은 자신의 몸을 부끄러워하며 무시하고 학대하도록 배웠다. 여성성은 나약하고 무엇인가 부족하고 덜떨어진 것, 어둡고 형체를 가늠하기 어려운 것으로, 될수록 감추고 부끄러워해야 할 그 무엇이었다. 인간 역사 안에서 이제껏 남성들의 전유물이었던 글쓰기를 통해 여성들은 이제 돌아와야 한다. "영원에서, '밖에서', 마녀들이 살고 있는 땅에서, 밑에서, '문명' 이전의 때부터, 그녀들의 어린 시절로부터, 남자들이 그토록 애써서 그녀들로 하여금 잊게 만들고 지하 감옥이 되도록 했던 그 어린 시절로부터"[46] 돌아와야 한다. 글쓰기를 통해.

　　여성성에 대하여 우리는 거의 모든 것을 아직 써야 한다. 우리의 섹슈
　　얼리티, 즉 무한하고 유동적인 복합성에 대해, 우리의 에로틱화 작용,
　　몸의 미세하고도 거대한 특정 지역의 번쩍거리는 발화에 대해, 운명에
　　대해서가 아니라 어떤 특정 충동, 여행, 오솔길, 급작스럽고도 느린 깨
　　어남, 그동안 잠잠했던 부분이 갑작스레 떠오르는 것에 대해 써야 한
　　다. 수천 개의 뜨거운 화로를 지닌 여성의 몸이—멍에와 검열을 부수

45　엘렌 식수, 「메두사의 웃음」, 고미라 옮김, 『포스트모더니즘과 철학』, 김혜숙 편(이
　　화여자대학교출판부, 1995), p. 361 참조.
46　앞의 책, p. 346.

고—그 속에서 온갖 방향으로 증식하는 의미를 드러낼 때, 그것은 단일한 주름의 낡은 모국어에 수많은 언어를 울려 퍼지게 할 것이다.[47]

뤼스 이리가레(Luce Irigaray)는 성애 전략을 더욱 노골적으로 채택한다. 프로이트는 무의식이 비언표적 표상으로 이루어져 있다고 본 반면 자크 라캉(Jaques Lacan)은 무의식조차도 언어적이라고 보았다. 인간의 언표적 행위, 모든 의미화 움직임은 이미 깊게 우리의 무의식까지 장악하고 있다고 본 것이다. 라캉으로부터 영향을 받은 이리가레는 남성과 여성 관사를 쓰는 프랑스어의 특성에 주목하여 우리의 문화와 개념 세계, 무의식적 심리의 저변이 모두 이미 뿌리 깊게 가부장적 규범 질서에 침윤되어 있다고 보았다. 이 질서를 해체하는 일은 우리가 가부장적 가치에 침윤된 언어를 사용하는 한 거의 불가능한 일처럼 보인다. 이런 상황에서 이리가레는 언어 이전의 원초적인 몸, 개념화되지 않는 성애의 경험을 해체 전략의 기반으로 삼는다. 이리가레와 같은 포스트모던 여성주의자들에게 여성 주체의 성립은 서양철학의 역사 안에서 오랫동안 주변화되고 하찮은 것, 결여와 노예적 수동성으로 배제되어 왔던 여성의 몸과 성애를 통해서 이루어지는데, 여성 주체는 이성을 중심으로 세워진 남성 주체와 달리 유동적(fluid, mobile, flexible)이며 유목적(nomadic)[48]이다.

---

47 앞의 책, p. 359.
48 유목적 주체의 개념은 로지 브라이도티가 주제화했다. Rosi Braidotti, *Patterns of Dissonance: A Study of Women in Contemporary Philosophy*, tr. by Elizabeth Guild(Polity Press, 1991).

플라톤이 말한 동굴의 비유는 시각이 이성의 활동과 지식 확립에 중대한 역할을 한다는 사실을 암암리에 내포하고 있다. 지식을 얻는 핵심 수단은 시각적 감각이다. 시각은 보는 주관과 보이는 대상의 이분법에 기초하고 있으며, 시각 경험에서 정신적 주체와 물질적 객체의 거리와 대립은 피할 수 없다. 이 이분법적 구도 아래에서 보이는 대상은 보는 주체에 의해 규정되고 물적 사물로 환원된다. 그 대상이 인간인 경우에도 그러하며, 여성은 역사 안에서 남성의 눈에 의해 정의되고 대상화되었다. 시각에 기초한 인식론이 정치적 프로그램으로 구현된 대표적인 예가 원형 감옥(panopticon)이다. 원형 감옥은 소수의 감시자가 자신을 드러내지 않고 피감금자들을 모두 볼 수 있는 구조를 하고 있다.

보는 주체와 보이는 대상의 대립을 해체하는 여성주의 전략은 분산적이고 복수적이며 친밀한 촉각의 인식론(the epistemology of touch) 입장을 취한다. 언표화하기 어려운 여성적 촉각 감각은 지식 생산 수단으로서 신뢰하기 어렵고 무책임한 것으로 배제되어 왔다.[49]

여성의 자기성애(autoeroticism)는 남성과 매우 다르다. 남성은 자신을 감촉(touch)하기 위해 도구를 필요로 한다. 손, 여성의 성기, 언어, 그리고 이 자기 자극은 최소한의 능동성만을 요구한다. 그러나 여성은

49 Luce Irigaray, *Speculum of the Other Woman*, tr. by G. Gill(Cornell University Press, 1985), p. 279; Saunak Samajdar, "Intimacy, Hospitality and Jouissance: A 'feminie' Knowing of Difference", *Michigan Feminist Studies*, vol. 20, Fall 2006~Spring 2007(MPublishing, University of Michigan Library) 참조. http://hdl.handle.net/2027/spo.ark5583.0020.004

매개 없이, 능동성과 수동성 사이의 구분이 가능하기도 전에 홀로 자기 안에서 직접적으로 자신을 감촉한다. 그 누구도 금지할 수 없는 방식으로 여성은 "자기를 감촉한다". 왜냐하면 그녀의 성은 끊임없이 서로를 감싸안는 두 입술로 구성되어 있기 때문이다. 따라서 자기 안에서 여성은 이미 서로를 자극하는 둘이지만 개별들로는 나뉠 수 없는 둘로 존재한다.[50]

성적인 측면에서 여성은 "적어도 이중적이며 사실상 다중적이다."(p. 102) 여성의 성 기관은 그녀의 몸 거의 모든 곳에 존재한다. 여성은 몸 구석구석에서 성적 쾌감(jouissance)을 경험한다. "그녀의 쾌감 지형도는 하나의 동일한 것에 조금 지나치게 집중된 상상물 안에서 상상한 것보다 훨씬 더 다변적이고 더 많은 차이들을 지니며 좀 더 복잡하고 미묘하다."(p. 103) '여자'는 자기 안에서 무한정적으로 타자다. 그렇기 때문에 여자는 신경질적이고 이해 불가하며, 수선스럽고 변덕스럽다고 말해진다. 말할 때는 어디로 튈지 모르고, 남자들은 여자의 말 속에 어떤 의미의 정합성이 있는지조차 알기 어렵다. 여자들이 쏟아내는 모순된 단어들은 이성의 논리로 보면 미친 듯이 보이기도 하고, 이미 정제된 코드로 무장한 남자들의 귀로는 들리지 않는 언어다(p. 103).

여성이 남성과 다른 몸을 가지고 있고 다른 경험을 하기 때문에 여러 억압과 차별이 있어 왔다면 그것을 극복하기 위한 방법은 이

---

50 Luce Irigaray, "Demystification", *New French Feminisms*, ed. by Elaine Marks & Isabelle de Courtivron(Schocken Books, 1981), p. 100. 이후 이 책에 대한 인용 표시는 글 안에서 한다.

류 남성이 되는 것이 아니다. 대신 포스트모던 여성주의자들은 여성으로서의 차이를 극대화함으로써 다른 대안적 인식의 원리와 지식 생산을 꾀한다. 이리가레에게 여성주의 지식 생산의 원리는 즐거움, 쾌락(jouissance,[51] pleasure, orgasm)이다. 사랑, 친밀함, 타자에 대한 환대와 같은 개념은 객관성, 이성, 타자에 대한 형식주의적 의무 규정 같은 합리주의 철학 전통의 핵심 개념을 대치한다. 그러나 모든 것을 교환가치로 환원하고 여성이 단순한 상품 또는 물건으로 대상화되는 자본주의 사회 안에서, 남성 주체들이 생산자요 보호자요 감시자인 사회 안에서 이러한 성애 전략의 전망은 밝지 않다.

여성의 자기성애가 구체화된 형태로서 동성애는 포스트모던 여성주의 전략으로 채택되기도 한다. 이리가레에 의하면 여성 동성애는 프로이트식 정신분석학자들에게는 매우 복잡한 문제로 받아

---

51 'jouissance' 개념은 라캉에서 유래한 것이지만 줄리아 크리스테바와 이리가레에 의해 정신분석학적 뿌리를 벗어나 여성주의 철학 내에서 재개념화되었다. 크리스테바는 이를 모성적인 것, 기호학적 원천의 원천(semiotic chora)과 연결된 것으로 보았으며, 예술은 'jouissance'가 언어로 흘러들어 간 것이라 보았다. 이리가레는 여성의 몸과 성과 연결된 것으로, 여성 경험을 특징짓는 것으로 보았다. 이리가레는 이를 여성 주체 형성에 본질적인 것으로 보아 여성의 몸과 의미 세계(텍스트)를 연결 지으며 너와 나의 공간, 차이가 공존하는 공간으로 파악했다. 'jouissance'는 이성적이지도 않고 또 순수히 물질적이지만도 않은 모호한 영역을 가리킨다. 이것은 크리스테바의 코라의 개념과도 같다. 코라는 플라톤의 『티마이오스』에서 기원하는 것으로, 우주 탄생의 신비를 가리키며 혼돈과 질서 사이의 모호한 경계로서 만물 생성의 근원이 되는 곳이다. 크리스테바는 코라를 모호한 관계성, 타협하기 어려운 것, 예컨대 욕망과 법, 악마적인 것과 사회적인 것 사이의 애매한 연결성을 지시하기 위해 사용했다. 이와 관련해서는 다음의 책을 참조. Luce Irigaray, "The Bodily Encounter with the Mother", trans. by David Macey, *Irigaray Reader*, ed. by Margaret Whitford, pp. 34~46(Blackwell, 1991); Julia Kristeva, *Revolution in Poetic Language*, trans. by Margaret Waller(Columbia University Press, 1984); Jacques Lacan, Écrits: A Selection. trans. by Alan Sheridan(W. W. Norton, 1977).

들여졌다. 그것은 남성의 이론과 남성의 (문화적) 상상계에 너무도 낯선 현상으로 받아들여져서 정신분석학적 해석에서 배제되어 있었다(p. 109). 남성 중심의 세계 안에서 여성 동성애는 남성 동성애보다 더욱 혐오의 대상이 되었다. 여성의 성이 남성을 위한 상품으로 대상화되는 지배적인 사회문화적 경제학 안에서 여성 동성애자들은 동물적인 행태이거나 남성 모델을 흉내 내는 것으로 간주되었다. 여성 동성애가 용인되는 것은 오직 남성들의 성적 판타지를 위한 값어치가 있을 때뿐이다(p. 110). 그렇다면 이리가레에게 여성주의 해방은 어떻게 가능한 것인가?

> 그러나 만일 '상품들'이 시장에 나가기를 거부하면 어찌 될까? 만일 자기들끼리 '다른' 종류의 거래를 견지하면 어찌 될까?
> 확인할 만한 거래 계약서 없이, 돈 계산 없이, 목적 없이—하나 더하기 하나 없이, 연속 시리즈 없이, 숫자 없이— 하는 교환. 각각의 값어치를 뒤집어쓴 기만적 포장에 의해 붉은 피와 가식은 더 이상 서로서로 구분되지 않을 것이다.(p. 110)[52]

여성은 남성들에게 하나의 상품으로 거래되고 사용되는 존재로 간주되어 왔다. 사회, 문화, 경제 체제 안에서 여성은 교환가치로만

---

52 이 글에서 '붉은 피'와 '가식'은 여성을 상징적으로 가리킨다. 붉은 피는 여성 생리혈을 상기시키는데, 이것은 이리가레에게서 은유적이기도 하고 실질적인 의미 모두로 사용된다. 프랑스어에서 '피'를 뜻하는 'sang'과 '의미'를 뜻하는 'sens'가 비슷하게 발음되는 것에 착안하여 철학적으로 유희한 것이다. 몸과 정신, 물질적 대상 세계와 의미의 이분법을 해체하는 유희이기도 하다.

존재해 왔기에 그 사용가치가 무엇인지를 여성 스스로도 알지 못한다. 이제 여자들이 이 남성적 거래의 공간을 떠나게 되면 무엇을 갖게 될 것인가? "자유로운 기쁨, 고통 없는 웰빙, 소유 없는 쾌."(p. 110) 이러한 비전은 매우 유토피아적이다. 남성적 거래의 공간으로부터 격리된 순수한 자유와 여성들만의 민낯의 세계가 현실적으로 불가능할 것이기 때문이다. 설사 가능하다 해도 여성에 의한 여성의 착취와 대상화로부터 완전히 자유로울 수 있다는 어떠한 보장도 없다. 그럼에도 하나의 대안적 여성주의 인식론으로서 이론적 가능성을 보여 주는 것으로 볼 수 있겠다.

이제 성애의 전략과는 구분되는, 주디스 버틀러(Judith Butler)의 젠더의 복수화 전략을 살펴보고 포스트모던 여성주의에 대한 비판적 논의를 구성해 보도록 하겠다.

젠더의 복수화 전략

시몬 드 보부아르(Simone de Beauvoir)는 『제2의 성』에서 "여성은 여성으로 태어나는 것이 아니라 여성으로 만들어지는 것이다"라고 함으로써 젠더로서의 여성을 탄생시켰다. "문명 전체가 수컷과 거세체와의 중간 산물을 만들어 내어 그것에다 여성이라는 이름을 붙였을 뿐이다."[53] 젠더는 신체 구조상의 특성, 염색체, 호르몬 등의 생물학적 특성에 의해 규정되는 성(sex)과 대비되어 사회적으로 의미 부여된 성을 가리키는 것으로 받아들여진다. 그녀에 따르면 아이가 처음 태어나 자기만을 위해 존재하는 동안에는 자기가 성적으

---

53 시몬 드 보부아르, 『제2의 성』, 조홍식 옮김(을유문화사, 1986), p. 326.

로 구별되어 있다는 것을 이해하지 못한다. 몸은 처음에는 단지 외계를 이해하기 위한 도구일 뿐이다. 여자 혹은 남자의 성기를 가지고 태어났으나 아이들이 세계를 파악하는 것은 눈이나 손을 통해서이지 생식기를 통해서가 아니라는 보부아르의 말은 생물학적 성이 아직 젠더로서의 성으로 바뀌지 않은 상태를 의미한다. 생식기의 차이가 경험의 차이를 만들어 내는 것은 생식기와 그것을 통한 경험에 부과되는 사회적 의미를 이해하고 자신의 성적 정체성을 깨닫게 될 때다. 성과 젠더의 구분은 이렇게 출현한다.

포스트모던 여성주의자들에 의해 도전받기 전까지 성과 젠더의 구분은 여성주의 안에서 하나의 상식으로 받아들여졌다. 이 구분은 인간이 태어날 때 정해지는 성이 있음을 전제한다. 태어나면서부터 성적으로 나뉘고 구분된 존재, 이것이 인간의 원초적 모습임을 받아들여야 한다는 것이다. 성적 정체성이 없는 인간은 존재하지 않는다는 의미에서 "성은 인간의 분석적 속성"[54]처럼 된다.

그러나 여성의 몸을 가지고 태어났다는 것과 젠더로서의 여성이 되는 것이 언제나 일치하는 것은 아니다. 그렇다면 젠더로서의 여성이 된다는 것은 무엇인가? 이 물음은 성과 젠더 사이의 구분을 인정하지 않는 포스트모던 여성주의에서도 제기될 수 있다. 성(sex) 범주 자체가 젠더화된 범주로서 이미 정치적 의미가 침윤된 채로 자연화

---

54 Judith Butler, *Gender Trouble*(Routledge, 1999), p. 142. '아버지는 남자다'와 같이 주어가 술어 개념을 포함하고 있는 문장을 분석적 명제라 하고 '아버지는 키가 크다'와 같이 경험적으로 그 진위가 판가름 나는 문장을 종합적 명제라 한다. 분석적 명제는 동어반복적인 것으로 간주된다. 성이 인간의 분석적 속성이라 함은 인간 개념이 성 개념을 포함한다는 의미, 즉 그래서 인간은 본래적으로 여성이거나 남성으로 존재한다는 의미다.

된 것일 뿐 그 자체로 자연적인 것이 아니라고 보는 포스트모던 여성주의자는 '여성이란 무엇인가'의 물음에 그것은 정치적, 문화적, 사회적 구성물 혹은 언어적 구성물일 뿐 자연적 실재가 아니라고 답한다.[55] 아기가 태어나면 신체적 특성에 의해 여자나 남자로 분류하는 언어적 분류 체계 자체가 이미 문화적 구성물인 한 그것은 이미 젠더로 기능하고 있는 것으로, 성과 젠더의 구분은 실상 무의미해져 버린다. 포스트모던 철학자들은 근대 철학자들이 그토록 애써서 정립하고자 했던 절대적 주체란 뿌리 없는 것으로서 언어적 담론 혹은 상징 체계로서의 의미 구조에 의해 구성되는 것임을 주장한다. 주체가 언어를 만들어 내는 것이 아니라, 언어가 주체를 만들어 낸다는 것이다. "언어 바깥에 아무것도 없다"라는 데리다의 말을 상기해 보라. 포스트모던 여성주의자들은 여기서 더 나아가 우리의 언어적 의미 체계가 이미 뿌리 깊게 성별 이분법에 기초해 있음에 주목한다. 인간은 탄생하는 순간, 아니 탄생하기 이전부터 이미 (예를 들어 초음파에 의한 성별 감식에 의해) 여성 아니면 남성으로 나뉜다. 생물학적 성 혹은 자연적 성으로 간주되었던 것도 실은 이러한 의미론적 상징 체계와 의미를 지속적으로 공고화하는 규범에 의해 만들어진 것이라는 생각은 생물학적 성과 사회적 성 사이의 구분을

---

55 Judith Butler, 앞의 책, pp. 142~147 참조. 이후 이 책의 인용 쪽 표시는 글 안에서 한다. 버틀러는 성과 젠더 구분을 거부하는 모니크 위티그의 논의를 집중적으로 다루었다. 위티그는 이성애를 성적 방식으로 보지 않고 하나의 정치 체제로 보았던 급진적 초기 유물론적 페미니스트 이론가였다. 여성과 남성이 하나의 계급으로서 지배와 피지배의 관계를 구성하는 한 이성애는 단순한 사랑이 아니라, 지배 형식을 공고하게 만드는 정치 체제로 작동하며, 동성애는 이런 체제를 전복하는 전략이 될 수 있다는 입장으로, 분리주의 페미니즘을 촉발했다.

무의미하게 만들었다. 우리가 자연으로 받아들이는 것은 실상 그것을 지배하는 의미 규범이 너무 오래되고 뿌리 깊어 바꾸는 일이 매우 어렵다는 것을 말할 뿐이라고 한다.

이에 따르면 우리가 여성이라는 이름으로 명명되고 지시되는 순간 우리는 '여성', '남성'이라는 술어 사용을 가능하게 하고 그 사용을 관장하거나 제어하는 의미 규칙과 규범의 실행 속에 놓이게 된다. 언어적 의미 실행의 매트릭스 안에서 의미 규범을 반복적으로 실행함으로써 한 개인은 자신의 정체성을 확보한다. 여성이라는 말의 반복적 사용은 그 대립항인 남성과의 이분법적 관계를 공고히하는 역할을 한다. 여기서 이 관계는 이성애적 관계다. 모니크 위티그(Monique Wittig)의 "레즈비언은 여성이 아니다"[56]라는 주장은 레즈비언이 우리의 통상적 언어 규범의 실행을 거부하는 사람이라는데 기초한다. 즉 레즈비언은 여성, 남성이 속한 의미 매트릭스의 규범을 반복적으로 실천하는 것(예컨대 이성애적 사랑을 하는 것)을 거부하고 그것을 넘어서 있기 때문에 현재 이성애적 담론 안에서 통용되는 성별로는 이름할 수가 없다는 것이다.

언어 규범의 실행은 실재를 만들어 낸다. 인간은 언어를 통해 사물을 지시하고 사태를 지시하고 기술한다. 언어로 사고함으로써 자기 삶을 기획하고, 자의식을 구성하며, 타자와 관계를 맺고 소통을 통해 삶을 영위한다. 마르틴 하이데거(Martin Heidegger) 같은 철학자는 언어를 인간 존재의 집으로 표현한 바 있다. 서양철학의 언어적 전회 이후 현대 철학자들은 마치 이전의 관념론 철학자들이 자

56　Judith Butler, 앞의 책, p. 143에서 재인용.

아를 통해 세계를 구성했던 것처럼 언어를 통해 세계를 구성하고자 했다. 언어는 우리의 사유를 표현하는 단순한 도구가 아니라 인간의 사유를 성립시키고 행위와 삶을 가능하게 하는 좀 더 근원적인 것, 다시 말해 '존재의 집'과 같은 것이다. 내가 말하는 것이 아니라 언어가 말한다는 생각은 언어 자체가 가지고 있는 객관적 사유 구성력을 의미한다. 주체가 언어를 구성하는 것이 아니라 언어가 주체를 구성한다는 주장, 세계는 궁극적으로 언어에 의해 규정된다는 생각은 '언어적 관념론'이라는 말까지 등장시켰다. 인간이 살아가는 세계는 의미로 이루어져 있고, 의미는 수많은 상징을 통해 생성되고, 그렇게 해서 문화가 만들어진다.

루트비히 비트겐슈타인(Ludwig Wittgenstein)의 후기 일상언어철학을 이어받은 존 오스틴(John Austin)은 인간의 언어 사용이 사회적 실재를 만들어 내는 언어의 수행성에 주목했다. "무엇인가를 말하는 것은 무엇인가를 행하는 것이다."[57] 버틀러는 오스틴의 언어 수행 이론을 접목하여 젠더가 정치적으로 강화된 수행성으로서 고정적 실체가 아니라 자기비판, 자기 패러디, 분열에 개방되어 있는 하나의 활동[58]이라고 보았다. 여성이라는 젠더는 하나의 실체적 주체가 아니기 때문에 어떤 중심성을 갖지 않으며, 역할 수행을 통해서 누적적으로 형성된 그 무엇일 뿐 자기의식적 본질을 갖지 않는다는

---

57 John Austin, *How to do things with words*(Oxford University Press, 1962). 오스틴은 언어의 의미가 '사용'에 있다는 비트겐슈타인의 주장에서 사용의 의미가 불분명함에 주목하여 언어의 언술적 의미(locutionary meaning), 발화수행적 힘(illocutionary force), 발화 효과적 행위(perlocutionary act)의 차원을 설정하여 일상언어 분석을 통해 언어 사용의 의미를 명확히 하고자 했다.

58 Judith Butler, 앞의 책, p. 187.

것이다. 이에 따르면 여성 혹은 남성이라는 성적 정체성은 언제나 형성 중에 있는 가변적인 것이며, 매우 취약하고 불안정한 구조를 지닌다.

그럼에도 여성과 남성의 존재보다 더 확실한 것으로 인간 역사 안에서 주어진 것은 없었다는 사실, 그리고 이것보다 더 본질적으로 인간 존재를 나누는 범주도 없었다는 사실은 포스트모던 여성주의자의 입장에서는 하나의 아이러니일 수 있다. 그뿐만 아니라 여성 문제를 둘러싼 의미 규범이 얼마나 뿌리 깊은 것인지를 깨닫게 하며, 그것을 극복하는 일이 과연 가능한 것인지에 대해서도 어두운 전망을 갖게 한다. 아울러 포스트모던 여성주의자들이 주창하는 가변적, 유동적 주체를 기반으로 어떠한 여성 운동이 가능할 수 있을지의 문제도 남는다. 여성 운동이 가능하기 위해서는 '여성'이라는 일반 주체를 설정해야 할 것이기 때문이다.[59]

젠더를 둘러싼 기존의 의미 규범 혹은 젠더 규범을 넘어서는 일이 과연 가능한가? 설혹 넘어선다고 하더라도 그 지점에서 우리는 어떤 전망을 가질 수 있는가? 현재의 의미 규범 바깥에서 여성으로서 우리가 꿈꾸는 삶은 어떤 것인가? 앞서 언급한 대로 위티그는

---

59 로지 브라이도티는 '유목적 주체' 개념을 통해 여성을 실체화하지 않으면서도 주체로서 역할할 수 있는 가능성을 모색한다. 여성 주체는 다양한 차이를 결합하여 신체적 변용 능력(abilities to affect and to be affected)을 키우는 과정으로서의 체현적 실재(embodied entity)로서, "본질적인 정체성으로 환원되지 않으며, 역사와 상황과 다른 존재들과 복잡한 상호작용 속에서 만들어지며, 통일적으로 조직되지 않는 '단일적이지 않은 주체(non-unitary subject)'이자, 차이의 횡단적인 연결을 강조한다는 점에서 유목적 주체(nomadic subject)"다. 브라이도티가 들뢰즈의 신체 개념을 수용해서 '유목적 주체'를 정립하는 문제에 관해서는 김은주, 「들뢰즈의 신체 개념과 브라이도티의 여성 주체」, 『한국여성철학』 20권, 한국여성철학회(2013) 참조.

레즈비언을 '여성'으로 불리는 사람들로부터 분리했다. 그러나 기존의 명명 체계를 비판하기 위해서는 비판의 준거점이 있어야 한다. 그녀는 기존 사회 제도를 비판하기 위한 존재론적 거점으로서 전(前) 담론적이고 전(前) 사회적인 통일된 존재의 차원을 설정했다. 그 차원에 비추어 본다면 이분법적 성 담론은 우연적이며 인위적인 문화적 구성물이다.

그러나 버틀러는 그와 같은 존재론적 거점 설정은 권위적 보편 주체를 다시금 불러들인다고 비판하면서[60] 언어적 의미 실행 체계 내에서 젠더를 복수화하고자 한다. 복수화된 젠더들은 여성과 남성이라는 두 젠더 범주의 근본성을 부정하는 역할을 하게 된다. 형이상학적 존재의 차원을 설정하지 않고도 기존 젠더 규범을 부정하고 무력화할 수가 있는 것이다. 젠더의 복수화는 현재의 의미 규범 바깥이나 초월적 지점을 설정하지 않으면서 그 규범의 체계를 무력화할 수 있는 방법이 된다.

> 젠더 규범의 상실은 젠더 형태를 양산해 내는 효과를 갖게 될 것이다. 이는 실체적 정체성을 불안정하게 만들고 '남성'과 '여성'이라는 두 핵심 주인공들의 충동적 이성애에 관한 자연화 서사를 약화시킬 것이다.[61]

여기서 젠더 규범의 상실과 젠더의 양산은 상호적 영향 속에 있다. 즉 규범의 상실은 젠더를 양산하지만, 또 한편으로 젠더의 양산

---

60 Judith Butler, 앞의 책, p. 150.
61 Judith Butler, 앞의 책, p. 187.

은 규범의 상실을 가속화할 수 있다. 그리고 젠더의 복수화는 한편으로 이성애 담론을 구성하는 이분법적 젠더를 해체하는 역할을 하지만, 또 한편으로 젠더 자체를 해체하는 효과를 산출한다. 여성의 몸에서 호르몬을 통해 남성의 몸으로 전환했다 다시 남성 호르몬을 끊고 여성의 몸으로 임신을 한 사람의 젠더, 성전환 수술을 통해 남성에서 여성이 된 사람의 젠더, 여성 몸을 가진 동성애자의 젠더, 남성 몸을 가진 동성애자의 젠더, 화장을 하고 여성 옷을 입는 남자의 젠더 등 무수히 많은 성 담론 실현을 통한 다수 젠더의 출현은 결국에는 젠더의 해체로 이어질 것이다. 무수히 복수화되는 젠더들은 그냥 성차와 관련하여 다양한 취향과 선택을 지니는 고유한 개인으로 남게 될 것이기 때문이다. 이 지점에서 버틀러를 과연 여성주의 철학자로 분류할 수 있을지 불분명해진다.

포스트모던 여성주의에 대한 비판적 성찰

인간의 인간다움 추구는 여전히 인간 자유의 성취에 관한 욕구로서, 우리 시대에도 중심적인 가치다. 그러나 그 인간은 언제나 구체적인 그 누구다. 특정 인종일 수도 있고, 특정 민족일 수도 있으며, 특정 국적의 소유자일 수도 있고, 특정 계층과 성별과 지역 출신과 학교 출신일 수도 있다. 인간 자유의 성취가 추상적 인간됨에 관한 당위의 실천에서 벗어나게 되는 것은 인간이 처해 있는 이런 조건 때문이다.

이때 자유는 적극적으로 규정되기보다 구체적 조건 안에서 발생하는 억압으로부터 벗어나는 것으로, 즉 부정적 방식으로 규정된다. 추상적 실존적 자유의 추구는 언제나 몸을 가진 존재로서 나를 가로막고 있는 현실 안에서의 구체적 선택과 불가분 연결되어 있다. 현실은 하나로서 주어지는 것이 아니기에 나는 매우 다중적인 정체성을 가진 존재로 현실을 대면하며, 이 다중의 정체성과 연관된 자유의 문제와 마주하게 되는 것이다.

오늘날 후기자본주의의 발달은 인간 욕망을 생산하고 소비하는 매우 정교한 담론 체계를 만들어 내었다. 나는 원하건 원하지 않건 간에 한 인간으로서, 한 문명인으로서, 한 시민으로서, 한 여성으로서, 그 외 무수한 하나의 누구누구로서 일상을 영위한다. 나는 누군가가 정의한 '현대식 주거 환경' 안에서 아침에 눈을 뜨고, 누군가가 정의한 '문화인'의 방식으로 아침 채비를 하고 '점잖은 전문직 여성'의 차림을 하(도록 노력하)고, 누군가 정의한 '현대식 교통' 편을 이용하여 누군가가 '대학'이라고 한 곳으로 아침마다 출근한다. 유사하게 거의 기계적 방식으로 규정된 삶의 틀 안에서 '내'가 즐겁다고 생각하거나 혹은 고통스럽다고 생각하면서 살아간다. 버틀러 식으로 말한다면 나는 특정한 의미 규범을 반복적으로 실행하면서 그 의미 체계를 강화하는 역할을 수행하고 있다. 나는 하나의 단일한 몸을 가지고 있지만 다수의 정체성을 가지며, 맥락에 따라 그 정체성은 다중적 방식으로 규정된다. 여러 아무개로서의 나는 실상 '나'가 아니라 이 의미 규범 체계가 구성한 것, 또는 다양한 우연성과 상황성 안에서 생성되는 관계 안에 떠도는 존재라는 것이 포스트모던 철학자들이 우리에게 전달하고자 하는 메시지일 것이다.

그렇다면 기존의 의미 규범에 대한 거부나 전복이 어떻게 가능한가? 아니 도대체 가능할 수나 있는가? 만일 이 의미 규범의 체계가 특정 정체성으로서의 나에게 억압적이라고 한다면 나를 구성하는 이 규범을 거부하고 전복한다는 것이 가능한 일인가? 혹은 좀 더 근원적으로 나는 억압을 느낄 수나 있는가? 이 문제는 버틀러가 『의미를 체현하는 육체』에서 "주체화(assujetissement)의 역설"[62]이라 한 것이고, 포스트모던 철학자들이 권력과 권력의 전복 사이에서 직면했던 일반적인 문제이기도 하다. 푸코 같은 이는 권력에 대한 저항조차도 권력이 자신을 강화하는 한 전략이라 했다.[63] 버틀러는 다음과 같이 말한다.

> 주체화의 역설은 그 같은 규범들에 대해 저항하는 주체가 바로 그러한 규범들에 의해 (산출되지는 않는다고 할지라도) 능력을 부여받게 된다는 사실이다. 비록 이러한 구성적 강제가 행동 능력의 가능성을 처음부터 배제하지는 않는다고 할지라도 그러한 강제는 행동 능력을 권력에 대한 외재적인 저항의 관계로서가 아니라 권력에 대한 내재적인 실천 활동으로서, 다시 말해 끊임없이 반복되거나 계속해서 정교화 작업을 수행하는 실천 활동으로서 정초하는 것이다.[64]

버틀러는 비록 주체가 의미 규범에 의해 구성되지만 이 구성이 행동 능력을 배제하는 것은 아니라고 본다.[65] 주체의 행동 능력이

---

62 주디스 버틀러, 『의미를 체현하는 육체』, 김윤상 옮김(인간사랑, 2003), p. 46. 원서는 *Bodies That Matter: On the Discursive Limits of Sex*(Routledge, 1993).

63 김혜숙, 「포스트모더니즘과 페미니즘: 유교적 욕망과 푸코의 권력」, 『포스트모더니즘과 철학』, 김혜숙 편(이화여자대학교출판부, 1995) 참조.

64 주디스 버틀러, 앞의 책, p. 46.

65 "Construction is not opposed to agency." Judith Butler, *Gender Trouble*, p. 187. '강남좌파'라는 말이 한국 사회에 회자된 적이 있는데, 주체화의 역설을 보여 주

명료화되고 문화적으로 이해할 수 있는 것이 되는 것도 이 의미 규범이 만들어 낸 언어 담론 안에서다. 여성주의적 비판은 구성된 주체의 바깥에 초월적 준거점을 설정함으로써 이루어지는 것이 아니다. 전체를 조망하는 어떤 전 지구적 주체를 말하고자 한다면 그것은 여성주의 자체가 배격하는 제국주의적 태도다.

> 비판적 작업은 오히려 그런 (주체) 구성에 의해 가능해진 전복적 반복을 국지적으로 꾀하고 주체를 구성하는 바로 그 반복의 실행에 참여함으로써 가능해지는 국지적 개입을 확인하는 일, 그럼으로써 그들을 걸고 넘어질 수 있는 내재적 가능성을 제시하는 일이다.[66]

반복적 젠더 수행에 참여하면서 전면적으로가 아니라 국지적으로 그 수행에 개입하여 간섭하고 문제를 일으키는 일이 비판적 여성주의가 해야 할 일이라는 것이 버틀러의 생각인 것이다. 일종의 게릴라 활동처럼 기존의 젠더 체계를 교란하는 성애 전략을 통해 그 체계를 공고히 받치고 있는 의미 규범을 내부로부터 무너뜨리는 것이 이 전략의 목표가 된다.

현재의 의미 규범에 의해 가능해진 수행적 행위에 대해 다시 수행적 행위를 통해 균열을 만들어 내는 일은 매우 전략적 행위일 수밖

는 한 예로 볼 수 있을 것이다. 자신이 비판하는 체제의 가치를 체화한 삶을 살아가는 강남좌파는 버틀러식으로 보자면 강남의 의미 규범에 충실하게 구성된 주체(construction)를 지니지만 자본주의의 모순을 비판하는 지식인(agency)으로 역할을 할 수 있다는 것이다. 체제 바깥에 서는 일이 가능하지 않기 때문에 비판은 어쩔 수 없이 이 역설에 처할 수밖에 없다.

66 Judith Butler, 앞의 책, p. 188.

에 없고, 그 전략은 매우 정교할 수밖에 없다. 이 전략의 성공을 점치기도 매우 어렵다. 전략적 행위로 규범을 받아들이는 것과 단순히 규범을 충족시키는 순응적 행위를 구분하는 일은 사실 쉬운 일이 아니다. 젠더의 복수화 전략조차 그것이 전복하고자 하는 의미 규범을 충실히 따르고 있는 것일 수 있다. 예를 들어 동성애 관계에 있는 커플이라고 하더라도 기존의 이성애적 관계 속의 위계적 남녀 관계의 규범을 충실히 따르고 있을 수 있다는 것이다. 동성애를 통해 기존의 의미 규범 체계를 전복할 수 있다는 생각은 여기서 매우 소박한 것이 되고 만다. 전략과 비전략을 구분하는 일이 어렵다는 것뿐만 아니라, 전복의 전략이 규범을 강화하는 데 오히려 기여할 수도 있다는 점 또한 문제다. 적절한 강도의 저항은 권력으로 하여금 오히려 건강하고 튼튼한 구조를 갖게 한다는 것과 같은 논리다.

버틀러식 젠더의 양산을 통해 우리는 무수한 젠더 차이들을 가진 개별적 인간에 이르게 된다. '인간이란 무엇인가'의 물음은 '여성 혹은 남성이란 무엇인가'의 물음으로, 이 물음은 다시 현재 우리의 젠더 규범 아래에서는 이름 붙일 수 없는 '젠더-n으로서의 한 개별 존재란 무엇인가'의 물음으로 환원되는 것이다. 개별 존재들의 젠더는 그 경계가 매우 불분명하다. 한 개체 내에서도 매우 유동적이 될 것이다. 한 사람의 개인사 안에서 여러 젠더가 가능할 수 있기 때문이다.

젠더의 양산 혹은 복수화가 이루어진다면 성별 범주로서의 젠더 자체는 매우 불분명한 것이 될 것이며, '여성' 주체의 철학적 기반도 매우 불분명해진다. 이 경우 '젠더'라는 말로써 우리는 무엇을 의미할 수 있을까? 굳이 젠더 정체성을 가져야 하는 이유는 무엇일까?

한 사람이 지니는 호르몬적 특성, DNA적 특성, 해부학적 특성, 사회적 행동 양식상의 특성, 성애적 취향, 수태 가능성 등을 특정 젠더 범주와 연관 지어 특정 젠더 개념을 규정해야 하는 이유가 있는가? 우리에게 젠더 범주의 실용적 효용은 무엇인가? 젠더 개념을 통해 이해하고자 하는 사태는 무엇인가? 이 세상에 수없이 많은 젠더들이 있게 된다면 젠더 개념을 사용하는 것과 사용하지 않는 것과의 차이는 무엇인가? 젠더 개념이 지시하는 것이 불분명하고 유동적이라면 단지 개별자들이 지니는 여러 특이성에 의해 그들을 이해하는 것이 낫지 않은가? 왜 젠더 개념이 필요한가? 젠더의 복수화는 젠더의 해체로 귀결되고, 젠더의 해체는 다양한 특성을 지닌 수없이 많은 개별자들의 세계를 출현시킨다.

한편으로 생기는 의문은 '이렇게 고유한 방식으로 다양화된 개별자들의 세계가 진정으로 가능한가'이다. 진정한 개별성이 과연 존재할 수 있는가? 일찍이 칸트는 개별성이 하나의 이상(ideal)임을 이야기하면서 신만이 진정한 개별자임을 주장했고, 헤겔은 개별에는 이미 보편이 침윤되어 있음을 논했다. 젠더가 해체되고 남게 되는 개별자는 완전한 의미의 개별자라기보다는 젠더-n 혹은 낮은 정도의 일반성과 그에 기반한 정체성을 갖는 개별자다. 어떤 이름으로든 이름으로 불리는 순간 우리는 일반자가 되며, 그 공통의 개념 혹은 구체화된 개념으로서의 집단에 속하게 된다. 단적인 예로 현재 등장하고 있는 많은 새로운 젠더들은 우리가 이제껏 알아 온 이른바 여성적 특성과 남성적 특성 및 역할을 이리저리 뒤섞어 놓은 형태임을 볼 수 있다. 과연 우리는 '여성/남성'으로부터 자유로워질수는 있는 것인가? 순수한 개별성을 확보하는 일은 현실적으로 매우 어려운 일인 것이다.

우리가 사는 이 세계는 언제나 우리에게 다중의 일반화된 표식을 붙이려 하며, 나는 단일한 고유명사 하나로 이 세계 안에서 살아갈 수가 없다. 그 단일한 개인은 단일화되면 될수록 이 세계 내에서 단순히 '있음'만을 표시하는 공허한 존재로 남을 뿐이다. 살아 있는 나는 언제나 이 세계 내에서 그 누구와 관계를 맺고 있는 한국인이면서, 여성이면서, 교수이기도 한 방식으로 구체화된 집단적 정체성을 가진 일반자로서의 아무개인 것이다. 나의 사적인 의식조차도 그것이 언어로 자각되는 한 나는 이미 언어 사용 집단과 의식을 공유하고 있게 된다. 나는 언제나 한정된 집단 혹은 정체성을 가진 존재가 될 것이며, 나의 자유는 이 정체성의 규명, 나아가 선택과 불가분의 관계를 갖게 된다.

성애 전략과 관련해서도 마르크스주의 관점에서의 비판을 한번 살펴보기로 하자. 이는 포스트모던 여성주의를 비판적으로 이해하는 데도 도움이 될 것이다.

성애 전략에 대한 마르크스 여성주의의 비판

프롤레타리아 억압 체계로서의 자본주의를 극복하고자 하는 마르크스주의 관점에서 여성에 대한 억압의 문제는 계급의 문제와 달리 유물론적 근거에서 다루어지지 않았다. 마르크스 여성주의자들은 생산 체계로서의 자본주의라는 물질적 기반에 더해 가부장제가 성 간의 특정한 생산관계를 포함하는 하나의 생산 체계로 작동한다고 보았다. 성차별적 의식과 태도, 제도, 법, 사회경제 구조가 가부장제를 공고히 하는 물적 기반으로 작동한다는 것이다.

이러한 구조는 그 자체가 물리적 실재성을 가지고 있는 것도 있지만 의식이나 태도와 같이 특정 행위와 현실을 만들어 내는 기능적 실재성을 가지고 있는 것도 있다. 여성들은 결혼을 함으로써 남성들은 속해 있지 않은 가사(domestic services)라는 생산을 임금 없이 수행하게 되고, 남편에 대한 경제적 의존은 물질적, 심리적 차원의 권력 관계를 형성하게 만든다. 남성에 대한 여성의 제도화된 의존은 노동시장 안에서 여성의 위치를 규정하는 효과를 발휘하게 되어 여성의 수입은 '보조적'인 것으로 간주되고 시간제 비정규직은 많은 경우 여성들의 일자리로 받아들여진다.

가부장제 아래에서 여성과 남성 간에는 성을 축으로 한 이해의 대립이 생겨나게 되는데, 이는 비단 가족 내에서만 일어나지는 않는다. 노동력으로서 여성 인력은 경제적으로 열등한 것으로 간주되고, 정치를 포함한 많은 영역의 의사 결정 과정에서 배제되며, 지식에 대한 접근에서도 제한을 받은 경우가 많다. 여전히 많은 국가에서 여성들은 이류 시민으로서 성적, 신체적 폭력에 노출되어 있다.

> 먼저 우리는 여성/남성 간의 갈등과 쟁투를 부정하는 정통 좌파로부터 우리 스스로를 방어해야 했다. 이제 우리는 또 다른 우파로부터 우리를 방어해야 한다. 성차에 대해 노상 들어 왔던 번지르르한 수사, 그러나 이번에는 여성에 의해 만들어진 수사로부터의 방어. 이들 우파는 여성의 영원한 몸이 지니는 벌거벗은 진리를 주장하며 역사적, 변증법적 유물론을 배제한다.[67]

---

67 이 글은 『텔켈(Tel quel)』 1977년 겨울호에 실린 것으로, 포스트모던 여성주의의 성애

앞서 이리가레나 식수와 같은 포스트모던 여성주의자들은 여성들의 몸이 가지는 특이성과 여성의 성적 경험이 지니는 고유성을 이용하고 이를 극대화하는 전략을 통해 '몸으로 글쓰기', 여성은 '하얀색 잉크'(모유를 상징)로 글을 쓴다와 같은 은유를 만들어 냈다. 마르크스 여성주의자들은 이렇게 신체적 차이와 성적 차이에 기반한 여성주의 전략은 매우 위험하다고 보았다. 여성에 대한 억압이 바로 여성의 몸을 대상으로 하고 있고, 여성이 남성과 다른 몸(결국에는 열등한 몸, 결여적인 몸)을 가지고 있으며 다른 육체적 감각 능력과 활동 능력을 가지고 있다는 사실로부터 여성들에 대한 남성의 지배를 정당화해 왔기 때문이다. 또한 자연적으로 타고난 몸에 집중하게 되면 억압받는 집단을 자연 안에 갇히게 만들고, 마치 이들의 본성 때문에 억압이 이루어지는 듯한 생각을 암묵적으로 유포할 수 있다. 예컨대 '흑인들은 백인과는 달리 리듬감을 타고 났다'라는 말은 그들이 비이성적이라는 주장을 암암리에 담고 있지만, 설사 자연적 사실을 기술한 것이라 해도 그런 사실은 억압의 문제와는 아무 상관이 없으며 권력의 균형을 변화시키지도 못한다. 마르크스 여성주의의 주장에 따르면 성차의 사회적 성격과 의미를 분석하지 않은 채 이를 활용하는 것은 적에게 효과적인 무기를 되돌려 주는 것이라고 한다.

'여성적 글쓰기', '여성의 언어'에 대한 이들의 비판도 우리에게 생각할 문제를 던져 준다. 이들은 먼저 포스트모던 여성주의 작가들이 여성적 글쓰기로 제시하는 글쓰기 방식은 애초 라캉, 데리다

전략에 대해 마르크스 여성주의 관점에서 비판한 것이다.

같은 남성 주인들(male masters)을 모시는 학파로부터 유래된 것으로, 다른 언어와 마찬가지로 여성적 언어라기보다는 '남성적' 언어라고 비판한다. 또한 포스트모던 여성주의자들은 여성의 언어가 몸에, 성적 쾌감에, 직접적 감각 등에 더 가깝다고 주장하는데, 마르크스 여성주의자들은 이는 아마도 몸이 사회적, 개념적 매개 없이 직접적으로 자신을 표현하며 이 몸과 자연에 대한 밀착성이 권력관계를 전복한다고 생각하기 때문이겠지만 매개 없이 직접적으로 몸과 연결되는 그런 것은 없다고 생각한다. 설사 몸과의 직접적 연결이 있다 해도 그런 연결이 전복적이지도 않다. 왜냐하면 직접성을 주장하는 것은 사회적 매개의 실재성과 파급력을 부정하는 것인데, 여성은 바로 그런 사회적 매개에 의해 몸으로 억압받기 때문이다. 여성 억압을 전복하려면 억압을 몸에 초래하고 있는 사회적, 역사적 맥락을 해체하고 변화시켜야 하는데, 여성의 '언어–몸–실재'를 직접적으로 연결하는 구도는 오히려 이런 억압의 사회적 맥락을 보이지 않게 만드는 문제가 있다는 것이다. 적에게 다시금 그들의 무기를 되돌려준다는 비판이 바로 이런 의미다.

　마르크스 여성주의자들은 포스트모던 여성주의자들의 몸과 성애, 성적 욕망에 기반한 전략이 지닌 문제를 비판하면서 인간에게 근본적인 본성이 있다면 그것은 인간이 사회적 존재라는 것임을 주장한다.[68] 의미의 체계, 명명의 체계로서 언어가 문제라고 주장하는 포스트모던 여성주의자들에게 마르크스 여성주의자들은 언어가 아니라 현실(reality)이 문제라고 주장한다. 언어는 현실을 전복하지

68　앞의 글, pp. 218~219 참조.

못한다는 것이다. 여성이기 때문이 아니라 남성과 여성이라는 사회적 관계 안에서 억압받고 있기 때문에 관계를 성립시키는 물적 조건을 문제 삼아야 억압의 메카니즘을 깨부술 수 있다는 것이다.[69]

포스트모던 여성주의가 언어의 힘에 집중적으로 관심을 기울인다면 마르크스 여성주의는 현실에서 작동하는 물질적 힘에 집중하는 것으로 보인다. 구조주의 언어학, 프로이트, 라캉, 루이 알튀세르(Louis Althusser), 데리다, 일상언어철학 등의 다양한 사상 전통과 연결된 포스트모던 여성주의는 어떤 면으로 언어 관념론자 또는 문화 관념론자의 면모를 보인다. 버틀러가 오스틴의 언어 수행성 개념을 받아들이고 언어가 지니는 실천적 힘에 주목했지만, 사회 구조 안에 형성되어있는 물적 토대로서의 생산관계와 경제력 관점에서의 여성과 남성 사이의 격차 문제에 대한 관심은 포스트모던 여성주의자들에게는 현격히 결여되어 있다. 그렇기에 유물론적 전통을 고수하고자 하는 마르크스 여성주의 입장에서의 비판은 너무도 당연해 보인다.

프랑스 여성주의자들은 '여성적 글쓰기', '흉내 내기', '가로지르기' 등의 해체주의 전략을 이용하여 남성 중심 담론을 해체하려 한다. 여성주의와 포스트모더니즘은 이성, 지식, 자아, 진리 등에 대한 모더니즘적 범주화에 반한다는 공통점을 가지고 있다. 여성은 서구 철학의 역사 안에서 감성, 무지, 타자, 비진리 등으로 그 정체성을 부여받아 왔으며, 따라서 여성주의는 그 정치적 목적에서 이성 중심주의를 표방하는 서구 형이상학의 역사를 해체하고자 하는[70] 포스트모

---

69 앞의 글, pp. 224~225 참조.
70 서구 형이상학의 전통에 대한 해체 전략은 파괴와는 다르며, 여기서 주장하는 것은 형이상학의 종말이 아닌 폐막이다. 김혜숙(1995), 「해체 논리, 해체 놀이: 데리다를

더니즘의 이해와 부합한다. 프랑스 여성주의자들을 중심으로 이루어지고 있는 여성주의와 포스트모더니즘의 결합은 그간 우리에게도 페미니즘 문학 이론의 소개를 통해 많이 알려져 있다.[71]

다만 여기서 언급하고자 하는 것은 해체주의의 전략이 여성주의의 정치적, 해방적 목적과 어떻게 어울릴 수 있는가의 문제다. 즉 포스트모더니즘 안에서 주체, 객관성, 이성, 진리 개념과 같이 이제껏 철학 안에서 규범으로 작동해 왔던 것에 대한 강한 회의와 함께 탈중심주의, 차이의 정치학 등의 테제가 등장했지만, 이것이 과연 억압의 질서를 교정하고자 하는 여성주의에 힘을 줄 수 있을 것인가의 문제다. 여성 주체를 상정하지 않은 여성주의가 어떻게 가능할 것인가? 스피박과 같은 이는 존재론적으로 여성 주체를 상정하는 형이상학적 본질주의에 빠지지 않으면서 정치적, 전략적 주체로서의 여성 범주를 설정할 수 있다고 생각한다.

그렇다면 이러한 정치적 범주로서의 여성이 가진 존재론적 기반은 무엇인가? 억압의 질서를 생성시키는 힘으로서의 권력인가? 이러한 입장에서는 여성 범주에 들어오는 것은 생물학적 여성이 아

중심으로」참조.

71 토릴 모이, 『성과 텍스트의 정치학』, 임옥희, 이명호, 정경심 옮김(한신문화사, 1994); 정정호, "성차와 '여성적 글쓰기'의 정치적 무/의식", 『현대 비평과 이론』 4호(1992); 고갑희, "'차이'의 정치성과 여성 해방론의 현단계", 『현대 비평과 이론』 6호(1993) 참조. 이들은 주로 프랑스 여성주의 논의의 맥락을 다루었다. 영미 쪽에서는 Jane Flax, "Postmodernism and Gender Relations in Feminist Theory", *Feminism/Postmodernism*, ed. by L. J. Nicholson(Routledge, 1990); Judith Butler, "Gender Trouble, Feminist Theory and Psychoanalytic Discourse", 앞의 책; "Imitation and Gender Insubordination", *Women, Knowledge, Reality*, eds. by Ann Garry & Marilyn Pearsall(Routledge, 1996)와 같은 이들에 의해 여성주의와 포스트모더니즘을 결합하는 시도가 이루어졌다.

니라 피억압자들이 될 것이며, 남성/여성의 이분법은 이제 무의미해지고 만다. 그러나 여전히 여성의 몸(비록 그것이 문화와 담론에 의해 구성된 것임을 인정한다고 하더라도 물적 조건으로서의 여성의 몸)이라는 생물학적 조건이 여성을 억압하는 대부분의 현실을 구성하고 있는 점을 생각해 보면 포스트모더니스트 여성주의 전략은 지나치게 이론적이고 추상적 차원에 머물고 있는 것으로 보인다. 그럼에도 포스트모던 여성주의는 기존의 질서에 대한 비판의 가능성과 한계를 이론적 방식으로 잘 드러내고 있다는 점에서 여성주의 철학의 비판적 담론 형성에 많은 기여를 했다고 생각한다.

여성주의 음양인식론

서양에서 여성주의 인식론은 인식이나 지식이 통상 생각하는 것처럼 중립적이거나 보편적이지 않다는 데서 출발한 것이다. 인식은 인간이 세계를 포착하고 규정하고 해석하는 중요한 통로이며, 그에 기초한 선택과 실천을 통해 삶을 구성하는 근본을 이룬다. 인간과 세계를 서로 마주한 대립적 위치에 놓는 서양의 주객 이분법 구도 아래에서 인식은 인간이 세계를 인간화하고 소유하는 한 방식이었다. 대상을 앎으로써 인간은 대상을 무엇이라 규정하고 해석하며 그것에 개입하여 자신의 욕구와 필요에 따라 그것을 변형하려고 노력한다. 자신을 투사하여 대상을 변형하고 그것의 대상성과 타자성을 제거하여 인간의 필요에 최적화함으로써 인간은 문화를 생성하고 자연 안에 인간 고유의 역사를 구축했다.

자연과 대상 세계는 인간이 인간화하고 전유해야 할 대상인데,

여성주의자들은 이 과정이 주로 남성의 욕구와 필요에 맞추어 재단되었으며, 가부장제 아래에서 여성의 존재는 남성에 의한 대상화를 피할 수 없었다고 비판한 것이었다. 성을 축으로 하여 대상 세계를 변형하고 규범과 질서를 만드는 주체는 지식과 법과 언어를 독점하고 있는 계층인 남성이었다. 동서양을 막론하고 말 많은 여성은 폄하되었다. 칸트는 라틴어를 읽는 여성을 수염 난 여성에 빗대어 비하하기도 했다. 도덕과 다양한 문화적 규범과 제도는 기존 권력 관계를 재생산하는 데 중요한 역할을 한다. 여성들은 자신의 언어와 개념을 갖지 못한 채 자신이 진정 원하고 욕구하는 바가 무엇인지, 자신의 정체성이 무엇인지에 관해 매우 불분명한 의식 상태에 놓여 있다고 여성주의자들은 보았던 것이다.

동아시아의 지적 전통 안에서 인간과 자연의 대립은 서양 기독교 문화 전통에서만큼 선명하게 드러나지 않는다. 오히려 자연은 애초 주어져 있는 것으로, 인간도 그 일부일 뿐이라는 생각이 뿌리 깊다. 물아일체(物我一體)나 자연 회귀의 세계관을 가진 지적 전통 안에서 '어떻게 세계에 대한 객관적 앎이 가능한가'와 같은 인식론적 물음은 유교 전통에서처럼 '어떤 방식으로 사는 것이 인간다운 삶인가' 라는 윤리적 물음에 의해 압도되었다. 성인의 삶과 지혜는 진리의 표준을 제시하는 것으로 간주되어 그것을 좇는 삶이 이상적인 것으로 받아들여졌다. 진리에 대한 낙관주의가 지배했다고도 볼 수 있다. 앎과 깨달음에 관해 치열하게 탐구한 불교 전통은 모든 분별을 초극한 종교적 경지를 궁극적으로 추구함으로써 현실적 참과 거짓을 가르는 논쟁 담론으로부터는 멀어졌다.

동아시아의 문화 전통 안에서 가부장제를 지지하고 강화하는 데 지대한 역할을 했던 것은 유교 전통이었다. 그중에서도 음양오행의 믿음 체계는 여성/남성 이분법과 권력 관계를 강화하고 재생산하는 데 강력한 역할을 했다.[72] 인식론적 관심이 약한 동아시아의 맥락에서 내가 제시하고자 하는 여성주의 인식론은 음양론에 대한 재해석과 서양 인식론의 목표에 대한 재조정, 즉 규범적 인식론에 기반한다. 음양론은 동아시아 사유 전통 내 대표적인 변증적 사유 체계다. 한번 음하고 한번 양하는 음양의 도는 인간사를 포함하는 만물의 운동을 지배하는 원리다. 음양은 애초에 고대 중국에서 자연에 실재하는 실체적 기(氣)로 개념화가 되었던 것인데, 바람, 비, 어둠, 밝음과 같은 기에 음과 양의 기가 더해져서 여섯 가지 기(六氣)로 칭해졌다. 양은 위로 올라가는 성질을 가지고 있고 음은 아래로 움직이는 성질을 가지고 있는 것으로 보았고, 이런 성질이 자연 안에 순환하지 못하면 재해가 따른다고 보았다.

『주역』에서도 음양은 만물을 구성하는 두 가지 원소로 설명된다. 그러나 「계사 상」 5장에서 음양은 형이상학적 실체를 의미하는 것일 뿐만 아니라, 도덕적 가치를 의미하는 개념으로 설명된다. "한번 음하고 한번 양함을 도라 이르니 계속하여 함은 선(善)이요, 갖추어 있음은 성(性)이다. 인자는 이를 보고 인(仁)이라 이르고, 지자는 이를 보고 지(智)라 이르며, 백성들은 날마다 쓰면서도 알지 못한다" 라는 말을 통해 우리는 음양이 자연의 변화뿐만 아니라 도덕적 가치를 생성시키는 천지의 도로 받아들여진 것을 알 수 있다. 자연의

---

72 음양오행의 체계가 유가 전통 안에 들어온 것에 대해서는 김혜숙, 『新음양론』(이화여자대학교출판부, 2014) 1장 참조. 나는 이 책에서 음양 개념을 여성주의 관점에서 재해석하여 여성주의 방법론으로 음양론을 발전시키고자 했다.

이치와 인간사의 이치를 유비적으로 동일시함으로써 자연의 도덕화, 도덕의 자연화를 이루게 되었다. 『주역』은 점서에 그치지 않고 도덕적 규범에 대한 형이상학적(또는 자연주의적) 정당화를 꾀함으로써 철학적 구조를 갖게 되었다.

음양은 우주 만물의 변화를 초래하는 두 가지 근본 힘으로서의 면모와 함께, 의미 세계를 만들어 내는 원리로까지 자리 잡게 됨으로써 강력한 설명력을 지니게 되었다. 낮은 것과 높은 것, 비루하고 천한 것과 존귀하고 품위 있는 것의 이분법이 음양 개념을 통로로 서로 얽히고 설키게 되었다. 털이 많은 동물이나 깃털이 있는 생물은 양에 속하고 등딱지가 있거나 비늘이 있는 생물은 음에 속하는 것으로 간주되었고, 남성은 양에 여성은 음에 속한 것으로 간주되었다.

그러나 수없이 많은 것을 음양에 배속하는 것은 불가능한 일이었으므로 상황에 따라 음과 양이 상대적으로 정해지는 경우도 있었다. 매우 임의적인 분류가 되었던 것이다. 여자는 음에 속하지만, 어떤 맥락에 있느냐, 대립하는 사물이 무엇이냐에 따라서 양이 될 수도 있었다. 여자가 높은 지위에 있고 남자가 낮은 지위에 있다면 음양은 뒤바뀌게 될 것이다. 절대적인 양(純陽)이 없고 절대적 음(純陰)은 하나의 이상일 뿐이다.

『주역』에서 하늘을 뜻하는 중천건괘(重天乾卦)와 땅을 뜻하는 중지곤괘(重地坤卦)는 여섯 개의 자리가 모두 양효 또는 음효로 이루어져 있어 절대적 양과 절대적 음을 상징하는 것처럼 보이지만, 이들 괘에서 어떤 양효는 음의 자리에, 어떤 음효는 양의 자리에 있을 수밖에 없다. 이러한 배경 아래 음 속에도 양(음중양)이 있고, 양 속

중천건괘   중지곤괘

에도 음(양중음)이 있다고 하는 음양의 세계관이 형성되었고, 이는 변화무쌍하고 다양한 면모와 양상, 심지어는 반대의 것을 포괄하는 자연과 인간사를 이해하는 열쇠가 되었다.

일양일음하는 운동은 대립과 양 극단을 아우르는 활동이며, 균형점과 평형을 찾는 운동이다. 이것은 자연뿐만 아니라 인간사에도 해당하므로 이성 또는 정신의 활동이라 할 수 있을 것이다. 달이 차면 반드시 기울고 기운 달도 반드시 다시 차듯이 절대적으로 좋은 일도, 절대적으로 나쁜 일도 없으며, 절대적으로 악한 것도 절대적으로 선한 것도 없다. 그렇기에 일이 잘될 때 나빠질 것을 생각하여 항상 조심하고, 상황이 나쁠 때 좋은 방향으로 전화될 때를 대비하는 삶의 태도를 갖는 일이 매우 중요한 윤리적 준칙이 된다. 이것이 『주역』 전반에 보이는 우환의식(憂患意識)을 이루는 것이다.[73] 우환의식이란 일종의 걱정하는 태도, 나쁜 일이 생길까 항상 조심하는 태도를 가짐을 의미한다.

---

73 『주역』 저변을 흐르는 정신을 나는 '우연성의 윤리학'으로 포착하고자 했다. 이에 관해서는 Kim Heisook, "The Ethics of Contingency: Yinyang", *Confucianisms for a Changing World Cultural Order*, eds. by R. Ames & P. Hershock(University of Hawaii Press), pp. 165~174 참조.

음양 개념의 재구축

이러한 변증적 이성으로서의 음양을 여성주의 방법으로 받아들인다는 것은 무엇을 의미하는가? 여성주의 음양인식론이란 무엇인가? 앞에서 말했듯이 변증적 사유는 진리가 확정되어 있지 않은 상황에서 다양성을 포괄하며 진리를 찾는 방법이다. 소크라테스의 대화법도 변증적 사유의 한 방식이라고 할 수 있다. 나의 입장과 상대의 입장을 대립시켜 서로가 받아들일 수 있는 합일점을 찾아가는 것이 대화법의 요체이기 때문이다. 문학에서 대조되는 B를 통해 A를 말하고자 하는 아이러니 구사 또한 변증법의 일단이다. 반대되는 것들은 절대적 대립자가 아니라, 서로 포괄하고 교착되어 있는 상태로 존재한다. 음과 양은 상호 의존적이다. 구부림과 폄, 밤과 낮, 여성과 남성은 상호 의존적이며, 실상 차이를 가지고 존재하는 세상의 모든 것들은 차이를 통해 자기 정체성을 확보한다는 의미에서 상호 침투적이다.

그런데 전통적으로 음양은 방법론으로서보다는 실체론적으로 해석되어 왔고, 윤리적, 정치적 맥락 안에서 많은 상징을 통해 그 의미의 외연을 확장해 왔다. 특정한 사물과 사람들을 음과 양, 각각의 범주 안에 넣어 같은 범주에 속하는 것은 같은 성질을 공유하는 것으로 보았다. 남성은 양에 여성은 음에 귀속하여 남성은 높고 귀한 존재로, 여성은 낮고 천한 존재로 간주해 왔다. 음양은 강력한 상징체계를 형성하여 수많은 문화적 규범을 생성시켰고, 오늘날까지 한국인의 삶과 언어에 영향을 미치고 있다. 음으로서의 여성은 양으로서의 남성과의 관계에서 보조적이며 낮은 위치에 처해 있는 존재라는 의미 규정은 수많은 문화적 상징 안에서 확대 재생산되었다.

문화적 상징과 함께 그러한 의미 규정은 당연한 것, 나아가 자연의 이치인 것처럼 받아들여졌다.

여성을 방법으로 삼는다는 것은 여성의 관점에서 모든 것을 재해석함을 의미한다. 이제껏 여성의 언어는 침묵이었다. 여성은 동서양을 막론하고 지적 전통 안에 자리하지 못했다. 한국에서도 여성이 제도 교육을 받을 수 있게 된 것은 100년 남짓한 일이다. 미국의 예일대학교와 프린스턴대학교는 1969년에야 남녀공학으로 전환되었다. 이 세상은 높은 곳에서 바라보았을 때와 낮은 곳에서 바라보았을 때의 풍경이 다르다. 마찬가지로 여성들의 삶을 바탕으로 삼았을 때 그들의 목소리로 말해지는 인간 사회와 문화는 이제껏 고전 텍스트 속에서 그려진 것과는 다를 수밖에 없다. 말해지지 않았던 것을 드러내고 보조적이었던 것을 주체의 위치로 돌려세워 새로운 질서와 상징 체계를 구축하려는 노력은 원론적 차원에서 변증적 운동으로서의 음양을 회복하는 길이기도 하다. 실체론적 해석으로부터 방법론적 해석으로 음양을 활용하는 일은 이제껏 양(남성)의 관점에서 기술되고 규범화된 인간의 문화를 다원화된 시각에서 바라보는 일을 가능하게 한다.

실체론적, 형이상학적, 존재론적 차원에서 여성 억압의 주요 기제로 사용되던 음양이라는 개념틀을 해체하는 일은 동아시아 여성의 관점에서 매우 중요한 일이다. 음양을 실체론적으로 해석할 경우, 이분법을 절대화하는 문제가 있다. 여성/남성의 이분법을 실체론적으로 본다면 여성은 음이 실체화된 존재이고 남성은 양이 실체화된 존재다. 양은 높은 것과, 음은 낮은 것과 동일시되며, 이 동일시는 양의 범주에 있는 사물들과 음의 범주에 있는 사물들 모두에게 유비적으로 적용되어 양인 남성은 높고 음인 여성은 낮은 존재가 된다. 음과 양을 각각 본질적 속성을 지닌 형이상학적 실체로 보는 경우, 두 실체 사이의 관계나 변화의 양상을 설명해야 하는 일이 쉽지 않다. 서양철학의 전통 안에서 물질과 정신을 실체론적 이원론의 관점에서 설명할 때와 유사한 문제에 봉착하기 때문이다. 예컨대 왜 근원적 존재가 하나 또는 여럿이 아니라 둘인지, 둘이라면 둘 사이의 관계나 상호작용은 어떻게 이루어지는지, 어떻게 전혀 다른 실체인 하나가 다른 하나에 영향을 미치는지 등 서양철학의 역사 안에서 격렬한 논쟁을 촉발한 문제에 봉착할 수가 있다.

음양을 방법론적으로 해석하는 일은 위의 난제를 피하기 위한 것이기는 하지만, 여성 억압의 주요 개념 틀로 사용되던 음양을 여성주의 원리로 재해석하는 목적에 잘 부합하기 때문이다. 이렇게 해석하는 것은 음양, 여성/남성의 절대적 이분법을 넘어서서 반대되는 것들, 차이들을 포괄하는 변증법적 포괄의 원리로 보는 것이다. 이 차이를 포괄하는 운동은 이제껏 제대로 드러나지 않았던 여성 삶의 면모와 여성의 힘, 여성적인 것으로 폄하되었던 것이 가진 긍정적, 적극적 계기를 살리는 일과 깊이 연관되어 있다.

이제껏 남성적 삶을 바탕으로 하는 철학 안에서 가족이나 일상의 반복적 삶, 감정의 문제는 부차적인 것으로 다루어져 왔다. 남성의 시간은 여성의 시간과는 질적으로 다르다. 집이라는 동일한 물리적 공간 안에서 가족 구성원들은 각기 상이한 경험을 일구며 살아가는 것처럼 우리가 아는 인간의 역사와 문화는 여성적 경험과 남성적 경험 세계를 다르게 구축하도록 만들었다. 남성들은 자신들이 구축한 세계 안에서 철학적 주제를 창안했다. 음양을 방법론으로 차용한다는 것은 표면화되지 못하고 언어화되지 못했던 여성의 경험 세계를 '한번 음하고 한번 양한다'는 관점에서 드러내고, 그것이 남성의 세계를 생성시키는 핵심 축으로 작동함을 받아들인다는 것이다. 문화 안에서 음의 영역에 속해 있던 것, 권력의 그늘 아래에서 보이지 않았던 것, 언어적 표현으로 표면화되지 않았던 의미 기호와 암묵적 규범(문화 속 어두운 저변에 놓여 있어 관심을 끌지도 못했고, 심지어 너무 오래된 것이라 자연적인 것으로 우리 삶 안에 스며들어 있는 것)을 여성주의 철학은 철학적으로 주제화하고자 한다. 배려, 공감, 감정, 사랑, 비언어적 기호, 여성적 말하기와 글쓰기, 장식적인 것, 공예, 가사, 수다 등 여성들의 삶에 특징적으로 드러났으나 철학적 사유와 관심의 대상이 되지 못했던 것을 철학 안으로 끌어들인 것이다. 진리를 얻기 위해서는 타자와의 대화를 해야 하는 것처럼 남성 중심의 개념적 지성 담론은 그 담론의 타자인 여성 중심의 담론과 변증적 대화를 거쳐야 우리는 비로소 제대로 된 통합적 진리에 도달할 수 있는 것이다.

여성주의 음양인식론의 원리

여성주의 인식론은 비판적, 규범적 인식론이다. 다시 말해 주객 이분법에 기초한 서양 전통 인식론이 인간의 문화적 경험과 규범적 삶의 맥락을 사상해 버림으로써 지식에 관한 매우 제한된 그림을 보여 주는 상황을 비판함으로써 여성주의 인식론이 만들어진 것이다. 동아시아 철학 전통, 특히 유가 전통 안에는 나와 대상, 자아와 자연, 인간과 신, 너와 나의 대립에 기초한 주객 이분법과 그로부터 파생하는 인식론적 관심이 현격하게 결여되어 있다. 그럼에도 우리는 음양의 원리를 인식론적으로 차용할 수 있으며, 나아가 여성주의 인식론으로 음양 원리를 해석할 수 있다.

나는 『新음양론』에서 음양 개념 틀에 대한 재해석을 통해 여성주의 음양인식론을 정립하려는 시도를 했다. 음양인식론의 핵심은 사태에 관한 판단을 할 때 항상 대립항을 고려함으로써 균형과 조화를 추구한다는 것이다. 음양인식론의 목표는 객관적 진리를 정립하는 것이라기보다는 상호 이질적인 것을 묶는 이해다. 여성의 관점이 진리임을 주장하는 것이 아니라, 통상 진리로 받아들여지는 것에 관해 여성 관점을 대입함으로써 기존 남성 중심의 믿음 체계에 균열을 내고 대안적 관점을 제시하는 것이다. 그리하여 기존의 믿음 체계가 부분적 진리를 담고 있는 제한적인 것임을 보이는 것이다. 모든 진리 주장은 제한적이고 부분적인 것으로, 다른 진리 주장과 대립해서 보았을 때에만 제대로 그 의미가 드러난다. 음과 양은 각각의 경우 제한적이며 불완전하다. 음양은 함께 묶여 있을 경우에만 작동할 수 있으며, 대립 속의 통일을 이룰 수가 있는 것과 같다.

여기서 전제되는 것은 진리에 대한 회의주의다. 무엇이 진정한 음양의 조화인지 알 수 없는 것과 같다. 그것을 확정 지을 절대적 기준은 존재하지 않는다. 진리는 언제나 인간에게 해석된 진리이며, 우리가 마주하는 대상이나 사태의 전체 면모는 알 수 없다. 모든 진리 규정은 잠정적이다. 미국 실용주의 철학의 태두인 찰스 퍼스(Charles Sanders Peirce)가 진리를 탐구 집단이 궁극적으로 이르게 되는 이상적인 한계(ideal limit)[74]로 보았던 것처럼 진리는 고정된 채

---

74 "탐구하는 모든 사람들에 의해 궁극적으로 동의될 수밖에 없는 의견이 우리가 진리

로 있으면서 인간의 발견을 기다리는 무엇이 아니라, 탐구에 의해 얻게 되는 잠정적 결과물이다. 탐구의 행위에는 다양한 가설의 제시, 가설이나 주장에 대한 긍정적 논변과 비판적 논박, 토론, 증명, 설득, 수정, 조정 등의 다양한 담론 행위가 개입되어 있다. 이를 나는 음양의 운동, 차이의 운동으로 포착하고자 한다.

내가 말하는 여성주의 음양인식론은 다음의 세 가지 원칙을 근간으로 한다. 첫째, 사태를 해석하고 규정하는 담론 행위는 모든 참여자들에게 열려 있어야 한다. 둘째, 성이나 다른 사회적, 문화적 조건에 의해 만들어지는 편견과 편파성으로부터 자유롭기 위해 다양한 관점과 대안적 방안 제시가 이루어지고 어떤 실험적 제안도 공평한 검토 대상으로서의 지위를 가져야 한다. 셋째, 사회적으로 소외되고 과소 대표된 집단의 소리와 주장이 담론 활동 안에서 공정하게 표현되고 번역될 수 있도록 하는 장치(데이터 처리 과정에서 변수들의 값을 조정하는 것과 유사한)가 마련되어야 한다. 이것을 나는 각각 개방성의 원칙, 비판과 대안적 사고의 원칙, 인식적 규범성의 원칙으로 명명하고자 한다.

개방성의 원칙 | 인간은 항상 어떤 특정 상황에 놓여 있기 마련이고, 마주하는 대상과 사태에 대한 객관적 판단을 해야 하는 문제 상

라 말하는 것이고, 그 의견 속에 나타나있는 대상이 실재다."(5.407). C. Hartshorne and P. Weiss, *Collected Papers of Charles Sanders Peirce*, vol. V(The Belknap Press of Harvard University Press, 1978), p. 268. 괄호 안의 수는 총서 번호와 문단 번호다. 그런 진리에 실제로 도달했는지 아닌지는 알 수 없고, 우리는 그렇게 과학적 탐구에 의해 동의되는 진리를 추구한다는 의미에서 '이상적 한계'라는 표현을 쓴 것이다.

황에 처하기 마련이다. 사태를 규정하고 해석하는 일은 사태와 관련한 개인이나 집단에게 매우 중요한 일이 된다. 동일한 사건을 규정하는 미디어 매체가 보여 주는 사실이 다르게 제시되는 일은 매우 빈번하게 발생했으며, 국가 간 지배와 피지배의 역사 해석을 둘러싼 갈등도 자주 일어난다. '사실', '진실'이라는 것이 미디어 매체가 극도로 발달한 오늘날 얼마나 잡기 어려운 것이 되었는지를 생각해 보라. 가짜뉴스가 양산되기도 하고 여러 정치적 동기에 의해 거짓과 왜곡이 '대안적 진리' 혹은 '대안적 사실'이라는 이름으로 포장되기도 한다. 이러한 상황에서 사태의 규정을 둘러싼 담론 활동이 자유롭지 못하고 특정 권력 관계 안에서 활동에 참여하거나 사태와 연관된 주체들이 침묵을 명시적 혹은 암묵적으로 강요당하는 경우 객관적 사실에 다가가는 일은 애초에 불가능해진다. 따라서 여성주의 음양인식론은 서로 부딪치고 갈등하는 관점이 자유롭게 드러나도록 담론 활동의 개방성을 원칙으로 세워야 한다.

비판과 대안적 사고의 원칙 | 음양인식론은 서로 반대되는 것이 상호 교차, 포함, 포괄, 교착되어 있는 것이 사물의 질서임을 받아들인다. 하나의 판단 p는 −p의 가능성과 q, r⋯x, y, z 등 p와 대립하는 판단의 성립 가능성을 머금고 있다. 한 명제의 진리는 확률 1의 확실성을 가지고 존재하는 것이 아니라, 거짓 가능성을 항상 담보해야 한다. 순음과 순양이 하나의 관념물인 것과 마찬가지로 순수 진리와 순수 거짓은 하나의 관념물로서 현실적 참과 거짓이 무한히 수렴되는 이상적 한계일 뿐이다. 여성주의의 음양인식론은 기존의 남성 중심 세계 내에서 만들어진 믿음에 대해 여성 관점에서 과연 그

믿음이 타당한가의 비판과 물음을 항상 제기한다. 물음과 대안 명제의 제시는 여성주의 인식론을 성립시키는 주요한 요소다.

인식적 규범성의 원칙 | 인식론은 진리 획득, 객관성 추구, 확실성 추구와 같은 목표를 가지고 있다. 어떻게 세계를 있는 그대로 볼 수 있을 것인가? 지금 내가 인식하고 있는 모든 것이 사실은 꿈이라면, 혹은 전능한 악마가 나로 하여금 이렇게 보도록 속이고 있는 것이라면, 혹은 사실상 나는 특수 용액 안에 담긴 뇌 상태로만 존재하고 있으면서 현재 상태의 지각, 감각만을 가지고 있는 것이라면, 혹은 영화 〈매트릭스〉에서처럼 실상은 머리에 전자장치를 연결한 채 의자에 죽은 듯 앉아 있으면서 전자 장치에 의해 만들어진 의식 현상만을 가지고 가상의 경험 속을 헤매고 있는 것이라면 어찌할 것인가? 데카르트 이후, 어쩌면 그리스 회의주의 이후 이런 물음이 서양철학 내 인식론 논의를 견인해 왔다.

나의 지각 경험과 그에 기반한 지식의 객관적 타당성을 어떻게 증명할 것인가? 무엇이 객관적 앎인가? 이런 질문은 인식에서 마땅한 것과 그렇지 않은 것이 있으며, 마땅히 가져야 하는 인식을 구축하는 것이 인식론의 목표라는 것을 암암리에 가정한다. 즉 인식에는 '올바름', '합당성'과 같은 규범적 요소가 개입되어 있는 것이다. 그런데 이러한 객관성, 합리성에 대한 요구에서 발생하는 규범적 요소보다 더 강한 규범성을 여성주의 인식론은 요구한다. 즉 무엇이 객관적 사실인지, 무엇이 진리인지를 결정하는 데 진리 주장, 진리 규정으로부터 소외되는 개인이나 집단에 대한 고려가 있어야 한다는 것이다.

통상 과학적 진리는 의제들과 실험 방법, 진리를 확정 짓는 기준과 절차를 공유하는 집단 내에서 규정된다. 나름의 자율적 조정 기능을 가진 과학 집단 내에서 인식적 규범의 문제나 책임의 문제는 크게 부각되지 않을 수 있다. 그럼에도 과학자 집단 내에서도 실패한 실험이나 소수 의견, 지지받지 못하는 가설에 대해 과학자들은 열린 태도를 갖는다. 미래의 어떤 다른 상황에서 그 가설이 성립할 가능성을 배제할 수 없기 때문이다.

이와 달리 사회, 문화 영역 안에서 믿음의 객관성과 객관적 사실의 확립 문제는 보다 복잡하고 모호한 성격을 띤다. 다양한 믿음이 공존하는 인간 경험 세계 내에서 객관적 사실을 확정 짓는 방식은 지식, 법, 도덕과 같은 규범적 차원에서 권위를 가지는 전통, 제도, 집단에 많은 부분 의존하게 된다. 이렇게 구축된 질서는 다시 기존 믿음의 체계를 재생산하는 역할을 하게 되면서 강한 문화적 힘을 형성하고, 이 질서에 위배되는 믿음과 행위는 배척된다. 배척되는 방식은 도덕적 비난에서부터 법적 처벌에 이르기까지 다양할 수 있다.

여성들은 어느 문화권 안에서나 법, 과학, 종교, 정치와 같은 제도 내에서 주체로서보다는 그 제도적 권력에 의해 재단되는 대상이었기 때문에 이들의 생각이나 감정은 문화의 표면에 드러나지 않은 채로 있었다. 하나의 사태는 매우 다양한 면모를 지니고 다양한 방식으로 인간의 삶에 영향을 미치기 때문에 사태에 대한 객관적 규정은 이런 다양성을 포괄하는 방식으로 이루어져야 한다. 인식적 규범성의 원칙은 이런 다양성을 포괄함으로써 믿음의 객관성과 합리성을 다차원적으로 이해할 수 있도록 돕는다.

여성주의 음양인식론은 양에 의해 배척되고 가려졌던 음의 영역을 드러내어 보이지 않았던 것을 보이게 하고, 들리지 않았던 것을 들리게 함으로써 상호적 이해를 높이고 조화를 이루고자 하는 목표를 가지고 있다. 인식적 규범성의 원칙 아래 우리는 하나의 판단이나 정책 결정에 대해 항상 그로 인해 소외될 수 있는 집단의 관점이 반영되도록 하는 노력을 해야 한다. 이러한 인식적 규범성의 문제로 인해 여성주의 인식론은 불가분적으로 실천적 이성의 영역에 속하는 윤리학과 연결될 수밖에 없다.

인식적 규범성의 원칙은 여론조사와 같은 데이터 처리 과정에서 데이터가 편파적으로 잡히는 것을 방지하기 위해 나름의 장치를 두는 것과 유사한 목표를 가지고 있다. 예컨대 전체 사회집단을 대상으로 하는 조사에서 포집된 데이터가 특정 연령대나 계층에 집중되어 있다면 데이터 분석 과정에서 그러한 특이한 상황을 조정하는 일이 필요할 것이다. 조사가 이메일이나 휴대폰을 통한 것이라면 이러한 수단을 애초에 사용하지 않거나 사용하지 못하는 집단의 데이터가 아예 잡히지 않는 문제를 해결하고 포집 대상의 균형을 맞추는 일도 필요할 것이다.

여성들은 많은 사회 현상에서 남성들에 비해 능동적 역할을 하는 경우가 떨어지고 정치적 활동이나 의사 표현에서도 소극적인 경우가 많기 때문에 실제로 여성들이 어떤 생각과 미래 목표와 비전을 가지고 있는지 잘 알기 어렵다. 여성주의 인식론은 오랫동안 이등시민으로 주변화된 사람들을 사회 담론의 표면으로 끌어낼 수 있는 새로운 형식을 제공한다. 그럼으로써 사회 담론 내 소통의 양식과 규칙을 새롭게 짜는 일이 가능해질 수 있도록 돕는다.

인식적 규범성의 원칙을 고려할 때, 과연 여성이 과소 표현되고 있는가, 어떤 개인들 혹은 집단이 주변화되고 있는 것을 어떤 기준과 관점에서 결정하는가, 성별 기준으로 할 것인가, 연령 기준으로 할 것인가, 장애 기준으로 할 것인가, 소득 기준으로 할 것인가 등 여러 기준과 관점이 있을 수 있다. 성별 기준을 택할 경우, 여성주의 관점이 여성을 본질주의적으로 규정하고 있는 것은 아닌가의 물음이 제기될 수 있다. 이 물음에 대한 절대적인 정답은 있을 수 없고 상황적 고려를 할 수밖에 없다. 우리가 이제껏 알고 있는 과거의 세계, 현재 우리가 경험하고 있는 현실 세계 안에서 나름 배제와 포함의 정치가 어떻게 이루어져 왔는지를 다양한 맥락 안에서 다양한 통계를 기반으로 검토하면서 상황적 고려의 합리성과 객관성을 높이는 노력은 할 수 있을 것이다. 여전히 우리는 남성과 여성이라는 분류적 범주가 유의미하게 작동하는 사회 안에 살고 있으며, 젠더의 다양성이 확대되는 속에서도 경험적 개념으로서 '여성', '남성'은 사용되고 있기 때문에 음양인식론이 여성/남성의 이분법을 절대화하고 있다고 볼 필요는 없을 것이다.

여성주의 음양인식론은 항상 모순되거나 반대되는 것, 상호 갈등하고 차이를 지니는 것을 포괄하면서 그 사이의 균형을 추구한다는 점에서 다른 여타의 서구 여성주의 인식론과 구별된다. 서로 양립하기 어려운 대립적 가치의 양단을 들어 조정하는 과정으로서의 음양 운동은 여성주의 인식론의 중요한 요소다. 음과 양은 홀로는 성립할 수 없는 것으로서, 운동을 가능하게 할 뿐만 아니라 진리를 찾고자 하는 인간 이성의 변증적 과정을 집약해 내는 개념 틀인 것이다. 여성주의 음양인식론의 맥락 안에서 보았을 때, 인식의 목표는 주객 대립 아래 절대적 객관성이나 절대적 확실성을 획득하는 것이 아니다. 참과 거짓이 공존하는 것이 최적화된 상태, 여러 다양한 믿음, 때로는 서로 양립하기 어려운 믿음이 상호 교착되어 있으면서 끊임없는 상호 타협과 조정의 과정에 놓여 있는 상태가 인식론의 이상이 될 것이다. 여기서는 적절성, 유동성, 융통성, 상호 공존, 포괄성, 균형과 같은 가치가 객관성, 확실성, 맞음(correspondence)과 같은 가치를 대신한다.

2부 여성 주체의 탄생

4장

주체는 어떻게 태어나는가?

질문과 대립을 통한 주체성의 탄생

여성은 어떻게 주체화되는가? 아니 도대체 인간은 어떻게 주체화되는가? 주체로서의 인간이란 무엇을 말하는가? 어떤 것이 주체가 된다는 것은 무엇을 의미하는가? 주체에 대립하는 개념은 객체다. 주체는 객체일 수 없고 객체와 대립해 있지만, 다른 한편으로 객체와의 관계를 떠나 주체일 수 없다. 무엇이 주체가 된다는 것은 주체가 아닌 다른 것(객체)에 부딪쳐 자신을 객체와는 다른 것으로 자신의 정체를 의식함을 의미한다. 즉자 상태의 객체에 반해 주체는 대자적 의식을 가지며 자기를 의식하는 존재, 즉 자의식적 존재다. 쇠렌 키르케고르(Søren Aabye Kierkegaard)는 그의 학위 논문인 「아이러니의 개념: 소크라테스를 지속적으로 염두에 두며」에서 소크라테스가 아이러니 기법을 활용한 논박적 대화를 통해 대화 상대의 주체성(subjectivity)이 드러나도록 한다고 보았다.

> 역사에 보여진 소크라테스는 그의 토론 상대자들 안에 주체성의 탄생
> 이 이루어지도록 아이러니를 사용한 것이라고 키르케고르는 학위 논
> 문에서 주장했다. 소크라테스의 짜증 나는 질문에 즉각 답했던 것이
> 항상 가차 없이 논박당했기 때문에 그들로서는 처음부터 다시 생각해
> 야 했으며, 앎과 가치에 대한 자신들의 주장에 대해 개별적으로 책임
> 을 져야만 했다.[1]

아이러니 기법은 A를 말하기 위해 A와 다른 것, 반대되는 것, 대
립적인 것을 제시하는 방법이다. 예컨대 슬픈 상황에서 과장된 기
쁨을 드러내어 오히려 더욱 크게 슬픔을 표현하는 경우에 해당한
다. A를 직접적으로 논증하기보다 A를 부정할 경우 처하게 되는 난
국, 우스꽝스러운 상황, 부조리함을 보임으로써 간접적인 방식으로
A를 논증하는 방법이다.

이 기법은 간접 증명의 한 방식이다. 소크라테스는 대화 상대를
궁지에 몰기도 하고 딜레마에 빠지게도 만들고 부조리하고 우스꽝
스러운 결론에 이르게도 하지만 정작 자신의 입장을 구체적으로 제
시하지는 않는 경우가 많다. 직접 증명의 방식이 자신의 입장을 정
당화하기 위해 논변을 만들고 논증을 하는 방식이라면 간접 증명의

---

1 William McDonald, "Kierkegaard"(2017). https://plato.stanford.edu/entries/
kierkegaard/; S. Kierkegaard, "On the Concept of Irony with constant reference
to Socrates", *Essential Kierkegaard*, ed. by Howard Hong & Edna Hong(Princeton
University Press, 2000) 참조.

방식은 상대를 논박함으로써 자신을 세우는 방식이다. 아이러니 기법은 상대를 역설적이거나 부조리한 상황에 처하게 함으로써 그 반대의 입장이 성립함을 은연중에 드러낸다.

대화 상대자는 소크라테스가 질문의 형식을 통해 제시하거나 끌어내 주는 여러 대안에 동의하거나 반박하는 논변을 제시함으로써 그와의 대화를 이어 간다. 궁극에는 소크라테스를 이기지는 못하지만 화자는 그와의 논쟁적 대화를 통해 질문과 의심에 빠지게 되고, 그럼으로써 스스로 생각하고 자기의 생각에 책임을 져야 하는 주체로서 서게 된다. 소크라테스로부터 답을 요구받고 주장에 대한 정당화를 요구받는 대화 주체는 그런 의미에서 각성된 자아가 된다. 플라톤의 대화편에 나오는 소크라테스는 때로는 상대방을 가지고 노는 듯한 인상을 줄 정도로 끈질기게 불편한 질문을 대화 상대방에게 던지면서 자기가 원하는 방향의 결론을 향해 나아간다.

여기서 질문은 상대방의 의식과 생각을 일깨우고, 상대로 하여금 자기 표현의 노력을 하게 하며, 자기 생각과 입장을 계속 유지하게 함으로써 자기가 소크라테스와는 다른 생각의 주체임을 자각하게 만든다. 소크라테스는 상대방의 입장이 가진 함의나 추론을 밝히기도 하고, 때로는 그것이 어떤 부조리한 결과를 만들어 내는지를 논변하면서 상대방을 압박한다. 압박당하여 몰리고 일종의 난국에 처한 대화 상대자는 문제에 관해 다시금 처음부터 생각해 보아야 하는 처지를 자각하게 된다. 키르케고르는 소크라테스를 '실존 변증법'의 선구자로 보았다.

이와 비슷한 방식으로 주체적 사유를 끌어내는 것을 동아시아의 도가와 선가 전통에서도 볼 수 있다. 익숙하고 당연한 것으로 받아들이던 것을 뒤집어 버리거나 깨 버림으로써 진리를 생각하는 단초를 만들어 낸다는 점에서 그렇다. '도(道)를 도라 하면 이미 도가 아니다', '인간이 죄를 저질러서 법이 있는 것이 아니라 법이 있기에 죄가 있는 것이다'와 같은 도가의 아이러니 논법은 도(진리)란 무엇인가, 법이란 무엇인가의 문제를 우리에게 던져 놓는다. 달마대사가 서쪽에서 온 까닭을 묻는 자에게 엉뚱하게 '뜰 앞의 잣나무니라'고 답하는 것은 질문자로 하여금 '이것이 도대체 무슨 말인가'하는 의문을 갖게 한다.

무엇인가를 묻고 답하는 데는 나름의 문법이 작동한다. 묻는 사람과 답하는 사람은 문답의 상황임을 서로 이해해야 하고, 답하는 사람은 동일한 상황 맥락에서 질문자의 기대에 적합한 답을 할 충실한 의도를 가져야 한다. 그것이 '문답'이라는 과정이 성립하기 위한 조건이 된다. 그런데 선문답의 경우에는 오히려 그런 문답의 문법을 지키면 선문답이 성립하지 않는다. '뜰 앞의 잣나무'라는 엉뚱한 답은 질문자에게 다시금 커다란 문제를 안기고 있는 것이다. 질문자는 무엇인가를 답의 형태로 받았지만 전혀 답이 아닌 상황 안에서 역설적으로 '진리란 과연 무엇인가'와 같은 더욱 큰 물음(화두)을 갖게 되는 것이다.

진리는 이러저러한 일상을 넘어서는 어떤 것, 보이는 사물을 지시하는 우리의 언어로 포착하는 것이 거의 불가능한 무엇임을 드러내는 방법은 언어도단의 상황을 만들어 내고 각성을 불러일으키는 것이다. 이러한 아이러니 기법의 힘은 질문자로 하여금 이상한 것, 낯선 것, 언어도단의 것, 거친 것에 부딪쳐서 그것과 씨름하게 하고 그것을 이겨 내고 문제가 되는 사태 자체(진리)를 향해 나아갈 내적 동력과 계기를 갖게 만드는 데 있다. 논박, 질문, 의심, 부정(denial), 토론, 역설 만들기, 동문서답, 심지어는 유머조차도 생각을 자아내게 하는 중요한 방법이다. 주체성은 이렇게 내적으로 생각이 일어나고 각성되는 곳에서 탄생한다.

바깥의 것을 통한 일깨움

객체는 정의상 사물로서, 그 안에 자기와 관계 맺는 방식이 결여되어 있는 존재다. 한 인간은 다른 인간을 객체화할 수 있는데, 그렇게 객체화된 인간은 자의식적 자아로보다는 사물화된 객체로 존재한다. 주체는 생각이나 지각, 의심 같은 내적 의식 활동을 통해 자신과 관계 맺는 방식으로 존재한다. 주체는 자발성과 자율성의 계기를 통해 세계에 관한 지식을 얻고, 낯설고 거친 대상 세계로부터 자기를 지키고자 하는 욕구, 무엇인가를 자기의 것으로 만들고 싶은 욕망을 통해 주체성을 갖게 된다. 자기가 스스로 주인임을 의식하고 대상과 타자를 마주하는 존재를 우리는 주체라 하는 것이다.

이 주체는 힘 또는 활동성으로서 그것이 작용할 대상, 즉 객체를 필요로 하며, 언제나 그것을 통해 자신을 형성하는 특성을 지닌다. 소크라테스와의 대화 속 화자에게 소크라테스의 질문이 주체성을 형성하는 중요한 자극이며 필수적인 타자인 것처럼 주체가 주체성을 갖는 데 타자의 존재는 필수적이다. 주체와 객체는 의식을 경계로 맞닿아 있으며, 사실상 불가분적 관계에 있다. 객체와의 대립, 객체를 부정하고 극복하는 것은 주체화의 중요한 계기를 이룬다. 키르케고르는 1835년 어느 날의 수기에서 주체적 진리를 획득하려는 인간의 내면적 의지를 기술하는데, 이를 통해 우리는 주체성이 가지는 내적 의미를 이해할 수 있다.

> 내 생존의 가장 깊은 뿌리와 맺어져 있는 것, 즉 그것으로 말미암아 내가 신적인 것에 뿌리박고 있으며, 비록 온 세계가 무너질지라도 굳게 매달려 떨어지지 않는 것. 나에게 참으로 결여되었던 것, 내가 찾고 있는 것은 바로 이것이다. 이 내면적인 행동, 인간의 이 신적인 면이 중심 문제이지 해박한 지식을 얻는 것은 문제가 아니다.[2]

인간의 신적인 면은 내적 격동으로서 절대적 주체성을 갖는다는 점에 있다. 이 주체성은 깊은 사색과 결단을 통해 드러나는 것으로, 사색과 결단적 행동은 주체로서의 인간을 특징짓는 주요 표징이라 할 것이다. 나는 나의 주인으로서 자발적 의지에 의해 굳게 나를 지키고자 하는데, 역설적인 것은 이것이 언제나 타자를 통해 이루어진다는 것이다. 낯선 것, 바깥의 것으로부터의 일깨움이나 그것과의 대립은 나의 내면성을 형성한다. 그 대립이 크면 클수록 자기의 뿌리와 근원에 대한 의식 또한 강해지고, 대립적인 것에 맞서는 힘으로서의 의지력 또한 강해진다. 강화된 자의식은 의지력을 키우고, 이 의지력은 행동의 동력으로 작동한다.

주체성의 형성은 개인의 경우에만 해당하는 것이 아니다. 집단의 경우에도 그 집단이 바깥으로부터 일깨움을 받거나 대립의 상황이

---

2 표재명, 「키에르케고어의 '큰 지진'의 체험」, 『마음』 1호, 이화여자대학교 철학과 편집 (1978), p. 39에서 재인용.

발생하게 되면 집단 내 주체적 각성이 일어날 수 있으며, 그럼으로 써 집단적 주체가 형성될 수 있게 된다. 한나 아렌트(Hannah Arendt) 는 다른 많은 독일 거주 유대인들과 마찬가지로 스스로 자신을 독 일인으로 생각하며 성장했으나 나치에게 핍박을 받게 되면서 유대 인으로서의 정체성과 주체 의식을 강하게 갖게 되었다. 그녀는 한 인터뷰에서 "유대인이라는 이유로 공격을 당한다면 유대인으로서 자신을 방어해야 한다"라는 말을 남겼다.[3] 유대인이라는 집단적 주체는 본래적으로 부여되는 것이 아니라 다양한 역사적 맥락 안 에서 집단적으로 객체화되고 사물화되는 경험을 통해 형성된 것이 다. 마찬가지 방식으로 노동자 의식, 여성 의식, 민족 의식 같은 집 단 의식이 형성된다. 집단적 주체성은 대체로 부정적 방식으로, 즉 억압적 타자에 대한 저항 속에서 형성되지만 민족 의식이나 애국심 고취를 통해 적극적 방식으로도 한 집단으로 강한 유대를 형성하고 집단 내적으로 격동될 수 있다. 현대에서도 국가 간 스포츠 경기는 집단적 주체성을 형성하는 데 적극적 방식으로 동원되고 있다.

주체화는 객체화와 실상 동전의 양면이다. 관념론자들이 대상을 지각함으로써 자아를 의식한다고 본 것 또한 동일한 선상의 이야기 다. 나는 대상을 지각하거나 규정함으로써 대상을 지각하고 있는 나를 의식한다. 무엇인가를 대상으로 포착하는 활동 없이 순수 자 의식만을 가질 수는 없다. 이를 설명하기 위해 잠시 헤겔의『정신현 상학』에 그려진 의식의 여정을 따라가 보겠다.

헤겔의 관념론 안에서 순수 자아 또는 순수 자의식의 목적은 의

---

3 알로이스 프린츠,『한나 아렌트』, 김경연 옮김(여성신문사, 2000), p. 78.

식이 온전히 자신만을 대상으로 하는 상태, 자신의 통일성을 지키는 것이다. 자의식은 자기에 관한 의식으로서, 온전히 자기만을 대상으로 하는 의식이라는 점에서 자기동일성, 즉 주체로서의 자아와 대상으로서의 자아 사이의 통일성을 추구한다. 그런데 이 자기 통일성은 타자로서의 외부 세계를 통해서만 달성되는 역설을 지닌다. 나는 지금 컴퓨터 화면을 바라보고 있다는 경험을 통해서만 나 자신을 의식한다. 타자에 대한 아무런 경험이나 기억, 상상 없이 나를 의식할 수 없다. 눈을 감고 있어도 나는 나 아닌 다른 무엇인가를 생각하고 있는 중의 나다. 외부 세계가 소멸한다면 자의식은 '나는 나다'와 같은 의미 없는 동어반복적인 형식적 통일성만 가질 뿐이기 때문에 그것을 넘어서기 위해서는 외부 세계를 받아들이면서도 자기통일성을 달성할 수 있는 방법을 모색해야 한다.

외부 세계 또는 타자를 보존하면서도 파괴해야 하는 역설을 해소하는 방법은 외적 요소, 타성을 제거하여 타자를 소유하는 욕구의 형태로 의식을 전환하는 것이다. 사물을 소유하고 변형하고 그것에 힘을 미침으로써 타자를 수용하면서 타성을 제거하고자 하는 것이 욕망의 본성을 이룬다고 헤겔은 보았다. 외부 대상을 대면하여 분석하고 이해하고자 하는 논리적, 이론적 의식은 대상을 나의 것으로 만들고자 욕구하는 실천적 의식이 된 것이다. 그런데 이 외적 대상이 나와 같은 의식을 가진 살아 있는 존재인 경우, 그 또한 나를 대립적 외부 대상으로 놓고 그 외재적 요소를 제거하고자 노력하게 될 것이기 때문에 피할 수 없는 인정 투쟁에 돌입하게 된다. 나의 나 됨, 주체의 주체 됨은 타자를 대상으로 소유하는 객체화의 과정을 요구하게 된다. 헤겔의 '주인과 노예의 변증법'은 정신의 발전 과정 안에서 의식의 자립성과 타자 의존적인 비자립성이 어떻게 함께 작동하는지를 주인과 노예의 은유를 통해 우화적으로 보여 준다. 주체화의 과정에 객체와의 대립은 필수적이다.

현대의 포스트모더니즘 사상은 주체화 또는 객체화의 과정에 작동하는 다양한 힘, 즉 지각과 같은 의식 활동뿐만 아니라 무의식이나 내적 욕망에서부터 외적, 제도적 권력을 망라하는 힘에 관한 많은 이론을 생산해 냈다. 여기서 우리가 주목해야 하는 것은 주체는 신이 창조하거나 홀로 생성되는 것이 아니라는 점이다. 주체를 이해하기 위해서는 그것이 어떤 객체와의 대립을 통해 만들어졌는지, 또는 어떤 객체화의 과정을 통해 주체 의식이 형성되었는지를 보아야 한다. 어떤 긴장, 갈등, 대립, 힘의 행사와 대응, 자기를 보존하려는 투쟁이 있었는지를 보아야 우리는 주체의 형성을 이해할 수 있는 것이다.

집단으로서의 여성 주체는 어떻게 만들어지는가? 어떤 물음과 문제 설정, 대립을 통해, 그리고 어떤 객관화와 사물화의 과정을 통해 만들어졌는가? 여성은 어떤 문제 상황과 계기를 통해 힘과 능력을 행사하고 어떤 압박에 자기보존적 대항을 했는가? 이런 과정이 없다면 여성은 아직 주체화되지 않았다고 할 수 있을 것이다. 여성 주체는 남성 주체를 통해, 남성 주체는 여성 주체를 통해 상대적으로 형성된 것이라 할 수 있을 텐데, 가부장적 사회질서 안에서 집단적 주체로서의 여성 주체는 남성 권력에 의한 여성의 객체화를 통해 형성되었다고 볼 수 있다. 여성은 역사적으로 대부분의 사회 안에서 정치적, 경제적 힘뿐만 아니라 주체적 관점에서 남성을 대상화하여 표현할 수 있는 언어와 문자를 갖지 못했다. 남성들은 문자와 그림을 활용한 여러 방식으로 여성을 재현해 왔고, 그 재현은 역으로 여성들의 자기 인식으로 자리 잡게 되었다. 남성이 여성을 본 방식으로 여성은 자신과 다른 여성을 바라본다. 이제껏 자기표현의 수단이 별로 없었던 여성은 남성을 자신의 관점에서 재현해 본 적이 없으며, 자기 자신을 언어화해 본 일도 거의 없다. 자신을 비추어 보는 거울조차 갖지 못했던 여성이 대중화된 고등교육을 통해 개념적 언어를 사용하게 된 것은 동서를 막론하고 이제 100년이 조금 넘는 일이 되었다. 미국의 예일대학은 1969년에서야 처음으로 여학생을 받아들였고, 프린스턴대학은 1969년 이사회 결정에도 불구하고 1974년에서야 성을 불문하고 신입생을 받아들이는 정책을 채택했다.

여성에 의한 남성의 객체화는 최근에나 일부 맥락 안에서 가능해진 것이라 할 수 있다. 얼마 전 한국에서는 여성에 의한 남성 객체화가 남성으로부터 강한 반발을 초래하면서 남혐, 여혐의 문제가 사회적으로 대두되기도 했다. 묻지 마 살해나 데이트 폭력, 특정 디지털 커뮤니티 내 여성 비하 문자와 이미지 사용 등 언어적, 신체적 차원에서 발생하고 있는 남성 폭력을 경험하면서 여성은 '미러링(mirroring)'이라는 전략을 만들어 냈다. 이제껏 여성에 의해 집단적으로 이루어진 적 없던 남성 비하와 혐오를 나타내는 다양한 재현 형식이 만들어지게 된 것이었다. 폭발적으로 늘어난 사회관계망과 미디어 형식을 빌려 여성은 자신들이 만든 언어와 이미지를 통해 갈등과 대립을 촉발하고 강력한 여성 주체화를 시도한 것이다.

객체화된 남성 또한 이런 여성을 '페미'라는 이름으로 배제하고 비하함으로써 남성으로서의 주체성 강화를 꾀한다. 그러나 남성은 적어도 우리가 기억하는 인간 문명의 역사 안에서 항상 주체의 자리에서 여성을 객체화해 왔기 때문에 스스로가 객체화되는 경험을 통해 주체 의식을 형성하는 일은 낯선 과정일 것이다. 그렇기에 남성이 성별 주체로서의 남성 자의식을 갖는 일 또한 그리 일반화된 현상은 아니며, 깊은 뿌리를 지닌 여성 혐오에 비해 남성 혐오는 그 개념조차 불분명한 것으로 보인다. 여성 주체의 구성을 논하기 위한 방법으로 다음 절에서는 철학 내에서 객체화된 여성의 예를 살펴본다.

히파티아: 최초의 여성 철학자[4]

서양철학사에서 최초의 여성철학자로 알려진 사람은 히파티아(Hypatia)다. 4세기 말 이집트 알렉산드리아 박물관 내에는 여러 개의 독립적 학당과 도서관이 있었다. 히파티아의 아버지 테온(Theon)은 수학 교수로 일하고 있었고, 그녀는 아버지에게서 철학, 수학, 천문학을 배웠다. 그녀는 뛰어난 능력으로 400년에는 신플라톤주의 학당의 장으로 일하게 되었고, 멀리서부터 그녀의 명강의를 듣기 위해 학생들이 왔다고 한다. 그녀는 아버지를 도와 프톨레미(Ptolemy)에 관한 주석을 만드는 일에 관여하기도 했고, 유클리드 원론의 새로운 판본을 만드는 일을 하기도 했다. 이들이 만든 새 판본은 이후 발행된 다른 모든 판본의 기초가 된 것으로 알려져 있다.

---

4 사람에 따라 '하이파티아', '하이페이시아'로 읽기도 한다. 350~415년경에 살았던 사람으로, 플라톤과 아리스토텔레스 이후에 속하나 여성 철학의 차원에서 그녀가 가진 상징성을 감안하여 이 책에서는 플라톤과 아리스토텔레스 앞에 놓았다.

라파엘로가 그린 〈아테네 학당〉에서 왼쪽 하단에 위치한 흰색 옷을 입은 여성이 히파티아다. 그림 속에 등장하는 54명의 인물 중 유일하게 여성이다.

　당시 알렉산드리아에는 기독교 세력과 비기독교 세력 사이의 알력이 자라나고 있었다. 천문학에 대한 그녀의 지식은 기독교적 세계관과는 배치되는 것이었고, 이에 그녀는 기독교인들로부터 이교도로 비난받았다. 알렉산드리아의 주교였던 시릴(St. Cyril)은 히파티아와 가까웠던 알렉산드리아의 로마 집정관인 오레스테스(Orestes)와 정치적으로 심한 갈등 상태에 있었다. 히파티아는 많은 사람들로부터 존경을 받고 있었다. 그녀의 영향력을 두려워했던 기독교 광신도들은 415년 어느 날 자신의 마차를 몰고 가던 그녀를 공격했다. 조개껍데기로 잔인하게 죽임을 당한 히파티아는 그 주검마

저 처참한 방식으로 훼손당하여 길거리에 조각조각 뿌려졌고 남은 부분은 도서관에서 불태워졌다고 한다.

히파티아는 여성적 복장을 거부하고 남성 철학자와 교수의 복장을 했던 것으로 알려져 있다. 자유롭게 도시를 걸어 다녔고, 스스로 마차를 몰고 다녔다. 그리고 교수로서의 정신적 자유를 지키기 위해 독신으로 살았다. 그녀에 관해서는 알려진 것이 매우 희박하여 그녀의 생각이나 철학의 구체적인 면을 말하기는 어렵다. 그러나 그녀가 특별히 반기독교적이었다고 볼 이유는 없었다고 하며, 종교에 관심을 가졌다고 볼 근거도 없다고 한다.[5]

히파티아의 죽음은 종교와 과학의 갈등, 교회와 국가와의 갈등 안에서 빚어진 것이었지만, 서양 중세의 반계몽주의와 마녀사냥의 전조처럼 보이기도 한다. 남성이 규정한 여성의 역할에 안주하지 않았고, 여성의 옷을 입기를 거부했으며, 남성이 선을 그어 놓은 집 안의 울타리를 벗어나 거리를 활보했고, 결혼을 거부하고 정신의 자유를 선택했으며, 세계를 권위와 신화에 의해 보기보다 논리와 합리성에 의해 이해하고자 했고, 그러나 남성의 옷을 입어 스스로의 여성을 거세할 수밖에 없었던 여성이 됨으로써 히파티아는 존재 자체가 모순어법이 되었다.

알렉산드리아 도서관의 자료는 7세기에 이 지역을 접수한 아랍인들의 목욕물을 데우기 위한 땔감으로 사라져 버렸다. 히파티아의 작품 또한 사라졌다. 그녀에 관해서는 다른 사람들의 기록 안에

---

5 Charlotte Booth, *Hypatia: Mathematician, Philosopher, Myth*(Fonthill Media Limited, 2017), ch. 5 참조.

서 단편적으로만 알 수 있을 뿐이다. 이 때문에 그녀는 거의 전설로 남아 있다. 작가의 상상력 안에서 재탄생한 히파티아를 〈아고라(Agora)〉라는 영화를 통해 만나 볼 수 있다.

서양 최초 여성 철학자의 죽음을 여성 혐오나 여성의 대상화 차원에서만 해석하기는 어려울 수 있다. 반지성주의가 철학자를 죽음으로까지 몰고 간 경우는 소크라테스 같은 남성 철학자의 경우에서도 찾아볼 수 있기 때문이다. 다만 자신에게 부여된 '여성'을 긍정할 수 없었던 히파티아에게서 우리는 자신의 존재를 근원부터 의문시하고 스스로 존재를 재규정하기 위해 애쓴 비극적인 여성 자아를 보게 된다.

자신이 선택하지 않았던 성별과 궁극적으로 화해하지 못했던 자아, 화해하지 못했을 뿐만 아니라 주어진 것을 부정하고 혐오했던 여성들을 우리는 오늘날에도 여전히 마주하고 있다. '인간'이 되기 위해서는 인간을 대표하는 남성의 여성 비하와 여성 혐오를 배워 내재화함으로써 동류 여성 집단과 자신을 스스로 절연하고 명예남성으로 살아가고자 애쓴 여성들의 존재론적 모순을 히파티아가 보여 준 것이다. 자신의 성별에 부과된 문화적 규정을 자연적인 것으로, 신으로부터 품부된 것으로 여기게 만드는 거대한 힘을 거슬러 달리 살고자 온 힘을 다했으나 결국은 비극적으로 스러진 여성 철학자의 존재는 오늘날 여성들의 삶을 비추어 보게 하는 거울이 되었다. 히파티아는 여성에 대한 객관화와 대상화를 피해 남성 철학 교수의 복장을 하고 남성이 하는 일을 수행했으나 이 주체는 무어라 이름할 수도 없는 매우 불안정한 것이었다. 젠더 주체의 형성은 개인적인 차원에서 이루어지는 것이 아니라 사회적 관계 안에서 이루어지는 것으로서, 맥락적이고 개념화의 과정을 거쳐 명명이 이루어진다는 점에서 일반성(개별성에 대비되는)을 지닌다. 히파티아에게는 그녀의 젠더 주체를 세울 아무런 맥락도 개념 틀도 없었고, 이런 정체성 불안은 오늘날 젠더 이론이나 정체성과 차이의 철학(philosophy of identity)이 형성되기 이전 '남성'과 '여성'의 경계를 살아야 했던 여성 지식인들 대부분이 겪어야 했다.

플라톤: 여성에 대한 두 얼굴

철학은 보편적 인간을 문제 삼고, 그것이 탐구하는 대상에 관한 지식 또한 보편성을 지향한다. 따라서 여성의 관점에서 철학을 한다는 것은 일면 자가당착적으로 보이기도 한다. 철학적 진리는 성을 불문하고 성립한다는 믿음이 강하기 때문이다. 여성주의 철학자들은 철학이 인간과 인간의 삶을 말할 때 그 인간은 보편적 인간이라기보다는 남성이라는 데에 주목했다. 많은 철학자들이 인간에 관한 보편적 원리를 열심히 정립하고는 여성과 노예와 아이는 예외라는 말을 덧붙이고는 했기 때문이다. 그러니까 여성은 온전한 의미의 인간이 아니라는 것이다. 이런 주장을 하는 글을 읽는 여성 독자들은 이 지점에서 마치 책 바깥으로 쫓겨나는 듯한 경험을 하게 된다.

플라톤의『국가』는 일면 성평등적으로 보인다. 그러나 플라톤은 여성의 능력이 모든 면에서 남성에 미치지 못하는 점을 강조한다. 여성 독자에게는 매우 혼란스러운 일이다. 플라톤은『국가』5권에서 여성도 남성과 동일한 일, 특히 철인 왕과 같은 수호자 역할을 할 수 있다는 점과 핵가족 체계 대신 공동체 중심의 국가를 주장했다. 그런 점에서 현대의 급진적 여성주의자들은 그를 여성주의 철학의 선구자로 보기도 했다. 그러나 그의 주장에는 생각해 보아야 할 것이 많다.[6]

플라톤은 여성에 관한 한 두 얼굴을 지니고 있는 것처럼 보인다. 그것도 서로 양립하기 어려운 두 얼굴을 하고 있다. 플라톤은 여성에 대해 많은 이야기를 한 첫 번째 서양철학자다. 『국가』의 큰 주제는 인간의 행복이다. 인간이 행복하기 위해서는 정의로운 국가에서 살아야 하는데, 그 정의가 도대체 무엇인지가 문제 된다. 그가 생각한 이상적 국가에서는 하나의 유기체에서 각 부분들이 제 역할을 잘 수행함으로써 활성화되듯 각 계층이 자연적으로 품부받은 능력에 따라 맡은 역할에 충실해야 한다. 사람의 몸에서 머리에 해당하는 통치자 계층은 지력도 뛰어나야 하고 용맹하며 윤리의식도 높아야 한다. 이 계층의 사람들은 남자건 여자건 동등한 직능적 능력을 가지고 있으며, 남성 통치자를 위한 교육이나 여성 통치자를 위한 교육이 다를 필요가 없다고 플라톤은 주장한다. 그는 『국가』 5권에서 재미있는 비유를 들어 이를 설명한다.

양을 지키는 개는 암컷이나 수컷이나 사냥과 그 외의 일거리에서

6 Julia Annas, "Plato's *Republic* and Feminism", *Feminism and Ancient Philosophy*, ed. by J. K. Ward(Routledge, 1996), pp. 3~12 참조. 애나스는 이 글에서 플라톤의 논변이 반여성주의에 대한 여성주의적 입장을 구성하지 못한다고 주장했다. 플라톤에게서 여성의 주체적 권리나 욕망, 여성 불평등과 관련한 어떤 논변도 찾기 어렵고, 플라톤이 여성의 이해보다는 국가의 이해를 도모하기 위한 수단으로만 여성 존재를 바라보았기 때문이다. 반면 수전 레빈은 같은 책에 실린 "Women's Nature and Role in the Ideal *Polis*: *Republic* V Revisited"에서 여성의 지적 능력과 역할에 대한 긍정적 논변을 플라톤의 '테크네(technê)' 개념을 분석하여 재구성했다.

동등한 역할을 수행한다. 수캐가 사냥을 하고 양 떼를 지키는 동안 암캐는 새끼를 낳고 양육하는 일 때문에 다른 일은 할 수가 없다는 이유로 개집에 머물면서 집이나 지키는 일을 하지는 않는다. 통치하는 일에서도 마찬가지로, 여자가 남자와 다른 자연적 본성을 가졌다는 이유로 다른 능력을 가지고 있다고 말할 수는 없다. 생물학적 본성에서는 남녀 간에 차이가 있을 수 있지만, 그 차이는 국가를 수호하는 직능상의 차이를 함축하지 않는다. 대머리와 머리숱이 많은 사람 간에는 생물학적 차이는 있지만 그렇기 때문에 한 사람은 제화공이 될 수 있고 다른 사람은 제화공이 될 수 없다고 말할 수 없는 것과 같다. 머리숱은 제화 기술을 갖는 것과 아무 상관이 없는 것이기 때문이다(『국가』 451d~454d).

여성과 남성의 해부학적 차이 혹은 생물학적 차이가 무엇을 참으로 함축하는지를 말하는 것은 오늘날에도 매우 어려운 문제다. 어떤 직업 또는 직능이 이 해부학적 차이와 본래적으로나 구조적으로 연결되어 있는 것인지를 결정하기도 매우 어렵다. 플라톤은 여자 수호자들과 남자 수호자들 간에 능력의 차이는 없으며, 다만 남자에게서는 그 능력이 강하게, 여자에게서는 약하게 나타날 뿐이라고 보았다. 성평등을 매우 소극적으로 주장한 가운데 플라톤은 모든 남성이 모든 여성에 대해 우월한 것은 아니지만(『국가』 455d) 신체적으로나 정신적으로 남성들이 더 잘 무장되어 있다고 했다(『국가』 455b~455c). 남성 통치자들보다 더 잘하지는 못하지만 여성 통치자도 가능하다는 것이 대강의 주장으로 보인다.

통치자 계층에서는 남녀가 동등하게 음악과 체육 교육을 받아야 하고, 배우자와 자식을 공동으로 소유함으로써 부모와 자식 간에

서로 알 수 없도록 해야 한다고 플라톤은 주장했다. 통치자 계층의 가족 이기주의가 국가적 통합과 발전에 저해될 것이고 생각했기 때문이다. 또 우수한 자식을 얻기 위해 우수한 남녀 사이의 결합을 장려하고, 뛰어난 젊은 남성에게는 여성과 동침할 수 있는 기회와 자격을 특별하게 부여해야 한다고도 주장함으로써 인간 품종 개량론자 같은 면모를 보이기도 했다. 어찌 되었든 여기서 드러나는 플라톤의 여성관은 오늘날의 진보주의자보다도 더 진보적이다.

그런 플라톤이 세상을 뜨기 몇 년 전에 쓴 것으로 알려진 『법률』에서는 매우 보수적인 입장으로 선회했다. 죽기 전에 마음을 바꾼 것이었을까? 『법률』에서 여성과 관련한 내용은 주로 6, 7, 8, 11권에서 찾을 수 있는데, 여기서 여성은 남성과 동등한 지위를 갖지 못한다. 여성의 자연적 성향은 남성보다 열등하다고 플라톤은 주장한다(『법률』 781b). 그에 따르면 여성과 남성은 교육 내용에서도 다르고, 음악도 구분되며, 부모 말을 어겼을 때의 벌도 여성에게 더 심하게 내려야 한다. 여성은 자기 마음대로 결혼할 수 없고, 배우자를 결정하는 권한은 아버지에게 있다. 여성의 결혼 적령기는 16~20세이나 남성의 그것은 30~35세다. 자유인인 경우 여성은 40세가 넘어야 법정에서 증언할 수 있으며, 남편이 있는 여성은 법적 행동을 취할 수 없다. 이러한 생각은 매우 보수적이고 가부장적 가치관을 반영하고 있는 것으로, 플라톤 또한 어쩔 수 없이 자기 시대의 한계 안에 머물고 만 것이었다.

플라톤 스스로는 결혼하지 않았다. 그러나 여성에 관하여, 그리고 여성과 남성의 결혼에 관하여 그는 두 얼굴을 가진 철학자가 되고 말았다. 플라톤이 여성 통치자를 받아들였던 것은 사실상 여성의 권리나 성평등에 대한 관심에서가 아니라 철저하게 자기가 생각한 이상적 국가의 이익을 위한 것이었다. 탁월성을 갖춘 여성이 통치자가 되는 일이 가능하지만 그런 여성은 동일한 차원에서 탁월성을 갖춘 남성보다는 열등한 존재라는 주장이 여성주의를 옹호하는 것으로 보기는 어려울 듯하다. 플라톤에게 여성이나 남성이나 국가의 이해라는 관점에서는 모두 수단적이고 종속적 존재이며, 가부장 질서에 의해 여성은 대상화되고 남성을 넘어설 수 없는 존재로 간주된다.

아리스토텔레스: 영혼을 가진 남자와 질료일 뿐인 여자

언젠가 한 여자 축구 선수가 성 정체성 문제에 휩싸여 뉴스거리가 되었다. '여자' 혹은 '남자'를 어떻게 정의할 것인가는 매우 어려운 문제다. 해부학적 차이, 성호르몬 지수, 유전자, 성 역할 등 다양한 기준이 있을 수 있으나, 실상 그 어떤 것도 만족스럽게 문제를 해결해 주지 못한다. 그것은 여자, 남자에 대해 우리가 가지고 있는 관념 자체가 매우 불분명하기 때문이기도 하고, 또 역설적으로는 뿌리 깊은 고정관념 때문이기도 하다. 문제가 된 여자 축구 선수는 여러 번의 테스트를 통해 여자로 공식 선언되었음에도 무엇 때문에 사람들은 그녀의 성 정체성 문제를 계속해서 제기하는가? 그것은 여자와 여자다움에 대해 우리 사회가 가지고 있는 고정관념 때문에 그러할 것이다. 우리는 그런 고정관념을 넘어서 여자란 무엇인가, 혹은 남자란 무엇인가에 관해 심각하게 생각해 본 일이 거의 없기 때문이다.

우리는 여자와 남자는 생물학적으로 엄연히 다르며, 그 차이는 너무나도 명백한 것이라고 믿는다. 문화는 그 차이를 인간 사회를 구성하는 핵심적 차이로 강화하여 성별 역할을 다르게 만들었고, 그 다름에 기초한 가족을 비롯한 많은 제도를 만들었다. 남녀 사이의 차이를 다른 방식으로 보려면 역사적으로 깊이 뿌리내린 이런 제도를 거슬러 생각해야 하는데 매우 어려운 일이다.

문화 구성론자들은 애초에 차이를 '차이'로 보게 하는, 혹은 무엇을 '여자'나 '남자'라고 이름 붙이는 명명 체계가 만들어지는 과정과 배경에 주목한다. 명명 체계, 범주 체계는 자연의 산물이 아니라, 인간의 관심과 문화적 가치를 반영한 것이기 때문이다. 이 세상에 수없이 많은 사물과 생명체가 존재해도 그것이 모두 이름을 갖는 것도 아니고, 암컷과 수컷으로 의미 있게 분류되는 것도 아니다. 인간의 관심과 필요에 의해 어떤 것은 이름을 갖기도 하고, 어떤 것은 이름도 없이 존재한다. 사물들의 세계는 자연적으로 주어지는 것일 수 있어도 사물 개념들의 체계는 의미와 의도성이 개입되어 있는 문화적인 것이다. 그럼에도 여자와 남자를 자연적으로 주어진 것으로 바라보는 생물학적 본질주의는 동양과 서양을 불문하고 매우 광범위하고 뿌리 깊게 자리 잡고 있다.

서양 지성사에 여자와 남자에 관한 생물학적 본질주의를 자리 잡게 한 철학자로 여성주의 철학자들이 지목한 사람은 아리스토텔레스다. 아리스토텔레스는 형이상학적 본질주의(essentialism)를 대표하는 철학자이기도 하다. 본질이 보편자에 속하는 것인지 개별자에 속하는 것인지에 관한 논의는 아리스토텔레스와 라이프니츠의 철학을 중심으로 이루어져 왔지만, 현대 양상 논리와 그 의미론에까지 그 철학적 함의가 살아 있는 문제이기도 하다.

본질이라는 개념은 대략 다음의 의미로 이해할 수 있을 것이다.[7]
1) 그 무엇인 바의 것(to ti esti: the what it is). 2) 존재(to einai: being).
3) 존재(ousia: being). 4) 정확하게 바로 그것인 것(hoper esti: precisely
what something is). 5) 있어 왔던 대로의 그것(to ti ên einai: the what it
was to be). 형이상학적 본질과 달리 생물학적 본질은 물질적 또는
자연적 관점에서 한 개체를 그 개체이게 하는 것이 무엇인가의 물
음에 답하기 위한 개념이다. 여자와 남자는 어떻게 다르게 만들어
졌을까? 이는 다분히 과학적 질문이다. 아리스토텔레스는 의사 집
안의 후예답게 과학적 기질을 가졌고, 예리한 분석과 관찰을 바탕
으로 다양한 분야의 저술을 남겼다. 플라톤의 제자였지만 형상과
질료의 결합으로 사물을 규정함으로써 플라톤의 이원론적 형이상
학으로부터 거리를 두었다. '쓸데없이 세계를 복수로 만들어서는
안 된다'고 하며 플라톤의 이데아 세계로서의 가지계(可知界)와 경
험적 사물 세계로서의 가시계(可視界)의 이원적 세계관을 거부하고
실체 안에 보편적 형상과 개별적 질료가 함께 있다고 본 것이다.

아리스토텔레스는 가족에 대한 플라톤의 급진적 주장에 대해서
도 반대하고, 철인 왕에 대해서도 반론을 폈다. 플라톤은 이상 국가
에서는 아내와 자식도 공유해야 한다고 생각했는데, 이는 가족을
폐기하고 국가적 통합성을 이루기 위함이었다. 그러나 아리스토텔

---

7 Christopher Shields, "Aristotle", https://plato.stanford.edu/entries/aristotle/#EssHom
   참조. 아리스토텔레스의 저술 중 'APo'는 『분석론 후서(*Posterior Analytics*)』, 'Top'
   는 『변증론(*Topics*)』, 'Phys'는 『자연학(*Physics*)』, 'Gen et Corr'는 『생성과 소멸에 관하
   여(*On Generation and Corruption*)』, 'DA'는 『영혼론(*De Anima*)』, 'Met'는 『형이상학
   (*Metaphysics*)』을 지칭한다.

레스는 국가는 가족과 같은 동질적 단위가 아니라 서로 다른 요소들로 구성되고 서로 다른 능력을 상호 교환하는 집합체이므로 국가의 통일성을 그와 같이 극렬한 방식으로 추구할 필요가 없다고 생각했다. 또한 플라톤의 철인 왕에 대해서도 철학자가 되는 일과 왕이 되는 일은 별개의 일로서 철학자가 왕이 될 필요도 없고 왕이 철학자가 될 필요도 없다고 보았다. 여기까지는 매우 합리적 생각처럼 보인다.

아리스토텔레스의 저술은 서로마 제국의 멸망과 함께 아랍 문화권으로 넘어갔다. 이후 다시 번역되어 소개되는 바람에 전기, 후기 저작에 관하여 여러 설이 있다. 중기작이라고도 하고 후기작이라고도 하는 자연학 저술물 중에 『동물의 탄생』이 있다. 이 작품에서 그는 수없이 많은 여자들을 자연의 굴레에 묶어 놓게 되는 극미 동물설(animalculism) 혹은 전성설(preformation theory)을 주장했다. 후성설(epigenesis)에 반대되는 전성설은 남성의 정자 안에 이미 아주 작은 형태로 인간이 다 형성되어 있다는 주장이다.

어떻게 해서 어떤 것은 암컷이 되고 또 다른 어떤 것은 수컷이 되는가?[8] 암컷과 수컷으로 분리가 되는 데는 이유가 있을 것인데, 그것은 서로 다른 생성의 원리 때문이라고 아리스토텔레스는 생각했다. 능동적인 것, 운동하는 것은 수동적인 것, 정태적인 것보다 우위에 있는 것으로서, 운동의 최초 동인은 수컷에 의해 나오고, 암컷이 수컷의 정액에 기여하는 것은 물질뿐이다. 여성은 물질을 제공할 뿐이고, 남성의 정액이 인간의 이성적 영혼의 기원이 됨으로써

8 아리스토텔레스의 암수 발생에 관한 논의는 김혜숙(2014), pp. 206~207 참조.

수태를 하는 데 남성의 역할은 지대하다. 인간의 본질은 이미 남성 안에 내재해 있는 것이며, 여성은 비본질이거나 심지어는 기형의 인간으로 묘사된다. 결국 인구의 반이 기형이거나 불완전한 존재가 되는데, 이러한 생각은 후성설이 과학적 상식으로 자리 잡기까지, 그리고 현미경에 의해 남자의 정액이 자세히 관찰되기 전까지 서구에서 상식으로 받아들여졌다. 아리스토텔레스의 발생론적 차원에서의 설명은 남성 중심적 관점을 그대로 드러낸다. 그러나 한편으로 여성주의 철학자들이 아리스토텔레스를 지나치게 단순화하여 비판의 대상으로 만드는 데 집중했다고 보는 시각도 있다.

아리스토텔레스의 관심은 동물과 인간 생명의 원천에 대한 것이다. 그의 관심은 경험적인 것과 동시에 형이상학적이다. 발생의 경험적 과정에 대한 것이면서 발생의 궁극적 지향에 관한 것이라는 점에서 그러하다. 반면 여성주의 철학자의 관심은 정치적이다. 아리스토텔레스는 『정치학』에서 여성은 남편에 의해 다스려져야 하며, 여성이 이성적이기는 하지만 그들의 이성은 권위적이지 않다고 했다. 그러나 『동물의 발생』에서는 적어도 여자와 남자 모두를 발생의 원리(*archai*: priciples)로 놓고 있다는 점에서 아리스토텔레스에 대한 여성주의 해석이 단순화되어 있다는 것이다.

아리스토텔레스의 네 가지 원인론에 입각한 설명을 받아들이자면 그의 철학적 의도는 발생의 목적인은 전체 우주와 연관된 의미를 갖는 것이며, 작용인으로서의 역할을 하는 남성의 정자도 자연이 운동을 부여하는 수단일 뿐 그 자체로 우월적 지위를 갖지 않음을 주장하려는 것이다. 운동 자체가 형상이나 영혼을 가지고 있는 것이 아니라, 생명의 운동은 언제나 방향과 질서를 가지고 있는데,

이 질서는 형상과 목적(telos)으로 이해할 수 있다는 것이다.[9] 즉 아리스토텔레스는 경험적, 물리적 차원에서 남녀를 동등한 기여자로 보았고, 성차별적 요소는 남성의 작용인이 형상과 영혼과 관련된다는 주장에서 발견되나 이 또한 전체 우주적 질서의 목적을 수행하는 데로 수렴되기에 여자와 남자 사이의 문제로만 국한해서 해석할 수만은 없다는 것이다.

그러나 아리스토텔레스가 남성 중심적 그리스 사회의 일반적 성차별주의를 벗어나지 못했다는 것을 부정하기는 어렵다. 여성이 비록 생물적 발생의 차원에서 남성과 동등한 기여를 하고 있다고 하더라도 사회적으로, 정신적으로, 신체적으로 열등한 존재라는 남성 중심의 통념을 아리스토텔레스가 철학적으로 강화하고 정당화했다는 비판을 피하기는 어려울 듯하다. 태생적 차원에서 여자와 남자의 역할을 구분한 것 또한 후대에 많은 영향을 미쳤다. 그의 비율적 정의(proportionate justice) 개념에 따르자면 각각이 지닌 가치와 분수에 따라 사는 사회가 정의로운 사회가 될 텐데, 여자와 남자의 사회적 역할 배분 또한 고착화된 형태가 될 것이다. 한 철학자에게 자기의 시대를 넘어서 사고할 것을 기대하거나 요구하기는 어렵겠지만 아리스토텔레스가 단순 주장을 넘어 나름의 과학적 분석과 논변을 통해 입장을 표명했다는 점에서 그 영향을 무시할 수가 없는 것이다. 생물학적 차이, 해부학적 차이에 대한 과학적 탐구는 여성의 기질과 능력에 대한 편견을 강화하고 사회적, 정치적 차별을 정당화

---

9 Daryl M. Tress, "The Metaphysical Science of Aristotle's *Generation of Animals*", *Feminism and Ancient Philosophy*, ed. by J. K. Ward(Routledge), pp. 42~43.

하는 데 기여했다.

　남녀 사이의 생물학적 차이에 대한 아리스토텔레스의 믿음은 쉽게 도덕적 본성의 차이에 대한 믿음으로 이어졌다. 암컷은 대개 용기가 없고 충동적인 반면, 수컷은 잔인하고 단순하며 교활하지 못하다고 보았다. 여자의 특성은 동정심이 많고, 쉽게 눈물을 흘리며, 질투심이 많고, 화를 잘 내고 잔소리가 심하며, 거짓말을 잘하고, 적은 양분을 섭취하는 것으로 기술한다. 경험적으로 나타나는 여자의 특성이 여자의 본질적 특성이라고 본 것이다.

　생물학적 본질주의 논쟁은 오늘날 생물학과 생명공학이 발달하면서 다시금 여러 문제를 우리에게 던지고 있다. 유전자 정보상의 남자와 여자 사이의 차이가 의미하는 것은 무엇인가? 이 세상에 존재하는 수없이 많은 것 사이에는 우리가 알든 모르든 다양한 차이가 존재할 것이다. 그러나 대개는 이 차이를 유의미하게 받아들이지 않는다. 인간의 삶과 아무 연관도 없는 동식물들 사이의 차이가 무슨 의미가 있다는 말인가? 어떤 특정한 차이를 유의미한 것으로 만드는 배경적 가치와 문제의식은 무엇인가? 그 가치와 문제의식은 정당한 것인가? 우리가 물어야 하는 것은 바로 이런 질문이다. 차이를 차이로 규정하는 개념 체계에 주목해야 하는 것이다.

　유전자 정보상에 나타나는 수없이 많은 차이를 현재 우리가 사용하는 언어적 개념과 범주로 환원할 때, 우리는 어느덧 문화적 가치의 맥락 안에 들어와 있기에 순환의 문제를 피하기 매우 어렵고 엄밀하게 객관적인 눈으로 차이를 규정하기는 어렵다. 그럼에도 우리는 우리가 사용하는 개념 체계, 명명 체계 자체를 비판적으로 검토하려는 노력을 해야 하고, 우리 스스로가 사용하는 개념 틀과 언어에 관한 반성을 할 수 있어야 한다. 이 문제는 이 책에서 일관되게 관심을 가지고 있는 문제이기도 하다.

홉스와 로크: 인간은 평등하나 남녀는 평등하지 않다

근대과학적 사고의 발달은 수태에서 암컷이나 수컷의 역할이 동등하다는 생각을 일반화했다. 이제 서양 근대 철학자들의 관심은 생물학의 영역을 떠나 어떻게 사회나 국가가 성립하는가, 개인이 가지는 권리의 원천은 무엇인가와 같은 정치적 영역으로 옮아갔다. 우리는 바뤼흐 스피노자(Baruch Spinoza)와 같은 근대 초기 철학자 사이에서 시대와 불화하면서까지 자신의 온존재로 인간의 자유, 개인의 자유를 지키고자 한 위대한 영혼을 만날 수 있다. 스피노자는 그의 『신학정치론』 중 마지막 장인 「자유로운 국가에서는 누구든 원하는 대로 생각하고 생각하는 대로 말한다」에서 그 누구도 다른 사람의 마음을 좌지우지할 수 없으며, 자유로운 이성과 판단은 다른 사람이 어찌할 수 없는 것이기 때문이라고 주장했다.[10]

근대 유럽의 철학자들은 개인이 남에게 양도할 수 없는 고유한 권리를 갖는다는 것을 정립하기 위해 많은 지적 에너지를 쏟았다. 토머스 홉스(Thomas Hobbes)는 '인간은 자연 상태에서 서로에 대해 동등한 힘을 가지고 있다'고, 존 로크(John Locke)는 '모든 인간은 양도할 수 없는, 신이 부여한 권리를 갖는다'고 생각했다. 인간의 평

---

10 Spinoza, *Theological-Political Teatise*(Gebhardt edition), tr. by Samuel Shirley(Hackett Publishing Company Inc., 2001), ch. 20. "It is shown that in a free commonwealth every man may think as he pleases, and say what he thinks" 참조.

등과 개인의 자유에 대한 생각은 칸트와 헤겔에 이르기까지 강력한 정치적 이상을 구성했다.

그러나 이들 철학자들에 따르면 모든 인간은 평등하게 태어났지만 여자와 남자는 평등하지 않다. 실상 이들은 여성에 관하여 자신들이 살던 시대의 생각을 넘어서지 못했으나, 그 때문에 오늘날의 관점에서 이들을 비난하기는 어렵다. 그럼에도 이들이 유럽의 시민사회가 출현하는 과정에서 개인의 권리와 정치적 불평등의 문제에 관해 관심을 가졌기 때문에 여자와 남자 사이의 불평등에 관한 그들의 논의를 우리는 지나칠 수가 없다. 근대 철학자들은 여성과 어린아이, 집안의 하인들이 겪는 정치적 불평등성을 만민 평등 사상을 허물지 않으면서 설명해야 하는 난처함에 처했다. 어떻게 이 난처한 상황을 설명할 것인가?

홉스와 로크는 매우 영리한 방식으로 이 난처함을 벗어나고자 했다. 홉스는 여성이 남성과 근본적으로 평등한 존재임을 받아들인 드문 철학자였다. 또한 여성의 정치적 역할을 논한 첫 번째 근대 철학자로 알려져 있다. 그의 지적 호기심을 일깨운 것은 니콜라우스 코페르니쿠스(Nicolaus Copernicus)와 요하네스 케플러(Johannes Kepler)가 열어 놓은 새로운 과학과 당시 부활한 회의주의 철학이었다. 그는 철저하게 자연적 물체 또는 신체와 자연과학들의 근본 원리에 입각해서 사태를 바라보고 설명하고자 했으며, 인간의 본성, 감각적 지각, 언어, 추론, 심리적 본성, 도덕, 시민사회 또한 그것에 입각해 설명하고자 했다.

홉스는 당시 청교도혁명과 같은 시민혁명의 처절함을 경험하면서 절대적 권위의 문제를 생각하게 되었고, 어떤 조건 아래에서 평등한 개인들이 자신의 권리를 절대적 권위에 양도하게 되는지를 탐구하고자 했다. 잔혹한 시민혁명으로 뒤집어지지 않을 절대적 권위를 어디에서 찾을 것인가? 자연과학의 법칙과 같은 확고한 법칙을 시민사회 안에 구현할 수 있을까? 정치적 정당성을 확보한 권위나 정체(政體)를 확립할 수 있다면 피비린내 나는 내전을 피할 수 있지 않을까?

홉스는 인간 행동의 원천은 이성이라기보다는 정념이고, 인간은 도덕적 동기에 의해 움직이기보다는 자기 보존의 욕구 아래에서 움직인다고 보았다. 자연 상태에서 모든 인간들은 서로를 죽일 수 있다는 점에서 모두 평등한 것처럼 여자와 남자도 평등하며, 권력적 지배와 피지배의 관계가 아니라고 보았다. 여자와 남자가 자연상 평등하기 때문에 누군가의 권위에 귀속되려면 동의가 필요하다고 보았다. 자연에서 지배 관계가 있다면 그것은 아이의 탄생에서 비롯되는 어머니와 아이 사이의 예속 관계가 있을 뿐이다. 여자는 최초의 군주였다.

인간은 성장하는 데 다른 동물과는 달리 긴 시간이 필요하기 때문에 아이는 태어나자마자 온갖 위험으로부터 자신을 보존하기 위해서는 어머니에게 의존할 수밖에 없고, 이런 상황이 그의 모든 권리를 어머니에게 양도하도록 만든다. 자발적 동의라고 하기는 어렵지만 아이는 생존을 위해 어머니의 양육과 통제를 수용할 수밖에 없는 원초적 조건 안에 놓여 있다. 이것이 여자가 최초의 군주인 이유다.

그러나 이 군주의 지위는 곧 그녀를 위험에 빠뜨리게 하는데, 그것은 전쟁과 같은 위급한 상황에서 여자는 아이를 돌보는 일이 어려워지기도 하고, 아이를 돌보는 일에 힘을 빼앗겨 자신을 지키기 어려워지기 때문이다. 여기서 여성은 결혼이라는 시민법의 계약에 의존해 남성에게 속박되게 되고, 그 결과 최초의 군주라는 지위를 잃게 된다.

홉스에 따르면 통상 남성이 여성보다 더 지혜롭고 용기 있기 때문에 국가가 유지되는 것으로서, 법은 남성에게 유리하게 되어 있고 결혼을 통해 남성은 여성과 아이의 존립에 대한 지배권을 획득하게 된다고 보았다. 여성이 자신의 위험에 대비해 든 보험의 대가는 평화롭게 넘긴 자신의 자유와 아이에 대한 소유권이었다. 홉스는 자연과 사회(국가)를 구분함으로써 남녀 불평등의 기원을 설명한 것이다.[11]

홉스와 달리 로크는 자연 상태를 만인의 만인에 대한 투쟁 상태로 보지 않고 평등의 조건으로 보았다. 자연 상태에서는 누구도 다른 사람보다 더 우선권을 갖지 않으며, 인간은 동일하게 자연의 법칙과 신의 뜻에 종속되어 있다고 보았다. 로크는 당시 주치의로서 자신이 치료했던 휘그당 당수 섀프츠베리(Shaftesburg) 백작[12]의 비서로 활동

---

11 여성과 관련한 홉스의 논의는 Mary Anne Dickason, *Sophia Denied*, dissertation submitted to the University of Colorado at Boulder(1977), pp. 63~127 참조. 여기서 디케이슨은 홉스, 로크, 스피노자, 라이프니츠, 흄, 루소의 여성 관련 논의를 다루었다. 또한 Thomas Hobbes, *Human Nature and De Corpore Politico*, ed. by J. C. A. Gaskin(Oxford University Press, 1994), chapter XXIII. "Of the Power of Fathers, and of Patrimonial Kingdom" 참조.

12 섀프츠베리(1671~1713)는 당대 저명한 철학자이자 정치가였다. 그의 철학은 18세기와 19세기 유럽 지성계에 큰 영향을 미쳤던 것으로 알려져 있는데, 20세기에 점차 잊혔다가 21세기 들어 다시 조명을 받고 있다. 그에 따르면 인간은 질서와 조화를 경험하도록 만들어졌으며, 그 경험은 도덕, 아름다움, 종교에 대한 정확한 판단의 근거가 된다고 한다. 도덕감, 미적 경험, 정치적 자유와 관용, 계시나 성서가 아니라 이성에 기반한 종교적 믿음을 주장한 철학자로서, 영국 경험주의 전통에서 중

하면서 구질서를 깨기 위해 많은 노력을 기울였다. 그가 제시한 '개인의 양도할 수 없는 권리' 개념은 미국의 기초를 놓은 토머스 제퍼슨(Thomas Jefferson)에 의해 계승되어 미국 헌법에 심어졌다.

당시 영국에서는 제임스 2세의 왕위 계승을 둘러싸고 왕당파 토리당과 의회파인 휘그당이 대립하고 있던 상황이었다. 헨리 8세 때 이미 로마 가톨릭으로부터 독립을 선언한 상황에서 가톨릭 군주인 제임스 2세의 왕위 계승 문제는 큰 논란을 불러일으켰다. 표면적으로는 종교 문제처럼 보였으나 근본적으로는 왕권과 그에 기초한 구질서의 정당성 문제였다. 왕당파의 일원이었던 로버트 필머(Robert Filmer) 경은『족장론』을 썼는데, 1680년에 출판되었을 때 절대주의 왕권 신봉자들에게 열렬히 받아들여졌다. 이에 따르면 아담은 세계의 지배자로서 그의 모든 후손들에게는 군주이기에 왕과 아버지의 권력은 동일한 것이며 무제한적이다. 따라서 군주는 아담의 대리자이며, 그 백성의 아버지라는 것이다.[13] 이에 대응하고자 로크가 내놓은 것이『통치론』이다. 섀프츠베리와 만나기 전까지 홉스로부터 영향을 받았던 로크는 왕권을 받아들였으나 이후 돌아서 천부적 인권에 대한 철학적 근간을 세웠다.

당시 왕당파와 의회파 사이의 정치적 소용돌이 속에서 역경에 처했던 로크가 정립한 '평등한 인권'이라는 개념은 그러나 여자에게는 온전히 허용되지 않았다. 자연 상태를 자기 보존을 위한 개인들 서로 간 투쟁의 상태로 본 홉스와 달리, 로크는 자연 상태를 평화롭

요한 업적을 남겼다.

13 John Locke, *Political Writings*, ed. by David Wootton(The Penguin Group, 1993), p. 13 참조.

고 평등한 개인들의 사회로 보았다. 이 개인들이 자연을 떠나 동의에 의해 계약을 맺고 국가를 형성하는 이유는 자신의 생명과 재산과 자유를 확실하게 지키기 위해서다. 그런데 여성이나 하인까지도 이 평등한 자유로운 개인의 범주에 두어야 할 것인가? 인간 평등론을 손상하지 않으면서 남녀 불평등을 어떻게 설명할 것인가?

로크는 필머가 아담의 가부장권과 군주의 권력을 유비하여 동근원적인 것으로 본 것을 논박하며 가장이 아내에 대해 갖는 권력은 혼인상에 발생하는 권력(conjugal power)[14]일 뿐 정치적 권력이 아니라고 보았다. 하와의 아담에 대한 예속, 아내의 남편에 대한 예속이 통치의 원초적 승인이나 군왕 권력의 기초라고 한다면 이 세상에는 남편들 수만큼의 군주들이 존재하게 될 것이라고 그는 비웃기도 했다. 아담이 하와에 대해 어떤 힘을 갖는다면 그것은 가정 내에서 사적인 관심의 영역에 속하는 것, 토지나 물품 소유나 기타 일상의 모든 것과 관련한 질서를 잡는 힘일 뿐, 아내나 가솔 중 누구를 죽이고 살릴 수 있는 정치적 권력은 아니라는 것이다.

로크는 공적 영역과 사적 영역을 구분하여 가정 내에서의 권력관계, 즉 아버지와 자녀, 남편과 아내, 주인과 하인 사이의 관계를 군왕과 신민 사이의 정치적 권력관계와는 다른 종류로 설명하고자 했다. 가족 사이에서 작동하는 힘은 정치적 힘이 아니라 혼인 관계에서 비롯되는 힘(conjugal power)으로 비정치적 힘이라는 것이다. 이힘은 생명을 위협하는 힘이 아니라, 단지 가장이 식솔을 거느리고

---

14 John Locke, "From the First Treatise of Government", *Political Writings*(Penguin Books, 1993), p. 245.

통솔하는 데서 성립하는 힘(가부장권)이다.

로크에 따르면 정치적 권력은 사형과 같은 극단적 형벌뿐만 아니라 재산을 통제하고 지키기 위한 여러 징벌 체계를 지니는 삼엄한 법을 만드는 권리를, 그리고 이 법을 집행하거나 외국의 침입을 방어하기 위해 공적 집단의 힘을 사용할 수 있는 권리를 의미한다. 이 모든 것은 공공선(the public good)을 위한 것이다.[15]

무엇이 정치적 권력인가는 오늘날에도 논란의 여지가 있는 문제다. 로크의 개념에 따르면 집단의 공공질서를 유지하기 위한 법적 체계를 갖추고 있고 법 위반에 대해 생사여탈적 징벌을 가할 수 있는 물리력을 제도 내에서 확보해야 정치적 권력을 가졌다고 볼 수가 있다. 반면 아내에 대한 남편의 통제는 사적 영역에서 가족을 성립하게 하는 힘으로서, 정치적 힘보다 낮은 강제력과 규범성을 지니는 것이 된다. 공적 영역과 사적 영역의 구분은 이렇게 만들어지게 되었으며, 사적 영역에서는 법과 정치 대신 도덕과 훈육, 멘토링, 사랑 같은 것이 관계를 생산하고 유지하게 하는 것으로 작동하게 된다.

현대 포스트모던 사상가인 푸코는 로크가 비정치적인 것으로 간주했던 것을 정치적인 것으로 환원하여 미세 권력이 어떻게 우리의 일상 안에서 작동하는지를 분석하고자 했다. 모든 인간의 문화는 어떤 행위는 장려하고 어떤 행위는 억압함으로써 규범의 질서를 만들어 내고, 그럼으로써 고유한 성격을 지니게 된다. 규범의 질서

---

15 John Locke, "The Second Treatise of Government: An Essay Concerning the True Original Extent, and End of Civil government(c. 1681)", 앞의 책, p. 262.

는 방향성을 지니는 힘이 없이는 만들어질 수 없다. 이렇게 방향성을 가진 힘은 공공연한 제도나 암묵적 가치 체계 안에서 일관성과 강제성을 증폭함으로써 정치적 권력으로 표상화되는 것일 뿐 본질에서 모든 힘의 행사는 허용과 억압, 지배와 예속을 두 축으로 삼는 정치적 성격을 지니는 것이라고 푸코를 비롯한 포스트모던 사상가들은 생각했다.

홉스와 로크는 여성의 부자유에 관한 문제에 주된 관심을 가졌던 것이 아니었으나 왕의 절대 권력에 반대하여 인간의 평등을 주장하는 과정에서 여자, 하인, 어린이와 같은 '인간 같지 않은 인간'들의 평등 문제를 어떤 식으로든 대처해야 했다. 이 과정에서 두 철학자는 나름의 방식을 고안해 냈고, 이 문제는 후대로 넘겨졌다. 오늘날의 기준에 의해 홉스나 로크가 반여성주의 철학자라고 비판하는 것은 큰 의미가 없다. 다만 혼인 관계는 법적 관계로서 그 안에서 작동하는 힘이나 권력이 전통, 가문, 가족 간 사랑과 화목이라는 이름으로 포장된 것일 수 있으며, 너무나 오래되어 자연의 일부로 보이기조차 하는 제도가 집단의 힘보다 더 강한 이데올로기의 힘으로 작용하여 가부장 질서와 권력을 강화한 면을 로크는 지나치게 가볍게 다루었다고 말할 수는 있겠다.

가부장적 가족 내의 화목이 사회 질서를 유지하는 데 중요하다는 생각은 가부장적 권력 형태를 자연적인 것으로, 또는 공공의 선으로 받아들이게 했다. 이것은 동양이나 서양이나 모두 마찬가지였지만 특히 서양에서는 사적 영역에서의 지배와 공적 영역에서의 지배가 다른 종류로서 사적 영역은 정치적 권력이나 정의의 영역 밖에 있다는 생각이 로크 이후 서구 정치 이론 안에 뿌리 깊게 자리 잡았

다. 동아시아의 맥락에서는, 특히 국가를 큰 가족에 비견한 유교 질
서 안에서 가족은 사적 영역이라기보다 공적 영역에 가까웠던 것으
로, 프라이버시의 영역은 거의 존재하지 않았거나 매우 좁게 형성
되어 있었다고 나는 생각한다. 이 문제에 대해서는 7장 '정의론 바
깥의 여성'에서 더 논의하게 될 것이다.

울스턴크래프트: 이성적 사유와 결단의 산물로서의 여성

처음 유럽인들이 남아메리카 대륙을 침탈했을 때, 그들은 토착 인
디언들이 과연 인간인지를 놓고 열띤 논쟁을 벌였다. 이들을 기독교
인으로 개종시켜야 하는데, 그러자면 그들이 인간이어야 했고, 인
간이라면 짐승처럼 노예로 사용하기가 어려워지는 딜레마 때문이었
다. 지금 보면 말도 안 되는 일이지만 그들은 심각하게 논쟁했다.

여자가 남자와 동등한 권리를 가진 인간인가? 남자들은 인디언
을 마주한 유럽인들과 비슷한 고민에 봉착했다. 함께 사랑을 나누
고 아이를 낳아 기르려면 동등한 인간으로 간주해야 할 것 같은데,
남자와 똑같은 권리를 인정하자니 못생긴 원주민들처럼 부족한 점
이 많아 보였던 것이다. 우선 그들이 보기에 여자들은 감정적이고,
변덕스러우며, 신체적으로도 작고, 약했다. 이성을 인간의 본질로
보는 관점에서 보자면 이렇게 감정적인 여자들은 비본질적 존재다.
이들이 가진 좋은 점이 있다면 모성과 눈부신 언변에서 드러나는
영리함 정도로 보였다. 흄이나 칸트와 같은 철학자들은 여성을 '아
름다운 성(fair sex)'이라는 표현을 써서 한껏 높이는 듯한 포즈를 취
했다.

장자크 루소는『에밀』에서 책의 대부분을 에밀이라는 남자아이에 대한 교육론에 할애했다. 마지막 장에서 '우리 에밀'의 짝으로 소피에 대한 교육 이야기를 한다. 루소에게 여자는 남성의 즐거움을 위해 존재하는 아름답고 사랑스러운 존재다. 그런 한에서, 즉 남성의 배필로서의 여성이 갖추어야 하는 자질에 대한 이야기를 책의 한 장으로 넣는 일은 자연스러운 일일 것이다.

이런 남성 중심의 사회 문화에 강하게 도전했던 여성이 있었다. 그녀는 자유주의 여성주의 이론의 선구로 받아들여지는 영국의 메리 울스턴크래프트(Mary Wollstonecraft)다. 짐작할 수 있듯이 그녀의 삶은 평탄하지 않았다. 남들이 당연하게 받아들이는 것, 특히 지배적 가치에 반기를 드는 일은 항상 많은 대가를 치러야 한다. 더욱이 가난한 처지에 자존심만 강한 18세기 영국 여자가 전업 작가로서의 길을 가기로 선택한 것은 하나의 모험이었다.

그녀가 작가로서 명성을 얻게 된 것은 1790년에 출판한『인권 옹호론』과 1792년에 출판한『여권 옹호론』때문이었다.『인권 옹호론』은 당시 에드먼드 버크(Edmund Burke)의『프랑스혁명에 관한 성찰』에 대응하기 위해 쓴 것이었다. 휘그당원이었음에도 토리당의 보수적 견해를 드러내었던 버크는 영국 젠트리 계층이 가지고 있던 엘리트주의적 도덕의식과 높은 문화 의식을 찬양하고 입헌군주제를 옹호하면서 프랑스혁명 사상이 기초하고 있는 보편적 인권, 자유, 평등의 가치에 의문을 제기했다. 혁명이 실패할 수밖에 없는 이유는 사회가 강화되기 위해서는 물려받은 지위나 재산과 같은 전통적 구조가 필요하기 때문이라고 버크는 보았다.

버크는 그의 책에서 울스턴크래프트의 친지였던 리처드 프라이스(Richard Price) 목사의 설교 내용을 반박하고 프랑스혁명을 지지했던 영국의 사상가들을 비판했다. 프라이스 목사는 인간의 권리에 대한 의식이 높아지고 있는 새로운 시대에 대한 찬양과, 인간 자유의 신장에 대한 미래 비전을 설파했다. 이에 반해 버크는 프랑스혁명은 정당한 정부를 폭력적으로 전복한 것으로서, 시민들에게는 정부를 무너뜨릴 권리가 없다고 주장했다. 사회적, 정치적 합의에 의해 인간 문명은 이루어지는 것으로서, 문명적 전통을 무너뜨리는 것은 무정부를 초래하므로 혁명은 정당화될 수 없다고 본 것이다.

프라이스 목사에 대한 버크의 비판과 그의 보수적 입장은 울스턴크래프트를 자극했고, 그녀는 열정적 톤으로 인권과 여권 옹호에 관한 글을 썼다. 특히 여성에 대한 버크의 입장은 분노를 일으키기에 충분했다. 그는 여성을 동물과도 같은 열등한 존재로 봄으로써 남녀평등에 대한 반대를 분명히 했다. 즉 도덕적, 정치적 권리는 이성을 가진 자들에게 허용되어야 하는 것으로, 여성은 이성을 결여하고 있기에 이 권리를 남성과 동등하게 가질 수 없는 것으로 간주했다.

울스턴크래프트는 여성적 특질, 특히 남성들이 비하해마지 않는 특질은 여성의 본질이라기보다 교육의 부족 때문에 빚어진 것으로 보았다. 그리하여 여성의 무지를 '순진함'으로 찬양하는, 여성에 대한 반계몽적 문화를 개선하기 위한 노력으로 여성 교육을 높이 주창했다. 그녀의 특이점은 여성 교육이 국가 교육 시스템에 대한 전면적 개혁 안에서 제도적으로 이루어져야 함을 강조한 것이다. 교육을 잘 받은 여자가 좋은 아내, 좋은 어머니가 되며, 결국 국가에도 이익이 된다는 점을 강조했다. 18세기 많은 남성 지식인들은 여성이 이성적이고 추상적인 사유에 적합하지 않다고 보았고, 그에 따라 여성들에 대한 진지한 교육의 가능성에 대해서도 회의적이었다. 울스턴크래프트는 신의 눈으로 보았을 때 남성과 여성은 동등하며 동일한 도덕법칙 아래 놓여 있다고 보았다. 교육을 통해 여성의 덕성과 지식을 기르는 것이 그녀가 생각하는 여성 해방의 목적이기도 했다. 그녀는 국가는 여성을 남성과 함께 교육함으로써 여성이 남성적 이성을 접할 기회를 만들어 주어야 하며, 이것이 여성 스스로와 국가를 위해 좋은 일이라 보았다.[16]

울스턴크래프트는 선구적 평등론자였지만 여성 삶에 관한 생각에서도 그만큼 선구적이었는지에 대해서는 논란이 있다. 1890년대에야 페미니즘이라는 말과 개념이 나타난다는 점에서 그녀에게 19세기, 20세기의 강한 강한 기준을 적용할 필요는 없다. 그녀는 자기 시대의 규범에 반기를 들었으나 그 안에서 살 수밖에 없었고, 이러한 역설적 상황은 실상 오늘날 여성에도 마찬가지로 성립한다. 울스턴크래프트가 자신의 첫째 딸의 아버지였던 길버트 임레이(Gilbert Imlay)와의 불행한 관계 안에서 보였던 태도나 자살 시도 등에서 어쩔 수 없이 그 시대 여성의 모습이 그녀에게서도 드러난다. 씩씩하게 타올랐던 그녀의 삶은 윌리엄 고드윈(William Godwin)과의 사이에서 얻은 둘째 딸(후에 시인 퍼시 비시 셸리의 부인이 되는 메리 셸리)의 출산으로 얻은 산욕열로 끝나고 말았다.

당시 여성들은 균등한 교육의 기회를 누릴 수 없었고, 울스턴크

---

16 울스턴크래프트는 18세기 철학자들의 글에서처럼 논리와 논변을 활용한 글쓰기를 하지는 않았다. 그녀는 다양한 주제를 다루는 에세이 형식으로 글을 썼다.

래프트 또한 농부의 딸로서 제대로 교육을 받을 수 없는 환경에 있었기에 그녀의 글은 제대로 읽기가 쉽지 않다. 그럼에도 그녀의 글은 이후 여성운동에 많은 영향을 미쳤고, 미국 여성운동의 선구자들로 간주되는 엘리자베스 스탠턴(Elizabeth Cady Stanton)과 마거릿 풀러(Margaret Fuller)에게 많은 영향을 준 것으로 평가받고 있다.

성평등은 오늘날에도 어려운 문제다. 무조건적 평등을 강조하다 보면 오히려 여자에게 차별적 상황이 되는 일이 발생할 수 있고, 여자와 남자의 차이를 강조하다 보면 여자를 전통적 성역할 안에 가두게 되는 일이 발생할 수 있다. 이를 울스턴크래프트 딜레마라고도 한다. 군복무 가산점제, 여성 군복무제, 모성 보호 제도 등 곳곳에서 우리는 이런 딜레마에 봉착한다.

서구 여성주의 철학의 전개에서 여성 주체의 형성은 여성을 타자화, 대상화하는 문화 안에서 가능한 것이었다. 대상화, 사물화 속에서 외부로부터 가해지는 소유와 지배의 힘에 저항하고 자기를 보존하려는 욕구와 자기를 책임지려는 의지가 한 존재의 독립적 내면 형성을 가능하게 하는 조건이다. 많은 철학자들이 불평등한 문화적 관행과 제도를 철학적으로 정당화하는 역할을 했다. 이들은 여성 문제를 심각한 철학적 의제로 삼은 것도 아니었다. 단지 국가적 통합이나 인간 생성의 기원, 개인의 권리 문제를 다루면서 논의의 맥락상 여성이 문제가 되는 상황이 발생하면서 당대의 남녀 차별적 통념을 자신의 철학적 입장에 위배되지 않도록 꿰어 맞추는 과정에서 여성에 관한 논의가 있게 되었던 것이다. 이들이 남긴 부정적 영향도 많겠지만 가족, 공사 구분, 남녀의 생물학적 차이, 권리의 자발적 양도의 문제가 철학적 의제로 자리 잡게 하는 데도 많은 영향을 미쳤다. 그러므로 오늘날 여성주의 관점에서 이들을 비판하는 것보다는 이러한 논제를 여성주의 관점에서 재해석하고 철학자들의 이론을 여성주의 맥락으로 활용하거나 변용하는 일이 더 흥미로운 일이 될 것이라고 나는 생각한다.

여성 주체의 형성이 어떻게 가능한 것이었는지를 보는 것이 2부의 목적이므로 다음 장에서는 칸트 철학의 일단을 활용하여 논의를 구성하고자 한다. 칸트 또한 여성과 관련해서는 자신의 시대적 한계 안에 머물러 있었지만, 그가 철학의 최고 원리로 받아들인 자기의식의 활동성 개념을 활용하여 여성 주체 형성을 논구하는 것은 의미 있는 일이 될 것이다.

5장

여성 주체의 칸트적 구성

철학은 상황적이고 맥락적이다

서양 계몽주의의 이상은 이성의 빛에 의해 인간이 나아갈 수 있는 데까지 나아가고자 하는 데 있었다. 이성과 그에 기초한 합리성이야말로 인간이 자연으로부터 독립하여 인간의 질서(문화)를 확립하는 데 지대한 기여를 한 것이라고 계몽주의자들은 믿었다. 칸트가 계몽의 표어라고 했던 "과감히 알려고 하라! 너 자신의 이성(Verstand)을 사용할 용기를 가져라!"[17] 또한 근대성을 규정하는 가치이기도 하고 오늘날에도 여전히 교육이 무지보다 낫다고 믿는 발전론자들의 머릿속을 맴도는 표어이기도 하다.

---

17 이마누엘 칸트, 「계몽이란 무엇인가에 대한 답변」, 『칸트의 역사철학』, 이한구 편역 (서광사, 1992), p. 13. 이 책에서는 'Verstand'를 '지성'으로 번역했으나 나는 이 글의 맥락에서 '이성'으로 번역했다.

그러나 계몽주의적 이상은 오늘날 포스트모던 사상가를 비롯하여 문화 다원주의자, 여성주의 철학자에 의해 비판을 받고 있다. 이러한 비판은 제국주의와 나치즘, 파시즘을 경험한 서구 역사의 전개 안에서 이해할 때 그 의미를 제대로 이해할 수 있다. 아직도 무질서와 혼돈, 이념 갈등 속에서 근대화와 발전의 목표를 향해 가고 있는 한국에서 '이성'과 '합리성'은 여전히 유통기한이 끝나지 않은 가치다.

그렇다면 우리는 왜 칸트를 여성주의의 비판적 관점에서 읽어야 하는가? 그것은 칸트가 자기 철학의 핵심 목표로 삼았던 보편적이고 선천적(apriori)인 철학적 원리 확립이 실상은 보편성을 가장한 서구 남성의 관점에서 이루어진다는 데서 발생한다. 칸트는 『미와 숭고의 감정에 대한 관찰』[18](이하 『관찰』)에서 집중적으로 여성에 대한 차별적 발언을 했다. 이러한 발언을 통해 미루어 보건대 칸트가 '인간'을 이야기할 때 그것은 남성을 지시하는 것이며, 여성은 그의 철학에서 소외되어 있는 것으로 보인다. 칸트가 여성주의자들에게 "철학적 성차별주의"의 대표 주자[19]로 꼽히는 이유도 이 때문이다. 이러한 문제 맥락에서 나는 여성주의의 관점에서 칸트 철학을 어떻게 읽을 수 있을 것인지를 생각해 보고자 하며, '주체' 문제의 관점에서 칸트 논의가 가질 수 있는 함축을 살펴보고자 한다.

---

18 I. Kant, *Observations on the Feeling of the Beautiful and Sublime*, tr. by J. Goldthwait (The University of California Press, 1960).

19 Robin May Schott, *Feminist Interpretations of Immanuel Kant*(The Pennsylyvania State University Press, 1997), p. 5.

오늘날 서구 여성 철학의 논의는 매우 다양한 갈래를 이루고 있다. 그럼에도 철학에 여성주의 관점을 접목하기 위해서는 어떤 여성 철학의 입장이든 다음의 물음과 마주해야만 한다. 철학이 인간에 관한 가장 일반적이고 근원적인 물음을 던지고, 개별적 현상을 넘어서는 영구불변의 보편적 법칙이나 원리를 발견하고자 하는 지적 탐구의 영역이라면 어떻게 여성이라는 경험적 조건을 사유의 근본적 지점으로 삼고 있는 여성 철학이 '철학'으로 가능한가? 여성 철학은 하나의 방법론인가, 이론인가, 아니면 이념 혹은 세계관인가? 이 글에서 이에 대한 만족스러운 논의를 할 수는 없지만, 여성 철학이 철학사와 철학의 중요 의제를 비판적으로 볼 수 있게 하는 하나의 관점을 제시한다는 점은 부인할 수 없다. 여성 철학은 철학을 다르게 볼 수 있게 하고 다른 철학, 새로운 철학의 길을 만들 수 있게 하는 중요한 지렛대, 레버리지다.

여성 철학의 철학적 전제는 모든 지식, 철학적 지식조차도 상황적 지식(situated knowledge)이라는 것이다. 여성 철학은 강한 맥락주의를 전제로 삼는다. 모든 경험을 초월하는 초월적 관점은 허구이거나 가장된 보편주의로서, 실은 특정한 관점 혹은 맥락을 반영하고 있다는 것이다. 많은 남성 철학자들이 인간의 본성을 논하면서 여성 비하적인 생각을 거리낌없이 드러내는 것을 보면 그들이 말하는 '인간'은 '남성'인 것으로 볼 수밖에 없으며, 따라서 인간 본성에 관한 논의 안에는 여성이 처한 삶의 조건은 전혀 고려되어 있지 않은 것으로 보인다. 철학이 아무리 추상화된 사변이라고 하더라도 인간 삶의 맥락을 떠날 수는 없을 것이다. 그렇다고 한다면 철학은 구체적 인간들이 처해 있는 상황을 어떤 식으로든 대면하지 않을 수가 없을 것이다. 맥락주의 안에서 나는 나의 철학적 입지를 다음과 같이 고백할 수밖에 없다.

나는 한국에서 태어나 한국어를 모국어로 하는 철학자로서, 여성으로 키워졌고 여성으로 사회화되었으며 스스로를 여성으로 인지하고 있다. 여성주의의 관점에 충실히 입각해 보자면 나는 한국인이라는 경험적 조건과 여성이라는 나 자신의 주관적 조건에 주목할 수밖에 없다. 이것은 단순한 이론적 요청이 아니라 실존적 각성에 기초한다. 즉 나는 칸트와 같은 철학자를 읽을 때 독일인이 읽듯이 읽지 않으며, 다른 서양 철학자들이 읽듯이 읽지 않는다. 나는 이들 서양 철학자들로부터 언어적, 문화적, 심리적으로 소외되어 있다. 나는 또한 다른 한국 남성 철학자들이 칸트를 읽듯이 읽을 수가 없다. 칸트가 "여성은 철학이나 과학을 하는 것보다 차라리 턱수염을 기르는 것이 낫다"고 할 때 나는 칸트가 위대한 철학자라고 해서 고개를 끄덕이면서 그 말을 자연스럽게 받아들이고 넘어갈 수가 없다. 남성 철학자들이 가볍게 혹은 당연하게 여기면서 넘어가는 어떤 구절들이 내게는 목의 가시처럼 거북하고 뺨을 맞는 것처럼 모욕적이다. 남성들이 아무렇지도 않게 넘어가는 그런 말들, 어쩌면 철학자의 진짜 속마음을 말하는 것일 수 있는 그런 구절들을 읽는 순간 여자인 나는 그 즉시 텍스트 밖으로, 철학의 문밖으로 쫓겨나는 느낌을 지울 수가 없다.

철학은 맥락적이어야 한다. 철학은 가장 추상화된 형태 안에서도 구체적인 다양한 인간 현실로부터 눈을 뗄 수가 없다. 철학은 자연 언어를 매개로 하고, 언어는 그 언어를 사용하는 사람들의 삶의 경험이 역사적 시간 속에 응축된 의미를 담고 있기 때문에 맥락적일 수밖에 없으며, 인간에 관한 이야기를 하기에 맥락적이 되어야 하는 것이다. 철학은 구체와 추상 사이를 넘나들 수밖에 없는 운명이다. 이 잡다하고 지저분한 세계를 떠나 수정체와 같이 빛나는 추상의 세계에 도달하기 위해서라도 그 현실이 어떠한지를 잘 볼 수 있어야 하며, 그럴 때 우리는 개별을 포괄하는 보편의 세계에 도달할 수 있게 될 것이다.[20] '철학은 맥락적이어야 한다'는 명제는 여성 철학의 가장 강력한 철학적 전제라고 생각한다.

칸트 철학의 반여성주의적 성격

여성주의적 관점에서 칸트 철학은 여러모로 비판받을 수 있다. 이를 다음과 같이 정리해 볼 수 있을 것이다.

그들 사전에 의무니, 강제니, 책임이니 하는 것은 없다![21]

보부아르가 『제2의 성』에서 "여자는 여자로 태어나는 것이 아니라 만들어지는 것이다"라는 말을 한 이후, 그리고 생물학적 성(sex)과 사회적으로 구성된 성(gender)의 구분이 일반화된 이후[22] 본질적인

---

20 이러한 생각을 포착하는 개념으로 어떤 철학자들은 보편성(universality) 대신 횡단 성과 보편성의 합성어인 'trans−versality'로 횡단적 연계성을 주장하기도 하고, '나란한 보편(lateral universality)'을 주장하기도 한다. Calvin O. Schrag, *The Resources of Rationality*(Indiana University Press, 1992); 정화열, 『몸의 정치학』(민음사, 1999) 참조.

21 김혜숙, 「여성/남성: 단절과 연속」, 『성과 철학』, 철학연구회 편(철학과현실사, 2003) 참조.

22 오늘날 주디스 버틀러나 제인 플랙스 같은 일부 포스트모던 여성주의자들은 이 구

여성성(feminity)과 같은 것이 있다는 믿음은 많은 도전을 받았다. 칸트는 오늘날 여성주의의 관점에서 보자면 여성에 관한 본질주의자다. 그는 남성과 여성의 차이를 본질적인 것으로 여겼던 것으로 보인다. 이러한 경향은 그로 하여금 철학적 사유 능력과 도덕적 능력에 관한 한 철저하게 성별 이분법적 입장을 견지하게 만들었다.

> 여성은 남성과 같은 이해 능력을 가지고 있지만 여성의 이해는 아름다운 이해이고, 우리의 것은 깊은 이해로서 숭고와 같은 것을 의미한다. 고된 배움의 노력이나 고통스러운 사색은 여성이 설사 그런 일에 성공한다고 해도 그들에게는 적합한 가치를 파괴하며, 그들에게는 이런 것이 매우 희귀하기에 그것은 차가운 감탄의 대상이 될 수 있을 뿐이다.[23]

또한 도덕적 능력에 관하여도 여성의 도덕과 남성의 도덕을 구분하고 여성은 원리적 사고보다는 즐거움에 의존하여 도덕적 행위를 한다고 주장했다. 여성은 보편성의 차원에 이르지 못하고 구체적이고 개별적인 차원에 머물며, 항상 느낌에 의존한다. 여성의 덕은 아름다운 덕이고 남성의 덕은 고귀한 덕이다.

> 여성은 그것이 의롭지 않기 때문에 사악한 것을 피하는 것이 아니라,

분을 거부한다. 여기에는 좀 더 급진적인 생각이 개입되어 있다. 즉 생물학적 성조차도 사회적 범주화와 의미화의 산물로서 자연적인 것이 아니라는 생각이 그것이다.

23 I. Kant, *Observations on the Feeling of the Beautiful and Sublime*, tr. by J. Goldthwait (university of California Press, 1960), p. 78.

추하기 때문에 피한다. 덕행은 여성에게는 도덕적으로 아름다운 것을 의미한다. 그들 사전에 의무니, 강제니, 책임이니 하는 것은 없다! 그들은 즐거움 때문에만 무엇인가를 행하고 그들을 즐겁게 하는 것을 선한 것으로 만드는 데 재주를 지니고 있다. 나는 여성이 원리를 따르는 능력을 지닌다고는 거의 믿지 않는다. 이것으로써 여성들이 불쾌해하지 않기를 바란다. 왜냐하면 이는 남성에게도 지극히 드물기 때문이다.[24]

여성의 도덕과 남성의 도덕을 구분하는 것은 오늘날 캐롤 길리건(Carol Gilligan)의 『다른 목소리로』 이후 여성주의 윤리학 안에서도 받아들여지고 있지만,[25] 칸트의 관점과는 다르게 남성과 다른 규범적 원칙 아래에서 행동하는 여성들이 더 높은 도덕적 능력을 보이는 것으로 해석함으로써 차이의 철학과 여성주의 윤리학의 새로운 지평을 열었다. 절대적 도덕적 명법에 욕망과 의지를 귀속하는 칸트 도덕철학의 관점에서 보면 여성은 실천적 측면에서 원리적 판단 능력이 결여되어 있는, 즉 도덕적 능력에서 남성보다 열등한 존재다. 여성은 구체성과 감정에 집착함으로써 보편적인 원리적 사고와, 규칙 존중과 의무에 따르는 행위 능력을 결여하고 있는 존재인 것이다. "그들 사전에 의무니, 강제니, 책임이니 하는 것은 없다!"

24 I. Kant, 앞의 책, p. 81.
25 프로이트나 피아제, 콜버그 같은 심리학자들이 도덕 수준을 측정하는 기준으로 감정보다는 독립적인 규칙이나 원리에 대한 존중으로 봄으로써 여성의 도덕 수준을 남성보다 낮다고 한 것에 반해 캐럴 길리건은 타자에 대한 배려와 연결감 존중 또한 높은 도덕적 능력일 수 있음을 여러 심리학적 경우를 통해 확립하고자 했다. 캐럴 길리건, 『다른 목소리로』, 허란주 옮김(동녘, 1997), 1장 참조.

라는 칸트의 말은 여성들은 아무런 생각 없이 어쩌다 느낌으로부터 덕을 수행한다는 말로 이해된다.

'사유 없는 존재, 생각할 줄 모르는 존재, 감정적 대응에만 능한 존재인 여성들', 이것은 오랫동안 동서양의 여성들을 묶어 놓은 이념이기도 했으며, 여전히 일반적으로 문화 안에 작동하는 인식 틀이다. 여성을 선천적으로 다른 도덕적 특성을 가진 존재로서 묘사하고, 그 특성은 인간에게 고귀한 가치로 여겨지는 깊은 사변 능력이나 의무감에 따르는 도덕적 능력과는 다른 것으로 묘사함으로써 여성을 열등한 인간으로 보는 성차별적 시각을 노출한 것이다. 사실상 이런 인식 틀은 법과 종교와 군대 등 문화의 모든 실행 코드를 장악하고 있는 지배자가 피지배자를 규정할 때 흔히 사용해 온 것이기도 하다.

가부장권에 대한 정당화

칸트가 1763년에 쓴 『관찰』에서 보여 준 여성관은 전 비판기의 생각이다. 그런데 윤리학 관련 마지막 저작이라고 할 수 있는 『도덕형이상학』(1797)에서도 그는 일관되게 여성에 대한 차별적 생각을 드러냈다. 여기서는 한 발 더 나아가 남성에 대한 여성의 종속을 가부장의 소유권 차원에서 정당화했다. 루소의 사회계약론에 담겨 있는 만민 평등 사상으로부터 영향을 받았고 프랑스혁명도 8년이 지난 뒤의 칸트가 여성과 하인에 대한 부르주아 남성 시민의 소유권을 정당화하기 위해서는 자신의 철학 체계 내에 발생하는 모순을 해결해야만 했다. 즉 그의 도덕철학의 핵심 중 하나인 인간성의 근본 원리로서 인간의 목적성 테제를 수단으로서의 여성과 하인이라는 주제와 화해시켜야 했다.

칸트는 인간에게는 오직 인간이기 때문에 가질 수 있는 단 하나의 생득적 권리가 있는데, 그것은 바로 행위의 자유에 대한 권리라고 보았다. 이외의 다른 모든 권리는 선택에 의해 획득하는 것이다. 『도덕 형이상학』의 첫 부분인 '권리론'에서 칸트는 어떻게 한 사람이 자신이 선택하는 '외적' 대상에 대한 권리를 획득하는가의 문제를 '사적 권리' 안에서 살폈다. 이 중에서 결혼 권리는 계약적 권리 안에서가 아니라 「사물에 대한 권리와 유사한 인간들에 대한 권리에 관하여」라는 장에서 고려되고 있다. 여기에는 자식에 대한 부모의 권리와 하인에 대한 주인의 권리, 그리고 아내에 대한 남편의 권리가 속해 있다. 흥미로운 점은 이 권리를 "외적 대상을 하나의 사물로 소유하면서 그것을 사람으로 사용하는 권리"로 규정하고 있다는 것이다.[26]

결혼이 계약 관계가 아닌 것은 계약은 평등한 상호적 관계 안에서 성립하는 것이기 때문이다. 칸트에게 남편과 아내는 평등한 상호적 관계에 놓인 이들이 아니므로 결혼은 계약 관계 안에서 고려될 수 없다. 사물처럼 소유하면서 사람으로 사용하는 권리는 가정이라는 조건에서 생기는 것으로서, 가정은 자유로운 인간들이 구성하는 하나의 공동체다. 이 안에서 구성원은 외적 자유의 원리에 따라 서로에게 영향을 미친다. 이러한 권리를 획득하는 것은 자신이 주도해서(facto)도 아니고, 계약에 의해서(pacto)도 아니며, 오직 원

---

26 Immanuel Kant, *The Metaphysics of Morals*, tr. by Mary Gregor(Cambridge University Press, 1991), S. 22, pp. 95~98 참조.

리(lege)에 의해서만이다.

칸트에 따르면 이런 종류의 권리는 사물에 대한 권리도 아니고, 다른 사람에 반(反)하는 권리도 아니며, 사람에 대한 소유이기 때문에 그런 권리를 넘어서 있는 권리여야 한다.

> 다시 말해서 그것은 우리 자신의 인격 안에 있는 인간성의 권리여야만 한다. 이로부터 하나의 자연적인 허용 원리가 나오는데, 이 원리를 좇아 이런 종류의 획득이 우리에게 가능한 것이다.(Ak. 276)

이 획득의 원리에 따라 남편은 부인을 획득하고 부부는 아이를 획득하며 한 가족은 하인을 획득한다(Ak. 277). 인간 존재의 목적성의 원리는 가정이라는 공동체와 그 안의 가부장권의 절대성을 받아들이는 가운데에서 유보된다. "우리 자신의 인격에서의 인간성의 권리로부터 자연적으로 허용된 원리"(Ak. 276)로서 남편은 아내에 대한 소유권을 갖는다.

인간을 사물처럼 소유하면서 사람으로 사용한다는 것은 가부장으로서 남편의 아내에 대한 소유권을 인정하면서 그 안에서 인간관계, 정확하게는 성적 관계(이 관계는 서로의 몸을 사용하는 관계)를 갖는 것을 의미한다. 가정이라는 공동체는 인간의 인격과 인간성을 지켜 주는 것으로서, 그것이 제대로 성립하기 위해서는 자연적으로 어떤 종류의 인간의 수단화를 받아들여야 한다는 것이다. 남편의 아내 소유, 부부의 아이와 하인 소유는 가정이라는 울타리 내에서의 일이고, 그 바깥 사회에서는 인간의 목적성 원리가 작동한다. 공적 영역과 사적 영역에서 작동하는 원리가 다른 것이다. 여성과 어린아이, 하인은 공적 영역에서는 배제된 존재다. 그러나 1780년 전후 칸트의 윤리학 강의를 기초로 작성한『윤리학 노트』의「성적 충동에서 몸에 대한 의무」라는 장에서 칸트는 성적 관계가 인간 본성을 비하하는 것으로서 타자를 성욕의 대상으로 만드는 순간, 인간은 사물로 전락하고 도덕적 관계에 대한 모든 동기는 사라지고 만다고 주장했다. 이것은 앞서 가정 내에서 인간의 수단화가 일정 정도 허용될 수 있다고 본 것과는 조금 다른 주장이다.

인간이 자연에 의해서 타자를 위한 향락의 도구로 만들어진 유일한 경우가 성적 관계 안에서 형성된다. 칸트에 따르면 성적 욕망을 도덕의 원리에 입각해서 자유롭게 추구할 수 있는 유일한 방법은 타자를 단순히 몸, 또는 그 일부로서 성 기관으로 대상화하고 도구화하는 것이 아니라 전체로서, 즉 그의 복지와 행복을 포함하는 전체 인격으로 받아들이는 것이다. 전체로서 타자를 소유하면 그 부분(성 기관)에 대한 권리도 갖는 것이므로 성적 욕망을 충족하는 것에 아무런 도덕적 문제도 발생하지 않는다는 것이다. 타자 전체에 대한 이런 권리는 결혼 안에서만 발생하고, 결혼 안에서 여성과 남성은 서로에 대해 상호적 권리를 갖는다고 주장했다.

> 만일 내가 전체 인격에 대한 권리를 갖는다면 나는 또한 부분에 대한 권리도 가지며, 따라서 성적 욕망의 충족을 위해 그 사람의 성 기관을 사용할 권리도 갖는다. 그러나 내가 어떻게 전체 인격에 대해 이러한 권리를 획득하는가? **그것은 그 사람에게 나의 전체에 대한 동일한 권리를 줌으로써 가능하다.** 이것은 결혼 안에서만 일어난다. 결혼은 두 사람 사이의 합의로서, 이에 의해 각각은 자신의 전체 인격을 상대방

에게 내줌으로써 동일한 상호적 권리를 허하게 된다. 이제 우리는 인간성을 비하하거나 도덕법칙을 깨지 않고도 성적 교섭이 어떻게 가능할 수 있는지를 이성에 의해 이해할 수 있게 되었다. 결혼은 서로의 성을 사용할 수 있는 유일한 조건을 구성한다.[27]

이러한 주장은 『도덕 형이상학』에서 가부장권에 대한 정당화로 이어지면서 강하게 남성 중심적 관점으로 바뀌었다. 거의 일생 고수한 여성에 대한 칸트의 차별적 생각을 우리는 그의 시대 탓으로 돌릴 수도 있을 것이다. 그러나 하넬로레 슈뢰더(Hanne Schroeder)는 「칸트의 가부장적 질서」라는 글에서 칸트와 동시대 인물로서 쾨니스베르크 시장이었던 고틀리프 폰 힙펠(Gottlieb von Hippel)의 성평등주의적 글을 인용하면서 칸트의 비일관성을 통렬히 비판했다.[28]

프랑스혁명이 만민 평등주의를 표방하면서도 여성을 배제했다고 비판하면서 여성의 시민으로서의 권리를 강하게 주장한 힙펠의 글을 보면 칸트의 남성 중심적 생각을 단순히 시대 탓만으로 돌릴 수는 없을 듯하다. 여성의 관점이라는 프리즘을 칸트의 도덕철학에 가져다 대면 인간의 목적성과 관련한 그의 입장의 비일관성이 드러난다. 가부장권을 가족이라는 공동체 안에서 발생하는 하나의 자연적 권리로 봄으로써 아내에 대한 남편의 소유권, 여성에 대한 남성의 사물화를 정당화하고 있으며, 이를 위해 칸트는 '사물로 소유하

---

27 I. Kant, *Lectures on Ethics,* tr. by Louis Infield(Harper Torchbooks, 1963) pp. 162~168 참조.
28 Hannelore Schroeder, "Kant's Patriarcharl Order", *Feminist Interpreatations of Immanuel Kant,* tr. by Rita Gircour(The Pennsylvania State University, 1997), pp. 275~296 참조.

면서 사람으로 사용하는 권리'라는 쉽게 이해되지 않는 철학적 개념까지 창안했다. 여성 문제가 중요한 철학적 문제라고 보지 않았기에 비일관성의 위험에도 불구하고 그런 개념을 우격다짐으로 활용한 것이라 생각된다.

이성 중심주의 경향

칸트 철학은 잘 알려져 있듯이 이성(개념)과 감성의 이분법에 기초해 있으며, 개념적 범주에 의한 감성의 잡다한 자료의 통일을 인식 이론의 핵심으로 놓는다. 칸트 철학의 합리주의적 경향은 잡다한 것, 개별적인 것, 구체적인 것, 이질적인 것을 정신적이고 이성적인 것 안에서 통합하여 동질화하는 데서 잘 드러난다. '나'로 표상되는 자아는 이러한 동질화 작용의 중심에 있는 것으로서, 합리적 자기 보존의 강력한 틀을 구성하는 것으로 간주된다. 이러한 칸트 이론 철학의 경향은 이질적인 것에 대한 거부를 드러내는 인종주의, 성차별주의, 반유대주의, 계급 엘리트주의, 외국인 혐오증과 같은 차별을 암묵적으로 함축한다는 주장이 제기되기도 했다.[29]

여성주의 철학은 전통적인 감성과 이성의 이분법이 감성은 이성에 의해 지배되어야 한다는 것과, '감성=여성', '이성=남성'이라는 도식과 결합하여 여성에 대한 차별을 유도하고 정당화해 왔다고 주

---

29 칸트적 합리주의와 차별의 문제에 관한 논의는 Adrian Piper, "Xenophobia and Kantian Rationalism", *Feminist Interpreatations of Immanuel Kant*, ed. by Robin May Schott(The Pennsylvania State University, 1997) 참조. 여기서 파이퍼는 칸트 철학 안에 인간의 다양성에 주목하는 부분을 끌어내어 논의함으로써 이러한 주장에 대한 반론을 펼쳤다.

장한다. 또한 이성에 대한 신념과 보편적인 것, 개념적인 것, 일반적인 것에 대한 강조는 다양한 인간 경험의 차원과 구체적 현실의 개별적 의미를 버림으로써 강한 맥락주의를 전제로 하는 여성 철학과는 대립적인 입장에 선다.

칸트 철학이 구체적 현실보다는 보편적 형식에 관심을 갖고 상황성(situatedness)보다는 원리성에 중심을 두며, 타인에 대한 보살핌의 감정보다는 감정이나 욕구를 도덕 원칙에 종속시킬 수 있는 도덕적 의지와 의무감을 강조하는 등 일반적으로 여성주의 철학이 취하는 입장과는 매우 많이 떨어져 있다. 이는 여성주의 철학이 서양철학의 전통 일반에 대한 비판이고, 칸트 철학은 서양철학을 구성하고 있는 큰 줄기라는 점에서 어찌 보면 당연하다고 할 수 있다. 칸트 철학의 이성 중심주의와 보편적 자아의 개념은 여성 경험과 여성으로서의 자의식을 중시하는 여성주의 철학과 양립하기 어려워 보인다.

칸트 철학에서 인식의 주체로서 선험적 자아는 경험 안에 놓이지 않는다. 이 주체는 성별로 나뉘지도 않고, '나'라는 표현으로 지시되기는 하지만 나만의 경험적 자아가 아닌 모든 인간이 공유하는 인식의 조건으로서 보편 자아다. 그러나 여성주의 철학, 특히 여성주의 인식론은 세계에 대한 인식에서 여성과 남성은 차이를 갖는다는 전제로부터 출발한다. 내 앞에 놓인 책상을 여성과 남성은 다르게 본다거나 '지구가 둥글다'나 '2+2=4'를 아는 일이 성별에 따라 달라진다는 의미에서가 아니라, 모든 지식이 사회적 맥락을 지니며 객관성, 앎, 진리가 지니는 중요성과 가치, 그것을 결정하는 과정과 규범이 남성과 여성에게 다르게 작동한다는 의미에서 그러하다.

객관화된 이성적 인식 주체는 사실은 사회적으로 일정 수준의 교육을 받은 남성을 의미한다. 개념에 의해 감성적 잡다를 종합하는 능력으로서의 이성적 인식 주체는 실상 추상화나 개념화의 지적 훈련으로부터 소외되었던 여성들로서는 이루기 힘든 이상적 존재다. 라틴어를 잘하거나 수학이나 과학을 잘하는 여성들은 환영받지 못했고 수염이 난 여성처럼 이상한 사람으로 여겨졌다.

여성들이 역사적으로 엄밀한 지적 훈련으로부터 소외되었던 점을 생각해 보면 칸트가 여성의 철학적 능력을 의심했던 것은 당연한 일로 보인다. 자신들의 가부장적 믿음에 기초하여 만들어 놓은 차별적 세계를 보며 여성들이 얼마나 비이성적이고 지적으로 열등한지, 눈에 보이는 여성들이 얼마나 여성에 관한 자신들의 믿음을 강하게 뒷받침해 주고 있는지에 놀라워하는 남성들의 모습은 희극적이기조차 하다.

지적 훈련의 제도와 문화 밖의 여성들은 세계를 알기 위해 여러 방법을 동원해야 했다. 그녀들은 지적 능력뿐만 아니라 정서와 느낌, 몸을 통한 감각과 감정을 활용해야 했다. 여성주의 인식론은 이런 비언표적, 비인지적 인식에도 주목하면서 다양한 앎의 형태와 조건을 살피는 '인식적 책임'을 강조하고, 다른 앎을 갖게 하는 배후의 조건을 탐구한다. 때로는 칸트와 같은 철학자들이 내세우는 보편성과 객관성은 실은 '가장된 객관성'[30]이라고 주장하기도 한다.

---

30 이와 관련한 여성주의 인식론 논의는 Rae Langton, "Feminism in Epistemoloty", *The Cambridge Companion to Feminism in Philosophy*, eds. by M. Fricker & F. Hornsby(Cambridge University Press, 2000), pp. 127~145 참조. 특히 엘리자베스 앤스콤의 '맞음의 방향'이라는 개념을 빌려 설명한 '객관화' 개념은 여성주의 인식론 논의를 위해 흥미롭다. 랭턴은 '객관화' 개념을 '세계를 믿음에 맞도록 만듦'이라는 의미로 해석하면서 남성에 의한 여성 존재의 객관화를 설명하고자 한다. 이러한 객

인간의 지식은 아무 관점에 의해서도 구속받지 않은 초월적이고 순수한 보편적 지식이 아니라, 여러 다양한 사회적 조건과 관계 안에서, 그리고 특정한 상황에 의해 가능한 인식 능력에 의해 형성된 지식이다. 이러한 지식에 대한 비판, 심지어 자기 자신의 지식 자체에 대한 비판까지도 수행하고자 하는 것이 여성주의 인식론의 이상이라고 할 수 있다. 다양한 앎의 조건과 원리를 비판적으로 탐구하고자 하는 여성주의 인식론의 이상은 이론적, 철학적 동기의 측면에서 보았을 때 자신에 대한 앎을 추구하고 인식 능력에 대한 비판을 수행하고자 했던 칸트 인식론의 이상과 근본적으로는 크게 다를 것이 없다. 그럼에도 그 둘이 가는 길은 매우 달라 보인다.

칸트 철학에 대한 여성주의적 해석

위에서 본 바와 같이 칸트 철학은 여성주의에 반하는 강한 면모를 지니고 있다. 그럼에도 칸트를 여성주의 입장에서 창의적으로 새롭게 읽는 방법이 있을 수 있다고 생각한다. 다양한 여성 철학자들이 남성으로서 칸트가 한 말보다 칸트 철학이 지니고 있는 철학적 단초를 여성주의의 맥락에서 끌어내어 구체화하려는 노력을 했다.

여기서 구분해 할 것은 개별 인간으로서의 칸트와 칸트 철학이다. 칸트 철학은 칸트의 것이라기보다는 그 이후의 여러 철학 논쟁과 해석의 역사 안에서 엮인 것을 의미한다. 모든 철학 텍스트 읽기

관화 개념은 칸트의 구성주의적 시도, 즉 주관적 조건에 의해 세계가 구성된다는 생각과 일맥상통한다.

는 해석이다. 칸트를 그가 살았던 시대, 그가 사용했던 언어의 의미로 이해하는 것은 거의 불가능하다. 우리가 '칸트 철학'이라 하는 것은 해석된 칸트 철학이며, 많은 해설과 참고 문헌이 중첩적으로 의미를 구성하고 있는 다층적 복합물이다. 칸트 철학은 따라서 한 개인의 생각을 기록한 것이라기보다는 역사적 산물이다. 고증학적 탐구보다 철학적 문제에 관한 역사적 논의의 맥락 안에서 칸트를 보는 일이 중요한 것은 이 때문이고, 수많은 칸트의 글 중에서도 특히 주요 비판서를 포함하는 핵심 저서가 정전으로 중요하게 읽히는 이유도 이 때문일 것이다.

우리에게 의미 있는 칸트는 200년도 훌쩍 거슬러 올라가서 만나게 되는 전설적 칸트가 아니라, 이러저러한 비판과 수용의 역사 안에서 구성된 칸트이며, 그 이후 전개된 다른 철학 사조와의 관계 속에 복잡하게 엉켜서 여전히 열렬히 논쟁 중에 있는 철학자 칸트다. 이 칸트는 아직도 젊으며, 스스로 어떻게 변화할지 모르는 미완의 철학자다. 그렇기에 한국인으로서, 여성으로서 칸트를 아직도 읽을 이유가 있는 것이다. 칸트 철학은 말하자면 열린 철학인 것이고 관계 속에 놓인 철학인 것이다. 내가 칸트의 글을 읽을 때 나와 칸트만 있는 것이 아니라, 나는 그보다 앞선 철학, 같은 시대의 철학, 그 이후의 철학을 매개로 해서 칸트와 만난다. 그런 매개 없이 한 개인으로서의 칸트를 만나는 일은 불가능하다. 이것은 다른 철학자의 경우도 마찬가지다. 니체나 쇼펜하우어가 그 지독한 여성에 대한 독설에도 불구하고 여성주의자들의 관심을 끄는 것도 마찬가지 이유에서다. 칸트 철학을 여성주의 입장에서 재해석하는 작업은 형이상학, 인식론, 윤리학, 미학 등의 차원에서 다양하게 이루어질 수 있겠지만,[31] 아래에서는 '여성 주체'의 형성을 칸트의 주체 개념에 입각해서 논변하고자 한다.

성차를 해체하면 여성 주체는 어떻게 가능해지는가?

주체의 문제는 오늘날 포스트모더니즘 철학 안에서 매우 활발하게 논의되었다. '주체의 죽음'이라는 주제는 탈근대성을 특징짓는 것으로 생각되기도 한다. 여성주의 철학은 여성에 대한 억압의 구조를 드러내어 비판하고, 정의로운 평등 사회를 구현하고자 하는 구체적인 정치적 목표를 가지고 있다. 이것이 철학의 순수 학문적 목표와는 어울리기 힘들다고 생각할 수도 있지만, 철학의 근본적 목표 또한 인간다움과 인간다운 삶을 성취하는 것이라는 점에서 보면 여성주의 철학이야말로 철학의 근본과 닿아 있다고 볼 수 있다.

여성주의 철학은 나름의 정치적 목적을 수행하기 위해서는 여성 주체의 존재를 요구한다. 여성을 '여성'이라는 자의식을 가지고 삶의 이상을 공유하고 실현해 나가는 동질적인 공동체적 집단으로서, 즉 하나의 주체로서 설정할 필요가 있는 것이다. 여성주의 철학이 거부하는 성차에 관한 형이상학적 본질주의에 빠지지 않으면서 어떻게 여성 주체의 형성을 말할 수 있을 것인가? 이것은 오늘날 주체의 죽음이 공공연히 받아들여지고 있는 포스트모던 현실 안에서 여성주의 철학이 마주해야 하는 물음이다. 여성주의 철학은 그 이론적, 실천적 전략을 위해 여성 주체를 의미 있게 상정해야만 하기 때문이다. '여성'이 주체가 된다는 것의 의미는 무엇일까?

---

31 이러한 시도에 대해서는 Robin May Schott(1977)에 수록된 논문 참조.

여성주의 철학의 역사는 여성과 남성의 차이에 관한 논쟁의 역사라고 해도 과언이 아니다. 동양과 서양을 막론하고 그 차이는 형이상학적 차원에서 본질의 차이로서 정당화되었다. 여성과 남성에 얽힌 많은 신화와 상징 체계가 이러한 본질주의적 성의 차이를 강화하는 데 기여했다.

초창기 서양의 자유주의 여성주의자들은 여성이 남성과 다르다는 뿌리 깊은 통념에 반발하여 여성도 남성과 같은 인간으로서 동일한 권리를 가진다고 주장했다. 그러나 1960년대 이후 이러한 평등주의적 입장과 함께 여성의 다름을 강조하고 그 다름이 존중받아야 한다는 주장이 설득력 있게 대두되었다. 이들은 여성의 경험이 남성의 경험과 다르다는 것에서 더 나아가 여성적 특성이 남성적 특성보다 우월한 가치를 지닌다고 주장하기도 했다. 여성이 하는 가사 노동의 가치에 대한 재평가, 여성의 생산성과 모성성의 가치에 대한 주목을 통해 모성 보호, 성폭력으로부터 몸을 지킬 권리, 임신중절에 대한 여성의 결정권, 주부의 경제적 권리 등을 법적 차원에서 확보하기 위해 노력했다. 여성의 특징적인 차이와 그 가치를 주장하면서도 여성주의 철학자들은 성차가 본질적이거나 자연적인 것이 아니라 사회적으로 구성된 것임을 확립하고자 했다.

사회적으로 구성된 성차에 의해 차별이 발생하는 것이라면 성차를 발생시킨 사회적 구성 조직이나 유형, 무형의 제도를 해체함으로써 차별의 문제를 해결할 수 있을 것이다. 그러나 성차를 만들어 내는 제도나 구성적 틀을 해체한다면 '여성'을 어떻게 의미 있게 설정할 수 있을까? 여성을 결정하는 것이 생물학적 단위가 아니라면 우리는 어떤 근거에서 여성 문제를 일반화하여 논할 수 있는가?

오늘날 여성과 남성의 차이뿐만 아니라, 여성들 간의 차이를 주장하는 제3세대 여성주의자들이 갖는 문제는 미세한 차이를 강조하는 것이 여성 주체의 형성을 방해하고, 이는 여성주의 자체의 기반을 해체한다는 점이다. 인간은 여성과 남성으로뿐만 아니라, 매우 다양한 젠더, 심지어 n개의 젠더로 나뉠 수 있으며, 수없이 많은 차이를 의미 있는 것으로 간주하게 되면 여성이라는 범주는 무력하거나 무의미하게 된다. 여성이 없는 여성주의란 가능하지 않을 것이다. 여성과 같은 집단적 주체를 개념화하기 위해 '집단적 단일성(collective singularity)'이나 '보편적 특수성(universal particularity)'과 같은 일면 형용모순적인 개념이 제시되기도 하지만 여전히 집단적 주체가 어떻게 가능한지에 대한 설명이 필요하다.

여성 주체 형성의 문제를 위해 칸트의 주체 개념이 어떤 역할을 할 수 있을까? 다음에서는 간략하게 칸트의 선험적 주체의 개념을 살펴보고, 그것이 여성 주체 형성의 문제에 어떻게 적용될 수 있을지를 보겠다.

칸트의 선험적 주체[32]와 여성 주체의 형성

칸트는 주지하다시피 경험적 자아와 선험적 자아를 구분했다. 경험적 자아는 우리의 경험 안에서 규정되는 존재인 반면, 선험적 자아는 경험을 가능하게 하는 조건으로서 그 자체로는 경험 안에 놓이지도 않고 인식 대상이 될 수도 없다. 다만 대상 경험 중에 막연히 (무규정적으로) 의식될 뿐이다. 선험적 자아로서의 나는 구체적으

---

32   이 글에서는 주체, 자아, 자의식을 상호 교환적으로 사용한다.

로 어떠어떠하다고 규정될 수도 없고 내게 경험적으로 알려지지도 않지만 내 경험을 '나'의 경험이 되게 하는, 즉 나의 경험에 통일성을 부여하는 근원적이고 종합적인 통일로서의 의미를 지닌다.

나는 다른 대상을 경험하는 와중에 생각하는 자아로서의 나를 의식하지만(여기서 의식은 내가 어떤 대상 경험을 하고 있다고 생각하고 자각하는 의식이다) 이 순수 자의식 자체에 대한 구체적 앎은 가능하지 않다. 선험적 자아는 다양한 경험적 표상을 총괄하는 원리일 뿐 그 자체가 내용을 갖지 않는다. 그것은 모든 잡다한 표상을 '나의 것'으로 모으게 하는 통일의 원리일 뿐이다.

이 원리는 단순히 '나는 나이다'와 같은 분석적 진리를 형식적으로 표시하는 것이 아니라, 다양한 표상을 의식에 귀속하는 종합 작용으로서 하나의 활동성(actus)[33]이기도 하다. 칸트가 철학의 최고 원리라고 말하는 선험적 자아가 원리로서의 측면과 활동의 측면을 다 가지고 있다는 점이 칸트 철학 해석의 어려움 중 하나일 것이다. 마치 조선 시대 성리학자들이 이(理)와 기(氣)를 일원론적으로 보아야 하는지 이원론적으로 보아야 하는지를 둘러싸고 복잡한 논의를 하며 원리로서의 이가 어떻게 기에 의해서만 가능한 움직임이나 활동(發)을 만들어 낼 수 있는지를 설명하기 어려워했던 것과 유사하다. 마음(心)을 근원이자 원리로 이해되는 '이'로 보아야 하는지, 움직임과 활동으로서의 '기'로 보아야 하는지가 성리학 안에서 어려웠듯이 칸트의 이론 철학 안에서도 활동성으로서의 선험적 자아와 원

---

33 칸트의 『순수이성비판』 인용은 최재희가 번역한 것(박영사, 1983)을 사용한다. 『순수이성비판』 초판(1781)과 재판(1787)을 각각 A, B로 표기하는 통상적 관행을 따른다.

리의 원천으로서의 선험 자아를 화해하는 일은 어렵다.

개념 활동이 다양한 것을 하나로 모으는 규칙(rule) 혹은 통일적 원리이면서 직접 하나로 모으는 통일 작용을 포함하는 것처럼 칸트의 선험적 자아 또한 개념 능력으로서 두 가지 차원을 포괄한다. 칸트는 "내가 주어진 표상들의 다양을 하나의 의식에 결합할 수 있음에 의해서만 이런 표상들에 있어서의 의식의 동일성 자신을 내가 표상할 수 있다"라고 말했다. 내가 나를 '나'로 의식할 수 있는 것은 이러한 통일 작용이 있기 때문인 것으로서, 경험적 자아는 선험적 자아의 통일 작용이 낳은 결과로 내게 후험적으로 포착된다.

이를 여성 주체의 형성에 적용하여 나는 다음과 같이 재구성해보고자 한다. 여성 주체, 자아, 자의식은 그 자체로 주어지거나 이미 본질적으로 형성되어 있는 어떤 형이상학적 실체가 아니다. 여성 주체는 실체라기보다 잡다한 경험을 여성이라는 단일한 집단적 주체의 경험으로 만드는 통일성의 원리다. 이러한 원리를 토대로 개별적 여성들은 여성이라는 자의식을 형성하게 되고, 여성 집단과 자신을 동일시하게 된다.

나는 '여자'라는 실체적 존재로 이 세상에 온 것이 아니라, 특정한 옷을 입고 특정한 머리 스타일, 태도, 행동거지, 말솜씨, 삶의 경로를 밟으면서 '나는 여자다'는 자의식을 형성하게 되고, 비슷한 자의식을 가진 사람들과 동류의식을 갖게 되는 것이다. 여성 주체란 이렇게 한 개별자를 여성이라는 일반 범주 안으로 모으는 원리이면서, 그렇게 여러 개별자를 균질화하는 구성적 활동인 것이다. 여성 주체 안에서 개별 여성들의 차이는 지워지고 여성 자아로 묶이게 된다.

자신에 대한 반성을 통해 스스로 여성으로 규정하는 모든 이들은 이 여성 주체의 원리를 가정하고 있는 것이다. 이 원리는 구체적인 개별 여성들을 통해 확인되는 것이 아니라, 자신을 여성으로 인지하는 모든 여성이 이미 전제로 하고 있는 원리인 것이다. 원리의 작동을 통해 한 개별자는 여성이 된다. 칸트의 선험적 자아처럼 여성 주체의 원리는 선험적이다. 즉 여성 주체는 존재하는 구체적 여성을 통해 후험적, 사후적, 경험적으로 만들어지는 것이 아니라, 여성을 여성으로 인식하게 만드는 선천적(apriori)이면서 선험적인 (transcendental) 원리인 것이다.

선천성(apriority)이 원리적 차원을 부각한다고 하면 선험성 (transcendentality)은 활동성과 구성적 측면을 부각한다. 즉 여성 주체는 여성이라는 집단적 주체가 가능하기 위해 성립해야 하는 통일성의 원리임과 동시에, 나로 하여금 특정한 방식으로 행동하게 하고 특정한 삶의 양식을 받아들이도록 만드는 구성적 힘으로서 다양한 개별자들 사이에 여성으로서의 통일성과 일관성이 만들어지게 하는 활동성, 움직임, 운동이다.

주체는 고정된 실체가 아니라 실체처럼 보이는 중심을 만드는 부유하는 움직임, 운동이다. 사실상 정체성을 각인하는 모든 집단적 주체의 형성에는 이러한 구성적 의미의 선험적 원리가 작동한다. 칸트가 마음의 선천적 원리의 가능성과 작동 규범을 탐구했다면 나는 여성과 남성을 가르는 이분법적 언어와 문화의 선험적 원리를 탐구하고, 이분법이 가지고 있는 우연성과 유동성을 드러내고자 하는 것이다. '한국인'과 같은 집단적 주체의 형성도 여성 주체의 형성과 다를 바 없는 것이라 나는 생각한다. 어떠한 주체든 그 주체가 형성되는 배경이 있으며, 여러 힘의 역학 안에서 주체 구성적 힘이 작동하기 마련이다. 우리가 탐구해야 하는 것은 그 배경과 주체 구성의 힘이 움직이는 메커니즘이다.

여성 주체를 칸트의 선험적 자아와 같이 선험적 원리라고 본다면 그 원리의 타당성은 어디에서 찾을 수 있는가? 여성 주체, 남성 주체, 나아가 만일 다양한 젠더 주체를 받아들인다고 한다면 그런 주체 설정의 정당성은 어디에 있는가? 그것은 이 주체의 원리를 전제하지 않고서는 주체가 만들어질 수 없으며, 여성 주체의 원리를 통해 누구든 여성이라는 집단의 일원으로서의 자의식과 경험을 가질 수 있다는 데서 성립한다. 통일성의 원리 없이는 여성이라는 단일한 주체를 상정할 수 없으며, 의미 있게 '나는 여자다' 또는 '나는 여자가 아니다'라는 말을 할 수가 없다는 것이다. 통일의 원리로서의 여성 주체는 여성을 여성이라는 동일성의 범주 안에 모으는 하나의 표상 능력이다. 여성과 남성을 분류하는 한국어 사용 혹은 여성이라는 젠더 실천을 통해 동질 집단으로서의 여성을 우리는 비로소 표상하고 나 자신을 여성으로 인식하고 행동할 수가 있게 된다.

이 원리는 경험적으로 주어지는 것도 아니고 초월적으로 주어지는 것도 아니다. 여성 경험과 독립해서 성립하거나 초월적, 형이상학적 정당성을 갖는 것이 아니라, 자신을 다른 여성과 동일한 존재로 규정하고 그 집단의 일원으로 인식하고 행위하는 가운데에서 그 정당성이 확보된다. 여성으로서의 자의식이 여성 주체가 머무는 곳이다.

내가 필연적으로 한국인이어야 할 필요가 없는 것처럼 필연적으로 여성이어야 할 필요도 없다. 형이상학적으로나 논리적으로 내가 여성이어야 할 필연성은 없다는 것이다. 다만 내가 나를 여성이라고 의미 있게 말할 수 있으려면 나는 반드시 여성 주체의 원리를 받아들여야만 한다. 그런 의미에서만 여성 주체의 원리는 선험적으로 필연적이다. 이것이 선험적 원리가 갖는 철학적 특성이기도 하다.

선험적 원리는 경험을 넘어서서 초월적으로 정당화되지 않는다. 그것은 경험적 원리가 아니지만 경험을 가능하게 하는 필연적 전제로서, 우리의 경험 안에서만 확인이 되는 원리다. 왜냐하면 경험을 가능하게 하고 경험과 분리 불가능하기 때문이다. 선험적 원리는 경험적으로 타당성이 증명되는 것은 아니지만 경험 안에서만 확인된다. 이 여성 주체의 원리는 이 세상의 여성들이 자신을 일반화된 인간으로보다는 여성으로 우선 인식하고 다른 여성의 경험 속에서 자신의 경험을 보고, 다른 여성의 고통과 억압을 자신의 것으로 느끼고 공감하는 가운데에서 객관적 실재성과 경험적 의미를 확보하며, 그런 한 그 선험적 정당성을 확보하게 된다.

여성으로 산다는 것은 여성적 자의식이 끊임없이 구현되는 상황 속에 있다는 것이며, 여성적 자의식이 발동하는 방식은 칸트의 선험적 자아가 나의 경험 안에서 발동하는 방식과 같다. 여성은 이런 의미에서 자연으로 주어지는 존재가 아니라, 여성적 자의식의 활동 안에서 지속적으로 형성되고 만들어지는 존재이며, 특정한 속성을 지닌 하나의 완결된 실체가 아니라, 끝없는 구성과 참여, 공감적 활동의 과정 안에서 실재성을 갖는 존재다. 여성적 자의식은 잡다한 인간 경험을 여성의 것으로 귀속하는 활동이며, 여성이라는 하나의 동질성이 만들어지도록 함으로써 실재성을 갖게 된다. 이 활동과 통일의 과정은 여성적 삶에 참여하는 것을 의미한다. 여성 자의식, 여성

주체는 무엇을 여성의 경험으로 모으는 근원적 힘이며 활동의 원리인 것이다. 이 통일적 힘을 통해 비로소 나는 단지 동어반복적으로가 아니라, 실질적으로 의미 있게(칸트적 의미에서 '종합적으로') '나는 여자다'라고 천명할 수가 있는 것이다. 이와 같이 칸트의 선험철학은 여성 주체의 철학적 근거를 세우는 데 중요한 개념 틀이 된다.

6장

한국 여성 주체의 형성

'국가는 제발 끼끼빠빠'

앞서 나는 여성 주체는 자연적으로 태어나는 것도 아니고 형이
상학적 실체로 주어지는 것도 아님을 칸트 선험철학의 틀을 활용하
여 이야기했다. 여성 주체를 선험철학적 방식으로 규정한다면 선험
적 자아가 내 경험에 대해 보편성과 필연성을 갖는 것처럼 여성 주
체는 여성 경험에 대해 보편성과 필연성을 갖는다. 그런데 여기에
서 더 나아가 한국 여성 주체를 철학적 차원에서 의미 있게 설정할
수 있을까? 한국 여성이 단지 분류적 의미가 아니라 철학적으로 의
미 있는 구성적 주체가 될 수 있는가? 왜 여성 주체를 논하면서 굳
이 '한국'이라는 국지적인 기준을 설정해야 하는가? 나는 한국 여성
이 독립적으로 주체화될 수 있다고 보고, 그것이 어떻게 가능한지
를 생각해 보고자 한다.

내가 한국 여성으로 산다는 것에는 아무런 필연성도 개입되어 있지 않다. 어쩌다 보니 그렇게 된 일일 뿐이다. 나는 심지어 이민을 선택할 수도 있다. 그런데 한국 여성 주체를 독립적 주체로 설정하는 이유는 무엇인가? 그것은 한국 여성의 역사적 경험의 특수성을 바탕으로 형성되었지만 한국 여성에게만 특수한 것은 아닌 어떤 보편적 여성 경험 때문이다. 그 한국 여성의 경험은 '한국인의 경험'이라는 개념망으로는 잡히지 않는 것이지만 한국 여성을 본질적으로 규제하고 있는 것이기도 하다. 나는 4장에서 주체의 탄생이 포섭과 배제를 축으로 하는 타자화, 객관화와 강하게 연계되어 있음을 이야기했다. 한국 여성 주체의 형성은 국가를 매개로 그러한 주체화의 과정이 진행된다는 특이성을 가지고 있기에 주체 형성에 '한국'이라는 국가적 지역성을 연결했다.

한국 여성의 삶이 한국 여성 주체의 문제로 변환되는 것은 타국 주체에 의해 한국 여성이 집단으로 대상화되는 과정 속에서 일어난다. 고려 시대와 조선 시대의 공녀(貢女), 일제 강점기 군 위안부, 1970년대의 기생 관광과 같이 성적으로 대상화되기도 했고, 근로정신대나 파독 간호사와 같이 여성 노동자로 대상화되기도 했다. 해방된 조국 안에서도 많은 수의 한국 여성들은 성적 대상화를 피하지 못했다.

한국 여성 주체는 한국의 역사 공간에서 여성의 삶을 통해 만들어진 주체로서, 여전히 생성 중이라고 할 수 있다. 탈북한 여성들은 중국에서 북한 여성이라는 이유로 인신매매를 당하고 있지 않은가? 이에 국가를 매개로 한국 여성 주체가 형성되는 과정을 좀 더 살펴보자.

여기 두 장면이 있다. 하나는 1613년 『동국신속삼강행실도』에 나오는 '이씨단지(李氏斷肢)' 이야기다. 이씨가 왜군으로부터 겁탈을 당할 위기에 처해 강력하게 저항하다 사지가 잘려 나가면서까지 정조를 지켰다는 내용을 담고 있다. 『소학』에서 정이천의 말로 전해지는 "굶어 죽는 일은 지극히 작은 일이고, 절개를 잃어버리는 일은 지극히 큰 일"[34]이라는 명제를 실천한 처연한 경우다. 이것이 단지 기록되는 것을 넘어서 여성이 해야 할 모범적 행동으로 국가가 나서서 발간한 국민 교화서를 통해 권장되었던 것이다. 『동국신속삼강행실도』에는 임진왜란 때 열녀가 된 441명의 이야기가 실려 있다.[35]

또 하나의 장면은 2016년 보건복지부의 낙태 금지 강화 조치에 맞서 많은 여성들이 반발한 일이다.[36]

> 지난해 가을, 검은 옷을 입은 여성들이 "나의 자궁은 나의 것", "여성은 출산의 도구가 아니다!", "정부는 제발 낄끼빠빠(낄 때 끼고 빠질 때 빠져라)!"라고 쓰인 피켓을 들고 거리로 나왔다. 그들의 억눌려 있던 분노를 터뜨린 것은 보건복지부의 낙태 금지 강화 조치였다. 2016년 9월, 보건복지부는 불법 낙태 수술이 비도덕적 진료 행위라며 불법적으로 수술을 진행한 의사에게 최대 12개월의 자격 정지를 선고하는 '의료법 시행령 및 시행 규칙' 개정안을 입법하겠다고 예고했다. 보건복지부의 맥락 없는 강제 조치에 여성들은 거리로 나왔고 의사들은

---

34 『小學』, 김성원 옮김(명문당, 1985), p. 480.
35 강명관, 『열녀의 탄생』(돌베개, 2009) 참조.
36 한국여성민우회, "내 자궁에 낄끼빠빠", 『梨判死判』, 이화여자대학교 교지 94호, pp. 221~229.

『동국신속삼강행실도』에 수록된 이씨단지 삽도. 이씨라는 여인이 왜군으로부터 겁탈을 당할 위기에 처하자 사지가 잘려 나가면서까지 정조를 지켰다는 내용을 담고 있다.

낙태 수술 전면 중단을 선포했다. 결국 개정안은 거센 반발을 견디지 못하고 2개월 만에 백지화되었다.[37]

약 400년의 시간적 거리를 두고 있는 위 두 장면 속 한국 여성의 삶은 극명하게 대비된다. 한국 여성의 삶에서 국가는 지대한 역할을 담당했다. 물론 한국 남성의 삶에서도 국가는 마찬가지였다. 그럼에도 그 국가의 주체적 힘은 남성 집단에서 나온 것이었고, 역사의 줄기와 방향은 그 남성 집단의 선택에 의한 충돌과 이합집산에 의해 정해졌기 때문에 국가 권력에 대해 일방적으로 수동적 위치에 놓여 있었던 여성과는 다른 입지점을 구성한다. 남성 집단은 저항적 집단성을 구성할 수 있었던 데 반해 여성들은 집단적 저항 주체가 되었던 적이 없었다. 무엇보다도 여성의 성은 철저하게 가부장적 권력에 의해 관리되었으며, 때로는 국가 간 외교적 거래의 대상으로 전락하기도 했다.

고려 시대인 13세기 중반에서 조선 시대인 17세기 중반까지 이어진 공녀 송출, 병자호란 뒤의 환향녀, 일제 시기의 군 위안부, 해방 이후 양공주, 박정희 정권 시대의 기생 관광, 북한의 기쁨조, 이 모든 것에서 한국 여성은 자신의 국가에 의해서건 자기 나라를 식민화한 제국주의 권력에 의해서건, 자국의 남성 지배 집단에 의해서건 국가의 이름 아래에서 성적 도구화가 되는 경험을 했다. 이것은 문화와 욕망과 결합한 자본에 의해 여성의 성이 도구화되는 오늘날 자본주의 사회에서의 방식보다 더 직접적이고 폭력적이었다. 왜냐

---

37 한국여성민우회, 앞의 책, p. 223.

하면 오늘날 문화 권력 내 여성의 성애화는 많은 경우 '자발성'의 외피로 포장되고 있기 때문이며, 또 여성의 정치적, 경제적 힘이 커지는 상황에서 인간을 성적으로 도구화하는 양상이 문화의 심층 안에서 매우 정교해졌기 때문이다.

한국 여성은 누구인가? 조선 시대 이전 한국 여성에 관한 이야기는 놀라울 정도로 희박하다. 1000년 신라의 여인들, 근 500년 역사 속 고려의 여인들 중 우리에게 과연 알려진 이들은 얼마나 될까? 인내의 아이콘인 웅녀, 베풂의 아이콘인 거대한 제주 설문대 할망, 자기희생을 통한 효의 아이콘인 바리데기, 이와 같은 여성들은 신화나 설화 속에서 구전으로 전해질 뿐이다. 이런 인물 외에 대체로 우리에게 전해지는 모범적인 여성들은 조선 시대 유교의 영향 아래 효와 열(烈)을 실천하거나 극단적 헌신을 보여 준 이들이었다. 그나마도 가장 모범적인 여성으로 간주되었던 이들은 무왕과 문왕의 왕비였던 태임과 태사 같은 중국의 여인들이었다. 국가는 효와 열을 공적 윤리로 세우기 위해 『삼강행실도』 같은 윤리서를 간행하여 근 500년간 지속적으로 보급하고자 노력했다. 이러한 그림책에 등장하여 살신성인의 자세로 효와 열을 실천한 여인들의 이야기는 처절하기조차 하다. 여기서 효는 대부분 여성들 자신의 부모가 아니라 남편의 부모인 시부모를 극진히 모시는 가부장제 아래의 효다.

다른 한편으로는 반면교사로 삼아야 할 여자들의 이야기 또한 기록으로 남겨 여성의 성을 국가적으로 관리하고자 했다. 『자녀안(恣女案)』은 양반 가문의 여성들이 사통하거나 세 번 시집간(三嫁) 경우, 그것을 기록하여 그 가문과 자손에게 벌을 가하기 위해 마련한 것으로, 일종의 국가 대장(臺帳)이라고 할 수 있다. 『자녀안』은 고려

말부터 시작된 것이라 하는데, 현재 전해지지는 않는다. 조선 성종 때인 1471년에 이르러 재가녀 자손들이 벼슬을 하지 못하게 하는 법령(『경국대전』)을 마련함으로써[38] 여성의 성에 대한 규제는 국가적 과제로 존속되었다. 1894년 갑오개혁 때 과부의 재가를 허가해야 한다는 조항이 포함되기 전까지 여성 재가는 법적으로 금지된 것이었다.

국가는 여성의 성을 관리하기 위해 효부와 열부를 표창하고, 그 가문을 기리는 뜻으로 정문(旌門)을 세워 주고 역을 면해 주기도 했으며, 늦도록 결혼하지 못한 딸을 둔 아비에게는 벌을 주기도 했다. 결혼하지 않은 여인은 장례도 제대로 치러 주지 않았다. 결혼은 사적인 문제가 아니라 거의 공적인 문제에 가까웠다. 다른 한편으로 혼인이나 성적인 측면에서 국가가 정한 한계 밖을 벗어난 여자들은 영구히 기록하여 그 자손들에게까지 해가 미치도록 했다. 여성의 몸과 성에 대한 국가적 관리는 현대에 와서도 모자보건법, 낙태법, 결혼과 이혼에 관한 법의 형태로 드러난다. 국가가 개인의 삶과 개인의 성에 개입하는 일의 정당성의 근거는 어디에 있는가? 국가가 낄 때는 언제이고 빠질 때는 언제인가? 낄끼빠빠의 정치학이 과연 어떻게 가능한가?

---

38 "실행(失行)한 부녀와 재가한 여자의 자손은 동서반의 관직에 임명하지 말라(失行婦女及在家女之所生勿敍東西班職)."

한국 여성의 주체성 형성과 국가

한국 여성이라는 주체의 형성에 국가는 지대한 역할을 했다. 그것은 성리학 이념을 공식적 이데올로기로 받아들였던 조선이라는 유교 국가의 얼굴로, 제국주의 일본의 얼굴로, 가부장적 민족주의와 근대산업화론의 얼굴로 때에 따라 얼굴을 바꾸면서 한국 여성의 자의식 형성에 기여했다. 선진적 소비사회의 반열에 오르게 된 현대 한국 사회 안에서 여성은 그 어느 때보다도 자유로운 존재가 된 듯이 보인다. 그럼에도 아직 한국 여성들은 만연한 성적 비하와 폭력, 혐오를 비롯한 다양한 유의 불평등한 사회적, 문화적 조건 안에 놓여 있다.

임신을 의심하며 낙태가 가능한 병원을 검색하고 SNS를 통해 도움을 구하다 임신이 아님을 알게 되어 한숨을 돌린 경험을 적은 다음 글을 보자.

피검사에서 음성으로 결과가 나오고 나서 마음 졸이던 지난 시간 동안 단 한 번도 내가 낳게 될지도 모르는 아이에 대해 미안해하거나 옆에서 살아 숨 쉬는 사람으로 생각해 본 적이 없다는 사실을 깨닫고는 혼란스러웠다. 나는 아이를 생각하지 않은 점에 대해 진심으로 미안함을 느끼고 있는 걸까, 아니면 이게 미안해야 하는 일이기에 미안함을 느끼려고 하는 걸까. 곱씹을수록 나는 사실 미안하지 않다는 생각이 들었다. 그리고 미안함의 감정을 이해하지 못하고 있다는 생각도 들었다. 왜 미안해야 하나? 이게 정말 미안한 일인가? 얼굴 한번 보지 못한 아이에게 내가 왜 미안해해야 하나. 그래서 묻고 싶어졌다.

누가 나에게 미안함을 강요하는가. 세상은, 사람들은, 나를 죄인으로 몰고 갈 자격이 있는가.[39]

누가 나에게 미안함을 강요하는가? 이 물음은 탈주체 형이상학의 시대 안에서 딱히 그 주체를 특정하기 어려운 질문이다. 어떤 개인은 미안함을 느끼고 어떤 개인은 안 느낄 수 있다는 점에서 개인의 가치관이라 할 수도 있을 것이고, 생래적으로 가지고 있는 생명에 대한 사랑이라 할 수도 있을 것이고, 나를 키운 사회나 국가라 할 수도 있고, 우리가 그 안에 살아가고 있는 문화 담론이나 구조라 할 수도 있을 것이다. 한국 여성들이 갖게 된 여성적 자의식에서 유교 국가의 역할을 빼놓을 수 없을 것이다. 나는 「포스트모더니즘과 페미니즘」[40]에서 푸코의 미세 권력 개념을 통해 유교적 욕망과 몸의 형성을 다룬 적이 있다.

유순한 한국 여성의 몸을 만들어 내기 위한 장치는 덕행이나 예, 자연 혹은 우주의 원리(음양) 같은 보편적이고 이론적인 지식의 형태로 존재한다. 또는 법적 역할을 한 예법의 형식이나 실질적 법(재가녀 자손 금고법)의 형태로 존재한다. 이러한 장치는 가옥의 구조나 복장 등 유형적인 것 안에서뿐만 아니라 일상적 가치 규범이나 무형의 문화와 의식 안에 존재하기도 한다. 여성의 일거수일투족을 규제하는 다음의 구절은 가히 조선의 유교 사회 안에서 어떻게 조신한 여성이 탄생했는지를 잘 보여 준다.

---

39 한국여성민우회, 앞의 책, p. 229.
40 김혜숙, 「포스트모더니즘과 페미니즘」, 『포스트모더니즘과 철학』, 김혜숙 편저(이화여자대학교출판부, 1995), pp. 273~287.

혼자서만 움켜다 먹지 말아야 하고, 남은 밥을 밥통에 다시 쏟아 넣어서도 안 된다. 국물을 후루룩 들이마시지 말고, 입맛을 다시며 먹지 말며, 뼈까지 모두 씹어 먹지 말아야 한다. 먹던 고기는 도로 그 그릇에 놓지 말며, 먹고 난 뼈다귀라도 함부로 개에게 던져 주어서도 안 된다. 음식을 더 먹으려고 욕심을 부리지 말고, 밥이 뜨겁더라도 불어서 먹지 말며, 기장밥을 먹을 때는 젓가락을 써서는 안 된다. 국은 건더기째 훅 들이마시지 말고 주인 앞에서 간을 맞추어서도 안 되며, 이를 쑤셔도 안 되고, 젓국을 들이마셔도 안 된다.[41]

이런 권력을 행사하는 장치가 몇백 년간 지속적 형태 안에서 제도화되는 경우, 권력은 통일성과 결집성을 갖게 되어 공고한 가부장 질서를 제도화한다.[42] 가부장적 국가는 결국 이러한 권력관계의 통일성과 통합성을 드러내는 상징적 표지물이 된다. 전통 사회 안에서 한국 여성의 주체성 형성을 국가와의 관계 안에서 생각해 볼 때 여성은 때로는 공물로 전락하기도 하고, 때로는 현모양처, 효부, 열녀로 표창되기도 하며, 때로는 사회 안에 허용되어서는 안 되는 방자한 여자로 금기시 됨으로써 권력과 욕망의 나선 안에 철저하게 갇힌 존재가 되었다.

가부장 국가 형성에서 여성의 존재는 남성 권력의 모습을 드러내고 공고하게 해 주는 필수 불가결하고 본질적이지만 끊임없이 비본질화되는 역설적 존재가 되었다. 양존음비, 남존여비의 사상은 여

---

41 소혜왕후 한씨, 『內訓/鄭鑑錄』, 황길현 역해(중앙교육출판사, 1986), p. 19.
42 소혜왕후 한씨, 앞의 책, pp. 282~283 참조.

성을 비본질화하는 요인이 되었으나 음(陰)이라는 여성 집단 공통의 존재론적 기반은 한국 여성들의 집단적 자의식과 자립심 형성에 큰 역할을 했다.

한국의 근대는 흔히 식민지적 근대성으로 말해진다.[43] 이 시기 한국은 민족주의를 빼놓고 말할 수 없을 것이다. 흔히 여성주의는 민족주의와 대립하는 것으로 알려져 있다. 서구 페미니즘 역사 안에서 민족주의는 민족과 국가의 이름으로 여성을 억압했고, 민족주의 집단 내 여성 문제는 항상 이차적인 것으로 치부되었기 때문이다. 그러나 정진성 교수는 한국의 경우 민족주의가 여성들에게 여성주의 자의식을 높이는 데 기여했다고 주장한다(민족주의 여성주의). 이에 반해 김은실을 비롯한 일부 여성학자들은 민족주의 담론이 여성 억압적이라는 것을 주장했다. 나는 민족주의 운동이 여성의 평등 의식에 기여했다기보다 여성들의 민족주의 참여 운동이 이미 상당한 수준으로 올라선 여성들의 평등 의식을 기반으로 한다는 점에서 한국 근대 여성들의 민족주의 움직임을 '여성주의 민족주의'라 이름하고자 한다. 한국의 근대 여성들이 다양한 여성 단체를 조직하여 식민지 사회 안에서 민족주의 운동에 참여한 배경에는 일본의 식민지 지배 이전에 형성되어 온 여성의 자주 의식과 평등 의식이 자리하고 있다는 의미에서 그렇게 명명한다.

박용옥은 한국 근대 여성의 평등사상이 17~18세기 실학자들의 신분제 비판으로부터 싹텄고, 천주교와 동학의 사상적 영향으로 상

---

43 이후의 부분은 내가 쓴 「한국 근대여성주체 형성의 다층성」, 『여성평생교육』 11권 2호 (한국여성평생교육회, 2006), pp. 5~24를 요약 발췌한 것이다.

당 부분 사회에 퍼졌던 것으로 보았다. 서구 근대 문물이 전해지면서 개화파 인사들을 중심으로 평등사상이 고취되면서 여성 권리에 대한 관심도 높아졌다는 것이다.[44] 여성의 자아 인식이 일제 치하 민족주의 운동을 통해서 이루어진 것이 아니라, 오히려 여성 자의식의 성취를 통해서 여성의 민족주의 운동 참여가 이루어진 것이라 할 수 있다. 식민지 시대 한국 여성에게 민족주의 운동은 여성해방운동과 구분되지 않았던 것으로 보인다.

근대의 여성해방운동은 민족주의 운동과 협력하거나 그것에 통합된 것이라기보다는 민족주의 운동 자체가 한국 근대 여성들에게는 여성해방운동이었다. 여성이 자신을 실현할 사회적 공간이 전무한 상황에서 민족운동에 참여하는 것은 여성이 남성과 동등해지는 방법이었고, 조선 여성의 존재론적 거처였던 집을 나올 수 있는 훌륭한 명분이 되어 주었다.

1920년대 신여성의 등장은 한국 사회 안에 여성해방운동을 공공연한 기치로 내세우는 첫 시발점이 되었다. 『여자계(女子界)』, 『신여자』, 『신여성』 같은 잡지에는 인습적 도덕을 타파하고 여성해방을 이루어야 한다는 내용이 놀라울 정도로 과감하게 실려 있다. 자유연애, 성적 해방, 축첩 반대, 자유의사에 따른 결혼과 이혼 등을 주장한 당대의 지식인 여성이었던 신여성은 오늘날의 여성 지식인들보다 더 과감하게 자신의 생각을 밝혔고, 스스로 그런 생각을 실천하고자 노력했다. 사회주의 여성주의자였던 허정숙은 1925년 『신여성』에 실은 글에서 이렇게 말했다.

44 박용옥, 『한국근대여성운동사 연구』, 한국정신문화연구원 연구논총(1984).

여성운동의 첫째 계단은 물론 여성의 자각에 있고, 여성 자각은 물론 여성의 지위가 과거에는 어떻게 틀려 있었고 지금은 또 어떻게 있는 것을 똑똑하게 인식하는 데서 시작되는 것이외다. 조선의 나이 젊은 새로운 여성들이 이 첫 계단을 밟고 나선 지는 벌써 여러 해 되어 가 지가지로 새로운 현상을 갈수록 많이 보게 되었소이다. 그러나 모든 여성이 다같이 자기의 지위와 인격을 생각하게 되고 다같이 근대사상 적으로 자각하게 되면 조선의 부인 문제, 여성운동도 더 속히 진전되 었을 것이외다.

여성도 남성과 동등한 의지 위에 서고 동등한 대우를 받고 동등한 자 유와 동등한 권리를 향유하려는 것이나 또는 모든 윗사람의 전제와 구속에 반항의 태도를 가지는 일은 다시 말할 것 없이 당연한 일이외 다. 그러나 그 일이 어느 때까지든지 개인주의적임을 면치 못하고 있 는 때는 그 운동의 참된 의의를 잃어버리게 된다는 말이외다. 자기가 남성의 전제와 압박에서 해방되는 때 자기와 같이 괴로운 처지에 있 는 동성을 생각하지 않아서는 안 될 것이외다.

그러나 신여성들의 자기 인식은 시대적 상황과 지배적인 봉건적 사회 문화 안에서 비극적 결말을 내포하는 것이었다. 대개의 여성 들은 사회적 비난의 희생물이 되거나, 가부장 권력과 적절히 타협 할 수밖에 없었다. 일제 말기 들어 강화된 가부장적 국가주의의 기 치는 여성 지식인들을 오히려 모순적 위치에 처하게 만들었다. '국 가를 구하기 위해 여성들이여 일어서라'는 선전 활동에 복무하게 된 식민지 여성해방주의 지식인 여성들은 그 자체 자기 모순에 처 하게 되었던 것이다.

한국 근대 여성의 주체성은 조선 시대 전통 사회 안에서처럼 통일적인 모습으로 드러나지 않는다. 그럼에도 한국 여성들에게 근대는 봉건 가부장제로부터 벗어나 자아를 찾는 실험의 공간이 되었고, 자아를 찾는 과정은 반식민 민족주의 운동을 통해서건, 사회주의 운동을 통해서건, 심지어 왜곡되고 모순된 방식의 국가주의 운동을 통해서건 드러난 것이었다.

한국의 근대는 여성들에게 천국과 지옥을 동시에 경험하게 하였다. 한국 남성의 근대 경험이 주권적 자아 상실과 식민적 주체로서의 대안적 주체의 경험이었다면, 한국 여성의 근대 경험은 봉건 가부장제로부터 벗어나 여성 자아를 찾아가는 과정(자아 획득)이면서 식민지 여성으로서 식민화된 주체(자아 상실)의 경험이었고, 가부장 식민지 국가 안에서 남성의 타자로서 성 노예로 전락(자아의 타자화)하는 경험이었다. 해방된 조국 안에서 여성은 다시 가부장 민족-국가의 타자로 머물러야 했지만 서구적 근대화와 함께 유입된 서구 페미니즘은 여성들로 하여금 자신들의 존재와 사회적 위치에 대해 비판적 의식을 갖게 하였다.[45]

근대 식민지 경험 안에서 한국 여성 주체성 형성에 국가는 국권 상실과 회복 운동이라는 매우 복합적 방식으로 그 역할을 했다. 해방과 함께 참정권을 획득하게 된 한국 여성들에게 여성 주체성에 대한 의식은 개인적 차원에서나 사회적 차원에서 약화되었다. 해방

45 김혜숙(2006), pp. 20~21.

이후 한국 여성의 자의식은 산업화와 서구적 근대화를 최우선 가치로 놓은 군인 남성의 얼굴을 한 국가 권력 안에서 위축되었고, 신여성들의 담대한 도전 의식은 자본주의 사회의 가족을 위해 희생하는 제2의 산업 역군과 소비 주체로서의 삶으로 해소되어 버렸다.

1980년대 이후 한국 여성 주체성의 문제는 호주제 폐지와 일본군 위안부 문제의 공론화 안에서 가족과 국가라는 두 범주가 중첩된 상황에서 포착된다. 그러나 탈가족, 탈국가가 가속화되고 있는 오늘날 후기 자본주의 사회 문화 안에서 한국 여성은 그 어느 때보다 개인적 존재가 되었다. 이러한 때 한국 여성을 하나의 이론적 주체로 만드는 일이 과연 가능한가? 가능하다면 그것은 어떤 의미에서인가?

탈주체 시대 여성 주체화의 가능성

한국 여성 주체란 무엇을 의미하는가? 통일적 방식으로 한국 여성을 주체화할 수 있을까? 있다면 어떤 의미에서인가? 그럴 수 없다면 왜 그러한가? 한국 여성은 한국 남성에 대해 이분법적 대를 이루는가, 아니면 다른 국가 여성에 대해 그러한가? 도대체 이런 범주화, 구분은 어떻게 생겨나는 것이며, 어떤 의미와 목적을 갖는가? 일체의 범주는 무한한 잡다를 구분 짓고 개념적 항상성을 갖도록 하는 실행성을 띤다. 그런 점에서 그것은 일반화의 규칙이면서 다른 것과의 경계를 설정하고 구분하고 배제하는 통제적 힘을 갖는다. 이러한 힘의 원천은 의미를 생산하고 소비하는 인간의 생활 세계와 언어 활동이다. 우선 주체 개념에 관해 생각해 보도록 하자.

칸트는 실체로서의 자아 존재를 부정함으로써 이전 형이상학의 전통과 결별했다. 그럼에도 대상 인식의 보편적이고 필연적인 형식으로서의 선험적 자아를 철학적 정초로 삼았다는 점에서 주체의 철학이라 할 수 있다. 칸트의 주체는 그것이 작용하고 기능할 객체 없이 그 자체로는 공허한 형식에 불과하다. 헤겔에게 주체는 객관을 생산하면서 자기 안에 포섭하는 운동 혹은 활동 속에서 자기동일성을 확보하는 것으로 표상된다.

이러한 주체 개념은 사실상 역설을 포함한다. 주체는 항상 그것이 작용할 객체를 필요로 하며, 심지어 절대적 관념론의 구도 안에서는 자신이 자신을 정립하기 위해 스스로 분열하여 대립(타자, 객체)을 만들어 그를 극복하고 자기로 복귀해야 한다. 여기서 객체는 주체 성립의 필연적 조건이다. 주체는 주체로 성립하기 위해 타자 존재를 필요로 하며(헤겔에게 주체는 이 조건을 충족하기 위해 스스로 타재(他在, das Anderssein)가 되기까지 한다), 그런 한 주체는 절대적 의미의 주체가 될 수 없다. 순수한 주체란 자기가 성립하기 위해 타자에 의존하거나 타자를 필요로 하지 않아야 하지만, 주체는 언제나 객체를 전제로 하기에 주객 대립의 상태 안에서 불완전할 수밖에 없으며 역설을 포함한다. 절대적 통일성으로서의 주체는 알 수 없는 물자체이거나, 현실에서는 도달할 수 없는 이념이거나, 무한한 통일 운동 뒤에 확보되는 전체성이다. 주객 대립의 이분법을 극복하는 방법은 모든 것을 객관화(유물론)하든가 혹은 주관화(관념론)하든가, 아니면 이 둘 사이의 경계에서 영원한 유희(해체론)를 하는 것이다.

독일 관념론 철학 안에서 암시된 자기 분열적 주체는 의식 철학, 정신 철학에서 벗어나고자 한 이후 서양철학의 전개 안에서 다양한 방식으로 탈주체화되었다. 예컨대 주체는 무의식이나 역사성, 물질적 몸, 경제적 조건, 언어적 구조(텍스트, 담론), 정치적·문화적 구조, 마주하고 있는 너에 의해 규정되거나 구체화된 존재로서 탈주체화되었다.

탈주체의 철학 안에서는 칸트적 개인의 자율과 자유 개념이 사라지고, 대신 실체를 규정하기 어려운 담론 개념이 자리 잡았다. 그리고 주체는 담론의 실천적 효과 또는 반복적 수행의 결과라고 말해진다. 담론은 중립적이거나 가치 독립적이지 않고 오히려 여러 구분과 경계를 만들고 구획을 지으며 여러 금기와 그것의 위반에 대한 비난과 처벌의 체계를 정교하게 갖춘 의미 회로이며, 권력의 장치를 세밀하게 갖춘 가치 담지체다. 의미를 생산하고 경계를 만드는 과정은 필연적으로 그것의 바깥을 만들어 내는 과정을 내포한다. 담론은 따라서 미시 권력의 차원에서 정치적 헤게모니가 일상적으로 작동하는 곳이다. 하이데거가 내가 말하는 것이 아니라 언어가 말한다고 했던 것처럼 탈주체 사상가들은 담론이 말하고 행동한다고 주장한다. 헤겔의 이성의 간지는 이렇게 매 순간 실행된다. 내가 언어를 사용해서 말하는 것이 아니라, 언어가 나를 사용해서 말을 한다.

젠더로서의 여성은 사회적으로 구성된 것인 반면, 생물학적 성으로서의 여성은 자연적으로 부여받은 것이라는 생각조차 탈주체 이론가들은 부정한다. 여성과 남성의 이분법적 장치는 담론 내에 '물질성'의 경계 구분을 만들고 그 윤곽을 표시하는 작용을 수행한다. 염색체나 호르몬은 "이성애적 헤게모니의 규범들이기도 한 규제적 규범들의 물질화를 통해"[46] 여성, 남성으로 나누어진다. 여성, 남성

---

46 주디스 버틀러, 『의미를 체현하는 육체』, 김윤상 옮김(인간사랑, 2003), p. 47.

의 이분법적 성 분류는 결코 자연에서 생성되는 것이 아니라, 담론 규범의 반복적 수행을 통한 통일성에 의해 얻어진 결과일 뿐이다. 이 수행은 여성이나 남성 주체에 의한 수행이 아니라, 규범의 반복적 실행으로 만들어지는 동일화 과정으로서 담론적 수행이다. 이러한 담론적 수행은 실질적 주체의 형성에 선행하는 것으로 주체를 생산하는 것이다. 칸트적 의미로 담론적 수행은 경험적 주체에 앞서는 것으로, 선험적 구성이다.

담론을 구성하는 규범의 반복적 수행은 일종의 활동적 의지, 힘을 내포하며, 이런 힘의 결집과 통일성은 인간의 기초적인 몸을 자기동일적 존재로 만들어 내는 원천이다. 이러한 규제적 힘은 권력의 형태로 강압적으로 작용하여 담론 안에서 이른바 버틀러가 말한 '정당화된 육체'와 '탈정당화된 육체'를 만든다. 여성과 남성의 이분법의 경계 안에 위치할 수 없는, 여성도 남성도 아닌 어중이떠중이 육체는 정당화된 육체 바깥에 머무는 존재가 된다. 버틀러의 표현을 빌리면 "만일 성의 물질성이 담론 속에서 경계 지워지게 된다면 이러한 경계는 배제되고 탈정당화된 '성'의 영역을 산출하게 될 것이다."[47]

담론의 규범은 물질화되어 육체를 생산하는데, 여기서 규범적 물질화에 실패한 '쟁점이 되는 육체'가 생겨나게 된다. 예컨대 이성애적 헤게모니가 작동하는 담론 안에서 동성애자의 몸은 문제적 육체이며, 필연적으로 남성, 여성의 경계 밖에 머무는 존재가 된다. 남성적 헤게모니가 작동하는 담론 안에서 여성은 쟁점이 되는 육체가

47 앞의 글.

되어 결여적 존재이거나 비체(鼻涕, 非體, abject)[48]다. 이러한 존재는 이성애 담론의 이분법적 위계를 위험에 빠뜨리는 불온한 존재로서 정치성을 띠게 된다.

그러나 이러한 정치성은 그 자체로 저항하는 주체를 만들지는 않는다. 안티고네는 그 자신의 비극적 존재성으로 인해 정치성을 가졌지만 아버지의 법을 거스르는 영웅적 행위를 했음에도 결국 자살이라는 자기 파괴적 행위를 통해 우울증적 주체로 머물렀다.[49]

버틀러 담론의 실천적 효과로서의 주체 개념은 자기중심적, 자기 의지적 주체성 개념이나 주체의 저항 개념을 무력화한다. 담론 권력에 저항하는 주체는 역설적이다. 왜냐하면 저항하는 주체 또한 그 담론의 규범에 의해 능력을 부여받게 되기 때문이다.[50] 이러한 생각은 탈주체를 주장하는 포스트모던 사상가들에 의해 공통적으로 드러난다. 푸코 또한 저항 자체도 권력에 편입되어 있다고 말한다. "권력에 대해 절대적으로 외재하는 것은 없다."[51] 저항조차도 권력관계의 전략망 안에서만 존재할 수 있을 뿐이다. 이런 비관적 전망에도 불구하고 저항이 가능하다면 그것은 여러 저항의 전략적 결집화를 통해서라고 푸코는 주장한다.

> 권력이 있는 곳에 저항이 있으며, 권력관계는 다양한 저항점들과의
> 관련 아래서만 존재한다. 그것들은 권력관계에서 반대자, 표적, 버

---

48 이현재, 『여성혐오, 그 후』(들녘, 2016).
49 주디스 버틀러, 『안티고네의 주장』, 조현순 옮김(동문선, 2000), 역자 해설 참조.
50 주디스 버틀러(2003), p. 46 참조.
51 미셸 푸코, 『성의 역사 1』, 이규현 옮김(나남, 1990), p. 109.

팀목, 공략해야 할 모난 부분의 역할을 수행한다. 이러한 저항점들은 권력망 도처에 존재하고 있다. '단 하나의' 위대한 '거부'의 처소—반항의 정신, 모든 반란의 원천, 혁명가의 순수한 규범—가 있는 것이 아니라, 제각기 특별한 경우인 '여러' 저항들이 있다.[52]

이 탈주체 이론가들에 의하면 주체는 담론 효과일 뿐 실재하지 않는다. 그런데 이들 기준에 의거하면 도대체 무엇이 실재할 수 있는가? 사실상 모든 탈주체에 관한 이야기는 실재에 관한 것이라기보다는 선험적 차원에서 벌어지고 있는 의미 구성에 관한 일반적 이야기다. 즉 주체를 주체로 만들고 의미 있게 만드는 것이 무엇인가에 관한 이야기다. 이들이 강조하는 것은 담론 규범의 실행이 구체적, 육체적 주체가 형성되기 이전에 작동한다는 것이다. 마치 칸트 사상에서 개념화 능력으로서의 선험적 자아가 우리의 모든 경험적 인식에 선행하면서 인식을 만들어 내는 것과도 같다.

그렇다면 이 담론적 수행은 어떻게 통일적 방식을 확보하여 어떤 사람을 여자로 만드는가? 담론의 규범성은 어디에서 생성되는가? 그것은 담론 밖에서 나타날 수는 없고 담론적 실행을 하는 가운데 갖게 되는 일관성, 통일성, 결집성 안에서 규범으로 나타나는 것일 수밖에 없다.

이러한 실행의 일관성은 그냥 우연히 생기게 된 것인가? 이성애적 헤게모니는 수없이 많은 남녀 간의 사랑과 결혼, 그에 바탕한 가족 이야기와 법제와 문화와 같은 담론 규범의 반복적 실행을 통해

52　김혜숙(1995), p. 286 참조.

생성될 것인데, 이 반복적 실행은 단순히 우연적으로 일어나는 것인가? 왜 A가 아닌 B라는 규범이 반복적으로 수행되는 것인가? 규범에 대한 저항조차 저항이 일어나는 담론의 규범 안에 편입되어 있다면 담론 규범의 변화는 도대체 어떻게 일어나게 되는 것인가?

이러한 철학적 물음에도 불구하고 포스트모던 정치학에서 담론 안과 밖에서 유희하기, 경계에서 유희하기, 교란하기 등의 방식을 통해 규범적 담론을 해체하려는 작업은 무수히 파편화된 여러 삶의 가능성을 영원히 실험한다는 점에서 그 나름의 정치적 의미를 가질 수는 있을 것이다. 그러나 단순한 젠더 정치학을 넘어서 있는 한국 여성의 입지가 문제를 어렵게 만든다.

한국 여성의 자기 인식

한국 여성 주체의 문제는 한국 여성의 경험이 젠더와 섹슈얼리티를 중심으로 하는 서구 페미니즘 논의 맥락으로는 잘 포착되지 않는다는 데 있다. 한국 여성이라는 주체적 표상에는 한국과 여성이라는 두 범주적 표상이 중첩되어 있다. 한국 여성의 존재가 정치성을 갖는다면 그것은 중국 여성, 일본 여성, 미국 여성, 서양 백인 여성의 바깥에 위치했던 시간과 경험과 그에 대한 기억 때문일 것이다.

한국 여성은 전통 사회 안에서 한국 남성의 외부였고, 동시에 공녀의 경험 안에서 중국 여성과 남성의 외부에, 군 위안부 경험을 통해 일본 여성과 남성의 외부에 놓였다. 해방 이후 한국 여성은 민족에 대해, 미국 여성과 남성에 대해 외부 존재가 되는 경험을 했지만, 역설적으로 한국의 경제 발전과 함께 이제는 한국 남자와 결혼해 들어온 동남아시아 여성들이 한국 여성의 바깥에 놓이는 경험을 하게 되었다. 최근 들어 생겨난 탈북 여성 또한 한국 여성의 외부 존재로서 한국 여성 주체에 또 다른 물음을 던져 준다. 여러 역사적 기억을 가진, 한국 여성이라 불리는 사람들은 그들 스스로 외부 존재이면서 또다시 그들의 외부를 만들어 내는 헤게모니적 존재가 되었다. 나는 이를 1세계와 3세계 사이의 2세계 존재라고 명명한 바 있다.

한국 여성의 주체성은 한국 여성으로 불리는 여성들이 지나온 시간과 기억으로부터 자유로울 수 없다는 데서, 그리고 한국 여성을 구획 짓는 현재진행의 국가 체제와 역사 담론으로부터도 자유로울 수 없다는 데서 성립한다. 담론적 규범이라는 것은 규범적 실행과 독립적인 차원에서 고정적으로 실체화될 수 없으며, 교란과 유희를 포함하는 다양한 종류의 저항이 결집하는 정치적 행위를 통해 변화될 수 있다. 그런 변화는 궁극에는 담론의 변화와 그로부터 생산되는 주체의 변화를 이끌어 낼 수 있을 것이다.

오스트리아의 철학자 오토 노이라트(Otto Neurath)가 말한, 배에서 배를 고치는 사람들처럼 전체를 한꺼번에 전도하고 변화시킬 수 있는 단일하고 견고한 장소는 없다. 변화는 한국 여성이라는 구획을 의식하고 그에 대한 자의식을 분명하게 하는 행위를 통해 한국 여성을 비순수로 놓는 힘을 자각하는 데서 시작될 수 있다. 한국 여성은 그 자체로 의미 있는 범주도 아니고, 그렇게 단순한 실체적 소여도 아니다. 그렇다고 그것을 구성하는 적극적 주체가 있다고 할 수도 없다. 그것은 그것의 불온한 존재성을 의식하는 비판적 의식과 반성적 의식 안에서만 의미 있는 주체로 만들어질 수 있다. 결국 자살하고 만 우울한 주체로서의 안티고네가 되지 않기 위해 한국 여성은 그들을 경계 밖에 세워 놓는 힘을 첨예하게 의식해야만 하는 것이다.

공녀, 환향녀, 열부, 효부, 위안부, 탈북녀의 이야기는 한국 여성 주체를 구성하는 우리의 이야기인 것이다. 한국 여성으로 객관화되고 대상화되는 맥락은 한국 역사다. 국가 담론을 매개로 한 한국 여성 주체의 형성은 과거의 사건이 아니라 아직도 중국에서 인신매매 대상이 되고 있는 북한 여성들이나 전제적 북한 권력에 의해 성적으로 대상화된 기쁨조 여성들 안에서 이루어지고 있다. 이러한 이야기를 말하고, 듣고, 쓰고, 귀 기울이고, 이에 저항하는 정치적 행위가 없다면 한국 여성 주체라는 개념은 무의미하고 공허한 개념이 될 것이다.

낄끼빠빠의 정치학은 한국 여성의 경험과 주체 형성에 국가 담론이 매우 큰 역할을 하고 있다는 생각에 기초한다. 국가 담론이 어떻게 한국 여성 주체를 만들어 내었는지를 비판적으로 드러내고, 다양한 형태의 대응을 모색하는 일은 한국 여성 철학의 주된 과제가 될 것이다. 포스트모던 사회와 디지털 기술 사회 내 욕망과 젠더 구성에 관한 논의 못지않게 국가와 여성 관련 거대 담론이 중요한 이유는 여전히 세계의 많은 지역에서 여성에 대한 성적 착취와 폭력이 일어나고 있기 때문이다.

여성 철학의 본질적 전략은 비판과 대안적 세계관 모색이다. 비판이 당파적 이데올로기로 고착화되는 위험을 피하기 위해 여성 철학은 선험적 반성을 수행해야 하고, 이러한 자기반성과 자기 정당화의 작업은 모든 철학의 운명이기도 하다. 여성 철학적 비판과 저항의 지점은 매우 다양한 형태로 만들어질 수 있다. 그 지점으로서 국가는 단지 한국만을 지시하는 것이 아니라, 문제의 맥락에 따라 일본일 수도 있고 미국일 수도 있을 것이며 북한일 수도 있다. 미시 권력과 거시 권력이 복잡하게 교차하는 한국 여성들의 삶이야말로 철학적인 사유를 부르는 현장이다. 주체성의 형성에는 내부적 자의식의 성장과 외부로부터의 힘에 대한 반응과 저항이 필요하다. 여성 주체성의 형성에는 스스로 여성으로서 자각하는 것과 억압적 권력이 수반되어야 하는데, 이 내부와 외부의 과정은 하나의 변증적 과정이다. 남성 중심 사회로부터 가해지는 여러 방식의 억압은 적극적으로 여성 의식을 산출하고 자의식적 각성과 저항을 일으켜 사회적 변화를 이끌어 내기도 하지만, 자의식적 힘이 외부로 발산되지 않고 내부로 향하게 될 때는 여성들에게 무기력과 우울, 자기혐오와 자기 파괴로 나타난다. 한국 여성은 역사적 우여곡절 안에서 스스로를 (고려 여인, 조선 여인을 모두 포괄하는 의미의) 한국 여성으로 인식하는 계기를 맞이하게 되었고, 이러한 구체적 경험의 맥락 안에서 한국 여성 주체성이 형성된 것이라 말할 수 있다. 이처럼 주체는 형이상학적 실체도 아니고 자연적으로 부여받는 것도 아닌 의식적 인간 실존의 한 양태라고 할 수 있을 것이다. 한국 여성 주체로서 나는 나를 한국 여성으로 인지하고 한국 여성으로 살고자 결단함으로써 만들어진 것이다.

3부 여성 관점으로 읽는 정의론

7장

정의론 바깥의 여성[1]

왜 하필 여자로 태어났을까?

한 사회를 부정의하게 만드는 것으로는 연줄, 세습, 학벌에 의한 차별, 특혜, 뇌물, 불공정 거래 같은 것뿐만 아니라, 법적 부정의나 교육과 직업에서의 구조적 기회 불균등과 같이 우리 사회 안에 좀

---

1 이 글은 2011년 5월 21일 한국철학회 춘계학술대회에서 발표하고, 『공정과 정의 사회』(조선뉴스프레스, 2011)에 실린 글을 수정한 것이다. 학술대회 주제는 "정의와 공정사회: 동서 철학적 성찰"이었으며, 나는 「여권주의와 공정 사회: 누구를 위한 공정사회인가」로 발표했다. 논평에서 배은경 교수는 오늘날 젊은 여성들에게는 가족이나 친밀성의 문제보다 개인의 문제가 더 중요하게 부각되고 있다는 점을 지적했다. 의대생 성추행 사건은 개인의 문제가 다시 오래된 젠더와 성의 문제로 환원되어 있음을 말해 준다. 많은 여성들이 이 사회 안에서 자신들의 삶의 문제가 남성들과 동일하게 원론적 정의론 안에서 해결되는 것이기를 바란다. 그러나 많은 경우 학교에서, 직장에서, 가족 관계 안에서, 나아가 자기 자신과의 관계 안에서 이것이 헛된 바람임을 깨닫게 된다. 여성들을 위한 정의론이 필요하지 않은 사회가 있다면 그곳에서 여성은 아마도 진정으로 여성이 아닌 하나의 개인(individual)으로 살아갈 수 있으리라.

더 근원적으로 자리 잡고 있는 것도 있다. 이런 모든 것의 뿌리에는 인간의 타자에 대한 태도와 가치관, 믿음 체계가 놓여 있다. 인간의 행동에는 그것이 무엇이든 이유와 동기가 있으며, 궁색할지언정 행위를 합리화하는 나름대로의 논리가 있다. 어떤 차별도 아무런 근거 없이 발생하지 않으며, 나름의 정당화 논리를 가지고 있다.

특정 행동에 대한 정당화가 합리적인지 아닌지를 판단하는 일 또한 사회적, 문화적 가치관과 통념에 의존한다. 유교 사회인 조선 시대에는 아들이 아버지의 죄를 고발하면 그 죄가 역모죄가 아닌 이상 아들이 패륜을 저질렀다는 이유로 처벌을 받았다. 효의 가치가 사회 질서를 규율하는 어떤 가치보다 우선한다는 이념 때문이었다. 공자는 『논어』 자로(子路) 편에서 아비를 숨기는 자기 마을의 바른 사람과 아비를 고발하는 이웃 마을 사람의 바름을 비교하며 후자의 그릇됨을 암시적으로 말했다.[2] 가문과 친족 질서를 최우선시하는 사회에서 연좌제는 부정의한 것이 아니라, 오히려 정의로운 제도가 된다. 한 사람의 범죄를 그 가족이 공유하고 있을 가능성이 매우 농후하기 때문이다.

가족을 책임져야 하는 가장인 남성에게 여성보다 교육과 직업의 기회를 더 많이 주는 일은 가부장 사회의 통념상 합리적인 것으로 간주된다. 한정된 기회와 재화를 놓고 경쟁하는 사회에서 능력 있는 여성은 가장이거나 가장이 될 남성의 기회를 빼앗는 사람으로 받아들여지기도 하고, 그런 이유로 경쟁에서 배제되기도 한다.

---

2 葉公語孔子曰, 吾黨有直躬者, 其父攘羊, 而子證之. 孔子曰, 吾黨之直者異於是, 父爲子隱, 子爲父隱, 直在其中矣.

가부장제 사회를 일단 당연한 것으로 받아들이면 여성을 차별하는 일이 오히려 여성을 위하고 보호하는 일로도 치부될 수 있다. 가부장제 사회 자체도 인간 진화의 역사 안에서 나름의 이유와 근거를 가지고 정착된 것으로서, 자연 세계 내에 인간 문화를 뿌리 내리는 데 중요한 역할을 한 제도다. 물론 이러한 제도가 항상 인간의 역사 안에서 유효한 것일 수는 없다. 더 나은 미래의 인간 사회를 위해 가부장제가 유지되어야 한다고도 말할 수 없을 것이다. 이미 우리에게 친숙한 가족 제도는 매우 불안정하고 유동적인 구조를 갖게 되었고, 성 역할의 변화와 다양한 젠더의 출현 속에서 가부장 아버지의 존재 또한 매우 불분명한 것이 되었기 때문이다. 수명이 늘어난 사회에서 결혼 관계와 가족 관계의 양상은 매우 급진적으로 변화할 것이다. 따라서 어디까지 당연한 것으로 받아들이고 어디까지 거부할 것인가, 무엇을 부정의로 간주하고 무엇을 정당한 것으로 간주할 것인지를 결정하는 일은 더욱 복잡하고 어렵게 되었다. 모성 보호, 군 가산점, 여성에 대한 징병제 실시, 생리 휴가, 육아 휴직제, 성별 쿼터제, 정년제 등의 문제에는 많은 철학적 논점이 얽혀 있다.

같은 것을 같게 대해야 한다는 대전제에 대해 이의를 제기할 사람은 별로 없을 것이다. 그러나 무엇이 같은 것인가, 어떻게 하는 것이 같게 대하는 것인가의 물음에 직면하게 되면 상황이 어려워진다. 여성과 남성은 우리의 유교 문화 안에서뿐만 아니라 서구의 기독교 문화 안에서도 오랫동안 본질적으로, 본성상 다른 존재로 간주되어 왔다. 땅과 하늘의 차이만큼 다른 존재였기 때문에 다른 가치 질서 안에 있는 것이, 다른 삶의 규범을 받아들이는 것이 당연한 것이었다.

본질적으로 다른 것을 다르게 대했기에 사람들은 차별이라는 개념도 가질 수가 없었다. 차별의 문제는 대개 같은 것을 다르게 대하거나 다른 것을 같게 대할 때 생겨나기 때문이다. 그럼에도 유교 문화 안에서 한을 품었던 여성들이 많았다는 것은 억울한 삶, 부당한 대우에 대한 의식과 고통이 있었다는 것이고, 그 의식의 밑바탕에는 여성도 남성과 같은 동등한 '사람'이라는 자각과 모든 생명은 평등하다는 의식이 있었다는 말이 된다. 한동안 한국인의 대표적 정서로 한을 꼽았다는 것은 여자뿐만 아니라 남자도 신분 사회의 슬프고 고통스러운 삶에 대한 억울함과 부정의에 대한 의식이 있었음을 의미한다. 그러나 그 비천한 삶의 가장 밑바닥에는 비천한 여자들이 있었다.

16세기 조선에서 살다 짧은 생을 마감한 허난설헌은 세 가지 한을 품었다고 한다. 왜 하필 조선이라는 소천지(小天地)에서 태어났을까? 그곳에서도 왜 하필 여자로 태어났을까? 그중에도 왜 하필 김성립의 아내가 되었을까?[3] 21세기를 살아가는 한국 여성들에게도 한이 있을까? 2004년부터 '밤길 되찾기 시위 기획단'을 운영한 김혜정은 '슬럿워크(SlutWalk)' 운동[4]에 대해 다음과 같이 말한다.

위아래로 훑어보고 만지고 시비 걸고 성폭력 하는 것은 계절, 낮밤,

---

3 박혜숙, 『허난설헌』(건국대학교출판부, 2004), p. 121.
4 슬럿워크란 여성의 야한 차림이 성폭행을 유발하므로 옷을 조신하게 입어야 한다는 남성 일반의 통념에 대한 저항으로, 의도적인 야한 옷차림으로 여성들이 시위한 데서 생긴 말이다.

장소, 여성의 나이, 옷차림, 직업에 관계없이 일어난다. 조신하게 입었으면 그랬다는 이유로 표적이 되고, 14년간 직장에서 성실하게 일했으면 그것을 빌미로 성희롱을 겪게 된다. 목소리가 크면 크다고, 작으면 작다고, 고학력, 저학력, 어린이, 노인, 여름, 겨울… 모든 것이 이유가 될 수 있다니 미칠 노릇이다. 성폭력 발생에 마치 합리적인 법칙이 있는 양 그것만 피해 가면 안전할 것인 양 착각하게 하지만 그것은 미리 약속된 게 아니고 사후에 자의적으로 적용된다. 특정한 옷차림으로 최전선에 가 거기서 싸워 보기로 하는 것은 상징적인 의미에 가깝다. 모든 옷차림은 이미 최전선에 있는 셈이다.[5]

2020년 5월 21일자 「동아일보」에 실린 여가부 2019 성폭력 안전 실태 조사 결과에 따르면 성폭력과 데이트폭력은 각각 3만 1396건과 9858건이다. 1년 동안 총 4만 1254건으로, 하루에 113건씩 일어난 셈이다. 성인 여성 열 명 중 한 명은 신체 접촉을 수반한 성폭력 피해를 입고 있고, 이들 중 24.4퍼센트는 정신적 고통을 호소하고 있다고 한다. 이는 해마다 증가하는 추세를 보이고 있다. 몰래카메라 설치, 불법 촬영, 디지털 네트워크를 활용한 성 착취물 유포와 판매까지 놓고 본다면 피해는 더욱 늘어날 것이다.

이런 21세기 한국 사회에서 피해의식을 갖거나 불안과 혐오, 한을 품은 여성들은 늘어만 간다. 유영철 사건, 장자연 사건, 김길태 사건, 그리고 이름 없는 수많은 성 접대와 가정 폭력, 디지털 성범죄 안에서 여성들의 한은 점점 더 쌓여 가고 있다. 여성들의 한은 결국

---

5 김혜정, 「'슬럿워크 운동'에 대하여」, 「한겨레」(2011. 7. 19.).

남성들의, 그들 부모와 자식들의, 그리고 사회의 한이 될 것이다.

성을 매개로 한 폭력은 그것이 누구를 대상으로 한 것이건 인간 관계와 개인의 삶을 파괴하고 불신과 혐오, 증오를 조장한다는 점에서 도덕의 문제를 넘어서는 범죄다. 과거 성폭력은 정의의 차원에서보다는 성적인 문제나 도덕적 순결의 문제로 다루어지는 경우가 빈번했다. 심지어는 성폭력 피해자와 가해자와 억지로 결혼시키는 일도 있었다. 그러나 이전에 사적 영역에 속한 것으로 간주되었던 가족의 문제나 성과 사랑의 문제도 이제 정의론의 맥락에서 다루어야 한다.

보이지 않는 것을 보이게 하기 위하여

한동안 공정 사회에 관한 논의가 뜨거웠지만 여성의 억울함을 고려하는 정의론을 찾기는 어렵다. 정의론은 보편적 인간과 사회에 관한 논의이기 때문일까? 인간 역사의 어느 시기를 보더라도 일반 개인의 자유와 권리가 오늘날처럼 잘 보장되었던 때가 없었다는 점을 생각해 보면 공정 사회에 관한 근래의 뜨거운 관심이 의아하게도 생각된다. 공정한 사회가 되어 갈수록 공정성과 정의에 관한 일반인들의 의식과 기준이 높아지고, 그에 비례해 불공정성에 대한 민감도도 높아져서 더 많은 고통과 갈등을 느끼게 되는 것일까? 공정한 사회가 되어 갈수록 불공정성은 더 잘 포착되고, 결과적으로 불공정성이 증가하게 되는 것인가? 이런 역설적 상황이 성립하는 것이 아니라면 근래의 뜨거운 관심은 공정한 사회를 가늠하는 객관적 기준이 있어서 현실 사회가 그에 못 미친다는 생각을 반영하는 것인가? 그런 기준이 있다면 그것은 무엇인가?

여성의 지위와 관련하여 어떤 사람들은 여성의 권리가 인류 역사의 그 어느 때보다도 신장되어 있다는 것을 말할지도 모르겠다. 혹자는 페미니즘은 이제 유효성을 상실했다 보고 포스트 페미니즘을 내세우기도 하고, 여성에 관한 이론 대신 젠더 이론을 거론하기도 한다. 나아가 특정 분야, 예컨대 초등학교 교사직군 내 폭발적인 여성 진출에 대한 대책 마련을 논하기까지 했다. 우리의 전통 사회 안에서 여성들의 삶을 억눌렀던 여러 굴레를 생각해 본다면 현대 한국 여성들의 불평은 복에 겨운 일로 비칠 수도 있다. 그러나 이런 상황은 남성에게도 마찬가지다. 과거보다 나아졌다는 사실이 현재의 고통이나 문제를 가리는 것일 수는 없다. 현대사회 안에서 정의의 문제는 우리가 이전에 경험하지 못한 방식으로 복잡하게 드러날 수밖에 없다. 하나의 거대 이론이나 원리로만 설명하기 어려운 측면이 있는 것이다.

사회의 제도나 규율 체계가 정의로운가 아닌가의 문제는 그것이 사람들의 기본적 자유와 권리를 얼마나 잘 보장하고 있는가의 문제다. 그러나 형식적 민주주의 제도가 비교적 안정적으로 구축된 사회의 현실 차원에서 보았을 때, 정의의 문제는 많은 경우 한 집단 내 여러 종류의 차등의 범주나 질서가 정당화될 수 있는가의 문제로 환원된다. 사회가 이루어지기 위해 구성원들 사이의 차등은 피할 수 없는 일이다. 사회에 따라 혹은 시대에 따라 어떤 차등은 사회적으로 용인이 되는가 하면 어떤 차등은 갈등과 불안을 키우는 원인이 되기도 한다. 어떤 차등이 혹은 어떤 불평등이 정당화되는가? 모든 차등이 문제가 되는 것이 아니라, 정당화되지 않는 차등 또는 불평등이 문제가 된다.

차등의 정당성은 언제나 객관적으로 결정될 수 있는 것이 아니다. 직종이나 사회 부문에 따라 다양한 종류의 자격 제한과 차등의 질서가 생겨나는데, 이것이 차별인지 아닌지의 문제는 사회적 용인의 정도와 통념에 의존하는 경우가 많고 통념은 끊임없이 변화하기 때문이다. 사회 내의 개인들이 느끼는 주관적 감정이나 판단, 그것을 규정하는 사회적, 문화적 가치가 중요하게 고려되는 한 차등의 정당성 문제는 언제나 유동적인 측면을 지닌다. 특히 성과 같은 생래적 차이에 대해 법, 사회제도, 관습이 부과하는 차등적 질서는 인간의 오래된 일상적 삶과의 밀접한 연관 속에서 형성된 것으로서 자연의 일부처럼 받아들여져 왔기 때문에 그 차등적 질서에 대한 정당화 문제는 더욱 유동적이다.

한 문화 안에서 정당화되어야 할 문제로 받아들여지는 것이 다른 문화와 사회 안에서는 자명한 것으로 받아들여질 수 있다. 안정적인 것으로 받아들여지던 성적 차등의 질서에 관하여 서구에서 본격적으로 의문이 제기되기 시작한 것은 프랑스혁명과 함께 인간 평등에 관한 논의가 일반화된 뒤인 19세기 무렵이었다. 우리나라에서도 19세기 말에서 20세기 초 동학운동과 개화운동 안에서 남존여비에 관한 반성이 일어났고, 여성 교육에 대한 필요성이 대두되었다.

최근의 공정 사회 논의에서도 여성의 관점은 대체로 배제되었다. 이는 서구에서 1960년대 후반 이후에 쏟아진 정의에 관한 논의 안에 여성주의 관점이 결여되어 있는 상황과 유사하다. 논의 속에 여성주의 관점까지는 아니더라도 성적(gender) 변수 자체에 대한 고려가 결여되어 있었다. 1975년 한국에서 동양철학과 서양철학 전공

교수들이 여러 차례 연구 모임과 토론회를 가진 결과를 토대로 출간한 『정의의 철학』[6]도 추상적 인간주의 차원의 정의론을 다루고 있을 뿐 구체적 삶의 차원에서의 논의는 결여되어 있다. 왜 이러한 현상이 발생하는 것일까? 그것은 남성 경험을 인간 일반의 경험으로 상정하고 만든 정의론 안에 여성 문제가 문제로 잡히지 않았고, 남성 경험은 보편적 인간 경험으로 포장되었기 때문이다.

수전 몰러 오킨(Susan Moller Okin) 같은 여성주의 이론가는 정의론에서 여성이 배제되는 원인을 정의의 문제를 공적 사회제도의 덕목으로 한정한 채 가정 또는 가족[7]을 정의의 영역에서 배제하는 데서 찾았다. 사적 영역과 공적 영역을 구분하는 것은 아리스토텔레스 이후 서구 철학 전통 안에서 뿌리 깊은 것이다. 여기서 사랑과 배려, 이타심, 공동 소유가 바탕이 되는 사적 영역으로서의 가정은 정의의 문제와 분리되어 있는 것으로 간주되었다.

앞에서 나는 로크와 홉스의 논의에서 여성이 아이 양육으로 인해 자신의 권리를 남성에게 양도하게 되는 과정을 언급했다. 또한 프랑스혁명 이후 인간의 평등 이념을 받아들이면서 가정 내 여성과 하인을 통솔할 가부장의 권한을 정당화하기 위해 가정의 영역을 공적 영역으로부터 분리하게 되었다는 것을 칸트의 경우를 통해 이야

---

6 크리스찬아카데미의 지원으로 대화출판사에서 발간한 이 책의 집필에는 소광희, 김태길, 김여수, 유준수, 심헌섭, 조요한, 김충렬, 안병주, 김용정, 고범서, 황경식 교수가 참여했다.
7 '가족' 개념은 단순하지 않다. 이에 대한 논의는 졸고 "Individuals in Family and Marriage Relations in Confucian Context", *The Review of Korean Studies*, vol. 10(September, 2007) 참조. 이 논문에서는 '가족'과 '가정'을 이론적 구분 없이 상호 교환적으로 사용한다.

기한 바 있다. 여성에 대한 법적, 정치적, 경제적, 문화적 차별의 관행은 여성의 장소로 한정된 가정에서부터 내면화되고, 그것은 다시 사회에 투사되어 하나의 사회규범으로 자리 잡게 된다. 이 사회적 규범은 다시 가정에서의 여성 활동과 지위를 고착화하는 역할을 하게 된다. 여성 관점에서 정의의 문제를 다루기 위해서는 가족과 가정을 규정하고 규제하는 법적, 윤리적 규율과 행동 규범, 권리와 의무에 대한 규정, 재화의 소유와 분배, 자기 주장의 권리와 인정투쟁, 의사소통의 구조 등을 살펴보아야 한다. 가정과 우리의 생활 문화를 살피지 않으면 여성 문제는 부정의를 포착하는 레이더에 잘 잡히지 않는 특성이 있다.

법적으로 여성에게도 참정권이 보장되어 있고 교육과 직업 선택에에서도 기회 균등이 형식적으로 보장되어 있기 때문에 정치인들조차 여성 평등권의 문제는 이제 중요한 정치 의제가 아니라고 주장한다. 여성가족부 폐지를 주장하는 배경에도 이와 같은 생각이 작동하고 있다. 여성 평등과 여성 차별을 금지하는 법령이나 제도를 만들고, 여성을 사회적 약자로 보고 그에 상응하는 보조 장치를 만드는 일을 젊은 남성들은 오히려 자신들에 대한 역차별이라 보는 경향도 생겨나고 있다. 이런 생각의 배경에는 우리 사회가 이제 양성평등의 문제로부터 벗어나 있고 형식적 민주주의가 잘 작동하고 있다는 생각이 깔려 있다. 과연 그러한가?

다음에서는 기존의 정의론에 대한 여성주의적 비판을 간략히 살피고, 가족이 정의의 영역이 되어야 한다는 여성주의 논변을 긍정적 관점에서 살펴본다. 이 논변은 가족 윤리가 사회 윤리, 나아가 국가 윤리로 기능했던 유교 문화 전통 안에서 더욱 설득력을 갖는

다고 생각한다. 가족이 제도로서 지니는 안정성이 그 어느 때보다
도 약화한 오늘날의 현실에서도 여성 관점에서 보는 정의의 문제는
일상생활의 다양한 맥락 안에서 좀 더 섬세하게 접근할 필요가 있
다. 왜냐하면 민주주의가 보편화된 사회 안에서 차별과 불공정성의
문제는 형식적, 법적 차원에서보다는 일상적 삶과 문화의 맥락 안
에서 경험하는 관행과 관습 차원에서 첨예하게 부각되는 것으로 보
이기 때문이다.

'유리천장'이라는 표현이 상징하듯 오늘날 여성 차별의 문제는 많
은 경우 욕망, 가치관, 편견, 생활 습속과 문화, 관행적 일상의 실행
(흔히 의식조차 되지 않음)의 맥락 안에서 배태된다. n번방과 같은,
디지털 네트워크를 통한 성적 대상화와 성폭력의 문제는 정보 기술
이 발달하면서 새로운 양태의 여성 성착취 양상으로 드러나고 있
다. 개인의 사생활 권리, 표현의 자유, 성적 자율권과 행복권 추구
와 같은 자유주의 이상에 가려진 욕망의 정치경제학은 오늘날 여성
주의 철학에 던져진 큰 도전으로 생각된다. 보이지 않는 것을 보이
게 함으로써 사회적 반성의 대상이 되도록 하는 것이 여성주의 철
학의 책무가 될 것이다.

가족, 사랑의 영역이자 정의의 영역[8]

플라톤은 수호자 계층에게 배타적 단위로서의 가족이라는 제도

---

8 가족과 정의의 문제에 관한 논의로는 이재경, 「정의의 관점에서 본 가족」, 『가족 철
   학』(이화여자대학교출판부, 1997)과 장성빈, 「가족에 대한 인정이론적 접근」, 『한국
   여성철학』 40권(한국여성철학회, 2023) 참조.

를 허용하지 않아야 한다고 보았다. 그의 이상 국가에서 수호자 계층은 아이들도 공동으로 양육해야 한다. 그에게 정의의 문제는 개인 내 또는 국가 내의 복합적 요소를 조화롭게 하는 힘(뒤나미스)의 문제가 되었다.[9]

아리스토텔레스는 플라톤의 가족관을 비판하면서 플라톤의 생각을 따르게 되면 국가의 본질인 다원성이 침해받고 지나치게 획일화되어 도시국가는 가족으로, 다시 가족은 개인으로 되어 버릴 것이라고 주장했다. 상식적 의미의 가족이 사라지고 국가는 하나의 가족과 같은 통합성을 갖도록 유도되겠지만, 플라톤식의 친족 유대의 확대는 정작 자신이 부양해야 할 친족이 누구인지를 불확실하게 함으로써 친족 관계를 약화하고 가족으로 의도된 국가는 개인으로 환원될 것이라고 그는 생각했다. 친족이 누구인지 모르게 됨으로써 근친 강간이나 부모 살인, 형제 살인 등의 범죄가 발생하여 자연적 효심이 사라지게 될 것이라고도 했다.[10] 아리스토텔레스의 이러한 비판은 가족을 자연적 인간 단위체로 보는 경향과 맞물려 가족제도 옹호론으로 연결되지만, 그렇게 되면 또 가부장 가족이 되어 여자와 아이들은 남성 가구주에 속하는 부속물과도 같게 된다. 아리스토텔레스적 이러한 가족관은 근세에 이르러 결혼한 여성의 정치적, 경제적 권리, 특히 정치적 참정권과 독립적 재산권에 대한 자유주의 논의가 있기까지 지속되었다. 흄은 『인간 오성론』 3권의 2부 「정

---

9 플라톤의 정의에 관한 논의는 김남두의 「플라톤의 정의 규정고(考)-국가편 IV권을 중심으로」, 『희랍철학연구』(종로서적, 1988) 참조.
10 이명선, 「아리스토텔레스: 위계적 세계관과 여성 예속의 가족」, 『가족 철학』(이화여자대학교출판부, 1997), p. 74.

의와 재산의 원천에 관하여」에서 가정은 정의와 부정의의 영역이
아님을 천명했다.

> 진정한 애정은 친구들 간에 모든 것을 공유하게 만든다는 것은 너무
> 도 당연한 말이다. 특히 부부 사이에서는 서로 재산을 상실하게 되어
> '내 것'이니 '네 것'이니 하는 말이 낯설게 된다. 이런 말은 인간 사회
> 안에서 꼭 필요한 것이지만 많은 분란을 일으키는 것이기도 하다. 인
> 간의 모든 욕망을 다 충족시킬 만큼 뭐든지 많이 있다면 재산의 구분
> 은 전혀 무의미할 것이며, 모든 것은 공동 소유로 남아 있게 될 것이
> 다. 가장 소중한 물질이지만 넘쳐나는 공기나 물과 같은 것에서 이를
> 관찰할 수가 있다. 그래서 만일 인간이 동일하게 충분히 모든 것을 공
> 급받는다면, 혹은 만일 모든 사람이 자신에게처럼 모든 사람에게 동
> 일한 사랑과 따뜻한 배려를 한다면 정의건 부정의건 모두 인간에게는
> 알려지지 않은 바의 것이 될 것이다.[11]

흄의 말이 가정하는 것은 가족이 사랑으로 이루어진 인간 공동체
라면 그것은 정의의 영역이 아니라는 것이다. 정의는 애정이나 우
정으로 연결되지 않은 사람들 사이에서 한정된 재화나 가치의 배분
을 둘러싸고 발생하는 문제이기 때문이다. 가족 내에서 각자의 적
절한 몫을 결정하는 것은 기존의 가부장적 질서다. 그러므로 사랑
의 이름으로 여성의 재산은 남성의 것에 통합되고 독립적 재산권은
허용되지 않는다. 정치적 견해에서도 남성 가장이 한 가정을 대표

---

11 Hume, *A Treatise of Human Nature*(Oxford University Press, 1978), p. 495.

하므로 여성의 독립적 참정권은 인정되지 않았다.

가정이 사회의 여타 공적 영역과 다르게 받아들여지는 것은 그것이 이해관계를 조정해야 하는 사회적 협동 관계의 집단이 아니라는 생각에 기초한다. 가정은 공적, 사회적 삶을 잘 이룰 수 있도록 개인을 양육하고, 살찌게 하며, 충만되게 만드는 사랑의 인큐베이터 같은 곳이라는 생각은 매우 일반화되어 있다. 가정 내에서 여성의 일은 가족에 대한 사랑의 행위로서, 가사 노동이라는 개념이 자리 잡기 전까지는 노동으로 생각되지도 않았다. 그러나 가정 내에서도 성원들 개인의 기본적 권리, 성원들 간의 권리와 의무, 책임과 재화 및 다양한 가치의 분배 문제가 발생하며, 때로는 이러한 문제가 가족의 해체까지 초래할 수 있는 심각한 갈등을 유발한다. 그런 점을 감안하면 가정을 정의의 원칙이 작동하지 않는 영역으로 배제할 이유가 없다.

존 롤스(John Rawls)는 정의를 사회제도의 제1덕목이라 했다. 가족도 사회제도의 일종이라고 한다면 가족도 정의에 의해 지배되지 않을 이유가 없을 것이다. 마이클 샌델(Michael J. Sandel)은 정의가 제1덕목이 되지 않는 사회 그룹이 있다는 이유로, 그중의 으뜸이 가족이라는 이유로 롤스를 비판했다.[12] 정의는 가족에서 우선적으로 고려해야 하는 덕목이 아니라, 악화한 상황을 교정하기 위해 들여오게 되는 '구제적 덕목(remedial virtue)'이라는 것이다. 정의는 일차적으로 가족을 지배하기보다 아주 적은 정도로만 지배하는 것으로서, 가족은 '자발적 애정과 관용'에 의해 지배되는 인간 군집체라는

---

12 M. Sandel, *Liberalism and the Limits of Justice*(Cambridge University Press, 1982), pp. 30~35.

것이다. 나아가 정의가 가족을 지배하면 인간의 도덕적 향상은 기대하기 어렵게 될 것이고, 정의는 덕이 아니라 오히려 악으로 전락하고 말 것이라고 주장했다.[13] 가장 고귀하고 선한 인간의 자발성을 강제와 처벌로써 제어한다면 우리 삶은 매우 삭막하고 피폐해질 뿐만 아니라, 위선으로 넘쳐날 것이기 때문이다.

오킨은 샌델을 반박하면서 정의는 근본적이고 본질적인 것일 뿐 가장 고귀한 도덕 덕목으로 해석해서는 안 된다고 주장했다. 샌델은 롤스의 '제1덕목'을 잘못 해석함으로써 가족을 정의로부터 멀리 두었을 뿐만 아니라, 가족을 이상화함으로써 현실에 존재하는 가족을 도외시한 결과를 초래했다는 것이다. 오킨은 18세기 영국 상황을 지적하며 가족 간의 유대와 통합을 매우 강조한 나머지 가족 내에서는 구분 없이 공동으로 모든 것을 소유하자는 주장은 결국 결혼한 여성을 법적인 비인간(nonperson)이 되게 하는 결과를 초래했다고 보았다. 당시 재산에 대한 공동 소유란 법적으로는 존재하지 않았기 때문이다.

오늘날 법적인 측면에서 보자면 가족은 정의의 영역에 많이 편입되어 있다. 법은 결혼 관계 안에서 발생하는 여러 정치적, 경제적 상황을 아주 대략적 방식으로나마 공정하게 규제하고자 하며, 양육과 관련하여 발생하는 문제에 관해서도 개입하기 때문이다. 물론 개입의 방식이나 내용은 사회적 통념이나 상식, 문화적 가치를 반영하며, 사회마다 다를 수 있다는 점에서 임의성을 지닌다.

---

13 가족이 정의의 영역이 되어야 한다는 논의와 샌델의 롤스 비판에 관한 논의는 S. M. Okin, "The Family: Beyond Justice?", *Justice, Gender, and the Family*(Basic Books, Inc., 1989) 참조.

정의는 가족을 이루게 하는 충분조건은 아니지만, 어떤 인간 군집이라도 갖추어야 하는 근본적 덕목으로 간주해야 한다. 정의가 결여된 가족 안에서 배려와 관용, 사랑은 상호성을 결여한 일방통행적인 것이 되거나 노예의 도덕이 될 수 있다. 가부장 사회 안에서 그것은 여성에게 일방적으로 강요되는 덕목이 될 수 있는 것이다. 개인적 자율성과 자기 표현의 권리가 상호적으로 인정되지 않는 상황에서 어느 한쪽에게 과도하게 요구되는 관용과 사랑과 인내는 덕목 자체의 가치와 별도로 굴종과 자기 상실의 결과로 전락할 수 있다.

가족 내에서도 각 성원에게는 기본적 자유와 독립적 인격권과 행복권이 근본적으로 평등하게 보장되어야 한다. 그런 한편으로 책임, 권리, 의무, 재화, 노동, 돌봄, 사랑, 배려와 같은 것을 둘러싸고 가족 내에서도 차등의 질서가 생겨날 것이다. 이 질서를 지배하는 가치나 원리를 명시적으로 추정하기는 매우 어렵다. 따라서 법제화하기도 어렵다. 이제껏 가족애라는 이름으로 정당화되었던 여러 가족 규범은 객관화될 수 없는 측면을 지니기 때문이다. 그렇다고 해서 공적 정의의 영역이 아니라고 할 수는 없다. 가족 내 문제가 발생해 법적 판단이 필요해지는 경우 다양한 상황을 고려하고 유사한 경우에 대한 앞선 판례를 참고 삼아 될수록 객관적인 판단을 내리고자 하기 때문이다.

가족이라는 영역은 내적 자율성과 외적 타율성이 공존하는 구조를 가지고 있다. 내적 자율의 영역은 객관화하기 어려우나 가족이라는 구조는 성원 중 억울함과 한을 느끼는 사람이 없도록 최소한의 공정성은 갖추어야 한다. 이런 점에서 가족은 사랑의 영역이지만 동시에 정의의 영역이 된다. 어쩌면 사랑의 관계조차 상호적이고 평등한 관계 속에서만 진정성을 확보할 수 있다는 점에서 우선은 정의에 바탕해야 하는 것으로 볼 수 있다.

가족 내 노동이나 돌봄, 배려, 포용 등 여러 무형의 가치를 둘러싸고 부모와 자식, 부부, 형제 사이의 관계를 공정하게 만드는 객관적 배분의 원리나 비율을 정할 수는 없을 것이다. 그럼에도 가족 갈등의 주된 원인은 관심과 소통, 이해의 상호성 결여다. 가족 내에서 공정성은 상호성의 차원이 어떻게 확보되는지에 크게 의존한다. 친밀감이나 배려, 애정과 같은 감정은 상호적이 되도록 의무로 강제할 수 있는 성질의 것이 아니라는 점에서 가족 내 정의의 문제는 원리의 문제라기보다는 의로움과 공정한 품성, 역지사지의 감수성, 타자의 말에 대한 경청과 이해를 키우도록 하는 일상의 훈육과 습관, 삶을 질서 잡는 정신과 몸의 노력의 문제로 보인다. 가족은 공정성에 대한 감성을 키우고 몸으로 이해(체득)하고 실천하게 만드는 인생의 첫째 장으로 의미를 지닌다. 동아시아 철학 전통 안에서 강조했듯이 도덕 감정을 상호 존중의 일상적 말 사용과 실천의 습관 속에서 함양하는 것은 가족 내 공정성이 뿌리내리게 하는 데 매우 의미 있는 일이다.

한국의 가족은 전통적으로 남성과 여성 사이의 성별 분업이 뿌리 깊게 구조화된 제도다. 가문이라는 공적 제도 아래 여성들은 봉제사, 가친들 간의 화목, 일상적 가사 노동, 시부모와 남편, 자식들에 대한 돌봄과 교육을 담당해 왔다. 가문이 의미를 가졌던 전통 사회 안에서 특히 양반 가문의 가족은 거의 공적 영역에 가까웠다. 오죽하면 송시열은 딸에게 '남편을 손님 대하듯 하라'고 일렀겠는가. 생물학적 아들이라 해도 그것이 정실부인의 소생이 아니면 가문을 잇는 적법한 아들로 인정할 수 없었다. 기준에 맞는 다른 형제의 아들을 양자로 삼아 공식적 대를 잇는 자손으로 삼았다는 것은 가족과 가문이 자연적 산물이 아니라 문화적 산물로서 나름의 규율을 지니는 삼엄한 공적 제도였음을 말해 준다.

가족과 국가를 동심원적 구성체로 보는 유교 문화 안에서 가족과 국가는 윤리와 가치 규범을 공유하는 공적인 제도였다는 점에서 서구와 대조된다. 서구에서 근대 이후 고착화된 사적 영역과 공적 영역의 구분은 가부장 권리를 아내와 어린아이, 하인의 권리와 구분하기 위한 결혼권(conjugal right) 개념을 만들어 냈다. 만민이 신 앞에 평등하듯 법 앞에서도 평등하다는 것을 받아들여야 했으나 집안의 가부장권을 여성과 하인의 권리보다 우선적인 것으로 하기 위해서는 가족 내에 통용되는 규범과 논리를 일반 시민들에게 통용되는 규범과는 달리 정할 필요가 있었다. 그리하여 공적 영역을 지배하는 평등의 이념은 사적 영역에서는 유보되어야 한다고 생각했던 것이다.

유교 국가에서 가족은 국가를 성립시키고 강하게 만드는 핵심적 수단으로 간주되었다. 이런 유교 제도 안에서 가문의 일상을 돌아가게 하는 여성의 일은 거의 공적인 성격을 띠었다. 남녀 사이의 분업 구조는 탈봉건 사회에도 투사되어 여성 노동의 성격을 규정했다. 직장 내 여성과 남성의 관계를 규정하는 문화도 이러한 가족 규범이나 문화와 무관할 수가 없다. 오늘날 많이 약화하기는 했지만 여전히 친족 관계가 중시되고, 인간관계의 친밀성을 높이고자할 경우에는 그 관계를 유사 가족 관계로 환원하는 한국에서 가족은 다분히 공적 영역과 중첩되는 성격을 지녔다. 동아시아 국가 내

가족법의 발달은 국가가 개인의 삶의 영역에 깊이 관여되어 있음을 보여 주는 예이기도 하다. 다른 한편으로 보자면 가족이 지니는 공공적 성격으로 인해 가족 내 공정성의 규범을 정착시키는 일은 서구 사회보다 한국 사회 안에서 더 용이할 수도 있다. 다음 절에서는 기존 정의론에 대한 여성주의적 비판을 살펴보고, 여성이 포함되는 공정 사회를 이루기 위해서 어떻게 일상의 혁명이 일어나야 하는지를 생각해 보고자 한다.

기존 정의론에 대한 여성주의 비판

기존의 정의론에 대해 여성주의자들은 다양한 비판을 했고, 그에 대한 대안을 제시하고자 노력했다.[14] 대표적으로 오킨은 롤스와 로버트 노직(Robert Nozick), 마이클 왈처(Michael Walzer)와 같은 현대 정의론자들에 대해 비판했다. 우선 롤스에 대한 비판을 보자. 롤스의 잘 알려진 정의의 원칙은 다음과 같은 두 개의 명제로 표현된다.

1) 모든 사람은 자유에 대한 평등한 권리를 갖는다.
2) 사회적, 경제적 불평등이 정당화되는 조건은 두 가지다. 첫째,

---

14 플라톤을 위시하여 마르크스, 헤겔, 푸코, 아렌트, 롤스, 하버마스를 여성주의 관점에서 비판적으로 해석한 글 모음으로 *Feminist Interpretations and Political Theory*, eds. by M. L. Shanley & C. Pateman(The Pennsylvania State University Press, 1991) 참조. 한국여성철학회에서는 2011년 4월 30일 "여성주의 관점에서 보는 정의로운 사회"를 주제로 학술대회를 열었다. 여기서 이정은은 샌델의 논의를 다루었고, 김선희는 유학과 여성주의, 최훈은 여성주의와 채식주의, 권수현은 삶의 정치로서의 친밀성을 주제로 발표했다.

불평등은 최소 수혜자에게 최대한의 이익을 보장해야 한다. 둘째, 불평등의 근원이 되는 직위와 직무의 기회는 균등해야 한다.[15]

　이러한 정의의 원칙은 공평한 절차에 의해 결정되었을 때 정당화될 수 있다. 이 절차상의 정의가 성립하기 위해서는 결정에 참여하는 당사자들이 자유롭고 평등하며 목표에 대한 가장 효과적인 수단을 구하는 능력으로서의 합리성(좁게 규정된 의미)을 가지고 있어야 한다. 이들은 원초적으로 '무지의 베일' 뒤에 있어야 하는데, 다만 세대 간 정의를 보장하기 위해 가구주여야 한다는 것과, 베일 뒤에서 이루어지는 숙고에서 최소 수혜자가 받는 몫을 보장하기 위한 조건으로 이들은 최소 수혜자를 대변하는 사람으로 보일 수 있어야 한다.[16] 이에 대한 오킨의 비판은 세 가지 정도로 요약할 수 있다.

　1) 남성의 관점을 보편적 관점으로 제시한다(롤스의 글은 대부분 남성 주체를 가정한다).
　2) 가구주로 원초적 입장의 사람을 해석할 경우 가족은 정의의 문제로부터 배제된다.
　3) 어린이가 정의감을 배우고 선에 대한 도덕적 감정을 익히게 되는 최초의 장소로 가족을 말함으로써 롤스는 정의로운 가족을 문제로서 설정하기보다 자기 이론의 전제로 삼는다.

15　J. Rawls, *A Theory of Justice*(Harvard University Press, 1971), pp. 60~83.
16　J. Rawls, 앞의 책, 3장「원초적 입장」참조.

오킨은 롤스의 정의론을 여성의 관점을 포함하는 것으로 수정하여 여성주의와 양립 가능한 이론으로 발전시키고자 한다.

그러나 앨리슨 재거(Alison Jagger) 같은 여성주의 철학자는 롤스와 오킨의 암묵적인 엘리트주의를 비판한다. 원초적 입장에 들어오는 사람들은 많은 것에 대해 무지한 것으로 간주되지만, 한편으로 인간 사회에 관한 일반적 사실을 알아야 하며, 경제 이론의 원리와 정치적 사태도, 사회 기구의 근본과 인간 심리 법칙도 이해해야 한다. 이들은 정의의 원리를 선택하는 데 영향을 미치는 일반적 사실이라면 그것이 무엇이든 아는 것으로 여겨진다.[17] 그런데 이런 사람들은 일반적으로 중류 계층의 백인, 남성이라는 것이 재거의 주장이다. 또 원초적 입장이 최소 수혜자 남성뿐만 아니라 여성을 포함함으로써 성적 변수를 고려한다고 해도 롤스의 가설적 계약 이론은 가장된 보편성과 객관성 때문에 도덕적 정당화의 방법으로 부적절하다고 본다.[18] 여성주의적 도덕적 정당화의 방법은 단선적이고 고독한 반성을 통해 얻게 되는 원칙에 의존하는 것이 아니라, 다양한 구체성의 맥락 안에 참여하는 일종의 사회적 과정이 되어야 한다고 보는 것이다. 이런 관점에서는 생산적 도덕 담론 안에 평등하게 참여하는 데 필요한 상호 행위적 기술과 덕목을 함양하는 것이 정의의 원칙을 구축하는 일보다 우선한다.

---

17 J. Rawls, 앞의 책, p. 137.
18 A. Jaggar, "Feminism in Ethics", *The Cambridge Companion to Feminism in Philosophy*, eds. by M. Fricker & J. Hornsby(Cambridge University Press, 2000), pp. 231~232. 보편주의 윤리에 대한 여성주의 비판으로 허라금, 『원칙의 윤리에서 여성주의 윤리로』(철학과현실사, 2004) 참조.

오킨은 노직의 자유 지상주의 정의관에 깔려 있는 남성 중심성도 비판한다. 노직의 소유권 기반 자유 지상주의[19]는 인간의 재생산과 양육의 필요가 발생하는 사적 삶의 영역을 자유주의 원칙 너머에 두며, 여기서 발생하는 노동 또한 집 바깥에서 하는 노동과는 다른 것으로 간주한다. 노직과 같은 자유 지상주의자에게 가족은 당연한 것으로 가정되어 있을 뿐 논외의 것이다. 그에 따르면 분배는 인간 노동의 생산물에 대해 이루어지는 것으로서 하늘로부터 떨어지는 마나가 아니며, 개인의 재능과 능력은 그 개인의 본질적인 일부분으로서 그로부터 얻는 결과를 침해하는 것은 기본권을 침해하는 것이 된다.

다른 정의론자처럼 노직 역시 젠더를 고려하지 않는다. 그의 이론에 여성을 넣으면 그의 소유권적 정의론은 이상한 자기모순적인 '모성적' 미로에 갇히게 되고 만다고 오킨은 주장한다. 즉 여성은 재생산 능력을 가지고 있는데, 노직의 논리를 적용하면 그 생산 능력의 결과는 여성 자신의 것이어야 한다. 이 소유권을 부정하는 것은 여성의 기본적 권리를 침해하는 것이 된다. 만일 재생산 능력을 활용하여 얻는 결과에 대해서는 여성의 독립적 소유권을 인정하지 않는다면 '자기 능력과 재능에 따른 결과는 자기의 것'이라는 인간 삶의 원칙과 권리에 관한 그의 이론을 수정하지 않으면 안 될 것이

---

19 노직의 자유 지상주의적 정의론은 그의 *Anarchy, State, and Utopia*(Basic Books, Inc., 1974)에 나타나 있다. 정원섭은 이를 간략하게 잘 정리해 놓았다. 소유권적 정의론의 제1원칙은 정당한 최초 취득 원칙(타인에게 피해를 주지 않고 취득한 것의 소유의 정당성), 제2원칙은 정당한 양도의 원칙(정당하게 교환, 증여, 상속을 통한 소유의 정당성), 제3원칙은 부정의를 바로 잡는 시정의 원칙이다. 정원섭, 「정의론과 공정성의 조건」, 『철학과 현실』 88(2011, 봄), pp. 26~27.

다.[20] 오킨의 비판은 신랄하다.

> 많은 논변이 자유 지상주의 이론을 비판했다. 그러나 하나의 단순한 문제는 별로 강조되지 않았는데, 그것은 자유 지상주의자나 그들에 대한 비판자 모두 정당화되지 않은 동일한 가정을 하고 있다는 것이다. 그 가정은 가족과 그것의 젠더 구조, 일반 사회 안에서의 성 역할이 자신들 논변의 범위 바깥에 존재한다는 것이다. 자유 지상주의 이론은 인간은 근본적으로 이기적이라는 생각에 기초해 있다. 그러나 아이러니컬하게도 자유 지상주의자는 인간(대개는 여성)이 다른 사람을 보살피고 있는 삶의 광대한 영역 전체―여기서 사람들은 흔히 개인으로서의 자기 발전을 상당 부분 희생한다―를 당연한 것으로 받아들인다. 그럼으로써 그들은 인간의 노동, 에너지, 기술의 많은 부분이 그 생산자에 속해야 하는 생산에 투여되지 않고 있다는 사실을 무시할 수 있었던 것이다. 대신 그것은 인간 자신의 재생산에 투여되었던 것이다.[21]

오킨의 논리를 확장하여 가족을 노직의 자유 지상주의론에 포함하게 되면 가족이라는 제도는 여성의 몸을 담보로 이어지는 일종의 노예제도와 같게 된다. 가부장제는 가장으로서의 남성에게 가족에 대한 권리를 통째로 부여하며, 남성의 능력으로 부양되는 가족은 그의 소유물이 될 것이기 때문이다.

20 Okin, 앞의 책, pp. 74~88 참조.
21 Okin, 앞의 책, p. 88.

그렇다면 공동체주의적 정의론은 여성주의 관점에서 어떻게 받아들여질 수 있을까? 오킨은 왈처의 공동체주의적 정의론이 유일하게 젠더를 고려한다고 보았다. 왈처는 그의 저서 『정의의 영역들』에서 여성 억압에 관해 논의했다. 그의 복합 평등(complex equality) 이론에 따르면 사회의 영역에 따라 고유한 자율성이 존재하며, 이에 따라 정의의 원칙도 달라질 수 있다.

가족은 왈처에게 독립적 정의의 영역인가? 왈처는 그렇다고 본다. 그 영역은 다른 영역의 침입으로부터 보존되며, 다른 영역 또한 이것으로부터 보존된다. 군대나 경찰이 가정에 주둔하거나 개입할 수 없으며, 거꾸로 가족을 규율하는 연고주의나 친친의 원리가 다른 영역에서 적용될 수 없다. 가족을 지배하는 규범은 다른 영역과 다르지만, 가족 내에서도 분배의 문제가 중요하게 부각된다는 점에서 정의의 영역이 된다. 지참금, 선물, 유산, 위자료, 상호적 도움과 같은 것뿐만 아니라 사랑, 관심, 부모 봉양이나 자식 양육, 친족애와 같은 것도 분배적 규율에 의해 지배받는다. 오륜의 예와 같은 것은 인간 사이의 친밀감과 수행해야 할 도리(책임)를 규제하는 분배적 규칙이라 할 수 있다.[22]

왈처의 복합 평등론이 가족을 정의의 영역으로 보았다는 강점에도 불구하고 젠더 관점과 관련하여 문제가 발생한다. 오킨은 왈처가 젠더 구조가 그의 복합 평등론(사회가 분리된 영역에 따라 정의로워지기 위한 조건이 다르다고 주장)의 조건을 위반하는 점을 인지하기는 했지만 그것이 지니는 깊은 함축을 놓쳤다고 보았다.

22 M. Walzer, *Spheres of Justice*(Basic Books, Inc., 1983), pp. 227~242 참조.

오킨에 따르면 젠더는 사회 전 영역에 스며들어 있는 지배의 일차적인 경우를 형성한다. 분리된 영역을 거의 전체적으로 가로질러 작동하는 젠더는 이에 따라 왈저의 복합 평등론에 심각한 위협이 된다는 것이다.[23] 왈처 자신도 가족은 다른 영역과 긴밀히 연관되어 있으면서 "영향력이 널리 스며들어 있다"라고 했다. 그러나 오킨은 왈처보다 더 나아가서 가족 내 권리, 특권, 책임, 권력의 불평등한 배분은 사회적, 정치적 삶의 다른 많은 영역에 매우 긴밀한 영향을 미치는 것으로서, 가족과 사회 영역 사이에는 순환적 과정이 있다고 보았다. 가정 내 여성의 역할은 전통적으로 정치적 영역인 사회 내 여성의 역할에 영향을 미치고, 다시 사회 내 여성의 역할은 가정 내 여성의 역할을 고착화한다. 가족이 사회의 모델이 되고 다시 사회의 모델이 가족의 모델이 되는 순환이 있다는 것이다.

그렇다면 젠더 관점을 포함하는 정의론은 어떤 것인가? 가족 내의 정의, 가족 관계의 민주화의 문제가 이해타산이 지배하지 않는 순수한 인간관계의 영역, 즉 신뢰, 사랑, 친밀함, 배려, 비대칭적 관계의 용인, 대가 없는 거래, 순수 자발성으로서의 가족애가 지배하는 영역으로서의 가족과 어떻게 어우러질 수 있을 것인가?

일상의 정치학

'같은 것을 같게 대한다'라는 아리스토텔레스적 정의관은 형식적으로 보면 동어반복적 진리처럼 보인다. 그러나 무엇이 같은 것인

---

23 Okin, 앞의 책, p. 113.

가, 같음을 판단하는 기준이 무엇인가, 여성과 남성은 어떤 점에서 같고 어떤 점에서 다른가, 같게 대하는 기준은 무엇인가와 같은 물음에 부딪히면 우리는 정의의 문제를 처음부터 다시 생각해야 한다.

모든 불평등에는 나름의 이유가 있을 것이다. 그 이유는 시대와 공간에 따라 때로는 합당한 것으로, 때로는 불합리한 것으로 받아들여진다. 형식적 민주주의의 질서가 그 어느 시대보다도 안정적으로 정착된 오늘날 여전히 억울하고 한을 품는 여성들이 많다면 이 현상을 어떻게 설명할 것인가?

여성의 삶과 관련한 불평등과 부정의의 문제가 과거에는 사회적 지위나 정치적, 경제적, 사회적 자원의 분배나 교육과 직업의 기회와 주로 관련된 것이었다면 오늘날에는 사회적 실천 안에서 발생하는 여성 혐오와 여성 비하, 성적 대상화와 같이 여성에 대한 문화적 태도나 가치관과 보다 깊이 연관되어 있다. 정의로운 사회를 위한 형식적 제도의 미비보다 제도 내에서 삶을 지배하는 무형의 가치관과 생활 습속과 생활 문화, 감정과 심리 규범이 정의로운 사회로 가는 길을 막고 있는 것이다.[24] 법을 바꾸는 일보다 생활 문화와 습관, 감정, 욕망을 바꾸는 일이 더 어렵기 때문에 이런 차원에서 발원되는 여성 관련 부정의는 근절되지 않은 채로 뿌리 깊게 남아 있게 된다.

섹슈얼리티와 재생산과 관련한 문제는 흔히는 사적인 것으로 간주되어 왔고, 공적 영역 내 정의의 문제로는 설정되지 않았다. 이

---

24 포스트페미니즘에 관한 이야기가 나오는 이유는 민주주의 정치 질서가 성숙해지면 여성 인권 문제도 해소되리라는 전망 때문일 것이다. 또 다른 한편으로 제3의 여성 주의 물결 안에서 대두된 '차이의 정치학'을 충실히 따르는 경우 여성 주체가 불분 명해짐으로써 여성주의 운동의 동력 자체가 약화되기 때문이기도 하다.

것은 정의가 주로 남성의 관점에서 사회 제도의 문제로서 다루어졌고, 대개는 분배적 정의의 문제로 환원되어 논의되었기 때문이다. 매춘, 성폭력, 성희롱, 임신과 양육의 문제는 분배적 정의에 관심을 가진 남성 이론가들의 논의 지평 안에 들어와 있지 않았다.

사회의 어떤 영역이든지 간에 그곳에는 인간이 있고, 인간은 관계를 바탕으로 살아간다. 인간은 남성 아니면 여성으로 분류되어 왔고, 그에 따른 성역할을 하도록 키워졌다. 따라서 남성의 자기 이해, 여성의 자기 이해, 이들 간 상호적 이해와 관계 맺기는 어떤 영역에서든 간에 그 영역의 기본적 구조를 구성한다. 대부분의 여성과 남성은 함께 가족 안에서 나서 자라고 생활하며 사회 안에서 사랑과 일, 자식 양육을 통해 상호적인 삶을 매일 살아간다. 이런 의미에서 젠더와 성은 사회를 조직화하는 매우 기본적인 요소다. 인간이 평등하고 자유롭게 모여 사는 일에 대한 근본적 원칙을 제시하는 것이 정의론이라면 어떤 정의론이든 간에 이 문제를 고려해야 할 것이다.

캐럴 길리건(Carol Gilligan)이 『다른 목소리로』에서 정의의 윤리와 배려의 윤리를 나누어 후자를 여성주의 윤리로 제시한 이후 많은 여성주의자들은 정의를 공적으로 조직화된 제도 안에서 작동하는 가치로, 배려를 관계 중심적 맥락에서 작동하는 가치로 보았다. 정의의 윤리는 여성을 윤리적으로 열등한 존재로 만들기 때문에 오히려 반여성주의적이기까지 하다고 여겼다. 여성주의는 정의론보다는 가족, 성, 인간관계에 관한 윤리와 도덕 이론에 더 집중되는 경향을 보였다.

이에 반해 오킨이나 매릴린 프리드먼(Marilyn Friedman), 사라 러딕(Sara Ruddick) 등은 정의가 여성주의 윤리 이론과 정치학에서 핵심 개념이 되어야 한다고 주장했다.[25] 특히 오킨은 롤스의 정의론을 가족에게까지 확대 적용함으로써 가정 내 성분업의 철폐를 주장했다. 이러한 주장이 현실화되기 위해서는 남성뿐만 아니라 여성의 가치관과 태도의 변혁이, 정부와 사회 정책의 변화가 필요하다.[26]

정의의 문제에 접근할 때 흔히 개인적 차원의 정의와 사회적 차원의 정의를 나누는 경향이 있다. 전자는 '의로운 행동'이나 '의로운 사람'과 같이 정의를 개인의 품성이나 행동의 속성으로 말하는 반면, 후자는 사회적 제도와 규범 체계의 덕목으로 본다. 그러나 가족처럼 사적 영역으로 간주되어 온 것을 정의의 영역으로 편입하고 일상생활의 민주화, 일상적 관계의 민주화 등을 말하고자 한다면 이 두 차원을 그렇게 명확하게 나눌 수가 없게 된다. 정의로운 사회제도(예컨대 가족)는 정의로운 인간관계를 만들며, 정의로운 인간관계는 정의로운 인간을 만들 수 있기 때문이다.

사적 자아와 공적 자아가 교차하는 공간으로서의 가족은 사랑, 친밀성, 배려의 공간으로 때때로 이타성이 지배하는 영역이기도 하지만 동시에 선함, 올바름, 의로움, 공정성과 같은 가치를 일상적 행위와 품성 교육 안에서 익히는 영역이기도 하다. 여기서 인간은 최초로 여성 또는 남성으로서의 자기 인식을 하게 되며, 여성과 남성에 대한 태도와 가치관을 배우고 그에 따른 처신을 익히게 된다.

앤서니 기든스(Anthong Giddens) 같은 사회학자는 '민주주의로서

---

25 Iris Marion Young, *Intersecting Voices: Dilemmas of Gender, Political Philosophy and Policy* (Princeton University Press, 1997) 5장 참조.
26 Iris Marion Young, 앞의 책, p. 98 참조. 아이리스 영은 오킨이 분배적 정의 개념에 집중하고 있는 점을 비판한다.

의 친밀성'이라는 개념을 내세워 개인적 관계의 민주화, 공동체 내에서의 민주적 관행 확립에 관심을 기울인다. 정의는 단지 사회제도의 덕목만이 아니라, 인간관계에서도 작동해야 하는 것으로서, 기든스는 이를 친밀성 아래 포착하려고 했다. 친밀성은 단순히 상호적인 상황에서 발생하는 자연적 감정이 아니라, "실제적인 행동의 의제를 규정하는 권능과 책임의 묶음"[27]으로 이해된다. 이혼 청구권 같은 것은 불공정한 관계를 억제하고 부부 사이의 수평적 의사소통이 이루어지게 하는 효과가 있다. 또한 신뢰에 바탕한 책임 수행은 관계의 균형을 가져다주는 역할을 한다. 이러한 권리와 의무의 내용은 가족과 같은 관계 안에서는 협상에 따라 수정 가능한 유동성을 갖는다. 공동체 내 자율성의 원칙에 따라 협상된 평등한 질서를 매개로 친밀성은 성취된다는 것이다.

사회적 품성으로서의 정의감

나는 정의론이 여성의 관점을 포괄하기 위해서는 가족과 성에 관한 논의를 포함해야 한다는 데 동의한다. 그러나 이 문제를 권능과 책임에 관한 협상으로서의 친밀성이나, 이익과 부담(즐거움과 고통)의 공정한 분배 같은 것에 초점을 두고 생각하기보다 체득된 습(習)으로서의 정의감 함양에 초점을 두고 생각해 보려고 한다. 왜냐하면 각성된 의미의 정의감이나 의로운 품성이 결여되어 있다면 혹은

---

27 앤서니 기든스, 『현대 사회의 성, 사랑, 에로티시즘』, 배은경, 황정미 옮김(새물결, 1996), p. 298.

전제되어 있지 않다면 협상의 동기 자체가 발생하지 않을 것이기 때문이다.

여기서 말하는 정의감은 자연적 감정이거나 도덕적 직관과 같은 것이 아니라, 반복적 행위 수행을 통해 습득되는 품성 또는 덕과 같은 것이다.[28] 습관으로서의 이러한 품성은 가정 내에서만이 아니라 학교 교육을 통해서도 길러진다는 점에서 단순한 자연적 감정이 아니라, 사회적 감정이라고 할 수 있다.

유교 사회에서는 예를 반복적으로 실천함으로써 유가적 이상 사회를 유지하는 데 필요한 핵심적인 감정을 습득하게 하고, 사회적 일반화를 통해 사회적 감정으로 내재화시킴으로써 이를 세대 안에 전승하고자 노력했다. 효심이나 충성심, 어른에 대한 공경심, 아랫사람에 대한 자애심, 친구에 대한 의리감 같은 것은 배제와 포함, 칭찬과 비난, 상과 벌을 매개로 한 반복적 수행과 형식적 의례화를 통해 길러지던 유가 사회의 대표적 사회적 감정이다. 불교 사회가 훈육하고자 했던 대표적인 사회적 감정이 자비심과 포용심이라고 한다면 효심과 충심은 유교 사회가 문화 안에 내재화하려고 한 사회적 감정이라 할 수 있을 것이다.

가족은 인간 역사 안에서 오랫동안 일차적으로 인간이 형성되는 장의 역할을 했다. 여기서 형성된 품성은 사회 각 부문에서 다양한 종류의 일상적 인간관계를 형성하는 기초가 된다. 법은 아무리 정

---

28 황경식은 도덕에 대한 정당화와 동기화의 문제를 논의하면서 동기화의 문제가 경시되어 온 서구 근대 이후의 경향을 비판적으로 성찰했다. 동아시아 수양론의 입장을 빌려 실천지로서의 덕 함양이 시민 교육에서 중요하다고 주장한다. 「도덕 행위의 동기화와 수양론의 문제」, 『철학』 102(한국철학회, 2010 봄) 참조.

의롭다고 해도 일상의 모든 면에 개입할 수가 없고, 또 그래서도 안될 것이다. 그렇다면 원초적 차원에서 개인적 관계의 정의로움은 개인적 품성으로서의 정의감과 비형식적 문화 규범에 의존할 수밖에 없을 것이다.

반복적 말과 행위를 통해 습득하고 내면화하게 되는 태도와 품성, 또는 덕 감정으로서의 정의감, 공정한 인격은 올바른 사회를 이루게 하는 데 매우 중요한 밑바탕이 된다. 이러한 실천적 지, 체득지는 가정과 초등학교 교육에서 특히 강조해야 하는 점이다. '체득(體得)', '체인(體認)'은 문자 그대로 몸에 익힌다는 뜻이다. 머리로 이해하는 것을 넘어서 일상의 행동과 실천 안에서 구현되고 실행되는 앎을 말하는 것으로서, 지행합일의 정신을 표현하는 개념이다. 여기서 인식론과 윤리학은 상호 포함의 관계에 놓이게 된다.

왜 여성과 관련하여 이러한 일상 내에서의 정의감 함양이 중요한가? 그것은 여성 차별의 근거가 우리의 일상 문화 안에 존재하는 뿌리 깊은 것이기 때문이다. 일상에서 여성을 하나의 자유롭고 존엄한 인격을 지닌 개인으로 보고 받아들이는 것은 공정 사회를 이루기 위해 여성 자신이나 남성에게 매우 기본적인 일이다. 여성들 자신도 많은 경우 여성으로서 자신의 존재를 온전한 주체로 받아들이지 못한다는 점에서 자기소외에 처해 있는데, 자기의 온전한 인격성에 대한 믿음을 회복하고 자기 배려와 자기애를 갖는 일은 여성 스스로에게도 매우 중요한 일이다.

여자와 남자의 관계는 탈권위주의 사회에서도 여전히 끈질기게 남아 있는 불공정한 인간관계 중 하나다. 비대칭적 권력 관계의 가족은 이 관계를 자연의 이름으로 지속적으로 제도 안에 정형화하는 데 핵심적 역할을 한다. 인간을 대상처럼 소유하거나 자신의 욕망과 쾌락을 위해 다른 인간의 기본적 권리와 인격을 침해하는 것이 부끄러운 것임을, 그리고 모든 인간이 고유한 인격으로서 평등한 존재임을 체득하는 일은 가정에서부터, 일상에서부터 시작되어야 한다.

여성의 인격에 대한 존중이 체화되지 않은 상황에서는 정의론의 원칙을 위배해도 위배한 것으로 여기지 않고, 성희롱도 성희롱이라 여기지 않는 일이 발생한다. 부정의한 현실이 현상으로조차 드러나지 않을 수 있으며, 차별을 행하는 가해자가 되면서도 가해자임을 자각하지 못할 수 있다. 한편에는 고통을 초래하는 것이 다른 한편에서는 사랑과 관심의 표현, 즐거운 행위라는 명목으로 정당화된다.

많은 남성들은 호스티스가 나오는 술집에서 여성을 희롱하는 일이 인권과는 관련이 없는 것으로서, 자본주의 사회 안에서 허용된 쾌락과 서비스의 문제라고 생각한다. 그러나 여성이 남성 접대부를 희롱하는 일은 남성의 자존심을 건드리는 일로, 즉 남성의 인권과 권위를 침해하는 일로 바라보는 경향이 있다. 그래서 이런 여성은 성 매수를 하는 남성보다 더 많은 사회적 비난을 받는다. 성 산업이 만연한 사회에서 접대부 문제는 사적 유희와 쾌락의 문제일 뿐 인권의 문제로 보지 않는 경향이 더욱 만연해지고 있다. 디지털 기술의 발달로 인해 성 착취의 양상은 매우 복잡해지고 있다. 역사적으로 공녀, 환향녀, 종군위안부, 양공주, 기생 관광, 북한 여성을 대상으로 한 중국인들의 인신매매 등의 문제를 안고 있는 한국 사회야말로 여성에 대한 성적 착취의 문제를 인권의 문제로서 심도 있게 다루어야 할 책임을 가지고 있다.

2011년 8월 30일자 인터넷 매체인 「데일리안」은 얼마 전 일어났던 명문대 의대생들의 동급 여학생 성추행 사건과 관련하여 다음과 같은 기사를 게재했다. 성추행 혐의를 부인하고 있는 한 남학생이 돌렸다는 설문지가 그 내용이다.

> 그는 고대 의대생을 대상으로 설문지를 돌리고 피해 여학생을 겨냥한 인신공격성 질문을 담았다. 평소 자신과 친한 사이였음을 보여 주는 사진과 더불어 "사생활이 문란했다", "사이코패스였다" 등 피해 여학생에게 문제가 있었음을 암시하는 질문을 넣어 자신의 무죄를 입증하고 행위를 정당화시키려 했다.

동급 인간이라고 생각한 친구들에 의해 한갓 성적 대상으로 전락한 여학생은 2차 피해까지 입으며 인격이 손상당했다. 성적으로 문란한 여자나, 정신적 문제를 가지고 있거나 모자라는 인간은 성추행을 당하고 인권을 침해당해도 괜찮은 것인가?

공부 못하는 사람, 학벌이 모자라는 사람, 가난한 사람, 장애인, 병든 사람, 섬사람(섬것), 육지사람(뭍것), 이렇게 낙인 찍고 돌려세워 놓고 돌 던지는 것이 의롭지 못한 행위라는 자각이 우리 삶의 뿌리 안에 놓여 있지 않은 데서 많은 문제가 발생한다. 법의 바깥에서 초침이 움직이는 매 순간 순간 발생하는 일 속에서 수없이 많은 사람들이 성적 수치심을 느끼고 인권을 침해당하는 일이 일어난다. 그런 행위 중 많은 것은 조금 정도가 심한 농담이나 장난 정도로 치부된다. 때로는 늦은 밤거리를 걸어다녔다는 이유로, 술을 마셨다는 이유로, 노출이 심한 옷을 입었다는 이유로, 웃음을 보냈다는 이유로, 원래 헤프다는 이유로, 남자는 워낙 그렇다는 이유로 가해 행위는 정당화된다.

일상의 인간들이 모여서 사회적 관계를 형성하게 되고 그 안에서 공정하거나 불공정한 현실이 만들어진다. 무엇이 불공정한 현실인지를 판별하는 절대적 기준은 없다. 노예를 당연시했던 사회와 오늘날의 민주주의 사회가 공정성을 판별하는 동일한 잣대를 가질 수는 없을 것이다. 기준의 상대성은 한 사회 안에서도 발생한다. 자율적 개인의 존재를 바탕으로 법치주의와 민주주의를 지향하는 오늘날의 사회 안에서도 정의와 부정의의 경계는 관점에 따라서 모호해진다. 관점에 따라서 새롭게 부정의한 현실이 드러나 보이기도 하고 그렇지 않기도 한다.

롤스가 제시한 정의의 원칙을 적용하는 데서도 '최소 수혜자'를 누구로 보는가의 문제를 둘러싸고 관점의 차이로 인한 논쟁이 발생할 수 있다. 군 가산점 문제나 모성 보호법과 관련한 문제도 원리적 차원에서보다는 종국에는 일상적 가치관과 문화적 태도가 매우 중요한 역할을 하게 되고, 여성과 남성의 경험에 의거한 관점의 차이가 부정의에 대한 판단에 중요한 마지막 변수로 작용한다. 위헌 판결이 난 군 가산점제에 대해 국방부가 여론조사를 통해 다시 제도화하는 것이나, 여성가족부를 설치하고 폐지하는 결정에서 일상적 가치와 문화적 태도가 갖는 중요성을 알 수 있다.

여성주의자들이 여성들에게 이제껏 언표되지 않았던 그들의 경험을 밖으로 말하라고 권장하는 것, 아픈 것을 아프다고 말하게 하는 것, 개인의 서사가 여성주의의 중요한 방법이 되는 이유도 그것이 관점의 다수성과 다양성을 보여 주어 새로운 정의의 기준이 마련되도록 하는 데 도움을 줄 수 있기 때문이다. 신체적 아픔에 대한 아이의 표현이 부모의 태도를 바꿀 수 있듯이 침묵 속에 있던 여성들이 다양한 방식으로 자신들의 아픔을 표현함으로써 일반적인 사회적 가치와 태도를 바꿀 수 있는 것이다.

그러나 우리가 지향하는 것은 근본적으로는 이러한 다양한 관점을 가로질러 사유함으로써 좀 더 확장되고 포괄적인 관점을 갖도록 하자는 것이고, 이를 위해서 공공적 심성으로서의 의로움과 같은 품성을 함양하는 데 관심을 기울이자는 것이다. 도덕과 인식과 정의의 문제는 서로 긴밀하게 연관되어 있다.

동아시아의 품성 함양 전통

정의감, 의로움이 품성으로 쌓이도록 하는 일은 황경식의 논의에서처럼 동아시아 수양론의 전통 안에서 그 지혜를 구할 수 있을 것이라 생각한다. 조선 시대는 동아시아에서도 유례가 없는 강한 예학의 전통을 수립했다. 향약은 상부상조의 정신을 반영한 것이지만 기본적으로는 향촌의 윤리 규범으로서 훈육과 처벌을 기초로 하여 강력한 강제력을 가진 예법이었다. 가문 단위로도 예를 제도화하고 규범화하여 16세기 사림인 이숙량과 같은 이는 『주자가례』의 「거가잡의」에서 딴 '삭망의(朔望儀)'에 따라서 종족 간 차서를 정하고 가족 내 질서와 결속을 다지는 행사를 주기적으로 열었다.

『주자가례』와 향약을 결합해서 만든 삭망의는 매월 초하루와 보름에 모여서 가법을 세우고 확인하는 의식으로서, "가문의 윤리를 주입하고 생활화하기 위해 강제적 훈육과 처벌, 그리고 노래 부르기에 의한 자발적 감화의 방법을 동원했다. 종족은 이 구체적 세목들을 읽고 외우고 해설하고 실천해야 했다. 이 생활 규범의 실천에 의해 상과 벌이 따랐기 때문이다. 지키지 않으면 가문의 일원에서 추방당했다. 가문의 일원으로서 살아남으려면 이 생활 규범을 마음에 새기고 몸으로 실천해야 했다."[29]

이러한 의례는 매우 구체적이어서 성리학적 세계관을 내면화하는 데 유용한 것으로 받아들여졌다. 예를 들어 '형제 간에 화목하라'는 추상적 말 대신에 '형제 간에, 친척 간에 재산을 가지고 다투지 않는다. 재산을 서로 공동의 것으로 여겨 욕심내지 않으며 서로 공평하게 나눈다. 설혹 공평하지 않더라도 분쟁을 일으키지 않는다'는 식으로 구체적으로 지시했다. 나아가 이 같은 지시 사항은 옛사람의 일화를 통해 예시됨으로써 더욱 생생하게 기억되도록 했으니, 이러한 실천을 통해 유교적 몸과 마음을[30] 만들고자 했던 것이다. 이런 종류의 가례뿐만 아니라『계녀서』나『여훈서』같은 책에서도 여성의 행동거지를 세세히 밝힘으로써 유가 사회 내 여성의 몸과 의식뿐만 아니라 욕망까지 조형해 냈다.[31]

삭망의 같은 가례를 거론하는 이유는 기왕의 우리 문화와 덕 함양의 전통에 내재해 있는 품성 함양 방법에 눈을 돌림으로써 의로운 품성 함양을 좀 더 효과적으로 할 수 있을 것이라는 생각 때문이

29 앞의 책, p. 93.
30 길진숙, 「16세기 사람의 주자의례의 실천과 〈분천강호가(汾川講好歌)〉: 제도에 맞는 몸과 마음은 어떻게 만들어지는가?」, 『조선 중기 예학 사상과 일상 문화』, 이혜순 외 지음(이화여자대학교출판부, 2008) 참조.
31 김혜숙, 「포스트모더니즘과 페미니즘: 유교적 욕망과 푸코의 권력」, 『포스트모더니즘과 철학』, 김혜숙 편역(이화여자대학교출판부, 1994) 참조.

다. 덕 함양에 대해 서양철학의 전통에서는 아리스토텔레스도 말한 바 있고, 경험주의 철학자들도 도덕적 감정에 많은 관심을 기울인 바 있다. 이미 우리는 우리의 오래된 문화 안에서 인간을 만들어 온 강한 교육과 훈육의 전통을 가지고 있고, 이는 우리의 일상에서 여전히 많은 부분 작동하고 있는 것이기도 하다.

원칙으로부터 연역적으로 행위를 유추하기보다는 모범적 예를 통해 그것을 익히고 따르게 하는 도덕 교육 방법은 우리에게 매우 익숙한 것이다. 유가, 도가, 불교의 경전 안에는 인간의 올바른 행위에 관한 예가 서양철학의 원전과 비교할 수 없을 정도로 많다. 원시 유교의 핵심 가치인 인(仁)이나 예(禮)는 원리적 설명보다는 예시적 설명에 많이 의존한다. 도덕 교육의 초기 단계에서는 원리적 설명보다는 예시적 설명이 효과적이다. 그렇기에 품성으로서의 의로움을 교육하는 것은 가정과 초등교육에서 다양한 예시와 모델을 통해 이루어져야 한다.

훈육, 처벌, 상, 포함과 배제, 감화는 오늘날에도 교육의 형식을 구성하는 것이다. 군자들의 자기 수행은 향약이나 가례보다는 더 큰 자율성과 자발성을 지니고 있다. 정의감, 인권 의식, 의로움과 같은 것도 품성으로 내면화되게 하려면 자발성을 이끌어 내는 교육 또는 수행의 프로그램 안에서 체득적으로 습득하게 해야 한다. 자기와 타인에 대한 배려와 사랑, 자신의 성과 타자의 성에 대한 존중, 자신의 몸과 타자의 몸에 대한 존중이 교육 안에서 자발적 감정과 덕성으로 자리 잡을 수 있어야 하는 것이다. 이를 위해 구체적으로 어떤 교육 프로그램, 어떤 역할 놀이, 어떤 의식(儀式)이 필요한지를 우리는 모두 심각하게 고민할 필요가 있다. 이미 사회는 변화했고, 이전 가부장 사회를 지탱하던 예의 형식은 더 이상 유효하지 않기 때문이다.

여성 관점의 정의론은 가족과 성의 영역을 포괄해야 하고, 이런 의미에서 정의는 도덕과 불가분의 연관 속에 있게 된다. 여성 경험을 배제한, 그럼으로써 실상은 인간의 구체적 삶의 경험을 배제하는 사회 조직론이나 사회 정의론, 도덕 이론은 불완전할 수밖에 없다.

일상의 문맥으로 내려온 정의론

정의의 문제는 모든 인간 삶을 포괄한다. 그 어떤 인간도 단지 인간이기 때문에 정의로운 사회의 일원이 될 자격을 가지고 있다. 그러나 정의로운 사회에 관한 논의는 대체로 여성의 삶을 비껴간다. 어쩌면 여성의 삶만 비껴가는 것은 아닐지 모르겠다. 노인, 어린이, 한 국가나 사회 안에 완전한 거주 자격을 갖지 못한 사람, 이주민, 타향민, 탈북자, 다문화가정의 아이, 장애인, 전과자, 노숙자, 이런 사람들의 삶 또한 추상적인 정의론 바깥에 놓여 있다. 왈처와 같은 철학자가 '정의의 영역들'을 살피는 이유도 이렇게 다양한 인간 삶의 영역 안에서 정의의 문제를 좀 더 세밀하게 논해야 한다는 생각 때문일 것이다. 한 영역에서 부정의를 초래하는 주체가 다른 영역에서는 부정의를 당하는 객체가 될 수도 있다. 예를 들어 다인종 사회에서 백인 여성은 동류 백인 남성과의 관계에서는 차별을 당할 수 있으나, 일반적으로 흑인 여성과의 관계에서는 차별의 주체가 될 수도 있는 것이다. 차별의 문제에는 이처럼 매우 복잡한 스펙트럼이 존재한다.

이러한 복잡함을 염두에 두면서 여기서는 기존의 정의론이 어떤 측면에서 여성의 존재와 삶을 놓치고 있는지를 보았다. 가족을 주어진 것으로 간주하고 사회적 덕목으로서의 정의에 초점을 맞추게 되면 여성은 정의론의 시야에서 사라지게 된다. 정의론은 모든 인간을 대상으로 하지만 그 안을 들여다보면 현실에는 없는 중성적 인간이나 남성들만이 존재한다. 정의로운 정의론은 여성을 포함하는 것이어야 한다. 그러기 위해서는 가족과 여성/남성 관계를, 일상 생활을 포괄해야 한다.

오늘날 가족이 해체되고 있는 상황에서도 문제의 양상은 조금 달라져 있을 뿐 일상에서 여성의 문제는 크게 다르지 않다. 정의론 안에서 여성을 보고자 한다면 대체로 점잖은 문화 속에서 점잖은 사람들은 말하고 싶어 하지 않는 가족 내의 폭력과 성의 문제를 말해야 한다. 때때로 사람들은 묻는다. 왜 여자들은 여자들 이야기만 하는가? 그것은 여자들이 아니면 이런 일상의 폭력을 말할 사람이 없기 때문이다. 서구 여성주의 이론이 '여성'으로부터 '젠더'로 중심을 이동하면서 실상 여성을 이론적 실체의 자리에서 사라지게 하고 있는데, 그렇게 되면 그 이론은 여전히 많은 사람들이 여성이라는 이유로, 여성의 몸을 가지고 있음으로 해서 고통을 당하고 있는 현실을 놓치는 추상적 공론이 될 것이다.

오늘날 여성들은 의사가 되고 변호사가 될 수 있는 정의로운 사회에 살고 있는 것 같지만, 순간적으로 한갓 성애화된 몸으로 전락할 수가 있다. 홀로 아무리 평등한 자유를 누리고 있다고 생각해도 나를 둘러싸고 있는 사회 문화 안에 규정되어 있는 여성이라는 조건으로부터 자유로울 수가 없는 것이다. 나이가 어떻든, 직업이 어떻든, 성적이 어떻든, 다니는 학교가 어디이든, 부모가 누구든지 간에 여자의 몸을 가진 자들은 밤길을 혼자 걸을 때는 조심해야 하고, 술을 마실 때, 밤에 잠을 잘 때, 일할 때, 쉴 때, 말할 때, 웃을 때, 울 때, 치마를 입을 때, 바지를 입을 때, 아니 참으로 숨을 쉬는 매 순간 조심하지 않으면 안 되는 것이다.

2011년 성추행 피해를 입은 여자 의대생은 6년이라는 시간 동안 구축한 동급 인간과의 신뢰 관계가 물거품처럼 사라지고, 앳된 친구의 얼굴이 갑자기 수천 년 된 거대하고 견고한 할아버지의 얼굴로 꿈쩍도 안 하고 버티고 선 현실이 아마도 믿기지 않았을 것이다. 이것이 이제껏 내가 자신만만하게 마주했던 세상이었는가? 일이 벌어지기 이전의 세상과 일이 벌어지고 난 후의 세상이 왜 이리 다르게 보이는 것인가? 내가 노력한 만큼의 보상과 칭찬을 주었던 세상이 갑자기 내게 손가락질을 하는 전도된 상황을 오늘날 개명한 한국에서 사는 어떤 여성이라도 겪을 수가 있는 것이다.

일상의 인간관계까지 포섭하는 정의론을 만들기 위한 방법으로 나는 정의론이 사회윤리와 사회철학의 차원뿐만 아니라, 도덕의 차원까지 포괄해야 한다고 생각한다. 품성으로서의 정의감을 일상적 삶 안에서 함양하도록 하는 길을 학교교육이나 가정교육에서 모색함으로써 정의가 인간과 인간이 관계를 맺는 데 가장 근원적으로 작동하는 가치가 되도록 만들어야 한다. 너와 내가 상호 평등한 관계 안에서 인격적 관계를 유지해야 한다는 것, 한갓 나의 이익과 쾌락을 위한 대상으로 타인을 사용하는 것은 동시에 자기 자신을 한갓 대상으로 물화하는 것과 같다는 것을 체득하게 하는 교육이 필요하다. 우리 전통 사회 안에서 중요하게 작동한 예법의 질서와 훈육 체계에서 예시를 통한 체득적 교육에 관한 지혜와 방법론을 구할 수 있으리라는 것이 나의 생각이다.

정의를 사회뿐만 아니라 가족과 일상적 인간관계에서도 가장 중요한 덕목으로 두어야 한다는 나의 주장은 언뜻 정의의 윤리보다 배려의 윤리를 주장한 길리건의 여성주의 윤리와 배치하는 것으로 보인다. 길리건은 도덕 교육의 최고 단계로서 정의의 원리를 습득하는 데 여성은 남성보다 처진다는 로런스 콜버그의 주장을 반박하는 한편 관계 중심적 사고를 하는 여성의 도덕적 능력의 우월성을 주장한 바 있다. 배려는 매우 중요한 도덕적 가치로서, 여성은 배려의 윤리에 탁월한 유능성을 보인다는 것이다.

콜버그류의 주장은 새로운 것이 아니다. 칸트 또한 남성은 도덕적 행위에서 원칙 중심적 사고를 하지만, 여성은 아름다움의 가치에 의해 움직인다고 주장한 바 있다. 남성은 이성적이고 여성은 감정적 혹은 감성적이라는 생각은 매우 일반화된 생각이기도 하다. 그러나 품성으로서의 정의감은 이성과 감성의 이분법을 넘어서 있거나 걸쳐 있는 것으로, 남성이든 여성이든 인성의 기본 바탕에서 길러질 수 있는 덕목이다.

품성으로서의 정의감은 원리로서의 정의보다 더 깊게 인간에게 뿌리 내릴 수 있으며, 실천과 지가 결합되어 삶에 변화를 만들어 낼 수 있다. 길리건 또한 개인 간의 관계가 평등하지 않은 상황에서 배려의 윤리는 굴종적 인간관계를 만들어 낼 수 있음을 경고하며 정의로운 인간관계가 배려의 윤리에 전제되어 있음을 말한 바 있다. 인간관계 내에서 작동하는 정의로움의 가치를 기본적 인간 품성의 덕목으로 키우는 일은 여성주의 정의론의 중요한 의제가 될 것이다.

여성을 포함하는 정의론은 여성만을 위한 정의론이 아니다. 여성의 삶은 그들만의 삶이 아니기 때문이다. 한 사람이 자유롭지 못하면 다른 모든 사람이 자유롭지 못한 것이라고 주장했던 헤겔을 따라 우리는 여성에 대한 성적 폭력이 존재하는 사회는 그것이 아무리 멋진 정의론에 의해 구축되었다고 하더라도 결코 정의로울 수 없다고 말해야 한다.

8장

여성 관점은 왜 정당한가?

진리는 늘 부분적인 것이다

한국 여성주의의 발전은 주로 서구 여성주의 이론을 수용하는 과정에서 일어났다. 이것은 근대화가 서구화였던 한국의 여타 다른 부문에서의 상황과 마찬가지다. 그러나 한국에서 여성 억압이 발생했던 문화적 조건은 서구의 그것과는 차이가 있다. 역사적 맥락에서 보았을 때, 한국 여성의 경험은 오히려 제3세계나 식민지 여성의 경험과 유사한 측면을 가지고 있다. 한국 여성은 가부장적인 자국의 역사 과정 안에서 타자의 위치에 있었지만, 다른 주변 국가들과의 정치적, 경제적, 문화적 역학 관계 안에서 또 다른 방식으로 주변화된 경험을 가지고 있다. 과거 원나라와 명나라에 보내진 공녀들, 임진왜란이나 병자호란 때 적국으로 끌려가거나 국가에 의해 강제로 보내진 여성들, 일제 치하 군 위안부, 미군 주둔 아래의 기지촌 여성, 1970년대 일본인 상대의 관광 기생의 문제는 한국 여성이 다중적 방식으로 식민화되어 왔음을 보여 준다. 오늘날에도 향락 산업이나 디지털 기술의 발달 안에서 발생하고 있는 성 착취의 문제, 여성을 대상으로 한 성폭력과 혐오 범죄를 비롯하여 북한의 기쁨조 같은 시대착오적 성 착취, 탈북 여성들을 대상으로 한 중국 내 인신매매의 문제는 자유와 평등을 향한 한국 여성의 여정이 얼마나 척박하고 지난한 현실과 역사를 마주해야 하는지를 보여 준다.

여성 관점은 단지 철학 내 인간론과 관련하여 이론적 대안을 모색한다는 동기에서만 비롯된 것이 아니다. 그보다는 문자, 이론, 사유로부터 소외되었던 여성의 삶과 고통을 기존의 철학과 이론이 담아내고 있지 못하다는 것을, 철학적 앎 바깥에 버려져 있던 성적 억압과 폭력의 문제를 의제로 끌어들여 여성의 언어와 사유를 성찰하자는 것이다. 여성 관점이 하나의 이론적 입론의 지점으로 고려되어야 한다는 규범성은 여성이라는 이유로, 여성의 몸을 가졌다는 이유로 타자화되어서는 안 되며, 그렇게 범주화되는 사람들이 겪는 고통을 모른 체해서는 안 된다는 가치 판단에 뿌리를 두고 있다.

여성 관점은 철학 안에서 철학의 역사를 새롭게 재구성할 수 있으며, 의제 자체를 바꿀 수 있다. 보편적 진리 정립이나 철학적 이론화라는 기존 철학의 목표 아래에서 배제되었던 경험적 맥락이 여성주의 철학에서는 중요하게 고려되며, 진리를 규정하고 입론하는 지점, 즉 주관성이 객관성과 불가분적임을 여성주의 철학은 수용한다. 여성 관점을 떠난 여성주의 철학은 성립하지 않는다. 여성주의 철학이 가정하는 것은 진리란 전면적인 것이 아니라 부분적이라는 것이다. 여성 관점은 현상에 대한 우리의 이해를 다양하고 구체적인 것으로 만든다. 전면적 진리, 절대적 보편성을 지니는 진리가 하나의 이상이라면 진리는 다양한 규정을 통해, 때로는 서로 상충되어 양립 불가능한 진리 규정을 통해 종국적으로 이해되는 그 무엇이다. 만일 한 사람을 전체적으로 완전히 이해하는 것이 불가능하다면 그 사람의 드러난 여러 면모와 행적을 될수록 많이 파악함으로써 그의 실체에 접근할 수 있는 상황과 유사하다. 그 사람을 알려준다고 하는 다양한 묘사, 때로는 상충되기도 하는 묘사는 서로 경쟁하기도 하고, 통합되기도 하며, 버려지고 새로 덧붙는 과정을 통해 한 사람에 대한 묘사로서 나름의 균형점을 찾게 된다. 이와 유사한 방식으로 이 세상을 바라보는 다양한 관점은 모두 나름의 방식으로 세상에 대한 지식을 조직화하고 범주화한다.

다양한 관점은 앎과 인식의 주관성을 드러낸다. 인식은 객관적 진리를 추구하지만 본질적으로 인식 주관(epistemic subject) 개념을 떠날 수 없다. 인식의 주관자, 인식 작용을 활성화하고 인식 또는 지식을 산출해 내는 주재자(epistemic agent) 개념이 인식에는 불가분적으로 따라온다. 인식 주관자는 구체적 삶의 문맥 안에 놓여 있는 인간이므로 인식을 통해 도달하고자 하는 진리의 스펙트럼이 넓어지게 된다. '내 앞에 흰색 컵이 있다'와 같은 단순한 대상 판단뿐만 아니라, 문화와 제도 안에서 일어나는 많은 상황에 대한 판단을 하며, 그 판단의 진리를 판가름하는 일은 내 앞에 놓인 하얀 컵을 확인하는 일보다 매우 복잡하다. 관점이 만들어 내는 인식론적 문제는 이 복잡성과 연결되어 있다. 아래에서는 인식적 규범성과 정당성의 문제를 다른 종류의 정당성 문제와 구분하여 좀 더 세밀한 차원에서 살펴보도록 하겠다.

인식적으로 책임 있는 주체가 된다는 것

행위에는 그것을 만들어 내는 주체로서의 행위자(agent)가 있듯이 인식에는 인식자, 인식을 주관하고 생산해 내는 주체(subject)가 있다. 행위를 주재하는 사람이 자신의 행위에 대한 책임을 갖듯이 인식을 생성해 내는 인식 주재자 또한 인식에 대한 책임을 지니게 된다. 우리는 행위에 관하여 하지 말아야 할 것과 해야 할 것을 구분한다. 하지 말아야 할 행동을 하는 경우 비난을 피할 수 없으며, 사회는 행위에 대한 책임을 지도록 강제한다. 행위의 규범성은 이러한 구분과 가치 평가 안에서 생겨난다. 그런데 인식과 관련해서도 책임의 문제가 개입될까? 내 책상 위에 놓인 사물을 인식하는 경우 여기에 어떤 책임의 문제가 들어오는 것일까?

인식적 책임은 분석철학 전통 안에서 인식론의 문제를 논의하면서 로런스 봉주르(Lawrence Bonjour)가 제시한 개념이다. 그 이전에 언스트 소사(Ernst Sosa)가 1974년에 「어떻게 알게 되는가?」라는 논문에서 '인식론적 무책임'이라는 개념을 제시한 바 있으나, 이 개념을 좀 더 의미 있는 방식으로 논의한 사람은 봉주르다.[32] 봉주르는 다양한 종류의 정당화가 있으며, 각각의 정당화에는 표준이 있다고 보았다. 즉 하나의 행위를 정당화하는 경우 우리는 도덕적 표준에 의존하게 되고, 사업상의 결정을 하는 경우에는 사업적 표준에 의존하며, 종교 텍스트를 해석하는 경우에는 신학적 표준에 의거한

---

32 Ernst Sosa, "How do you know?", *American Philosophical Quarterly* 11-1(1974); L. Bonjour, *The Structure of Empirical Knowledge*(Harvard University Press, 1985), 1장 "Knowledge and Justification" 참조.

다. 인식적 정당화는 믿음과 판단과 관련하여 일어난다.

봉주르는 다음과 같은 예를 통해 인식적 정당화를 도덕적 정당화와 구분한다. 내가 소송을 당하거나 어떤 위기를 겪는 과정에서 친구가 자기 손해를 무릅쓰고 나를 믿어 주고 지지해 주었는데 이 친구가 끔찍한 범죄에 연루되었다는 혐의를 얻게 되었다고 가정해 보자. 그 혐의를 뒷받침하는 상당한 증거도 있고, 모든 사람들이 그가 범죄를 저질렀다고 믿고 있다. 나에게는 그의 무죄를 뒷받침하는 나만의 증거도 없고, 친구도 내게 변명을 하거나 무죄를 주장하지 않고 있다. 어려운 경우이지만 나는 그의 결백을 믿을 수 있고, 내가 그렇게 믿는 데는 그럴 만한 이유가 있다고 충분히 생각할 수도 있을 것이다. 친구와의 관계를 돌아보면 그런 믿음을 갖는 것이 당위일 수도 있다.

그러나 이 경우 내 믿음에 대한 정당화는 도덕적 정당화일 뿐 인식적 정당화는 아니다. 인식적 정당화는 내 믿음이 참인 경우에 이루어지는 것이기 때문이다. 드러난 증거와 근거에 반해서 그가 결백하다고 믿는 나는 친구에 대한 도덕적 의리는 지켰을지언정 인식적으로는 정당화될 수 없다. 인식적으로 정당화된 믿음을 찾는 일이 진리를 찾을 가능성을 높이는 것이 아니라면 인식적 정당화는 우리의 주요한 인지적 목적과는 아무 상관이 없는 무가치한 일이 될 것이다. 인지적 존재로서 우리가 정당화된 믿음을 그렇지 않은 믿음보다 더 선호하는 것은 오직 인식적 정당화가 우리를 진리로 이르게 하는 길이라고 생각하기 때문인 것이다.

인간의 인지적 노력은 그것이 진리라는 목표를 갖는 경우에만, 그리고 그 정도만큼만 인식적으로 정당화된다. 이 말은 거칠게 말하자면 우리는 참이라고 생각할 훌륭한 이유가 있는 믿음만 수용해야 한다는 것이다. 그런 이유가 없는데도 다른 관점에서 수용하고 싶거나 억지로 수용해야 한다면 그것은 진리 추구를 게을리하는 일이 된다. 그런 수용은 '인식적으로 무책임'하다고 말할 수 있다. 나의 주중은 그런 무책임을 피하고 자기의 믿음에 있어 인식적으로 책임을 져야 한다는 것이 인식적 정당화라는 개념의 핵심이다.[33]

분석철학의 전통에서 인식론의 문제는 매우 협소한 맥락 안에서 다루어져 왔다. 'S knows that p'를 말할 수 있기 위한 필요충분조건으로 S가 명제 p를 믿어야 하고, p가 참이며, p를 믿는 것이 정당화되어야 한다고 생각되어 왔다. 에드먼드 게티어가 지식의 필요조건이 가능하지 않음을 반례 구성을 통해 논증으로써 게티어 문제는 오랜 기간 분석인식론에서 핵심적 논의 주제였다.

봉주르 또한 분석인식론의 논의 맥락에서 정합론자로서의 입지를 다진 철학자다.[34] 이러한 논의 맥락에서 로레인 코드는 분석인식론에서 다루는 지식의 개념이나 정당성의 개념이 매우 협소한 것임을 논변하고 앎의 주체 또는 주체가 지니는 주관성의 중요성을 논함으로써 여성주의 인식론의 한 장을 열었다.

분석인식론에서 제시한 인식적 책임이란 인식의 개별 주체가 명제적 판단을 내릴 때 참을 추구해야 할 책임이 있다는 것이다. 여성

---

33 Bonjour(1985), p. 8.
34 봉주르의 정합론 논의는 김혜숙, 「정합성과 인식적 이상」, 『철학』 38집(한국철학회, 1992) 참조.

주의 인식론은 인식적 책임 개념을 다르게 해석하고 수용하고자 한다. 분석인식론에서 제시한 인식적 책임 개념은 인식의 목적을 지나치게 단순하게 설정했다는 점, 우리가 판단을 내리는 많은 경우를 참과 거짓의 이분법 아래에서만 보기는 어렵다는 점, 지식을 갖게 되는 경우가 참보다는 문제가 되는 대상과 상황에 대한 이해를 목적으로 한다는 점, 인식 주체를 개별자로만 상정한다는 점에서 여성주의자들로부터 비판을 받는다.

코드는 인식적 책임을 져야 하는 주체 또는 주체들의 복잡성과 다양성을 고려하지 않는 책임의 공허성을 지적한다. 봉주르 식의 인식적 개인주의 안에서는 객관성에 이르기 위해 지식 주장은 'S'라는 추상적 개인, 그 누구로라도 대치될 수 있는 개인에 의해 만들어진다. 듣는 사람도, 맞장구치는 사람도, 주장을 곱씹어 생각하는 사람도, 반박하는 사람도 없는 진공 속에서 이루어지는 앎의 주장에는 책임을 질, 적절히 이름 붙일 그 누구도 존재하지 않는다. 인식론을 윤리학, 정치학, 존재론으로부터 떼어 놓게 되면 인식론 안에서 현실의 진짜 인식 주체는 부재하거나 익명으로 남아 있어야 한다.[35]

사회인식론은 개념적 정론에 한 개념 또는 또 다른 변주를 첨가하는 것 이상의 것을 포함한다. 그것은 세계 안에 존재하는 방식을 구성하고 세계 내 존재에 핵심적인 것으로서의 지식을 이해하고 평가하는 활동에 급진적인 전환을 보여 준다. 모든 인간 활동과 마찬가지로 앎

---

35 Lorraine Code, "Epistemic Responsibility", *Handbook of Epistemic Injustice*, eds. by I. J. Kidd, J. Medina & G. Pohlhous Jr. (Routledge, 2017), pp. 90~91.

은 물질적, 정치적, 지리적, 상황적, 문화적인 것뿐만 아니라 다른 여러 요인 안에 자리 잡고 있으며, 그런 요인에 의해 만들어지거나 좌절된다. 이런 요인 중 많은 것이 책임의 문제를 촉발한다. 여성주의자, 반인종주의자, 다문화주의자나 다른 '다양성 인지(difference sensitive)' 이론과 실천은 이런 요인을 날카롭게 의식하고 있다. 각기 다양한 측면을 갖겠지만 이런 면모만으로도 이들은 통상적 영미 인식론의 무미건조한 중립성으로부터 벗어나 있다.[36]

여성 관점은 여성이라는 집단적 인식 주체를 가정하고 하나의 인식적 가상 공간(epistemic imaginary)을 만들어 내고 그것을 제도화하고자 한다는 점에서 규범성을 갖는다. 이 가상계 안에서 이제껏 가부장 세계와는 다른 규범과 의미, 가치가 만들어지고, 허용되는 것과 금기시되는 것이 재규정된다. 이 공간은 서로 말하고 듣고 숙고하고 행동하는 해석학적 공간으로, 앎은 삶과 분리되지 않는다.

인식적으로 책임 있는 주체가 된다는 것은 무엇인지 알지 못하는 진리를 추구해야 한다는 당위를 받아들이는 것만으로는 충분하지 않다. 우리 모두는 진리를 아는 과정 안에 있기 때문에 그 누구도 진리를 전유할 수 없으며, 참된 진리가 무엇인지도 알 수 없다. 진리를 알 수 없는 상황이라면 내가 인식적으로 책임 있는 주체인지, 혹은 나만의 독단 안에 갇혀 있는지 판별하기 어려울 것이다. 내 믿음이 합당한 이유에 근거해 있는지를 판별하는 일도 대부분의 경우 매우 어렵다. 이를 판별할 객관적 기준이 없다면 우리가 의존해야

---

36 Lorraine Code, 앞의 책, p. 93.

하는 것은 다른 인식 주체와의 소통을 통해 다양한 앎의 통로를 상호 검증하고 비교하는 숙고의 과정일 것이다.

이런 변증적 해석 방법은 여성 집단의 관점에서 기존 남성 중심의 앎의 체계와 다른 어떤 지식이 만들어질 수 있는지, 드러나지 않았던 것이 어떻게 드러나 지식의 형태로 만들어질 수 있는지를 탐색하는 데 유용하다. 여성주의 지식 생산의 목적은 도그마 생산에 있지 않다. 관점의 다양성과 융통성, 유연성, 관점 간의 길항 작용을 통한 균형 모색은 여성주의뿐만 아니라 차이를 중시하는 이론 작업 안에서 중요한 요소다.

여성 관점의 정당성은 어떻게 확보되는가?

여성 관점은 집단적 당파성을 가진다는 점에서 관점의 일반적 타당성에 대한 물음을 촉발할 수 있다. 아래에서 이 문제를 두 가지 논의 맥락을 빌려 살펴보고자 한다.

첫째는 이론 검증이라는 문제의 맥락이다. 진리나 지식을 주장할 때 많은 경우 우리는 경험적 근거나 증거에 의해 주장을 확증하거나 정당화하거나 반증할 수 있다고 생각한다. 특히 경험주의 전통 안에서의 진리 주장은 언제나 경험, 특히 감각적 경험에 의해 검증되거나 반증된다고 생각되었다.

그러나 분석철학의 맥락에서 콰인은 경험주의 내 두 가지 도그마(분석명제와 종합명제의 구분과 감각 경험을 지식의 기본 단위로 삼는 환원주의)를 논박하면서 이론(명제적 믿음)과 경험적 증거는 일대일 대면을 통해 검증되는 것이 아니며, 우리의 그물처럼 얽힌 믿음 체계

전체가 경험과 대면하고 있다는 전체주의(holism)를 주장했다.[37]

　가설 반증을 둘러싼 포퍼와의 논쟁에서 뒤앙-콰인 논제라고 알려진 이런 관점에서 보자면 여성주의 개념 체계 또한 단순한 경험적 사실에 의해 검증되거나 반증되지 않는다. 실험이나 수학적 방식과 과정을 통해 진리를 확정 짓는 과학 이론 체계 검증이 객관적 사실과의 직접적 대면을 통해 이루어질 수 없다면 자연과학 외의 담론에서는 더욱 그러할 것이다.

　이와 관련한 매우 복잡한 논의가 있을 수 있지만, 간단하게 보자면 콰인의 주장은 믿음(사유, 언어)과 세계 사이의 관계가 전통적 경험주의자나 실증주의자가 생각한 것처럼 단순 명료하게 설정되어 있지 않으며, 나아가 둘이 서로 만나고 있는지조차도 확신할 수 없기 때문에 이론(믿음)은 그것을 밑받침한다고 하는 증거에 대해 항상 미결정되어 있다는 것이다. 이 주장에 따르면 우리에게 가능한 증거에 의해 동등하게 검증되는, 논리적으로 서로 양립 가능하지 않은 이론이 있을 수 있게 된다. 이들 이론은 실용적, 현실적 관점에서 보자면 모든 가능한 증거에 부합함으로써 다 맞는 이론으로서 같은 가치를 지닌다.

　콰인의 전체주의적 주장을 적용해서 보았을 때, 여성 관점이 갖는 정당성은 도덕적 당위나 정치적 올바름으로써 성립하는 것이 아

37　경험주의와 전체주의는 사실상 상호 충돌하는 면이 있기 때문에 전체주의와 결합된 콰인의 경험주의는 매우 독특한 위상을 지닌다. 콰인의 경험주의와 전체주의에 관한 논의는 김혜숙, 「Quine의 경험주의와 전체주의」, 『철학』 32집(한국철학회, 1989) 참조. 린 넬슨은 *Who Knows: From Quine to a Feminist Empiricism*(Temple University Press, 1990)에서 콰인의 경험주의가 여성주의 경험론을 입론하는 데 유용하게 사용될 수 있음을 보였다.

니라, 여성주의 믿음을 배격할 근거가 없다는 데서 성립한다. '여자들은 과학이나 공학에 약하다'는 믿음을 뒷받침하기 위해 많은 사람들이 과거의 역사나 현재 여성 과학자나 엔지니어의 낮은 비율이나 학교에서의 성취도를 증거로 제시한다. 그러나 이 믿음은 우리 믿음 체계 내의 다양한 믿음과 가치 체계, 교육제도, 관행, 태도, 양육 방식 등 다른 모든 것과 연결되어 있고, 거미줄처럼 얽혀 있는 이 믿음의 체계는 사실상 명료한 명제로 드러낼 수조차 없이 복잡하고 어둡다.

위 명제의 객관성을 증명하기 위해서는 우리 믿음 체계 내의 여자에 관한 다양한 가치, 교육, 문화적 규범과 실행의 객관성을 증명해야 하고, 이 증명은 또 다른 믿음의 객관성을 증명해야 한다. 한 믿음을 둘러싸고 통상적으로 제시되는 증거나 근거가 어떤 일련의 믿음과 연결되어 검증 또는 반증의 역할을 할 수 있는지를 결정하는 일은 이론상 거의 불가능한 일이다. 이런 상황에서 여성주의 믿음 체계의 정당성은 그것이 사실과 부합한다는 의미의 객관성에 의해서가 아니라, 그 체계가 가지는 설명적 힘, 실용적 가치, 많은 사람들이 그 믿음 체계를 그들 삶에 더 합당한 것으로 수용하는 태도, 더 많은 사람들과 사회를 이롭게 한다는 공리성 등의 이유에 의거해 확립될 수 있을 것이다.

이 세계를 바라보고 규정하는 다양한 관점이 있을 수 있다. 각 관점은 주관성과 당파성, 국지성을 피할 수 없으며, 이로 인해 상대주의의 문제나 회의주의의 문제를 야기할 수 있다. 자연 언어를 기반으로 하는 철학에서 이러한 문제는 피할 수 없다. 언어는 이미 그것을 사용한 사람들의 가치와 규범에 의해 오염이 되어 있기 때문에 더욱 그러하다. 여성주의는 기존의 남성 중심적 세계관을 비판하지만 사용하는 언어에 온축되어 있는 기왕의 세계관이나 가치 체계와 결별하는 일이 쉽지 않으며, 구체적 삶의 문맥과 실천은 더욱 더 그렇다. 스스로 결혼 관계 안에 있으면서 가부장제 아래의 결혼 제도를 비판하기 위해서는 현실적 삶의 맥락의 안과 밖을 넘나드는, 때로는 모순적이기도 하고 때로는 포용적이기도 한 입지를 만들어 가야 한다. 인간의 믿음은 큰 맥락 안에서 보았을 때 순환이나 논점 가정의 문제를 피할 수 없다. 그것은 우리가 절대적 초월이나 표준을 가질 수가 없고 인간의 언어가 아닌 다른 언어를 알지 못하기 때문에 그러하다. 그러나 절대적 객관성을 구할 수 없다고 해서 곧바로 허무적 회의주의나 상대주의에 빠지게 되는 것은 아니다.[38]

인간적 사고와 언어의 한계에 갇혀 있는 한 그 어떤 이론도 완벽하지 않기 때문에 그만큼 한 이론이나 관점은 오류 가능성과 논박 가능성을 안고 있다. 이러한 입장의 귀결은 진리란 없거나 여럿이거나 알 수 없는 것으로서 오직 다른 것들, 대립적인 것들 간의 논박이나 논쟁 같은 변증적 과정이나 길항적 과정 속에서 잠정적으로 얻게 되는 무엇이라는 것이다. 여성 관점의 정당성을 확보하기 위한 과정 또한 다르지 않을 것이다.

여성 관점의 정당성과 관련한 둘째 논의의 맥락은 입장론에서 차용할 수 있다. 억압받는 이들이 세계를 더 포괄적으로 본다는 마르크스의 관점이나 그를 여성주의에 적용한 입장론의 관점에서 보면

---

38 노양진은 『상대주의의 두 얼굴』(서광사, 2007) 10장 「대립 없는 상대주의」에서 객관성과 상대주의의 이분법을 넘어 완화된 상대주의를 논의했다.

제3세계의 여성들은 가장 주변화된 존재들로서 인식론적 특권을 많이 누릴 수 있는 위치에 있다고 볼 수 있다. 그리하여 한 여성주의자는 다음과 같이 주장하기도 했다.

> 제3세계 여성들은 여성주의 운동 안에서 지도적 입장을 형성한다. 왜냐하면 정치적 이해에 있어서 우리는 다면적이고 여러 이슈에 연관되어 있기 때문이다. 정치학이 광범위하면 할수록 그것의 잠재력은 더욱 깊으며 더 변혁적이다.[39]

그런데 과연 그러할까? 여성주의 운동 안에서 제3세계 여성이나 흑인 여성이 지도적 입장을 가졌던 적이 있었는가? 입장론적 관점에서 여성 관점의 정당화는 '왜 억압받는 약자 또는 피지배자가 옳음을 전유해야 하는가'라는 어려운 물음에 직면하게 된다. 피지배자는 지배자의 언어와 피지배자의 언어 모두를 익힌다. 따라서 그들은 지배자보다 세계를 더 넓게 보고 권력이 작동하는 방식을 머리로뿐만 아니라 몸으로 체득하기 때문에 사태의 진상을 더 정확히, 더 잘 알 수 있다고 입장론 관점에서 주장할 수 있다.

그러나 약자를 어떻게 규정할 것인가, 피지배의 맥락을 어떻게 규정할 것인가의 물음과 직면하여 우리는 오늘날과 같은 복잡한 사회 안에서 답을 찾는 것이 쉽지 않음을 발견하게 된다. 예를 들어 장애인, 노동자, 여성, 노인 등 사회적 약자 그룹의 경우 이들 집단 안에

---

39 Barbara Smith & Beverly Smith, "Across the Kitchen Table: A Sister-to-Sister Dialogue", *This Bridge Called My Back: Writings by Radical Women of Color*, eds. by Cherrie Moraga and Gloria Anzaldua(Persephone, 1981), p. 127.

서도 다양한 권력관계가 존재한다. 장애인 집단 내에 계급이나 젠더 문제가 들어올 수 있으며, 노동자 집단 내에서도 여성 노동자들은 성차별로 인해 또 다른 힘겨운 싸움으로 내몰릴 수 있다. 여성 집단은 한 사회 안의 복잡성을 그대로 지니고 있으며, 여러 방식으로 소집단화되고 집단 간 권력의 순환이 매 순간 발생할 수 있다. 같은 여성이라고 하더라도 여성 경영자와 여성 노동자 간 계급의 차이가 있을 수 있고, 이들 간 대립에는 여성이라는 것이 계급만큼 큰 변수로 작용하지 않을 것이다. 이러한 소집단들 간의 대립과 권력투쟁은 집단으로서의 여성이 형성되는 것을 어렵게 하는 요인이 된다. 오늘날 권력은 실체적 집단이 가지고 있는 유형의 실체가 아니다. 권력은 유동적이며 다양한 메트릭스 안에서 다양한 방식으로 작동한다. 포스트모더니스트들은 이를 욕망의 형태 안에서 포착하기도 했다.

누가 약자인가의 문제처럼 젠더 다양성 안에서 누가 여성인가의 문제도 제기될 수 있다. 나아가 설혹 여성 일반을 우리가 표식할 수 있다고 하더라도, 또 여성 일반이 약자의 범주에 있다고 하더라도 '왜 약자나 피해자 관점에서 사태를 보아야 하는가', '왜 약자를 도와야 하는가'와 같은 도발적 물음에 여성주의는 어떻게 여성 관점을 정당화할 것인가?

약자나 피해자를 돕는 것이 도덕적 당위라는 것을 우리는 어릴 때부터 배워 왔지만, 처절한 생존경쟁에서 살아남는 것이 규범이 된 사회 안에서 결국 이런 물음은 '왜 도덕적이어야 하는가'와 같은 근원적 물음으로까지 귀결된다. 그러나 또 도덕이 인간 실존에 필요조건임을 증명할 수 있다고 해도 여성 문제를 해소하거나 해결하는 데 도덕이 충분조건이 되는 것은 아니다.

여성 관점의 정당성 문제를 콰인의 전체주의 논의와 입장론 논의 안에서 살펴보았다. 하나의 관점은 항상 다른 또 다른 관점을 가정할 수밖에 없기 때문에 국지성이나 상대주의 문제로부터 자유롭지 못하지만, 다른 한편으로 상대주의를 포용함으로써 차이의 철학으로서 여성주의 철학이 설 수 있는 것이기도 하다. 하나의 관점은 다른 관점과의 변증법적 대립 안에서 자신을 강화하기도 하고, 변형과 융합을 통해 더 큰 관점을 만들어 나갈 수도 있다.

입장론은 여성 관점을 선명하게 부각할 수 있기는 하지만 지배와 피지배의 이분법에서 벗어나 권력이 작동하는 유동적 측면과, 유동성 안에서 피억압자가 주체적 변화를 만들어 내는 힘의 응축이 어떻게 가능할지를 설명할 수 있다면 여성주의 인식론에 유용할 수 있을 것이라 생각한다.

나는 이 두 맥락 외에 역사적 경험 안에 존재해 왔고 아직도 제도와 언어 안에 내재해 있는 고통, 몸과 마음을 가로지르는 고통의 차원에서 여성 관점의 정당성 문제를 생각해 보고자 한다. 여성들은 그들의 국가가 어디이건 간에 대체로 비슷한 방식의 삶을 유지해 왔다. 그들 몸이 가지고 있는 특성과 수태 능력은 인간의 문명이 근육의 힘에 의존하던 역사의 단계에서 그들 삶의 형태를 결정짓는 중요한 요인이 되었다. 오랜 기간 가부장제 아래에서 만들어진 제도와 인간 삶을 재단하는 규범은 언어와 일상적 행위 안에 그대로 녹아들어 있다. 여성을 남성의 타자, 남성의 보조자로 놓고 만들어진 많은 문화 규범이나 태어난 이후 사회가 여성에게 교육한 가치는 대체로 여성의 신체적, 정신적 자유를 방해하고 제어하는 것이었다. 여성이 스스로에 관해 사유하기 시작한 것은 인간 역사 안에서 최근세의 일이다. 아직도 여성들은 자신의 언어가 무엇인지 잘 알지 못하며, 자신을 표현하기 위해 아버지 권력이 가르쳐 준 언어를 빌릴 수밖에 없는 처지에 있다. 여성의 소외 경험과 주변화, 대상화 경험은 따라서 왜곡되거나 제대로 표현되지 못한 채 더욱 깊이 은폐되고 만다.

여성들은 자신들의 문제를 개념화하기도 사유하기도 매우 어렵다. 기왕의 권력 구조 안에서 배운 언어와 문법을 통해 자신에 관해 말함으로써 여성들은 자신을 억압하고 있는 구조 안으로 다시금 편입되고, 그 구조의 질서와 규범을 스스로 존경하고 내재화하는 역설적 과정을 밟게 된다. 이런 역설을 의식하는 여성들이 겪게 되는 고통은 삶과 존재의 깊은 곳에 내재해 있으며, 이름하기도 어렵고 개념화하기도 어렵기에 저항하기도 어렵다. 여성 존재를 감싸고 있는 무력감의 실체는 바로 탈출구 없는 원 안에 갇혀 있는 자기 존재에 대한 막연한 자각이다.

여성 관점의 정당성은 외부적 이론에 의해서보다 현실에서의 여성 경험과 고통에 의해 스스로 확보된다. 경험적, 통계적으로 드러나는 여성에 대한 신체적 폭력과 성폭력, 여성 우울증 환자의 높은 비율, 사회 모든 부문에서의 낮은 고위직 여성 비율, 경제적 궁핍과 비자립성, 임금 격차, 고도화되어 가는 성 착취와 여성 혐오 등 여전히 온전한 시민으로 자리 잡지 못하고 있는 현실과, 모든 사회 담론과 제도와 활동 안에 과소 대표되어 있는 여성들의 존재야말로 여성 관점을 정당화해 주는 강력한 실체적 근거를 이룬다. 더욱이 북한을 포괄하는 한국 여성의 역사, 몸으로 살아 낸 슬픈 역사는 여성의 시각을 통해 기울어진 운동장을 균형 있게 만들어야 하는 당위를 성립시키는 중요한 요인이 된다.

이러한 현실을 인식해야 할 책임, 타자의 고통을 알아차리고 이해해야 할 인식적 책임은 비단 여성 문제에 대해서뿐만 아니라, 다른 방식으로 가려져 은폐되어 있는 국면에 대해서도 성립한다. 인식적 책임을 다하지 않을 때 인식적 부정의(epistemic injustice)가 생겨난다.

다음 절에서는 무지의 인식론(epistemology of ignorance), 저항의 인식론(epistemology of resistance)과 같은 개념을 흑인 여성주의 사상과 연관하여 살펴보고, 이러한 인식론적 태도가 한국 여성 철학과 나아가 한국철학에 대해 지니는 함의를 생각해 보고자 한다.

인식적 부정의와 저항의 인식론

권력과 지배의 매트릭스는 다양한 축이 교차하는 복합적 공간이다. 이 안에서 여성이라는 축은 다른 축과 함께 지배 권력의 실상을 드러내는 중요한 축으로 작동한다. 여성 문제를 젠더 문제로 대치하고 있는 서구 여성주의의 논의 맥락과 달리 한국을 포함하는 아시아 지역은 여전히 '여성'이 유의미한 학적 성찰의 대상이 되는 이론적 개념으로 작동한다고 나는 생각한다. 그것은 집단으로서 아시아 여성들의 삶이 강력한 가부장 전통 안에서 가진 공통의 경험 때문이며, 나아가 식민지 경험과 식민지 지배에 의한 성적 착취의 문제를 공통적으로 안고 있기 때문이다. 일반적으로 아시아 사회에서 여성은 가장 낮은 계급 안에서도 가장 낮은 위치에 놓여 있다.

인식적 책임은 한 인식 주체로서 개인이 가진 명제적 믿음과 판단이 진리를 추구해야 한다는 데서만 성립하는 것이 아니다. 그것은 현상적인 것 너머에 있는 것, 기존의 개념 체계 안에서는 드러나지 않았던 수많은 국면을 보고, 배제와 은폐로 인한 인간의 고통을 최소화해야 하는 책임이다. 믿음과 판단은 일반성과 공공성을 지니는 언어에 기반하는 한 나만의 것일 수 없고, 타자와의 대화와 소통을 통해 공유되고, 공적으로 검증되고 배격되는 것이다.

나는 위에서 여성 관점의 정당성이 바깥에 객관적으로 존재하는 사실에 의해서가 아니라, 변증적 과정 안에서 확보되는 성질의 것임을 주장했다. 사실이라는 것이 홀로 단순히 존재하는 것이 아니라 담론 내 다른 사실에 의존해 있고, 이 의존 관계는 무한할 수 있으며, 그것을 사실로 채택하는 증거의 원리 또한 담론 안에서 확보될 수밖에 없기 때문이다.

한 사회에는 다양한 방식의 차등이 존재한다. 차등 자체가 부정의를 초래하는 것이 아니라, 정당화되지 않은 차등이 부정의를 초래한다. 정당화될 수 없는 차등이 어떤 것인지를 둘러싸고 많은 논의가 있을 수 있다. 예를 들어 한국 사회에서는 대학 입시에서 수학능력시험의 점수에 따라 합격자를 가리는 것은 정당한 것으로 받아들이지만, 부모의 기여나 부모가 동창이라는 점에 가산점을 주어 합격자를 결정한다면 정당하지 않다고 생각할 것이다. 그러나 명문 미국 사립대학에서는 때때로 이런 요소를 참작하여 합격자를 결정하는데, 미국 사회는 이를 정당한 것으로 수용한다. 이렇듯 차등의 정당성 문제는 시대와 문화에 따라 달라질 수 있다.

오늘날 우리가 살고 있는 세상에서 차등은 매우 다양하게 이루어지고 있으며, 무수하게 많은 구분과 포함 또는 배제의 움직임이 존재한다. 이 중 사회적 문제를 야기하고 불평등에 관한 논쟁을 일으키는 것으로는 인종, 계급, 젠더, 섹슈얼리티 같은 것이 있으며, 한국 사회에서는 이외에도 학벌, 출신 지역, 종교, 이념과 같은 것이 있다. 이것은 사람들 사이에 다층적 형태의 분리를 만들고, 그에 따라 부정의의 문제를 야기한다.

이런 다층적 맥락이 맞물리고 교차하는 가운데에서 억압의 문제는 복잡한 양상을 띠게 되고, 그 안에 놓인 인간도 때로는 억압자로, 때로는 피억압자로 위치할 수 있다. 그럼에도 인종, 성, 계급은 상당히 통일적, 제도적 방식으로 뿌리 깊게 분리를 만들어 내고 집단으로서의 인간을 억압해 왔다. 『흑인 페미니즘 사상』의 저자인 패트리샤 힐 콜린스(Patricia Hill Collins)는 흑인 여성이 처한 유동적 상황을 다음과 같이 말했다.

　　억압은 단지 머리로 이해될 뿐 아니라, 수많은 방식으로 몸으로 체험된다. 억압은 항상 그 모습을 바꾸기에 흑인 여성 개인이 스스로를 정의할 때 여러 측면과 얽히기 마련이며, 경우에 따라 특정 측면이 두드러지기도 한다. 어머니가 되었을 때에는 젠더가 더 중요해지기도 하고, 집을 구할 때는 인종이, 대출 신청을 할 때는 사회 계급이, 애인과 함께 길을 걸을 때는 성적 지향이, 직업을 구할 때는 시민권 여부가 더 중요해지기도 한다. 이 모든 맥락이 서로 맞물려 작동하는 억압에서 그녀의 위치는 변환된다.[40]

40　패트리샤 힐 콜린스, 『흑인페미니즘 사상』, 박미선, 주해연 옮김(여이연, 2009), pp. 447~448.

흑인은 '분리되었으나 평등하다'는 것은 1896년 판례에서 확립된 원리였지만, 이것은 형식적 평등만 선포한 것에 불과했다. 흑인은 분리만 되었을 뿐 실질적 평등은 보장되지 않았다. "주거, 교육, 산업, 정부, 미디어 및 주요 사회제도에서 정책과 절차는 흑인 여성의 온전한 시민권 행사를 막았다"[41]라고 콜린스는 말했다. 분리되고 게토화된 다양한 맥락 안에서 흑인에 대한, 흑인 여성에 대한 사회적 평가와 지식은 재생산되어 이들은 빠져나올 수 없는 늪에 갇혀 있는 상황에 처하게 되었다.

미국 사회 내 흑인 여성들은 여성 일반이 겪는 상황을 조금 극단화된 형태로 보여 준다고 생각한다. 인식적 부정의는 유형, 무형의 제도 안에 내재화된 한 집단에 대한 평가와 인식의 편향성이 그대로 삶의 현장에서 작동하고 실현되어 불평등을 영속화하는 데서 초래된다. 무서운 일은 인식적 부정의가 부정의로 인지되지 않고 당연시된다는 것이다. 그것은 사회제도와 사회정책 안에 전제된 편향적 가설이 단지 문제를 설명하고 해결하기 위한 방법적 틀을 넘어서 해결하고자 하는 문제 자체를 다시금 생산해 내는 능동적 역할을 하기 때문이기도 하다. 우리는 이러한 고정관념, 제도, 정책 내에 숨어 있는 가설과 전제가 어떻게 만들어져 있는지를 비판적으로 점검해야 할 인식적 책임을 가지고 있다. 여성주의 인식론자들이 '누구의 지식인가'를 묻는 배경에는 이러한 문제의식이 놓여 있다. 이 책임을 방기할 때 인식적 부정의는 발생한다.

인식적 정의를 확보하는 것은 민주주의의 중요한 요소가 된다.

---

41 패트리샤 힐 콜린스, 앞의 책, p. 451.

민주주의 사회 안에서 다양성을 인정하는 것은 매우 중요한 요소로서 수많은 개인 또는 집단 간의 상호작용 안에서 균형을 이루어 가야 하지만 현실에서는 힘의 충돌과 억압의 여러 양상이 벌어지고 있다. 민주주의 사회에서는 다양한 집단 간의 끊임없는 갈등과 쟁투를 통해 나름의 균형점을 찾아가기 때문에 이렇게 갈등과 논쟁의 표면에 등장하지 않는 한 문제로 보이지 않으며, 사회적 인식의 지평에 떠오르지도 않는다. 인식의 사각지대에 놓여 있는 것은 무시되고 만다.

오랫동안 흑인 문제는 미국 사회에서 존재하지 않았던 것처럼 보였고, 여성 문제 또한 문제로서 드러나지 않았다. 흑인에 대한 낮은 처우는 당연하고 자연스러운 것으로 받아들여졌다. 여성이 남성 뒤에 물러서 있는 것 또한 자연스러운 것으로 받아들여졌다. 저항과 마찰을 통해 무엇인가가 비로소 문제로 보이기 시작할 때, 그것은 인식적 부정의로서 규정되는 것이다.

호세 메디나(José Medina)는 『저항의 인식론』이라는 책에서 흥미로운 관점을 보여 준다. 민주적 참여란 통상적으로 그룹이나 집단의 구성원 간 의견의 일치를 만들어 내기 위한 활동으로 간주되어 왔으나, 그는 이런 일치 모델(consensus model) 대신 저항 모델(resistance model)을 제시했다. 이런 의견 일치가 반드시 민주주의의 핵심 요소인 다양성, 상호작용, 역동성을 담보하는 것은 아니라는 엘리자베스 앤더슨(Elizabeth Anderson)의 주장[42]을 기반으로 그는 저

---

42 Elizabeth Anderson, "The Epistemology of Democracy", *Episteme: A Journal of Social Epistemology*, vol. 3(Edinburgh University Press, 2006).

항을 통해 비로소 현상으로 인식되고 문제로서 인지되는 저항의 인식론을 제시했다.[43]

의견의 불일치, 반대, 부동의는 통상 사회 질서를 해치고 균열을 초래하는 것으로 여겨져 왔으나 메디나는 "민주적 인식활동 안에서 우리에게 다양성, 상호작용, 역동성을 소중하게 여겨야 할 합리적 이유를 주는 것이 바로 반대의 역할이다"[44]라고 말했다. 사회는 복잡하고 다양한 집단 간의 갈등은 항존한다. 이러한 불일치와 마찰은 사회적 상호작용이 살아 있다는 증거가 되며, 건강한 사회를 유지시키고 인식적 부정의가 발생하는 일을 최소화할 수 있다.

물론 불일치, 저항, 투쟁이 과도해져서 내전으로 비화할 가능성도 배제할 수는 없다. 갈등의 깊이가 심화하여 아예 분리된 집단 간에 상호작용조차 일어나지 않을 수도 있으며, 이런 분리는 여러 형태의 소통이 단절된 급진주의를 출현시킬 수 있다. 반대로 이런 모든 갈등을 힘으로 일소하겠다고 나서는 파워 집단이나 전체주의 성향이 출현할 수도 있다. 이 모든 부정적 가능성에도 불구하고 개인의 자유와 평등을 향한 민주주의 이념을 실현하기 위한 다양한 제도와 장치 안에서 의견 불일치, 저항, 반대의 행동이 개인의 자유를 신장시키는 데 기여하도록 만드는 일은 우리 모두의 책무일 것이다.

민주주의의 인식론이 도달하고자 하는 진리의 세계는 사각지대까지 환해지도록 모두가 인식적 주체로서 삶을 구성하는 세계가 될 것이다. 그 세계는 배제되고 사용되고 버려지고 조롱당하고 무시되

---

43 José Medina, *The Epistemology of Resistance: Gender and Racial Oppression, Epistemic Injustice, and Resistant Imaginations*(Oxford University Press, 2013), pp. 3~13.

44 José Medina, 앞의 책, p. 6.

고 침묵을 강요당하는 타자들의 삶으로 채워진 세계가 아니라, '내가 여기에 있다'고 소리칠 수 있고 듣고 말하고 자신의 삶을 증언할 수 있는 주체로서의 삶이 있는 세계다. 갈등과 싸움조차 그 본질은 나를 주체로 인정하라는 인정투쟁, 내가 살아 있음을 증언하는 투쟁의 일환임을 깨닫는다면 세상은 좀 더 살 만해질 것이라 믿는다.

4부 삶의 무료함과 죽음의 철학 *

* 4부의 글은 2023년 SK텔레콤의 학술 연구 지원비로 이루어진 '평화와 글로벌시티즌
십을 향하여: 혐한과 반일을 넘는 미래로' 프로젝트의 일환으로 쓴 논문인 「혐오의
미학과 혐오의 정치학: 반일과 혐한을 넘는 미적 교육의 중요성」 일부를 수정하고 재
구성한 것이다.

9장

무지와 혐오 감정의 반미학

포용의 철학을 위한 조건

이제까지 여성 관점이 철학의 형이상학, 인식론, 윤리학과 사회철학 분야 안에서 어떻게 의제를 변화시키고 철학적 사유와 논의의 지평을 넓히는지를 살펴보았다. 서구 여성주의 철학은 다방면으로 철저하게 서양철학의 역사를 여성 관점에서 해체하고 재건하려는 노력을 기울이고 있다. 한국의 여성주의 철학자들 역시 지난 몇십 년간 축적된 여성학의 바탕 위에서 동아시아 철학과 서양철학의 맥락 안에서 철학적 논의를 구축해 왔다.

한국 여성주의 철학의 입론은 한국 문화를 받치고 있는 에피스테메에 대한 분석에 기초해야 한다. 그 에피스테메는 음양오행의 문화 논리라고 나는 생각한다. 서양의 선악, 남녀, 참과 거짓 같은 이치(二値) 논리 기반의 이분법과 음양 이분법은 많은 차이를 가지고 있기 때문에 음양의 체계를 재해석하여 포용의 인식론으로 재구성하는 일은 한국 여성 철학에 필수적인 일이 된다.

우리가 살아가는 세상은 무한한 방식으로 분할되어 있는데, 우리는 이 중 때로 양립 가능하지 않은 것조차 함께 받아들여야 하는 삶의 역설 안에서 움직인다. 끊임없이 변화하고 움직이는 자연과 인간의 세계에서 여성과 남성의 관계 또한 모든 차원에서 유동적일 수밖에 없으며, 존재의 차원에서나 역할의 차원에서나 변화무쌍한 과정 안에 놓여 있다. 가부장 질서를 전복하고 여성이 지배 권력이 된다고 해서 갈등과 대립, 폭력의 서사가 끝을 맺는 것도 아니다. 우리가 받아들여야 하는 것은 어떤 방식으로든 인간 사회를 벗어날 수 없으며, 그 안의 구분과 분별은 파괴, 창조, 재생산의 과정을 통해 변화한다는 것이다.

서구 기독교 문화의 선악 이분법과 달리 동아시아 전통, 특히 유교 전통 안에서는 그런 선명한 이분법적 사고를 찾기 어렵다. 포용의 철학과 포용의 인식론은 이런 문화 특성에 기반을 둔다. 악의 독립적 실체성을 부정하는 유교 전통에서 악은 선의 결여로 간주된다. 음과 양은 고정된 실체로 어느 한 힘이 파괴되는 것을 목표로 하는 대립이 아니다. 서로를 품어 안고 음과 양 통합체로 존재해야 하는 관계로서, 하나의 보자기 안에 싸여 있다.

반대되는 것조차 자기 안에 품는 포용의 철학은 이성의 질서 안에서는 달성되기 어렵다. 이성은 개념적 분별을 추구하며, 언어적 판단과 믿음의 체계를 합리성과 참이라는 규범의 잣대로 구축하고자 노력하기 때문이다. 그렇기에 포용의 철학, 포용의 인식론은 미학적 맥락과 감성의 형식을 필요로 한다. 포용이 수동적 수용이나 체념적 약자의 자기 합리화가 아니라 참된 힘으로 작동하는 것은 미학적 형식을 통해 감성적, 감정적 영향을 미치고, 감정은 육체적 힘으로 발현되어 직접적 방식으로 인간의 삶 자체를 변화시키기 때문이다. 미학은 이성적 인식이 아니라 감성적 인식의 학이다. 칸트는 미적 경험을 이성적 판단의 영역과 비합리적 감성의 영역 사이에 놓음으로써 자율적 심미의 영역을 철학적 담론의 장으로 열어놓았다. 아래에서는 혐오 감정에 대한 미학적 고찰을 통해 여성 혐오 문제를 다루면서 포용의 인식론이 어떻게 심미적 영역을 통해 구체화되는지를 보이고자 한다.

혐오 감정의 신체성

혐오는 부정적 감정으로서 전혀 아름다움에 관한 철학으로서의 미학과는 아무 상관이 없다고 생각하기 쉽다. 그러나 혐오스러운 그림, 듣기 거북한 불협화음을 사용한 음악, 폭력 장면이 혐오를 일으키는 영화에서와 같이 혐오는 많은 경우 미학의 장치로 사용된다. 예술가들은 관람자나 청중에게 혐오 경험을 일으켜 미적 경험을 역으로 환기할 수 있고, 또 사물이나 사태 이면의 가치와 아름다움에 주목하게 만드는 강력한 통로로 혐오를 사용할 수 있을 것이다. '혐오의 미학'은 혐오가 아름답다거나 예술적이라는 암시를 줄 수 있어서 '혐오의 반미학'이라는 용어를 사용하고자 한다. 여성 혐오 또한 여성에 대한 혐오 행위가 역으로 여성 문제의 실상을 감성적으로 적나라하게 노출시키면서 드러나지 않았던 사회 현실, 구석지고 꾸겨진 사회의 일부를 알게 하는 인식적 각성을 일으킨다. 나아가 현실을 변화시키기 위해 무엇인가를 해야만 한다는 도덕적 각성을 초래할 수 있기에 혐오 감정의 '반미학'이라는 용어를 사용한다.

한국 사회에서도 이제 혐오라는 말은 낯설지 않게 느껴진다. 참과 거짓, 선과 악, 천사와 악마, 너와 나, 주관과 객관의 이분법적 대립이 문화적 저변을 구성하고 있는 서양의 기독교 문화 전통 안에서 주류 범주에 속하지 않거나 전형화된 인간 범주에 속하지 않는 사람들에 대한 혐오 행위나 범죄는 우리에게도 낯설지 않은 문제다. 중세 마녀사냥에서 보여 준 여성 혐오는 여성의 권리를 주장했던 근현대 여성주의자들에 대한 혐오로 그대로 이어졌다. 성, 인종, 계급을 둘러싸고 벌어진 포함/배제(inclusion/exclusion)의 정치학은 두터운 문화적 상징체계와 결합하여 인간(개인)의 자유를 억압하는 주요 기제로 자리 잡았다.

서구와 다른 문화적 배경을 가진 한국 사회에서 전통 신분 사회, 일본 제국주의, 전쟁 등을 경험하면서 집단과 집단 사이의 차별과 배제의 역사가 있어 오기는 했지만, 사회적 감정으로서 혐오의 문제가 우리 사회에 심각하게 등장한 것은 근래 10~20년 사이의 일로 생각된다. 전통적으로 농촌 사회를 기반으로 형성된 사회적, 문화적 정서는 한국 특유의 '정(情)' 문화를 생성시켰다. 유교, 불교, 도교로 대변되는 동아시아 전통 종교 문화와 한국 무교의 영향으로 일상생활과 심성 안에 온축되어 자리 잡은 자비나 측은지심, 도가적 초탈함, 혼융의 가치는 혐오의 감정이 지배적인 사회적 감정으로 자리 잡는 것을 방해하는 토양이 되었다.

그러나 한국에서도 이제 혐오 현상은 더 이상 남의 일이 아니게 되었다. 근래 우리 사회에 등장한 혐오 현상에 대해 이승현은 「왜 혐오의 시대가 되었나?」라는 글에서 다음과 같이 정리했다.

> 1997년 IMF 사태 이후 한국 사회의 경제적·사회적 양극화와 불안이 확대되어 가는 가운데, 사회에 모습을 드러내거나 소수자·약자의 위치로부터 탈출하려는 '그들'에 대한 공격으로 드러나기 시작하였다. 1999년 군 가산점 폐지 때의 여성단체에 대한 공격은 온라인 혐오 표현의 등장을 알리는 것이었으며, 2008년 차별 금지 법안에 성적 지향이 포함된 것을 반대하는 단체들의 등장은 현재에 이르러서 조직화·극단화되고 있다. 언제든 '혐오' 현상으로 발전될 수 있는 편견과 차별 의식은 잠복한 위험으로 이미 존재해 왔으며, '혐오' 현상의 등장은 이미 10여 년을 거쳐 왔다. 결국 한국 사회의 '혐오' 현상은 흔히 이야기하는 2014년 일베의 폭식 투쟁 때부터 나타난 것이 아니라 그 이후로 가속화되었다고 볼 수도 있을 것이다. 2016년 강남역의 여성 혐오 범죄를 통해 촉발된 여성 혐오 문제의 적극적인 대응, 2018년 예멘 출신 난민의 난민 신청으로 촉발된 인종차별과 외국인 혐오의 실상이 사회적 이슈로서 '혐오' 현상을 널리 알린 계기가 되었지만, 이것은 한국 사회의 새로운 현상이 아니라 짧게는 10여 년 넘게 묵혀 오면서 힘을 얻은 '혐오' 현상의 일부인 것이다.[1]

한국 사회는 매우 빠르게 변화하고 있다. 다양한 사회 집단 간 갈등과 대립의 상황이 첨예화되고 있다. 대립을 완화하고 함께 공존하는 국가 공동체를 지향해야 할 정치는 때때로 정치 집단 간의 이

---

1 이승현, 「왜 혐오의 시대가 되었나?」, 『월간 사회참여』 272호(2020).

해에 따라 오히려 갈등을 부추기고 동지 아니면 적이라는 이분법을 강화한다. 안타깝게도 갈등과 분열을 자양분 삼아 정치적 힘을 키우는 일이 빈번하게 일어나고 있다. 인터넷과 같이 빛의 속도로 움직이는 빠른 커뮤니케이션 채널로 인해 잘못 자극된 사회적 감정이 순식간에 가상 공간 안에 퍼져 나가고 있으며, 이는 실제 세계적으로 강력한 영향을 미치고 있다. 우리 사회에는 지금까지 다양한 종류의 이분법적 대립이 있어왔다. 내국인/외국인, 남한/북한, 한국/일본, 한국/중국, 남자/여자, 이성애자/동성애자, 정규직/비정규직 같은 이분법이 그것이다. 이뿐만 아니라 '~충', '틀딱'과 같이 이제껏 들어 본 적도 없던 혐오 표현과 신체를 매개로 한 혐오 이미지 또한 난무하고 있다.

인터넷의 발달은 단지 정보뿐만 아니라 온갖 종류의 거래 또한 빛의 속도로 가능하게 하고 있으며, 그에 따르는 인간의 감정 또한 빛의 속도로 생산되고 소비되게 하고 있다. 댓글 테러 이야기는 이제 새롭지 않으며, 올림픽 경기 같은 국가 대항이 발생할 때는 국가 간 호감이나 혐오감이 빛의 속도로 퍼지기도 하고 증폭되기도 한다. 『혐오사회』의 저자인 카롤린 엠케(Carolin Emcke)는 감정이 즉각적이고 공격적 방식으로 표현되면서 점점 더 적나라한 인간 군상을 만들어 내고 있는 현실을 다음과 같이 묘사했다.

아무튼 독일에서는 이미 뭔가가 달라졌다. 사람들은 이제 공공연하고 거리낌 없이 증오를 표출한다. 때로는 미소를 머금은 얼굴로, 때로는 웃음기 없는 얼굴로, 그리고 대개는 전혀 부끄러운 기색도 없이. 익명으로 된 협박 편지는 과거에도 있었지만, 요즘에는 이름과 주소까지 명기한다. 인터넷상에서 폭력적 공상을 펼치고 혐오와 증오로 가득 찬 댓글을 달 때도 이제는 닉네임 뒤에 숨지 않는다.[2]

단순한 개인 관계에서 나타나는 혐오나 증오는 우리에게 새로울 것이 없는 감정이다. 문제는 그것이 집단적 차원에서 발생하고, 심지어 특정한 목적과 의도에 의해 생산되고 소비된다는 점이다. 인터넷의 발달은 이런 일이 매우 용이하고 효과적으로 이루어지도록 한다. 이미 유대인들에 대한 집단적 혐오가 어떤 반인륜적 범죄를 만들어 냈는지, 어떤 역사적 교훈을 얻어야 할지를 끊임없이 반추해 온 독일 사회에서 오늘날 목도되고 있는 사회적 혐오의 문제는 독일 지식인들에게는 여러모로 당혹스러울 것이다.

엠케는 공적인 담론이 다시 이렇게 야만적으로 변할 수 있다는 것, 별다른 제약 없이 공공장소에서 뻔뻔스럽게 타자에 대한 혐오가 일어난다는 것에 대해 "상상도 할 수 없는 일이었다"라고 말한다. 집단적인 증오나 혐오는 대개는 편견이나 이데올로기, 고정관념 같은 규범적 구조 아래에서 발생한다. 그렇기에 이 구조를 밝히는 일이 매우 중요하다. 엠케의 주장처럼 "증오는 그저 존재하기만 하는 것이 아니다. 만들어지는 것이다. 폭력 또한 단순히 거기 있는 게 아니다. 준비되는 것이다."[3] 사회적 혐오를 고찰할 때 우리는 이 혐오와 증오의 방향이 어디인지, 누가 그 방향을 유도하고 있는지, 어떤 통념과 고정관념을 배경으로 하고 있는지, 혐오 감정의 규범

2 카롤린 엠케, 『혐오사회』, 정지인 옮김(다산초당, 2017), p. 21.
3 카롤린 엠케, 앞의 책, p. 23.

적 구조가 무엇인지를 물어야 한다.

위의 물음에 대한 답을 구하기 위해 우선 철학적 관점에서 '혐오'가 근본적으로 감성을 매개로 하는 미학적 개념으로서 어떤 특성을 지니는지를 살펴볼 필요가 있다. 이 작업은 미래에 평등과 평화 사회를 이루는 데 감성적 인식론으로서의 미학적 접근이 중요함을 알리는 철학적 발판이 될 것이다.

혐오의 감정에는 항상 신체성이 결합되어 있다. 즉 혐오는 냄새나 시각적 형태, 촉감, 미감, 소리 등의 경험에 수반되는 감정이다. 더러움, 구토, 부패, 물컹거림, 축축함, 미끌거림, 심한 욕설, 가래 끓는 소리 등 인간이 감각적 육신을 가지고 있는 데서 발생하는 여러 경험이 혐오와 연결되어 있다. 얼마 전 우리 사회에서는 여성의 엄지와 집게손을 사용한 특정한 손 모양이 남성 혐오의 표현이라는 주장을 둘러싸고 격한 대립이 있었다. 혐오의 감정에는 이렇게 항상 신체성이 개입하는데, 여기에는 신체적 폭력까지도 포함된다.

홀로코스트는 집단적 혐오 감정이 얼마나 강력하고 무서운 폭력을 수반할 수 있는지를 보여 준다. 그런데 이런 것은 단지 미학적, 즉 감성적 경험뿐만 아니라 도덕적 판단이나 경험과도 연결된다. 즉 이러한 것은 멀리 해야 할 것이며, 건강한 사회를 위해서는 배척하고 제거해야 하는 것이라는 판단이 암암리에 깔려 있는 것이다. 혐오는 단순히 혐오 홀로 자연적으로 또는 생리적인 이유로 발생하고 스러지는 것이 아니라, 우리가 이상화하고 지향해야 하는 가치의 반대편에 속해 있는 것으로서 미적, 도덕적 염원이 강하면 강할수록 오히려 강화될 수도 있는 감정이기도 하다.

혐오 감정의 문제를 다루기 위해 이어지는 장에서는 칸트 미학과 현대 빈프리트 메닝하우스(Winfried Menninghaus)의 논의를 살펴보도록 하겠다. 심미적 경험에 관한 연구, 특히 심미적 쾌와 불쾌의 감정에 관한 연구를 했던 칸트 미학과 이를 혐오의 감정과 연결해 논의한 메닝하우스의 논의를 참고 삼아 혐오의 미학이 어떻게 혐오의 정치학과 연계되는지, 미적 교육과 활동이 어떻게 정치적 문제를 해소 혹은 초극하게 하는 중요한 통로가 되어 포용의 철학을 가능하게 하는지를 논하고자 한다.

10장

칸트 미학으로 읽는 혐오 감정

미적 판단은 보편성을 가질 수 있는가?

감정은 철학에서보다 경험적 심리 현상을 연구하는 심리학 같은 경험과학에서 보다 많이 다루어지고 있다. 또한 감정과 신체 연관으로 인해 신경생리학, 정신의학, 뇌과학과 같은 부문에서도 많은 연구가 이루어지고 있다. 인간의 사유 기능으로서의 이론이성은 직접적 신체 반응을 유발하지 않으나, 감정은 대부분 신체 반응을 동반한다. '대부분'이라 한 것은 감정 중 예컨대 원한 같은 감정은 오랜 기간 온축된 것으로서 반추 또는 반성을 기초로 하고 있으며, 반드시 신체 반응을 동반하지는 않는 것으로 보이기 때문이다.

철학에서 관심을 갖는 것은 인간의 감정 중에서도 특별한 감정에 대해서다. 심미적 쾌와 불쾌, 숭고(sublime), 도덕적 만족감, 수치심, 죄의식, 동정심과 같은 감정은 감관에서 느끼는 즉각적 반응에 기초하는 단순한 감각적 만족이나 욕망, 분노, 고통과 달리 복잡한 층위를 가지며, 인지 활동과 깊은 연관을 가지고 있다. 정의감, 의분, 효심, 애국심과 같은 문화적 감정은 더 복잡한 내적 기제를 가지고 있는 것으로 보인다.

칸트 같은 철학자는 인간의 감정에 관해 많은 이야기를 하지는 않았지만 미적 쾌와 숭고와 관련한 논의에서 흥미로운 관찰을 했다. 그는 인간의 심의 능력을 세 가지로 구분했다. 즉 사유 또는 판단 능력, 욕구 또는 의지 능력, 느낌 또는 감정 능력이 그것이다. 각각에 관하여 그는 『순수이성비판』, 『실천이성비판』, 『판단력비판』을 남겼다.

칸트는 미적 경험을 'X는 아름답다' 같은 판단으로 표현되는 심적 활동으로 보았다. 즉 미적 경험을 단순 감각 또는 지각 경험이 아니라, 인지적 활동이 개입된 활동으로 보았던 것이다. 이는 미학을 '감성적 인식의 학(scientia cognitionis senstivae)'으로 규정한 알렉산더 고틀리프 바움가르텐의 생각과 같은 것이다. 직접적 통증 같은 고통이나 감각적 느낌과 구분하여 미적 쾌의 감정을 판단 작용으로 본 것이다.

『순수이성비판』에서 오성 개념은 감성에 주어진 직관적 자료를 종합하고 분석하는 판단 능력이다. 『판단력비판』에서 칸트는 판단 능력을 규정적, 논리적 판단력과 반성적 판단력으로 구분하면서 보편이 주어진 상태에서 특수를 그것에 종속하면 규정적 판단이고, 특수에서 보편으로 거슬러 올라가면 그것은 반성적 판단이라 했다. 쾌와 불쾌의 감정에 관여하는 미적 판단은 반성적 판단의 한 종류다. 즉 대상에 대한 판단을 할 때 'X가 아름답다'라는 미적 판단은

'X는 꽃이다'와 같이 대상을 규정하지 않는다. 그것은 참, 거짓이 문제가 되는 판단이 아니라, 대상에 대한 반성을 통해 갖게 되는 감정을 표현한다. 후자가 대상 X를 꽃으로 규정하는 객관적 판단이라면, 전자는 대상에 관해 아무것도 말해 주지 않고 판단자의 대상에 대한 주관적 경험을 표현할 뿐인 주관적 판단이라는 것이다. 그런데 판단이 주관적이기는 하지만 아름다움의 경험에는 통증 같은 감각 경험과는 달리 감성적 요소뿐만 아니라 지성적, 인지적 요소도 포함되어 있기 때문에 이 경험은 보편성을 가질 수 있다고 본 것이다.

미적 쾌감은 보편적 인식 능력인 오성과 감성(상상력, 구상력)[4] 간의 자유로운 유희 안에서 생긴다.

> 개념이 인식력들을 제한하여 특수한 인식 규칙에 따르도록 하는 일이 없기 때문에, 인식력들은 자유로운 유동을 할 수 있다. 인식 능력들이 이렇게 자유롭게 유동하는 상태는 보편적으로 전달될 수 있지 않으면 안된다.[5]

미적 판단은 대상을 객관적으로 규정하는 것이 아니라, 주관을 특정한 심적 상태로 이르게 하는 것이므로 미적 판단이 지니는 보편적 전달 가능성은 객관적이 아니라 주관적이다. 모든 사람들이 한 대상

---

4 칸트는 『순수이성비판』에서 구상력 또는 상상력을 설명하기 어려운 마음의 신비로운 기능이라고 하면서 때로는 오성에, 때로는 감성에 속하는 심적 능력이지만 종합 작용, 통일 작용에 관여한다고 봄으로써 오성에 가까운 능력으로 파악했다고 할 수 있다. 그러나 『판단력비판』에서는 오성과 구상력 간의 자유로운 유동 관계에서 미적 쾌가 생긴다고 함으로써 감성에 가까운 정신 활동으로 보았다.
5 이마누엘 칸트, 『판단력비판』, 이석윤 옮김(박영사, 1974), p. 75.

에 관해 동일한 미적 경험을 하는 것은 아니지만 그렇다고 해서 통증처럼 다른 사람에게 그 경험을 전달할 수 없는 것도 아니다.

보편적 전달 가능성은 미적 쾌감이 보편적 인식 능력(오성과 상상력)을 기초로 하는 데서 생겨난다. 누구나 대상에 관한 판단을 하며, 이 판단에 관여하는 인식 능력은 생각을 하는 인간이라면 누구나 가지고 있다는 의미에서 보편적이며, 이런 능력에 기초해서 하게 되는 미적 경험 또한 나에게만 특수한 주관적 경험이 아니라 누구나 함께할 수 있는 경험이라는 것이다.

미적 경험은 한국인이건 일본인이건, 혹은 중국인이건 미국인이건 인간이 보편적으로 함께할 수 있는 삶의 형식을 이룬다. 아름다운 자연을 보거나 예술을 경험할 때 우리는 가장 가까운 사람들을 떠올리며 그들과 함께 경험하기를 바라게 된다. 자신이 좋아하는 자연이나 재미있게 본 영화를 좋아하는 사람들과 다시 찾는 경우를 우리는 흔히 볼 수 있다. 음악회에서 우리는 알지 못하는 사람들과 공감을 통해 하나가 되는 경험을 하기도 한다. 이는 미적 경험이 사람들을 함께 모으는 역할을 하기도 한다는 사실을 잘 보여 주는 예다.

인식과 도덕의 경우 그것을 가능하게 하는 선천적인 원리를 찾아 철학적 토대를 구축하는 일을 칸트가 했던 것처럼 과연 감정, 느낌에 불과한 미적 쾌나 불쾌에 관해 선천적인 원리나 규범을 말할 수 있을까? 이에 대해 칸트는 주관의 심의 능력이 쾌라는 느낌 또는 감정을 통해 대상의 표상과 결부되는 것은 판단력의 주관적 합목적성을 보여 주는 것이라고 보았다. 다시 말해 감각적 표상이 나의 오성, 지성, 이해력과 잘 어우러지는 관계 속에 있다는 것, 마치 감각 대상이 지금 내가 대상을 반성적으로 경험하고 있는 이 순간을 위해 있는 듯한 느낌을 갖게 하는 데서 어떤 쾌감, 만족감이 생겨난다는 것이다.

만일 정말로 신과 같은 존재가 있어 내게 그런 경험을 선물하고 있는 것이라면, 또는 객관이 실제로 나의 감성에 부합하여 있는 것이라면 미적 판단은 객관적 합목적성을 갖는다고 할 수 있을 것이다. 그러나 신의 존재나 객관적 실재를 증명할 수 없기에 그것은 알 수 없는 것으로 단지 내게 그렇게 느껴진다는 의미에서 주관적 합목적성을 지닌다고 하는 것이다. 칸트는 이런 경험을 "반성의 쾌감"[6]이라 했다. 미적 판단의 주관적 합목적성은 "누구에게나 당연히 요구될 수 있는" 것으로서 미적 판단의 철학적 원리로 작동한다. 미적 경험이 주관적 합목적성의 형식을 갖는다는 것은 선천적 원리다.

미적 판단과 미적 경험에 대한 철학적 고찰이 가능하다는 것, 미적 경험은 단순히 스쳐 지나가는 주관적 경험이 아니라, 보편성과 필연성의 요소를 가질 수 있다는 것, 미적 판단과 경험의 철학적 원리를 구축할 수 있다는 것은 미적 교육을 위한 중요한 바탕이 된다. 미적 경험에 이성적, 원리적 요소가 있다면, 그리고 미적 경험에 대한 탐구가 비록 대상에 대한 과학적 탐구와는 다르나 나름의 합리성을 가질 수 있는 것이라면 심미의 영역 안에서도 공론이 가능할 수 있으며, 문화 내 다양한 담론 구성을 위한 장으로 심미 영역을 활용할 수도 있는 것이다.

6 이마누엘 칸트, 앞의 책, p. 167.

심미적 감정의 특수성

모든 미적 판단은 주관적 합목적성의 형식과 보편성의 계기를 가지고 있기 때문에 미적 판단을 통해 우리는 다른 사람에게 동의를 요구할 수 있다. 어떤 대상을 보고 내가 아름답다고 판단하는 경우, 다른 사람에게도 내 판단에 동의할 것을 요구할 수 있다는 것이다. 내 앞에 놓인 컵을 보며 '이것은 컵이다'라고 말할 때 내 옆의 사람이 그것에 동의하지 않으면 나는 그의 언어 능력, 정신 능력, 지각 능력을 의심할 수도 있을 것이다. 반면 앞에 놓인 꽃을 바라보며 '이것은 아름답다'라고 말할 때 옆 사람이 동의하지 않는다고 해서 그의 정신 능력을 의심한다면 너무 과도하다고 생각할 것이다. 미적 판단은 주관적이기 때문에 객관적 판단이라고 주장하기 어렵기 때문이다.

그럼에도 미적 판단은 다른 즉각적인 감각 경험과는 달리 그것과 관련하여 다른 사람과 소통할 수 있으며, 나아가 다른 사람에게 동의를 요구할 수 있는 특성을 가지고 있다고 칸트는 주장했다. 보편적 전달 가능성은 미적 판단이 가진 중요한 특성으로서, 칸트는 미를 판정하는 능력을 공통감으로 부르기도 했다.[7]

미감 능력으로서의 취미는 미감적 공통감(sensus communis aestheticus)이다. 인간이라면 누구나 아름다움을 느낄 수 있는 것은 우리가 이런 미감적 공통감을 가지고 있기 때문이다. 이로 인해 나의 미적 경험을 다른 사람에게도 이해 가능한 것으로 만들 수 있는 것이다. 감

7 앞의 책, p. 171.

각적 통증은 타자에게 이해받기 어렵지만 내가 장미꽃을 보면서, 저녁 노을을 보면서 느끼는 미적 감정은 내 옆의 사람에게도 이해받을 수 있는 것이다. 우리는 서로의 미적 감정과 느낌을 공유할 수 있으며, 이에 관해 서로 이야기를 나눌 수도 있다. 음악회에 참석한 사람들이 함께 감동하여 눈물을 흘릴 수 있는 것도 미적 판단이 보편적 전달 가능성을 내포하고 있기 때문이다. 미적 경험은 이렇게 사람들을 하나로 모으는 형식이 될 수 있다. 인간이 사회적 관계를 이루면서 살아가는 데 미적 경험은 매우 중요한 매개체가 되는 것이다.

뒤에서 보겠지만 우리는 미적 만족감이나 즐거움을 통해서 유대와 공감, 합일을 경험하기도 하지만, 미적 불쾌나 혐오의 감정을 통해서도 마찬가지로 유대를 경험할 수 있다. 미적 감정의 보편적 전달 가능성은 미적 관점에서 긍정적인 감정에만 성립하는 것이 아니고 부정적인 감정의 경우에도 성립한다.

칸트를 따라 이해하자면 심미적 능력은 대상에 대한 감정이 보편적인 개념의 매개 없이도 보편적 전달 가능성을 가질 수 있도록 하는 인간 존재의 형식이다. 칸트의 표현을 빌리자면 "취미(미적 판정 능력)는 주어진 표상과 (개념의 매개 없이) 결합되어 있는 감정의 보편적 전달 가능성을 선천적으로 판정하는 능력"[8]이다. 다시 말해 미적 경험, 미적 만족감, 미적 쾌는 인간이 개념을 매개로 하지 않고 소통할 수 있는 근본적인 통로라는 것이다.

이것은 하나의 유적 존재로서 인간의 인간성을 구성하는 매우 중

<hr />

8 앞의 책, p. 172.

요한 경험이다. 우리는 과학 안에서 개념을 매개로 해서 대상을 규정하고 진리를 확정 짓지만 예술 안에서는 개념을 통해서가 아니라 형태나 소리 같은 감각적 수단을 매개로 직접 소통하고 대상에 대한 반성의 순간을 공유한다. 대상을 분석하고 규정하는 것이 아니라, 대상에 대한 느낌과 즐거움 또는 불쾌함을 공유하는 것이다.

> 경험적으로는 미는 오직 사회에 있어서만 관심을 일으킨다. 그리고 만일 우리가 사회에 대한 본능이 인간에게 있어서 본연적인 것임을 승인하고, 또 사회에 대한 적응성과 집착, 즉 사교성은 사회를 만들도록 이미 정해져 있는 피조물로서의 인간의 요건에, 따라서 인간성에 속하는 특성임을 시인한다면 우리는 취미를 우리의 감정조차 다른 모든 사람들에게 전달할 수 있도록 해 주는 일체의 것을 판정하는 능력으로 간주하여야 하며, 따라서 모든 사람들의 자연적 경향성이 요구하는 것을 촉진하는 수단으로 간주하여야 한다는 것은 불가피한 일이다[9]

미적 경험으로 인해 인간은 다른 사람들과 사회를 이루고, 인간적 기품이 있는 문명과 문화를 구축할 수가 있다. 무인도에 버려진 인간은 자기 몸단장을 하려는 일도 없을 것이다. 기품 있는 인간이고자 하는 생각은 인간이 사회에 있을 때만 떠오르는 것이다. 자신의 쾌감을 다른 사람에게 전하기 좋아하고 다른 사람과 느낌을 공유할 수 없을 때는 자신도 쾌감을 느끼지 못하는 사람을 우리는 기

9 이마누엘 칸트, 앞의 책, p. 173.

품 있는 인간이라고 평한다고 칸트는 주장한다.

모든 감정이 기품 있는 인간을 만드는 데 기여하는 것은 아닐 것이다. 우리의 감정 중 어떤 것은 인간의 인간성을 구성하고 고양하는 역할을 한다는 것, 심미적 감정은 이런 감정 중 하나로서 심미경험은 유적 존재로서 우리가 서로 느낌을 공유하고 소통하며 사교성이라는 인간 요건에 기반하여 고유한 문화를 형성하는 데 중요한 기능을 한다는 것을 칸트의 미학은 강조한다.

인간의 인간성을 구성하는 데 중요한 역할을 하는 감정은 심미적 감정뿐만 아니라 도덕적 감정, 예컨대 의분, 정의감, 죄책감, 수치, 자비심과 같은 것이 있다. 이러한 감정은 직접적 감관의 자극에 의해 생기는 신체 반응이나 경험보다 좀 더 복잡한 구조와 인지적 내용, 지향성(내적 의미)을 갖는다. 칸트는 주관적 합목적성의 형식 아래에서 생겨나는 미적 쾌감이 보편적 전달 가능성으로 인해 사람들을 더욱 가깝게 만들고 감정을 공유하게 할 뿐만 아니라, 나아가 감정에 관한 문화적 학습과 전승까지도 가능하게 만든다고 보았다.

숭고 체험의 미학적 함의

그런데 칸트는 「숭고의 분석론」에서 또 다른 반성 판단으로서 숭고의 감정을 분석하면서 대상의 아름다움에 관한 취미 판단은 긍정적 쾌감을 산출하는 데 반해 숭고한 것에 관한 감정은 부정적 쾌감을 산출하며, 전자가 인식력 간의 조화로부터 생성된다면 후자는 인식력(상상력과 이성) 간의 부조화로부터 생겨난다고 주장했다.

미적 감정과 관련한 인식 능력이 상상력과 오성이라면 숭고 감정과 관련한 인식 능력은 상상력과 이성이다. 우리의 감성이 감당하기 어려운 절대적 크기를 갖거나 절대적 강도를 가지고 다가오는 대상에 대해 우리는 긍정적인 미적 경험을 하기란 어렵다. 우리의 감성이 감당하기 어려운 이 대상은 공포, 불안, 좌절감과 같은 부정적 감정을 초래하는데, 이렇게 형태를 가늠할 수 없는 몰형식적이고 전체를 가늠할 수 없는 초감성적인 것은 크고 광포한 자연을 통해 우리를 자극하여 이성의 이념을 환기하고 우리 내부에 우리의 우월성을 깨닫게 한다. 감성의 한계를 넘는 것, 보이지도 않고 들리지도 않으며 만질 수도 없는 것을 생각할 수 있는 능력, 예컨대 무한을 생각할 수 있는 것은 인간이 가진 훌륭한 능력이기 때문이다.

칸트에게 오성의 능력은 개별 대상에 대한 경험판단에 관여하는 것인데 반해, 이성의 능력은 무조건적인 것, 궁극의 것, 전체성을 추구하는 것이다. 이성이 추구하는 것은 시간과 공간이라는 형식을 갖는 감성 안에는 주어지지 않는다. 감성은 언제나 제약된 것, 눈에 보이고 손에 잡히는 것, 시공의 제한성을 갖는 것을 우리에게 경험하게 할 뿐이다. 이성은 우리의 감성에 제약을 받는 것을 넘어서는 것을 생각하는 능력으로, 감각적으로 경험할 수 있는 것 이상을 사유할 수 있도록 도와준다.

인간은 논리적으로 모순만 되지 않는다면 무엇이든 생각할 수 있다. 인간은 신이나, 무한한 우주, 우주의 시작, 자유 등 감각적으로 확인되지 않는 것을 생각할 수가 있는데, 이것은 인간이 이성 능력을 가지고 있기 때문이다. 감성의 한계를 넘어서는 대상에 대한 숭고의 감정은 감성과 이성의 어긋남을 통해 감성의 한계 바깥에 놓인 신이나 자유 같은 이성의 이념을 환기한다는 칸트의 주장은 우리가 가진 미적 감정이 지니는 복합적 측면을 잘 드러낸다. 칸트의 미학에서 고찰하는 숭고성은 그 자체로 자연의 사물 가운데 있는 것이 아니라, 우리의 심의(心意) 가운데에 있는 것으로, 앞서의 미적 즐거움과 마찬가지로 객관적이 아닌 주관적 합목적성을 지닌다. 숭고함의 감정은 신, 자유, 자아 같은 도덕적 이념을 환기하고 감성이 무한자, 무제약자를 전망하도록 이성이 감정을 강제하는 것이라고 칸트는 주장했다. 그에 의하면 도덕적 이념이 결여된 야만인은 자연을 한갓 위협으로만 받아들일 뿐 숭고의 경험은 하지 못한다고 한다.[10] 검푸른 밤바다, 끝을 알 수 없는 지평선, 거대한 산불이나 폭풍우 같은 거대한 자연 앞에서 공포와 불안을 느끼면서도 장엄함과 숭고미를 느끼는 것은 인간이 자신을 넘어서는 저 멀리의 도덕적 이상을 가지고 있기 때문이다.

숭고가 부정적 경험임에도 우리가 여기서 미적 계기를 발견하는 것은 그것이 도덕적 이상과 무제약적인 것, 궁극적인 것을 우리에게 환기하기 때문이다. 현대의 난해한 음악이나 미술 앞에서 우리는 때로 감각의 한계를 느끼게 된다. 이해할 수 없는 데서 오는 부정적 감정, 불쾌함이라고 할 수도 있는 감정, 칸트적 의미의 숭고함의 감정 속에서도 묘한 심미적 경험을 할 수 있다.[11] 이때 우리는 인간의 유한함을 넘어서는 그 바깥, 삶의 저편의 죽음과 같이 우리로

---

10 이마누엘 칸트, 앞의 책, p. 133.
11 장프랑수아 리오타르는 난해한 현대 예술의 문제를 칸트의 숭고 경험을 통해 설명했는데, 이는 흥미로운 해석이라 생각한다. Jean-François Lyotard, *Lessons on the Analytic of the Sublime: Kant's Critique of Judgment*, trans. by Elizabeth Rottenberg(Stanford University Press, 1994).

서는 이해할 수 없는 어떤 것을 막연하게나마 유비적으로 환기해낼 수 있다. 심미적 감정은 긍정적인 것이든, 부정적인 것이든, 직접적인 감각적 쾌감과 고통과는 다른 복합적이고 철학적인 차원을 갖는다고 할 수 있다. 칸트의 미학은 이에 관한 체계적인 고찰이라 할 수 있을 것이다.

심미적 쾌와 불쾌, 그리고 혐오의 감정

칸트의 이론철학 안에서 물자체의 문제는 이후 철학자들 사이에서 많은 논의를 불러일으켰고, 어떻게 보면 오늘날 인식론 안에서도 남아 있는 문제라고 할 수 있다. 가짜와 진짜, 가상과 실재 사이의 구분이 모호해지고 있고, 언론 매체와 개인의 표현 통로가 다양해지고 있는 것과 더불어 프레임(해석의 틀)과 진실 사이의 문제 또한 첨예한 문제로 부각하고 있는 요즘 상황에서 어쩌면 실재와 물자체 개념은 오늘날 더욱 중요한 이론철학의 문제를 구성한다고도 할 수 있다.

그런 한편으로 실천철학 안에서도 물자체의 문제는 제기된다. 인간의 인간됨을 규정하는 칸트의 정언명법 같은 도덕법칙은 그 정당성과 객관성을 입증할 방법이 없다. 왜 인간이 도덕적이어야 하는가에 대해 답을 하기란 거의 불가능하다. 기껏해야 우리는 도덕적 인간이어야 하기 때문에 도덕적 인간이 되어야 하고, 그렇기에 도덕적 인간이 될 수 있다는 순환적 방식으로만 답할 수 있을 뿐이다.

나아가 도덕법칙과 나의 행위 사이에 성립하는 인과관계를 설명하는 일도 쉽지 않다. 정신적 의지 작용과 물질적 행위 사이를 연결하는 문제는 자유의지와 결정론에 관한 많은 철학적 논의로도 해결되지 않는다. 칸트에게 도덕적 동기부여의 문제는 오래된 것이기도 한데, 흥미롭게도 메닝하우스는 미적 쾌감과 숭고의 감정이 감각을 통해서는 도달할 수 없는 예지계와 물자체에 감정적 실재성을 부여함으로써 칸트의 이론철학과 실천철학을 완결하는 역할을 한다고 주장했다.[12]

혐오의 문제를 논하기 위해 메닝하우스의 해석을 살펴본다. 칸트 이론철학의 주장을 단순화한다면 이 세계는 우리의 인식 구조에 의해 규정되는 것으로, 인식을 떠난 세계 자체, 물자체는 알 수 없다. 그렇다면 우리 인식의 객관성을 보장할 근거는 도달할 수 없는 이 물자체나 객관세계 자체가 아니라 우리 인식을 가능하게 만드는 인식 능력의 보편적이고 필연적인(따라서 선천적인) 원리다.

인식이 체계와 객관성을 갖춘 대상 세계에 관한 지식이 되기 위해서는 첫째, 객관적 자연이 일반성과 항상성을 가지고 존재한다는 것, 즉 자연의 통일성이 전제되어야 한다. 둘째, 이 자연이 우리와 특별한 연관을 가지고 존재하고 있으며, 또한 자신의 존재 목적에 맞게 질서를 가지고 지금 이 순간에도 존재하고 있다는 자연의 합목적성이 전제되어야 한다. 그러나 이 명제는 그 진리를 증명할 수 없다는 의미에서 객관성이 결여되어 있다. 이 명제를 받아들여야 한다는 것은 되도록 많은 것을 합리적으로 이해하고자 하는 우리 이성의 주관적 요구일 뿐이다. 즉 이 명제를 받아들이지 않으면 세계를 이

---

12   Winfried Menninghaus, *Disgust: The Theory and History of a Strong Sensatio*, trans. by Howard Eiland(State University of New York Press, 2003).

성적으로 이해하기 어렵다는 것이다. 세계에 대한 이성적 이해를 위해 우리는 명제의 진리를 가정해야 하는 이상한 입장에 서게 된다.

메닝하우스의 주장은 아름다움의 느낌을 통해 객관적 자연이나 물자체 같은 것이 어떤 실재성을 가지고 있는 것으로 재조정될 수 있다는 것이다. 이 실재성은 객관적으로 개념화하거나 증명할 수 있는 것은 아니고 "느낌 안에서 갖게 되는 실재성"(a reality in the 'feelings')이다.[13] 또한 비슷한 방식으로 숭고의 감정은 현상계를 넘어서 있는 자유와 도덕의 이념, 그 실재가 불가사의한 이성 이념을 우리에게 제공하고 환기시킨다. 이론철학과 실천철학 안에 남아 있던 물자체라는 문제에 대한 해결책을 생생한 감각 경험(vital sensation)으로서의 긍정적, 부정적 심미 감정이 제공한다는 것이다.

나아가 메닝하우스는 칸트의 심미 이론 체계 내의 삼분법을 주장했는데, 본 논의에서는 이 삼분법을 활용하고자 한다. 즉 삼분법은 아름다움의 느낌, 숭고의 느낌, 혐오감이 그것이다. 그에 따르면 미와 숭고는 철학의 결점을 보충하는데, 여기에서 혐오는 미와 숭고에 대한 부정적 대응을 제공한다는 것이다. 즉 혐오는 미와 숭고를 부정적 방식으로 제한하고 규정하는 역할을 하며, 미와 숭고를 논할 때 빠질 수 없는 것이 된다.

앞서 논의한 대로 이성 이념은 감성으로 포착되지 않지만 우리는 감정(아름다움, 숭고의 느낌)으로 그 실재성을 경험한다. 이 두 감정은 "긍정적 방식으로 토대에 대한 이론적 결여와 동기에 관한 실천적 결여를 보상한다. 반면 혐오의 감정은 우리로 하여금 (토대 없는)

13 Winfried Menninghaus, 앞의 책, p. 116.

선함이나 알 수 없는 자연의 목적성에 반하는 것에 굴복하지 않도록 부정적, 종말론적 방식으로 우리에게 경고한다."[14] 혐오는 마치 프로이트의 초자아처럼 우리의 도덕을 저 끝에서 지키는 도덕의 파수꾼과도 같은 것이다. "혐오와 공포는 도덕적 반감(antipathy)을 감각화하는 것으로서, 도덕감으로 난 길을 표시하는 미학적 장치다."[15]

혐오의 이면

미와 숭고의 감정이 성립하기 위해 혐오의 감정이 반드시 필요하다고 본 것은 혐오가 횡단보도의 빨간불처럼 우리의 도덕이 넘을 수 없는 한계를 감각적으로 표시하는 것이기 때문이다. 혐오는 도덕적 반감을 감성화한다. 아이러니하게 들리지만 혐오 능력이 없다면 도덕적 능력도 가능하지 않다. 우리는 악한 것, 도덕적으로 받아들일 수 없는 것에 대해, 인간성에 위배된다고 느끼는 행위나 사건에 대해, 선한 행동이라고 생각하는 것에 반하는 행동에 대해, 인간의 품격을 저해하고 인간다운 삶을 살지 못하게 만드는 것으로 느껴지는 것에 대해 혐오감을 가지며, 심한 혐오는 구토 같은 신체적 반응을 동반하기도 한다. 마찬가지로 혐오는 심미적 경험의 한계를 표시하며, 미학적 반감 또는 반미학적 감정을 감성화한다. 혐오는 도덕뿐만 아니라 미적 경험의 절대적 타자다. 추미(醜美) 개념이 말해 주듯이 추함 속에서도 아름다움을 느낄 수 있을지 모르나 혐오

---

14 Winfried Menninghaus, 앞의 책.
15 Winfried Menninghaus, 앞의 책, p. 117. "an aesthetic machinaery that does, however, point the way to a moral sense."

속에서 미적 경험을 할 수는 없다.

칸트 이후 서양의 낭만주의 사상 전통 안에서 미의 다양한 종류에 관한 논의가 있었고, 추함, 파괴, 분노, 질병, 전쟁의 상흔, 비애, 죽음, 허무 등 많은 부정적인 것 속에서도 아름다움을 경험할수 있다는 데 주목했다. 전하는 바에 따르면 로마의 왕 네로는 자신의 시상(詩想)을 위해 도시를 불태우기까지 했다. 광포한 화염 속에서 아름다운 시상을 떠올릴 수 있을지 상식적으로 이해하기 어렵지만 인간이 고통 속 희열과 같은 모순된 감정을 가질 수 있다는 것을우리는 알고 있다.

서양에서 18세기 이후 감상의 대상으로서의 예술 개념이 자리 잡으면서 예술 안에 재현되는 아름답지 않은 대상에 대한 미적 경험은 그 자체로 '미'란 무엇인가의 문제를 우리에게 던진다. 오늘날에도 영화에서 묘사되는 폭력이나 살해, 파괴, 괴기스러움이 영화의심미적 차원 또는 예술적 차원을 높이는 데 기여한다고 한다면 심미적 경험의 다차원적 성격에 관해 다시금 생각해 보게 된다. 심미적 쾌는 단순히 감각적 요소만 내포하는 것이 아니라, 지적 요소와반성적 요소도 내포하는 복합적 감정이다(미적 쾌감은 "한갓된 반성의 쾌감"[16]이다). 고대 그리스의 아리스토텔레스도 예술 모방론을 논의하는 과정에서 인간 해부도와 같이 흉한 그림일지라도 그 묘사의탁월함 때문에, 또는 그것으로 인해 얻게 된 지식의 기쁨으로 인해그림에 대해 미적 쾌감을 가질 수 있다고 했으니, 지적 쾌감을 포함하여 다양한 상황 안에서의 심미적 경험에 관한 주장이 전혀 새롭

16 『판단력비판』 39절, p. 167.

다고 할 수는 없다.

그런데 칸트는 혐오에는 어떤 종류의 기형적 미적 쾌감조차도 없다고 보았으며, 혐오는 모든 심미적 쾌와 인조적 아름다움을 파괴하는 추한 것의 유일한 종류로 보았다.[17] 추함은 때로 미적 쾌를 산출할 수도 있으나 혐오는 결코 심미적 쾌와 연관되지 않는다는 것이다. 다시 말해 추함, 흉한 시각적 이미지, 폭력 같은 것에서 일말의 심미적 경험을 할 수 있을지언정 혐오 속에서는 그 어떤 심미적 요소도 찾을 수 없다는 것이다. 혐오는 미적 감정의 절대적 타자이며, 미와는 전혀 다른 범주의 것이다.

혐오가 도덕의 한계를 표시하는(moral border-demarcation), 그래서 도덕을 부정적 방식으로 드러내는 감정이라면 우리는 도덕을 위해 혐오를 가르칠 수도 있을까? 혐오를 가르친다는 것이 부조리하게 느껴질 수도 있으나 실제 우리는 도덕 교육에서 혐오 또한 가르치고 있다. 예를 들어 부모나 교사들은 어린이들에게 더러운 것, 전염성 있고 병을 유발하는 것, 폭력적인 것, 수치스러운 것, 모욕적인 것, 자존감을 낮추는 것, 악한 행위에 대해 혐오감을 갖도록 가르치기도 한다. 혐오는 대상을 파괴하고 절멸하고자 하는 욕망을 갖는 증오와는 달리 대상과 거리를 두고자 하고 대상을 기피하거나 외면하게 하는 특성을 가지고 있다.[18] 혐오의 대상은 대체로 썩은 냄새, 더러움, 미끌미끌한 물질, 분비물, 옷차림, 표정, 말투, 행동, 가난,

---

17 『판단력비판』 48절, p. 193.

18 Menninghaus, 앞의 책, p. 108. "Abhorrence on the basis of hatred would lead to violent acts, in the end to murder; abhorrence on the basis of disgust to an avoidance of the object—or its removal from our proximity."

쥐, 뱀, 벌레, 폭력, 사나운 욕지거리 등 매우 다양하다. 반면 증오와 분노는 대상보다는 서사적 내용을 가진 사건과 연관 있다.

나치의 유대인 혐오는 혐오의 미학을 고의로 사용한 것이라고 말해진다. 'aesthetics'는 '느낌(feeling)', '감각(sensation)'이라는 뜻을 가진 그리스어 'αἰσθητικός, aisthetikos'에서 유래된 것으로, 바움가르텐이 미적 감각과 연결함으로써 '미학'으로 번역되었다. 그러나 이 글에서 미학은 원래의 감성학을 포괄하는 넓은 의미로 사용한다. 따라서 혐오의 미학이란 혐오의 아름다움을 의미하는 것이 아니라, 혐오를 감성적 조건에 연동하는 조직화된 시도를 가리킨다. 유대인은 '건강한' 국가와 국민들에게 해가 되는 추한 쥐와 같은 존재 또는 해충에 자주 비유되었다. 이 비유는 유대인은 눈에 띄지 않게 해야 하며, 쥐나 해충을 박멸하듯 그들을 박멸해야 한다는 생각을 갖도록 사람들을 유도했다. 수세기 동안 유럽에서는 혐오스러운 냄새, 더러움, 고리대금업자, 수전노 등의 이미지를 통해 사람들에게 반유대적 상상력을 고취해 왔지만, 나치만이 강제 집단 수용소라는 '위생 체제'를 통해 유대인을 냄새 나고 더러운 오물로 체계적으로 비하했다. 혐오의 감성화를 조직적, 체계적으로 만들어 내고, 그것을 통해 집단적 혐오를 자연스럽게 동원해 냄으로써 한 집단에 대한 정치적 박해와 제거를 용이하게 만든 것이다. 메닝하우스는 이런 체계적 비하는 피해자의 자존을 파괴하는 것일 뿐만 아니라, 살인에 대한 독일군들의 저항 심리를 무장해제 하는 목적을 가지고 있다고 보았다.[19] 즉 유대인은 살인을 해도 좋을 만큼 하찮고 더러

---

19 앞의 책, p. 420.

운 존재라는 것이다.

　마찬가지로 일본인들이 일제시대 조선인에 대한 혐오를 표시하면서 마늘 냄새, 불결함, 무질서함 등의 이미지를 활용한 것도 더러운 인간은 그에 상응하는 방식으로 다루어야 하고 그럼으로써 조선인들 스스로 자존감을 갖지 못하도록 하기 위한 것이었다. 권력을 가진 자들이 자신들의 목적을 위해 혐오의 미학을 혐오의 정치학으로 활용한 것이었다. 더러운 이미지 생성을 활용하여 혐오의 미학을 만들어 내는 것은 식민국 조선인들을 타자화하고, 위안부나 탄광 같은 강제 노동에 동원하는 것에 대한 도덕적 가책을 희석하기 위한 것이었다.

　혐오를 이용한 정치의 이면에는 위생적인 것, 깨끗한 것, 건강한 것에 대한 극단적 추구가 있다. 청결함은 도덕적 우위를 보여 준다고 생각되었다. 더러움에 대한 혐오는 교양 있는 문화가 가져야 하는 덕목이었다. '기저귀 찬 여자들'은 신성한 제단에 올라가서는 안 된다고 하는 목회자는 여성의 월경을 더러운 것, 혐오스러운 것으로 본 것이었다.

　혐오의 이면에는 도덕적 순결주의가 도사리고 있다. 믿는 가치에 대한 신념이 강하면 강할수록 그것을 위반하는 것에 대한 혐오의 강도 또한 높아진다. 독일 게르만 민족의 우월성과 순수성에 대한 신념, 일본인은 미개한 다른 아시아인들과는 다르다는 우월감이 타자에 대한 혐오를 강화한다. 기독교 내에서 여성 혐오 또는 여성 비하는 하나님이 예수를 적장자로 삼은 것처럼 남성들에게만 성직자 자격을 부여해야 한다거나, 매달 불결한 피 흘림을 하는 여성은 신을 섬기는 자리에 올 수 없다는 분파적 관점의 종교적 순결성을 추구하려는 욕망의 이면이다.

오늘날 한국 사회에서 벌어지고 있는 여혐의 문제 또한 이러한 관점에서 살펴볼 필요가 있다. 짧게 커트 머리를 한 여성에 대한 혐오, '페미'에 대한 혐오, 남자들이 지는 병역 의무에서 면제된 채 자기 이익을 극단으로 추구하는 이기적 젊은 여성에 대한 혐오, 고통 없이 편히 공부하여 남성의 자리를 차지하는 것으로 보이는 똑똑하고 자기주장 강한 여성에 대한 혐오의 이면에서 우리는 남성이 이상화하는 여성의 모습을 찾아볼 수 있다. 그렇게 이상화된 여성이 도덕적으로 올바르며, 자신은 그런 도덕적 올바름을 사수하고 싶다는 그들 나름의 도덕적 순결주의가 여성 혐오의 감정 뒤에 도사리고 있는 것이다. 그리고 이 순결주의는 혐오 감정을 정당화하는 데 이용된다.

혐오는 분명 우리에게 도덕을 생각해 볼 수 있는 계기를 제공한다. 그러므로 그 이면에 놓여 있는 도덕적 개입(commitment)과 가정을 반성적으로 검토하고 고찰하는 일은 매우 중요하다. 혐오는 즉각적인 감정이 아니라 도덕과 미학적 구조 아래 부정적으로 만들어지는 감정이다. 혐오는 혐오를 드러내는 사람의 도덕적, 미감적 포지션을 보여 주는 하나의 행위다. 혐오 감정이 가지고 있는 이런 측면을 이해한다면 우리는 혐오로 인해 빚어지는 인간적 갈등과 사회적 긴장에 접근하여 그 해소와 해체를 시도할 단초를 얻을 수 있다.

혐오 자체가 나쁜 것이고 제거해야 하는 절대 악이라기보다 '무엇을 혐오하는가', '무엇을 혐오해야 하는가'가 더 중요한 문제다. 정당화될 수 없는 혐오 행위가 한 사회 안에서 어떤 감성적 기제를 통해 재생산되고 관성적 힘을 갖게 되어 결국에는 상징체계 안에 자연스럽게 온축되는지, 그리고 이것이 어떻게 기왕의 권력 구조를 견고하게 하는지를 반성적으로 살펴보고 이 구조를 어떻게 해체할 것인지를 생각해 보아야 하는 것이다.

혐오의 정치학을 넘어 포용의 철학으로

앞에서 혐오가 도덕적 선이나 아름다움의 한계를 구성한다는 점을 말했다. 혐오 현상은 신호등의 빨간불과 같은 역할을 한다. 신호 대기등 앞에서 우리가 기다리는 것은 파란불이다. 마찬가지로 혐오는 단지 부정적 방식으로 도덕적 선이나 심미적 미를 드러내는 것일 뿐 그 자체가 하나의 가치로서 적극적이고 긍정적인 효능을 가지고 있지 않다.

도덕을 강화하기 위해 부도덕한 행위에 대한 혐오가 필요함을 받아들인다 해도 혐오만이 도덕을 세우는 유일한 통로일 수는 없다. 한 집단의 유대를 강화하기 위해 타 집단에 대한 혐오를 부추길 수는 있지만 그런 혐오만이 한 집단의 유대를 강화하는 유일한 길이 아닌 것과 같다. 혐오는 도덕을 확고하게 만드는 방편일 수는 있으나 도덕을 세우는 유일한 길일 수는 없는 것이다. 박멸해야 할 해충을 혐오하듯 유대인을 혐오하도록 강제하지 않아도 게르만 민족의 우월성을 증명하는 길은 여럿 있을 수 있다. 특정 정당에 대한 젊은 남성들의 지지도와 충성도를 높이기 위해 여성 혐오를 부추기는 것은 혐오가 혐오를 부르는 악순환의 길로 가는 지름길일 뿐이다.

마치 혐오가 도덕적, 미적 가치를 설득하는 힘인 것처럼 포장되어 공론의 장으로 올라올 때는 이미 그것은 특정한 권력관계를 고착화하려는 의도된 정치의 영역 안에 놓이게 된다. 정치적 의도에 따라서 선이나 미를 강화하는 데 혐오가 동원되어 하나의 실천적 힘으로 작동하도록 만들어질 수 있음을 우리는 주목해야 한다. 특정 목적을 가진 정치 세력은 미학적 반감으로서의 혐오를 자극하고 선동함으로써 사람들을 결집하기도 하고 분열시키기도 하기 때문이다.

실상 혐오의 미학은 정치적 동원에 매우 강력하고 효과적인 역할을 할 수 있다. 혐오의 미학은 혐오의 정치학과 매우 쉽게 결탁할 수가 있는 것이다. 민족의 이름으로, 국가의 이름으로, 특정 공동체나 집단의 이름으로 혐오를 공공화한다면 '민족', '국가', '공동체'라는 이름은 더 이상 순수하지 않으며 가치중립적이지도 않게 된다. 혐오 감정을 유발하는 감성적, 미학적 장치에 의존하지 않아도 갈등하는 집단은 서로 대화하고 상호작용할 수 있어야 한다. 그것이 더욱 더 복잡하고 다양화되어 가는 세상 안에서 언어적 존재로서 인간이 살아가기 위해 기댈 수 있는 유일한 인간적 방법이다. 젊은 남성들을 자신의 정치적 세력으로 만들기 위해 여성 혐오나 노인 혐오를 부추기는 것은 저열한 방법이고 하수에 불과하다. 그럼에도 왜 혐오의 미학은 혐오의 정치학으로 전환되는가?

사람들을 말로 설득하는 데에는 한계가 있다. 사람들마다 지적, 언어적 이해 능력의 차이가 있고, 말과 논리는 개념과 사유의 과정을 거쳐야 하기 때문에 즉각적 감성에 의존하는 것보다 간접적이고 시간도 오래 소요된다. 대중을 설득하는 데 연설문보다는 열정적 연설 행위가, 글보다는 직접적 감성에 호소하는 시각예술이 훨씬 빠르고 효과적일 수 있으며 많은 에너지를 모을 수 있다.

대중음악, 영화, 미술, 애니메이션, 카툰 등을 통해 의도하는 메시지를 전달하려는 시도는 동서양을 막론하고 전통적으로 다양한 형태로 이루어졌다. 사회주의 예술론은 이데올로기 전달에서 예술이 매우 효과적이라는 데 주목하여 예술의 실천적 힘과 기능을 강조한 바 있다. 국가 중심성을 확보하고자 노력하는 전체주의 국가에서 대형 극장과 스타디움을 건축하고 웅장한 퍼레이드, 스포츠 경기, 영화 같은 부문에 집중하는 것은 예술 같은 감각적 매체가 지니는 대중 설득력과 동원력 때문이다. 히틀러의 제3제국은 결집의 효과를 위해 강하고 힘찬 이미지의 건축 양식을 구축하려 노력했다. 종교 권력이 강력했던 서양의 중세 시대 건축이나 남녀 구분의 규범적 가치를 공간적으로 명료하게 구성한 한국의 전통 건축도 미학과 정치학의 결탁을 확인하게 해 주는 좋은 예가 된다.

정치적 지지를 이끌어 내기 위해 정치가들은 자주 순수함, 평화, 사랑을 상징하는 어린아이들과 어울리는 사진이나 이미지를 사용한다. 감각적, 감성적 호소는 메시지의 직접적 전달뿐만 아니라 공감과 호감에 기초하는 자발적 동의까지도 유도해 낼 수가 있기 때문이다. 미적인 것이 진리와 도덕적 이념에 감각적 실재성을 부여한다는 칸트적 관점에서 본다면 미적 쾌와 혐오의 대립을 활용하는 것이 정치적 동의와 선동을 이끌어내는 데 얼마나 의미가 있는 것인지를 짐작할 수 있다. 아름다움의 미학은 즐거움과 만족감 안에서 공감과 유대를 만들어 낼 수 있지만 혐오의 미학은 사람들 사이에 배제와 따돌림, 분열을 생산하고 조장한다. 이렇게 혐오의 미학은 혐오의 정치학을 양산한다.

주지하듯이 나치는 유대인 혐오를 선동하기 위해 감성의 형식을

나치 치하 유대인 난민을 쥐 떼로 묘사한 만화(위)와 태극기의 괘의 자리에 바퀴벌레를 그려넣은 일본인의 혐한 사건(아래).

적극적으로 활용했다. 다음 만화는 1939년 오스트리아의 신문인 「클라이네 블라트(Das Kleine Blatt)」 실린 것으로, 나치 점령지로부터 축출되어 유럽으로 가는 길이 막힌 유대인들을 더러운 쥐로 묘사했다.[20] '더러운 쥐(filthy rats)'는 전염병과 오염으로부터 자유로운 '건강한 나라', '강력한 국가'를 이루기 위해서 축출되고 박멸되어야 한다는 암묵적 메시지를 전하는 포스터나 만화, 회화는 어떤 말이나 글보다도 자극적이고 즉각적 효과를 낼 수 있다. 또 이런 매체는 '나는 재미난 그림을 그렸을 뿐이야'라는 알리바이도 만들어 낼 수 있다.

또 하나의 이미지는 2016년 10월 22일 JTBC 뉴스에서 보도한 것으로서, 오사카에서 일어난 일련의 혐한 사건 속에서 등장한 것이다. 태극기의 건곤감리 괘의 자리에 바퀴벌레를 그려 넣고 이를 짓밟는 일본인의 영상을 보도한 것이다.[21] 태극기를 짓밟고 있는 사람들은 '나는 단지 바퀴벌레를 짓밟고 있을 뿐이야' 라는 상상계를 만들어 냄으로써 죄책감을 면책받는다.

혐오의 감성화는 혐오를 감각적으로 구조화하는 것으로서, 우리는 그 규범적 구조와 그 안에 내포된 가치 평가, 전제되어있는 편견과 고정관념, 이념 등을 살펴보아야 한다. 엠케의 주장처럼 집단적 혐오는 자연적으로 발생하는 것이 아니라, 만들어지고 준비되는 것이기 때문이다. 이것이 혐오 문제를 그 구조적, 규범적 측면에서 살펴보아야 하는 이유다.

---

20   www.thenewhumanitarian.org
21   https://ohfun.net/?ac=article_view&entry_id=12801

정치는 그 이상에서 공동체성을 중심에 두고 있는 인간 삶의 본질적인 형식이다. '본질적'이라 규정한 것은 인간은 원초적으로 군집적 존재로 진화해 왔기 때문이다. 인간이 자연에서 살아남을 수 있었던 것은 집단을 이루어 공동으로 적대적 환경에 대응한 결과다. 인간은 홀로 살 수 없다. 그런데 공동체성은 집단 내 상호 연대와 공감을 바탕으로 확보할 수도 있지만 역으로 타 집단에 대한 반감과 혐오를 지렛대 삼아 내부 결속을 꾀하고 집단성을 강화한 결과로 얻을 수도 있다. 긍정적 가치에 대한 자발적 동의에 기초해서 자율적 공동체성을 확보하는 일보다 때로는 반감을 이용하는 것이 결집력을 공고히 하는 데 더 빠르고 효과적일 수도 있다. 개인의 자유와 자율을 억압하는 전체주의 사회가 혐오의 미학이 지니는 치명적 유혹에 빠지게 되는 것도 그것의 빠르고 강렬한 효과 때문일 것이다.

혐오 감정을 정치화하는 일은 타겟 집단으로서의 타자 집단을 소외하고 파괴하지만 행위자 집단 또한 그 과정에서 파괴된다. 행위자 집단은 자율적 문제 해결 능력을 키울 기회를 박탈당하고 혐오 감정의 악순환 속으로 빠져들어 갈 것이기 때문에 스스로를 창조해 나갈 동력을 상실하고 만다. 타자와의 변증적 관계 맺음과 상호 인정을 통해 내적 동력을 키울 기회를 잃은 채 타율에 의한 투쟁으로 내몰리게 됨으로써 집단 자체가 탄력을 잃고 말 것이다.

한국 여성은 지난한 역사 경험을 가지고 있고, 강한 유교 가부장제와 음양 이념의 영향 아래에서 살아 왔다. 따라서 한국 여성의 철학적 입론의 위치는 백인 중심의 서구 여성 철학자들과는 또 다른 차별성을 갖는다. 한국 여성의 경험은 1세계와 3세계 사이에 걸쳐 있으며, 다른 동아시아 여성들과 비교해 보았을 때에도 독특한 입장을 형성하고 있다. 한국 여성들이 역사 안에서 겪은 고통은 민족, 신분, 젠더, 섹슈얼리티, 계급, 교육, 이념, 국가를 축으로 다층적 차원에서 발생한 것이었다. 북한의 일반적 인권 문제와는 또 다른 층위에서 구성된 북한 여성과 탈북 여성들의 인권 문제는 한국 여성의 문제를 더욱 복잡한 지형 속으로 몰아넣는다.

나는『新음양론』을 통해 한국 문화 저변을 구성한 이데올로기로서 음양 사상을 분석하고 여성 관점에서 음양론을 해체 또는 재구성하고자 시도했다. 음양론의 핵심은 반대의 것이 분리 불가능한 방식으로 상호 교착, 포함 관계를 이루고 있다는 것인데, 이를 통해 여성 억압의 이데올로기로 강력한 힘을 발휘했던 음양을 거꾸로 포괄과 포용의 철학 원리, 우연성의 철학 원리로 세우고자 한 것이었다. 모순과 반대의 것이 서로 중첩되고 교착되어 있으면서 균형을 찾아 움직이는 원리로서 음양은 갈등과 투쟁이 난무하는 시대를 횡단하여 이질적인 것을 포용하는 개념 틀로 그 역할을 할 수 있을 것이다.

음양 변증법은 하나의 태극이라는 통일성 안에서 두 반대되는 힘이 영원히 커졌다 작아지는 소장(消長)의 운동을 설명하는 원리다. 그것은 대립하는 것이 함께 존재하면서 서로 감응(異類相感)하기도 하고 서로 비슷한 것끼리 움직이는 과정(同類相同)을 통해 균형점을 찾는 원리다. 음양 변증법은 반대되는 것의 대립은 제거할 수 없는 것으로서 대립이 있기 때문에 변화의 움직임이 가능하다는 것을 함의한다. 완전한 선, 완전한 진리는 하나의 개념적 이상일 뿐 존재할 수 없는 것으로서, 진리와 거짓은 항상 섞여 있을 수밖에 없다. 진리와 거짓은 서로를 배격하지만 서로를 필요로 하는 방식으로 진리와 거짓을 포괄하는 전체 안에 상호 배타적인 동시에 상호 포함적으로 묶여 있다. 오늘 진리를 확보했다고 해도 오류 가능성이 항상 남아 있으며, 내일 상황은 언제나 변할 수 있다. 이러한 우연성이 지배하는 삶 안에서 지향해야 하는 것은 대립 속에 있는 타자의 제거나 질서의 전복이 아니라, 대립하는 것을 나의 일부로 인정하는 포괄과 포용의 철학이다. 그것은 타자를 나의 부분으로 의식하고, 나와 연관된 존재로 알아 가며, 상호 소통과 공감을 확대해 가는 포용의 인식론이다. 내가 참이라고 믿는 모든 판단이 거짓일 수도 있음을 동시에 수용하는 인식론적 태도다.

바리데기 신화는 인고로 이루어진 한국 여성의 삶을 잘 보여 주는 무속 서사다. 이 서사는 한국 여성이 겪어야 했던 고난과 인내, 생명력을 상징적으로 잘 표상한다. 이 서사는 자기 신체의 고통을 감수하면서 모든 것을 품어 살리고 일으켜 세우는 거대한 제주 설문대할망을 연상시키기도 한다. 그런데 조금 자세히 보면 바리데기의 고행이나 설문대할망의 거대하고 강렬한 모성이 여성과 남성의 힘과 상징을 다 담고 있음을 알 수 있다.

포용의 인식론은 인식론, 윤리학, 미학의 지평을 모두 자신의 지평으로 삼는다. 혐오의 미학 또는 반미학에서 보았듯이 인간은 다른 것, 타자, 혐오하는 것을 넘어 그것을 자기 자신과 연계하고 연결 짓기 위해 감성적 형식을 필요로 한다. 감성적 형식을 통한 감정은 이성적 인식이 미치지 못하는 것에 대한 공감과 연대, 합일의 경험을 가능하게 한다. 혐오는 나의 도덕과 미적 감수성의 한계에 대한 자각을 이끌어내고 반성하게 하는 강력한 계기를 제공하기에 나는 포용의 인식론에서 혐오의 반미학을 활용할 수 있을 것이라 본다. 따라서 미적 교육이나 예술을 통한 저항과 통합을 추구하는 것는 포용의 인식론에서 중요한 요소가 된다.

인간 사회 안의 모든 구분과 분별은 항상 우연적이고 잠정적이다. 미래와 인간의 선택은 이론상 무한대로 열려 있으며, 인간은 무엇이든 꿈꿀 수 있고 사유할 수 있다. 포용의 철학과 인식론을 통해 내가 말하고자 하는 것은 인간 삶과 존재의 우연성을 받아들이면 인간을 억압하는 모든 조건에 대해 사유할 수 있는 눈이 열리게 된다는 것이며, 인간이 자유로워지는 길을 발견할 수 있게 된다는 것이다. 대립과 비판과 저항은 그 길을 가기 위해 억압받는 개인이나 집단, 부자유를 겪고 있는 자들이 취하는 방편일 뿐 그 자체가 목적인 것은 아니다. 여성 관점은 여성만의 자유를 위한 것이 아니라 인간의 자유를 위한 도정에서 우리가 취해야 하는 방편이다. 그 방편을 선택함으로써 인간 삶은 더 넓고 풍요로운 지평 위에 서게 될 것이라 믿는다.

한국에서 여성 관점으로 철학을 한다는 것

여성 관점이 열어 놓은 세계

여성 관점은 여성의 관점을 지시하는 것이 아니다. 여성 관점은 이론적 관점으로서 여성이라는 성별을 성찰의 축으로 삼아 다양한 철학적 의제를 새롭게 창안해 내기도 하고 기존의 철학을 비판하고 파괴하거나 수정하는 발판이다. 여자든 남자든 잠정적으로나 또는 지속적으로나 여성 관점을 취할 수 있다.

여성 관점에 기반한 여성 철학은 여성의 성별을 중심으로 놓고 보았을 때, 기왕의 철학적 인간론이나 인식론, 실체론, 행복론, 국가론, 정의론, 윤리학, 미론이 여성의 삶과 존재를 포괄하지 못하고 있다는 데 대한 반성과 비판을 담고 있다. 또한 서양철학이 중시한 보편성 개념은 다양한 인간들의 관점을 포괄해야 하는 개념으로 바뀌어야 한다는 자각을 배경으로 하고 있다.

철학 논의 안에 감성, 감정, 몸, 욕망, 섹슈얼리티, 관계 중심성, 돌봄과 배려, 감정 노동, 폭력, 모성, 사랑, 젠더, 가족 같은 주제를 단편적 논의로부터 본격적인 철학적 주제로 발전시킨 것은 여성 철학의 기여다. 여성주의 철학자들은 이성/감성, 마음/몸, 남자/여자, 공/사, 예술/공예 등의 다양한 이분법적 사고에 대한 비판을 수행했고, 주변화되어 온 것, 보이지도 들리지도 않았던 것, 타자화되었던 것으로부터의 사유를 수행하고자 노력했다. 한국에서도 종교 전통 내의 가부장 문화와 관행에 대한 성찰과 비판, 유교의 이기론, 음양론에 대한 새로운 해석, 불교의 성불론에 대한 재해석 등 많은 논의와 이론이 여성 관점을 통해 생성될 수 있었다.

마르크스주의 관점은 인간의 마음이 세계를 대면하고 있다는 이론적 인식의 기본 모델을 인간 노동을 통한 세계와의 대면 모델로 바꿈으로써 형성되었다. 마르크스의 유명한 「포이어바흐에 관한 테제」 마지막 문장이 말하듯 이제껏 철학은 인간 마음이 어떻게 세계를 해석하고 이해하는가에 관심을 기울였다면 마르크스주의는 인간이 노동을 통해 세계를 변화시키고 그 변화된 세계가 다시 인간을 새롭게 만드는 관점을 사유의 발판으로 삼은 것이었다. 인간인 한 노동하고 노동하는 한 인간이 된다. 그럼으로써 노동과 생산, 소유를 중심으로 하는 인간관계의 틀이 새로운 문제로 등장하고, 그에 기반해 변화된 사회와 국가의 형식이 또한 새로운 문제로 등장할 수 있었던 것이다. 마르크스의 관점이 마르크스의 문제를 만들어 내고 마르크스식의 문제 해결 방식을 만들어 낸 것이다.

비슷한 방식으로 '여자도 남자와 동등한 인간이다', '여자는 여자로 태어나는 것이 아니라 여자로 만들어지는 것이다', '여자는 만들어지는 것이 아니라 선택하는 것이다'와 같은 테제는 여성 관점을 생성시킨다. 이제껏 당연히 받아들이던 나 또는 누군가의 '여자 됨'을 다시 돌아보고 비판적 성찰에 임하게 될 때 관점은 만들어진다. 생성된 관점은 그에 따라 새로운 물음과 문제를 생성시키고 문제 해결을 위해 현실의 변화를 모색하게 만든다.

하나의 관점은 하나의 세계를 열어 놓는다. 여성 관점은 기존 철학 안에서 철학적 의제로 포함되지 않았던 문제를 철학의 의제로 만듦으로써 공고히 구축되었던 기존 철학의 경계를 무너뜨리고 그 지경을 넓혀 왔다. 사실상 이런 창의적, 비판적 사유 활동이 철학함의 본질이라는 점에서 여성주의 철학은 살아 있는 철학적 활동이라 할 수 있다.

여성주의 철학은 주로 철학적 인간학, 윤리학, 사회정치철학 분야에서 논의가 이루어져 왔으나 점차 이론 철학의 영역으로 확장하면서 형이상학과 인식론, 미학 분야에서도 새로운 의제와 논의를 생산해 왔다. 여성주의 인식론은 특히 지식, 인식의 객관성(정당성), 이성(개념)/지각/감각 경험과의 관계, 지식의 필요충분조건의 문제와의 연관 속에서 다루어져 오던 전통 인식론으부터 나아가 문화적, 사회적 맥락 안에서의 인식과 지식의 문제로 논의를 확장함으로써 사회인식론(social epistemology) 분야를 열어 놓았고, 인식론과 윤리학과 사회철학의 통합적 지식을 생산했다.

새로운 관점 설정은 기존의 사유 틀과 합리성의 규준에 대한 의심으로부터 생성되지만, 그 의심의 발생은 순전히 관념의 차원에서만 일어나지 않는다. 의심은 기존의 사유 틀과 삶의 규준이 만들어내는 고통, 불편함, 불행, 부조리로부터 생성되는 것으로서, 이론의 출현은 실천적 삶의 바탕과 분리되어 있지 않다. 앞서 언급한 키르케고르의 것과 같은 삶의 '큰 지진'은 아닐지라도 가늠하기 어려운 인간 삶이 만들어 내는 우연성 안에서 물음과 대립을 통해 관점과 사유의 주체는 형성된다.

여성주의 철학은 여성 관점으로 인해 가능해진 철학이다. 오늘날 서구에서 여성학은 젠더 연구로 대치되는 경향이 강화되고 있다. 때로는 '여성'을 이론적 주체로 놓는 것이 터부시되기도 한다. 여성과 남성의 이분법을 전제로 하거나 생물학적 본질주의에 빠질 우려 때문이기도 하고, 젠더가 다양화되어 가는 서구의 상황 때문이기도 하다. 버틀러와 같은 철학자는 n개의 젠더라는 개념으로 젠더 다양성을 추구하기도 했는데, 젠더의 무수한 분화는 역설적이게도 젠더 개념 자체를 무화하는 효과를 낳는 것이기도 하다.

젠더 개념은 여성과 남성의 성 역할에 대한 기존 관념을 해체하면서 사람들로 하여금 고정화된 성별 정체성을 돌아보게 하는 계기를 만들었다. 기술과 의약학의 힘을 빌려 사람들은 성별을 이전보다 훨씬 용이한 방식으로 전환할 수도 있고, '근육질의 힘센 여자'와 같이 성별 특성을 선택적으로 가질 수도 있게 되었다. 이전에는 상상도 하지 못했던 것이 이제 인간 선택의 문제로 놓이게 되었다. 인류 역사에서 성별조차도 선택의 목록에 포함된 시대가 된 것이다. 앞으로 AI의 경우에도 성별이 문제가 될 수도 있을 것이다. AI도 성별을 갖는가? 성별을 가져야 하는가? 가져야 한다면 어떤 상황과 목적에서인가? 젠더 중립적이라고 한다면 그 중립성은 어떤 특성을 가지고 있는가? 이 모든 것을 누가 어떤 관점에서 결정하는가? 기존의 성별 고정관념이 그대로 투사된 인공지능을 만들어 내는 일이 의미 있는 일인가? 인공지능 또한 인간의 언어를 사용하면서 인간과 소통해야 한다면 언어에 습윤된 가치 편향을 받아들여야 할 것인데, 과연 기술의 발전은 여자와 남자를 어디로 이끌고 갈 것인가?

더욱 개별화되는 사회와 권위주의의 붕괴 속에서 기존 전통과 제도의 힘은 약화해 갈 것이지만, 불확실한 미래를 향한 인간 삶의 비전이 오늘날처럼 약화한 적도 없었던 듯하다. 종교도, 철학도, 정치체도, 심지어 기후 변화도 매우 불안정한 미래를 바라보고 있다. 인간의 물질적 욕망을 제어하던 강력한 이념이나 가치가 분화하면서 규제적 힘을 잃어 가는 가운데 적나라한 인간 욕망의 충돌을 막을 이성의 힘이 과연 작동할 것인가? 우리에게 익숙했던 많은 것이 무너졌고 앞으로도 더 많이 무너질 것이다. 새로운 질서는 기계(기술)와 인간의 동거이며, 새로운 인간들의 등장으로 이루어질 것이다. 인간으로서의 삶을 포기할 수 없는 한 우리가 기대하는 것은 '새로운 휴머니즘'이 될 것이다. 새로운 휴머니즘은 저항의 인식론을 통해 포용의 인식론에 이르는 데서 새롭게 생성되는 이야기, 상호 갈등하고 싸우며 잡다하게 엉킨 다양한 인간 삶의 양상을 포괄하는 이야기가 될 것이다. 젠더 논의 안에서 여성과 남성의 대립적 구도는 약화했지만, 여전히 여성에 대한 차별과 폭력이 빈발하고 있고, 여성에 대한 성적 대상화와 사회 내 성 불평등 문제가 심각한 아시아 문화권의 현실을 생각한다면 여성에 관한 논의는 젠더 논의로 대체될 수 없다. '여자'로 불리는 대다수 여성의 삶을 얽어매고 있는 조건에 관한 성찰은 새로운 휴머니즘 구축을 위해서도 반드시 필요한 일이다. 더욱이 한국은 공녀, 일본군 위안부, 기생 관광, 여공으로 불리던 여성 노동자, 향락의 산업화, 기쁨조, 탈북 여성 인신매

매 등 여성의 몸을 매개로 한 폭력의 문제를 역사적으로나 현실적으로나 대면하고 있다. 여성을 거론하고 여성 관점을 입론하며 새로운 세계를 꿈꾸고자 하는 이유는 여전히 남녀 성별 구조가 강력하게 작동하고 있는 아시아적 상황, 여전히 여성들을 공통적으로 묶고 있는 운명과도 같은 '몸'의 문제가 있기 때문이다.

여성 관점은 이론적인 것이지만 구체적 삶의 맥락 안에서 형성되는 것이면서 동시에 이상화된 인간관계와 세계 구축을 목표로 한다는 점에서 규범성을 갖는다. 아무도 자신의 생명을 선택해서 태어나지 않고 자신의 성별을 선택하지도 않는다는 인간 존재의 우연성과, 많은 것이 내가 선택하지 않은 조건 안에서 이루어지는 삶의 우연성이 여성 관점을 유의미하게 만드는 것이면서, 동시에 여성 관점을 통해 또는 여성 관점을 넘어 새로운 세계를 꿈꾸게 만드는 동력을 만들어 내는 것이기도 하다.

한국철학은 여성 철학에서 무엇을 배울 수 있는가?

한국에서 철학을 하는 여성 철학자로서 서구 여성 철학의 논의는 실존적 문제 상황에 대한 개인적 자각뿐만 아니라 방법론적 측면에서 한국철학에 대한 성찰과 각성을 갖게 해 주었다. 서구 여성 철학자들이 여성이 소외되었던 서양철학의 전통에 대한 문제를 제기하고 여성 평등을 위한 이론을 모색해 가는 과정은 한국철학의 정체성에 대한 고민을 안고 있는 한국철학자에게 많은 시사점을 준다. 서양철학이 철학의 전형으로 받아들여지는 상황에서 비서구권 문화의 철학자는 여성 철학의 비판적 방법론으로부터 대안적 패러다임 개척을 위한 통찰을 얻을 수 있을 것이기 때문이다.

서양철학이 지향해 온 '보편적 합리성과 진리'나 '보편적 인간'에 관한 논의에 맞서서 여성주의 철학자는 '누구의 합리성인가(Whose rationality)?', '누구의 지식인가(Whose knowledge)?'를 질문함으로써 보편주의에 대한 비판을 꾀하고 다양한 대안적 철학적 체계를 구축해 왔다. 문자의 세계로부터 배제된다는 것은 곧 추상적 사유의 세계로부터 배제된다는 것을 뜻한다. 여성은 사유의 세계로부터 배제됨으로써 철학으로부터 배제되어 왔다. 아이러니하게도 남성 철학자는 이렇게 배제된 여자들을 향해 여자들은 철학적 능력을 결여하고 있고 철학에 적합하지 않다고 주장했다. 자기가 만든 국화빵 틀로 빵을 만들어 놓고 틀과 빵이 닮아 있는 데 놀라는 것과 같은 아이러니다.

역사적으로 여성 철학자는 희귀했고, 철학 텍스트 안에서도 여성의 삶의 양상이나 존재는 조롱과 비하를 받았을지언정 보편적 인간(곧 자유인, 시민 남성)의 삶을 다루는 철학적 사유의 대상은 아니었다. 라틴어를 읽을 줄 아는 여성은 수염이 난 여성과도 같다고 한 칸트나, 어린이와 여성이 잘 어울리는 것은 여성이 유아적이기 때문이라 했던 쇼펜하우어 등 서양철학사 안에서 여성에 대한 비하의 글은 어렵지 않게 만나 볼 수 있다. 여성들은 이런 텍스트를 읽으면서 곧바로 텍스트 바깥으로 내쫓기는 듯한 경험을 하게 되고, 텍스트를 읽는 내내 소외를 경험하게 된다. 들어가서는 안 되는 곳에 들어가 있는 듯한 이방인으로서 서구 여성 철학자들은 전통 서양철학을 자신의 경험의 관점에서 비판적으로 다시 바라보고 읽기 시작했다.

비슷한 방식으로 한국철학은 이중적 방식으로 소외를 겪고 있다.

그것은 '동양철학은 사상(ideas, thoughts)일 뿐 철학(philosophy)이 아니다'고 주장하는 서양철학 학계와 아카데미로부터 철저히 소외되어 있고, 또 동아시아에서도 '전통 한국철학은 중국철학의 아류이고 현대 한국철학은 서양철학을 수입 소개한 것이다'는 평가로부터 자유롭지 못하기 때문이다. 한국철학은 고대 한문, 산스크리트어, 중국어, 일본어, 영어, 독일어, 프랑스어 같은 외국어의 늪에 빠져 자기의 언어를 찾고 있지 못한 상황이다. 이것은 여성이 자신의 언어를 갖지 못한 상황과 유사하며, 초창기 여성 철학 논의가 주류 철학 논의 맥락 안에 자리 잡지 못했던 상황과도 매우 유사하다. 주류 철학 안에서 활동하는 철학자들은 여성주의 철학은 철학이 아니라고 단정적으로 주장하거나 무시했다. 보편적 진리를 추구하는 철학의 이상을 여성 철학은 출발부터 배반하고 있다고 보았다.

지난 수십 년간 서구 여성 철학자들이 개척한 논의는 정치한 이론적 차원을 확보했고, 다양한 분파도 만들어짐으로써 여성주의 철학은 이제 주류 철학에서도 논의를 하지 않을 수 없는 위치를 점하게 되었다. 사회 변화와 함께 대학에서도 여성 철학 전공자들을 채용하거나 여성 철학을 교과목으로 편성하기도 했다. 이렇게 된 데는 방법론적, 이론적 성찰이 핵심에 있었다. 이제 한국철학은 반복적으로 과거의 동서양 철학을 번역하고 해석하는 것을 넘어서서 독자적인 철학적 의제를 만들어 가야 한다.

여성주의 철학 내 독립적 의제 창안은 철저하게 연구자의 관점과 경험을 중심으로 기존 사유 체계에 저항적 질문을 던지고 비판을 행하는 과정을 통해 이루어진다는 점에 주목할 필요가 있다. 여성 관점은 서양철학을 많은 부분 변화시켰고, 철학적 사유를 더 풍요롭게 만들었으며, 타 학문 분야와 더 많은 접점을 만들어 냈다. 아직도 동아시아 사상은 서구의 철학과에서 다루어지지 않고 동아시아 문학과 문명 프로그램이나 아시아학, 중국학이나 한국학과 같은 지역학 맥락에서 다루어지고 있다. 그렇기에 더욱 절실하게 한국 관점, 한국인의 역사적 경험과 사유의 관점에서 철학적 의제를 개척하고 개발해야 하는 당위가 존재한다. 수용과 긍정을 넘어서 저항과 의견 불일치를 통해 자기가 설 수 있는 철학적 발판을 마련하는 일, 저항의 인식론이 한국철학에 필요한 것이다. 여성 관점의 철학은 그래서 한국철학 안에서 깊이 있게 사유되어야만 하는 것이다.

참고 문헌

『논어』,「자한(子罕)」편 3장.

『新完譯 小學』, 김성원 역저(명문당, 1985).

『장자』,「제물론(齊物論)」.

강명관,『열녀의 탄생』(돌베개, 2009).

고갑희,「'차이'의 정치성과 여성 해방론의 현 단계」,『현대 비평과 이론』6호 (1993).

길진숙,「16세기 사람의 주자의례의 실천과 〈분천강호가(汾川講好歌)〉: 제 도에 맞는 몸과 마음은 어떻게 만들어지는가?」,『조선 중기 예학 사 상과 일상 문화』(이화여자대학교출판부, 2008).

김남두,「플라톤의 정의 규정고(考): 국가편 IV권을 중심으로」,『희랍철학 연구』(종로서적, 1998).

김선희,『혐오 미러링』(연암서가, 2018).

김세서리아,「조선 성리학의 태극음양론을 통해 본 한국적 여성주체형성 이론 모색: 임윤지당의 '이기심성설'에 나타난 태극음양론을 중심 으로」,『유학연구』36집(충남대학교 유학연구소, 2016).

_____,「조선시대 여성 규훈서의 분노 감정 이해」,『한국여성철학』38(한

국여성철학회, 2022).

_____, 「'차이-사이'의 개념으로 다시 읽는 음양론」, 『한국여성철학』 3호 (한국여성철학회, 2003).

김은주, 「'여성 혐오' 이후의 여성주의(feminism)의 주체화 전략」, 『한국여성 철학』 26권(한국여성철학회. 2016).

_____, 「들뢰즈의 신체 개념과 브라이도티의 여성 주체」, 『한국여성철학』 20권(한국여성철학회, 2013).

김혜숙, 「Quine의 경험주의와 전체주의」, 『철학』 32집(한국철학회, 1989).

_____, 「여성/남성: 단절과 연속」, 『성과 철학』, 철학연구회(철학과현실사, 2003).

_____, 「정합성과 인식적 이상」, 『철학』 38집(한국철학회. 1992).

_____, 「포스트모더니즘과 페미니즘: 유교적 욕망과 푸코의 권력」, 『포스트모더니즘과 철학: 탈주체, 탈형이상학에 대한 이해와 반성』(이화여자대학교출판부, 1995).

_____, 「한국 근대여성주체 형성의 다층성」, 『여성평생교육』 11권 2호(한국여성평생교육회, 2006)

_____, 「해체 논리, 해체 놀이: 데리다를 중심으로」, 『포스트모더니즘과 철학: 탈주체, 탈형이상학에 대한 이해와 반성』(이화여자대학교출판부, 1995).

_____, 『新음양론』(이화여자대학교출판부, 2014).

_____, 『칸트: 경계의 철학, 철학의 경계』(이화여자대학교출판부, 2011).

김혜숙, 조순경, 「민족민주운동과 가부장제」, 『광복 50주년 기념 논문집』 8 권(한국학술진흥재단, 1995).

_____, 「운동권 가부장제가 여성운동가를 억압한다」, 『월간 사회평론 길』 95권 8호(1995).

노양진, 『상대주의의 두 얼굴』(서광사, 2007).

미셸 푸코, 『성의 역사 I: 앎의 의지』, 이규현 옮김(나남, 1990).

박용옥, 『한국근대여성운동사 연구』(한국정신문화연구원, 1984).

박혜숙, 『허난설헌』(건국대학교출판부, 2004).

백희영, 우수정, 이혜숙, 「과학기술 연구 개발에서의 젠더 혁신 확산 방안」, 『기술혁신학회지』 20권 4호(2017).

소혜왕후 한씨, 『內訓/鄭鑑錄』, 황길현 역해(중앙교육출판사, 1986).

시몬느 드 보부아르, 『제2의 성』, 조홍식 옮김(을유문화사, 1986).

알로이스 프린츠, 『한나 아렌트』, 김경연 옮김(여성신문사, 2000).

앤서니 기든스, 『현대 사회의 성, 사랑, 에로티시즘: 친밀성의 구조 변동』, 배은경, 황정미 옮김(새물결. 1996).

엘렌 식수, 「메두사의 웃음」, 고미라 옮김, 『포스트모더니즘과 철학: 탈주체, 탈형이상학에 대한 이해와 반성』, 김혜숙 편(이화여자대학교출판부, 1995).

이명선, 「아리스토텔레스: 위계적 세계관과 여성 예속의 가족」, 『가족 철학』, 강선미 외 지음(이화여자대학교출판부, 1997).

이블린 폭스 켈러, 『과학과 젠더』, 민경숙, 이현주 옮김(동문선, 1996).

이승현, 「왜 혐오의 시대가 되었나?」, 『월간 사회참여』 272호(2020).

이재경, 「정의의 관점에서 본 가족」, 『가족 철학』, 강선미 외 지음(이화여자대학교출판부, 1997).

이정은, 「한국여성철학회의 어제와 오늘: 학술지 『한국여성철학』의 창간호에서 제38권(2001. 6~2022. 11)까지를 중심으로」, 『한국여성철학』 39권(한국여성철학회, 2023).

이현재, 『여성혐오, 그 후: 우리가 만난 비체들』(들녘, 2016).

이혜정, 「혐오 감정: 타자와 환대의 윤리로」, 『한국여성철학』 41권(한국여성철학회, 2024).

장성빈, 「가족에 대한 인정이론적 접근: 악셀 호네트의 인정 이론에 근거한 가족 모델의 구상」, 『한국여성철학』 40권(한국여성철학회, 2023).

장영란, 「한국 여성-영웅서사의 희생의 원리와 자기완성의 철학」, 『한국여성철학』 9권(한국여성철학회, 2008).

정대현, 「김선희, 『혐오 미러링』」, 『철학연구』 125집(철학연구회, 2019).

정원섭, 「정의론과 공정성의 조건」, 『철학과 현실』 88(철학문화연구소, 2011).

정정호, 「성차와 '여성적 글쓰기'의 정치적 무/의식」, 『현대비평과 이론』4호
　　(1992).

정화열, 『몸의 정치학』(민음사, 1999)

주디 와츠맨, 『페미니즘과 기술』, 조주현 옮김(당대, 2001).

주디스 버틀러, 『안티고네의 주장』, 조현순 옮김(동문선, 2000).

　　　　, 『의미를 체현하는 육체』, 김윤상 옮김(인간사랑, 2003).

카롤린 엠케, 『혐오사회』, 정지인 옮김(다산초당, 2017).

칸트, 「계몽이란 무엇인가에 대한 답변」, 『칸트의 역사철학』, 이한구 편역
　　(서광사, 1992).

　　　　, 『순수이성비판』, 최재희 옮김(박영사, 1983).

　　　　, 『판단력비판』, 이석윤 옮김(박영사, 1974).

캐럴 길리건, 『다른 목소리로』, 허란주 옮김(동녘, 1997).

캐시 오닐, 『대량 살상 수학 무기: 어떻게 빅데이터는 불평등을 확산하고
　　민주주의를 위협하는가』, 김정혜 옮김(흐름출판, 2017).

토릴 모이, 『성과 텍스트의 정치학』, 임옥희, 이명호, 정경심 옮김(한신문화
　　사, 1994).

패트리샤 힐 콜린스, 『흑인 페미니즘 사상』, 박미선, 주해연 옮김(여이연,
　　2009).

표재명, 「키에르케고어의 '큰 지진'의 체험」, 『마음』1호, 이화여자대학교
　　철학과 편(1978)

한국여성민우회, 「내 자궁에 낄끼빠빠」, 『梨判死判』, 이화여자대학교 교지
　　94호.

허라금, 『원칙의 윤리에서 여성주의 윤리로』(철학과현실사, 2004).

헤겔, 『정신현상학 I』, 임석진 옮김(지식산업사, 1988).

황경식, 「도덕 행위의 동기화와 수양론의 문제」, 『철학』102(한국철학회,
　　2010).

Alcoff, Linda & Potter, E., *Feminist Epistemologies*(Routledge, 1993).

Anderson, Elizabeth, "The Epistemology of Democracy", *Episteme: A Journal of Social Epistemology*, vol. 3(Edinburgh University Press, 2006).

Annas, Julia, "Plato's Republic and Feminism", *Feminism and Ancient Philosophy*, ed. by Ward, J. K.(Routledge, 1996).

Antony, Louise M., "Quine as Feminist: The Radical Import of Naturalized Epistemology", *A Mind of One's Own: Feminist Essays on Reason and Objectivity*, ed. by Antony, L.(Routledge, 2002).

Austin, John, *How to do things with words*(Oxford University Press, 1962).

Barad, Karen Michelle, *Meeting the universe halfway: quantum physics and the entanglement of matter and meaning*(Duke University Press, 2007).

Bonjour, L., *The Structure of Empirical Knowledge*(Harvard University Press, 1985).

Booth, Charlotte, *Hypatia: Mathematician, Philosopher, Myth*(Fonthill Media Limited, 2017).

Bordo, Susan, *Unbearable weight: feminism, Western culture, and the body*(University of California Press, 2003).

Braidotti, Rosi, *Patterns of Dissonance: A Study of Women in Contemporary Philosophy*, tr. by Guild, Elizabeth(Polity Press, 1991).

Butler, Judith, "Gender Trouble, Feminist Theory and Psychoanalytic Discourse", *Feminism/Postmodernism*, ed. by Nicholson, L. J.(Routledge, 1990).

_____, "Imitation and Gender Insubordination", *Women, Knowledge, Reality*, eds. by Garry, Ann & Pearsall, Marilyn(Routledge, 1996).

_____, *Bodies That Matter: On the Discursive Limits of Sex*(Routledge, 1993).

Butler, Judith, *Gender Trouble*(Routledge, 1999).

Cixous, Helene, "Interviews on sex, text, and politics", *White Ink*, ed. by Sellers, Susan(Columbia University Press, 2008).

Code, Lorraine, "Epistemic Responsibility", *Handbook of Epistemic Injustice*, eds. by Kidd, I. J., Medina, J. & Pohlhous, G.(Routledge, 2017).

_____, "Is the Sex of the Knower Epistemically Significant?",

Metaphilosophy, 12(1981), pp. 267~276.

Collins, Patricia Hill, Black feminist thought : knowledge, consciousness, and the politics of empowerment(Routledge, 2000).

Derrida, J., *Dissemination*, tr. by Johnson, B.(The University of Chicago Press, 1981).

_____, *Of Grammatology*, tr. by Spivak, G. C.(The Johns Hopkins University Press, 1974).

Dickason, Mary Anne, *Sophia Denied*, dissertation submitted to the University of Colorado at Boulder(1977).

Duhem P., *The Aim and Structure of Physical Theory*, tr. by Wiener, P.(Princeton University Press, 1954).

Flax, Jane, "Postmodernism and Gender Relations in Feminist Theory", *Feminism/Postmodernism*, ed. by Nicholson, L. J.(Routledge, 1990).

Hanson, N. R., *Patterns of Discovery*(Cambridge University Press, 1958).

Harding, Sandra & Hintikka, Merrill, *Discovering Reality: Feminist Perspectives on Epistemology, Metaphysics, Methodology and Philosophy of Science*(Reidel, 1983).

Harding, Sandra, "Is Gender a Variable in Conceptions of Rationality: A Survey of Issues", *Dialectica*, vol. 36, issue 2~3(1982), pp. 225~242.

_____, "Rethinking Standpoint Epistemology", *Feminist Epistemologies*, eds. by Alcoff, L. & Potter, E.(Routledge, 1993).

_____, *The Science Question in Feminism*(Cronell University Press, 1986).

_____, *Whose Science? Whose Knowledge?*(Cornell University Press, 1991).

Hartshorne, C. & Weiss, P., *Collected Papers of Charles Sanders Peirce*, vol. V(The Belknap Press of Harvard University Press, 1978).

Hartsock, N., "The Feminist Standpoint: Developing the Ground for a Specifically Feminist Historical Materialism", *Discovering Reality*, eds. by Harding, S. & Hintikka, M.(D. Reidel Publishing Company, 1983).

Heisook, Kim, "Individuals in Family and Marriage Relations in Confucian

Context", *The Review of Korean Studies*, vol. 10 no. 3(The Academy of Korean Studies, September, 2007), pp. 5~7.

_____, "The Ethics of Contingency: Yinyang", *Confucianisms for a Changing World Cultural Order*, eds. by Ames, R. & Hershock, P.(University of Hawai'i Press, 2017), pp. 165~174.

Hesse, M., *Models and Analogies in Science*(Notre Dame University Press, 1966).

Hobbes, Thomas, *Human Nature and De Corpore Politico*, ed. by J. Gaskin, C. A.(Oxford University Press, 1994).

Hume, David, *A Treatise of Human Nature*(Oxford University Press, 1978).

Irigaray, Luce, "Demystification", *New French Feminisms*, ed. by Marks, Elaine & Courtivron, Isabelle de(Schocken Books, 1981).

_____, "The Bodily Encounter with the Mother", tr. by Macey, David, *The Irigaray Reader*, ed. by Whitford, Margaret(Blackwell, 1991).

_____, *Speculum of the Other Woman*, tr. by Gill, G.(Cornell University Press, 1985).

Jaggar, A., "Feminism in Ethics", *The Cambridge Companion to Feminism in Philosophy*, eds. by M. Fricker & J. Hornsby(Cambridge University Press, 2000).

Kant, I., *Lectures on Ethics*, tr. by Infield, Louis(Harper Torchbooks, 1963).

_____, *Observations on the Feeling of the Beautiful and Sublime*, tr. by Goldthwait, J.(University of California Press, 1960).

_____, *The Metaphysics of Morals*, tr. by Gregor, Mary(Cambridge University Press, 1991).

Keller, E. F. & Longino, Helen E., *Feminism and Science*(Oxford University Press, 1986)

Keller, E. F., "Gender and Science", *The Great Ideas Today*(Encyclopedia Britannica, 1990.

_____, "Making Gender Visible in the Pursuit of Nature's Secrets", *Feminist Studies/Critical Studies*, ed. by Lauretis, Teresa de(Indiana University

Press, 1986).

＿＿＿, *Reflections on Gender and Science*(Yale University Press, 1985).

Kierkegaard, S., "On the Concept of Irony with constant reference to Socrates", *Essential Kierkegaard*, ed. by Hong, Howard & Hong, Edna(Princeton University Press, 2000).

Kristeva, Julia, Revolution in Poetic Language, tr. by Waller, Margaret(Columbia University Press, 1984).

Lacan, Jacques, Écrits: A Selection, tr. by Sheridan, Alan(W. W. Norton, 1977).

Langton, Rae, "Feminism in Epistemoloty", *The Cambridge Companion to Feminism in Philosophy*, eds. by Fricker, M. & Hornsby. F.(Cambridge University Press, 2000).

Levin, Susan, "Women's Nature and Role in the Ideal Polis: Republic V Revisited", *Feminism and Ancient Philosophy*, ed. by Ward, J. K.(Routledge, 1996).

Locke, John, *Political Writings*, ed. & intro. by David Wootton(Penguin Books, 1993).

Longino, H., "Subjects, Power and Knowledge", *Feminist Epistemologies*, eds. by Alcoff, Linda & Potter, E.(Routledge, 1993).

＿＿＿, *The Fate of Knowledge*(Princeton University Press, 2002).

Longino, Helen & Doell, Ruth, "Body, Bias and Behavior: A Comparative Analysis of Reasoning in Two Areas of Biological Science", *Signs 9*, no. 2(1983), pp. 206~227.

Lyotard, Jean−François, Lessons on the Analytic of the Sublime: Kant's Critique of Judgment, tr. by Rottenberg, Elizabeth(Stanford University Press, 1994), §§ 23~29.

Marks, Elaine & Courtivron, Isabelle de, *New French Feminisms*(Schocken Books, 1981).

McDonald, William, "Kierkegaard"(2017). https://plato.stanford.edu/

entries/ kierkegaard/

Medina, José, *The Epistemology of Resistance: Gender and Racial Oppression, Epistemic Injustice, and Resistant Imaginations*(Oxford University Press, 2013).

Menhause, Winfried, *Disgust: The Theory and History of a Strong Sensation*, tr. by Eiland, Howard & Golb, Joel(State University of New York Press, 2003).

Nelson, Lynn Hankinson, "Epistemological Communities", *Feminist Epistemologies*(Routledge, 1993).

_____, *Feminist Interpretations of W. V. Quine*(The Pennsylvania State University Press, 2003).

_____, *Who Knows: From Quine to a Feminist Empiricism*(Temple University Press, 1990).

Nietzsche, Friedrich, *The Will to Power*, tr. by Kaufmann, W. & Hollingdale, R. J.(Vintage Books, 1968).

Nozick, Robert, *Anarchy, State, and Utopia*(Basic Books, Inc., 1974).

O'Neil, Cathy, *Weapons of Math Destruction: How Big Data Increases Inequality and Threatens Democracy*(Broadway Books, 2016).

Okin, S. M., *Justice, Gender and the Family*(Basic Books, Inc., 1989).

Piper, Adrian, "Enophobia and Kantian Rationalism", *Feminist Interpreatations of Immanuel Kant*, ed. by Robin May Schott(The Pennsylvania State University, 1997).

Quine, W. V. O., "On Empirically Equivalent Systems of the World", *Erkenntnis* 9(1975), pp. 313~328.

Rawls, J., *A Theory of Justice*(Harvard University Press, 1971).

Samajdar, Saunak. "Intimacy, Hospitality and Jouissance: A 'feminie' Knowing of Difference", *Michigan Feminist Studies*, vol. 20, Fall 2006~Spring 2007(MPublishing). http://hdl.handle.net/2027/spo.ark5583.0020.004

Sandel, M., *Liberalism and the Limits of Justice*(Cambridge University Press, 1982).

Schott, Robin May, *Feminist Interpretations of Immanuel Kant*(Pennsylvania State University Press, 1997).

Schrag, Calvin O., *The Resources of Rationality*(Indiana University Press, 1992).

Schroeder, Hannelore, "Kant's Patriarcharl Order", tr. by Gircour, Rita, *Feminist Interpreatations of Immanuel Kant*, ed. by Schott, Robin May(The Pennsylvania State University, 1997).

Shanley, M. L. & Pateman, C., *Feminist Interpretations and Political Theory*(The Pennsylvania State University Press, 1991).

Shields, Christopher, "Aristotle"(2020), https://plato.stanford.edu/entries/aristotle/#EssHom

Smith, Barbara & Smith, Beverly, "Across the Kitchen Table: A Sister-to-Sister Dialogue", *This Bridge Called My Back: Writings by Radical Women of Color*, eds. by Moraga, Cherrie & Anzaldua, Gloria(Persephone, 1981).

Sollers, Philippe, Pleynet, Marcelin, Risset, Jacqueline, Kristeva, Julia, *Tel quel*, n. 74(Éditions du Seuil, 1977).

Sosa, Ernst, "How do you know?", *American Philosophical Quarterly*, vol. 11 No. 2(University of Illinois Press, 1974), pp. 113~122.

Spinoza, *Theological-Political Teatise*(Gebhardt edition), tr. by Shirley, Samuel(Hackett Publishing Company Inc., 2001).

Stinson, Catherine, "Algorithms are not neutral: Bias in collaborative filtering", *AI and Ethics* 2(4)(2022), pp. 763~770.

Tress, Daryl M., "The Metaphysical Science of Aristotle's Generation of Animals", *Feminism and Ancient Philosophy*, ed. by Ward, J. K.(Routledge, 1996).

Young, Iris Marion, *Intersecting Voices: Dilemmas of Gender, Political Philosophy, and Policy*(Princeton University Press, 1997).

1983년 노벨생리의학상 수상자 바버라 매클린톡에 관한 켈러의 글:
https://www.nobelprize.org/womenwhochangedscience/stories /
barbara- mcclintock

도나 해러웨이의 「사이보그 선언(A Cyborg Manifesto)」: https://web.rchive.
org/web/20120214194015/http://www.stanford.edu/dept/HPS/
Haraway/CyborgManifesto.html

울스턴크래프트의 글: https://oll.libertyfund.org/title/wollstonecraft-a-
vindication-of- the-rights-of-woman

혐오 관련 기사와 이미지: www.thenewhumanitarian.org, https://ohfun.
net/?ac=article_view&entry_id=12801

찾아보기

이 책은 대우재단의 지원을 받아 연구 및 출간되었습니다.

여성 관점, 사유의 새로운 시작

대우학술총서 650

1판 1쇄 찍음 | 2024년 12월 10일
1판 1쇄 펴냄 | 2025년 1월 3일

지은이 | 김혜숙
펴낸이 | 김정호

책임편집 | 임정우
본문 디자인 | 이대웅
표지 디자인 | 디스커버

펴낸곳 | 아카넷
출판등록 | 2000년 1월 24일(제406-2000-000012호)
주소 | 10881 경기도 파주시 회동길 445-3
전화 | 031-955-9510 (편집) · 031-955-9514 (주문)
팩시밀리 | 031-955-9519
www.acanet.co.kr

ⓒ김혜숙, 2025

Printed in Paju, Korea.

ISBN 978-89-5733-964-0 94120
ISBN 978-89-89103-00-4 (세트)